Eduard Gans:
Naturrecht und Universalrechtsgeschichte
Hrsg. von Manfred Riedel

ガンス
法哲学講義
1832/33 自然法と普遍法史

マンフレッド・リーデル 編

中村浩爾・三成賢次・三成美保
田中幸世・的場かおり 訳

法律文化社

Eduard Gans: Naturrecht und Universalrechtsgeschichte
Hrsg. von Manfred Riedel
(Deutscher Idealismus, Bd. 2)

Klett-Cotta
© 1981 J.G. Cotta'sche Buchhandlung Nachfolger GmbH
Stuttgart
by arrangement through The Sakai Agency

まえがき

　ガンスが，ヘーゲルの死の1年後に，ベルリン大学1832/33冬期セメスターで法哲学の主講義——それについては，1831年11月に師と弟子との間で不和が生じていたのだが[1]——を再開したとき，その受講生の中に1814年にニュールンベルクで生まれたヘーゲルの息子〔次男〕のイマヌエル・ヘーゲルがいた。彼は，弱冠18歳で，1832年夏，法学 Jurisprudenz を学ぶために大学に入学したのである。それは，ヘーゲルの著作の迅速な出版によって，そのような歩みを実質的に可能にしたヘーゲル学派に負うところが多い。イマヌエルが学んだ二度にわたる第一学期の間に，彼はガンスから三つの講義を聴いた。すなわち，(1)自然法と普遍法史についての講義，(2)歴史哲学についての講義，(3)ヨーロッパ，とくにドイツの国家法についての講義，である。その筆記ノート[2]——それはハイデルベルク大学の法律学ゼミナール図書館に保存されているのだが——が手書きの束で残されているのである。その中から，ここでは第一番目の講義の完全なテキストが公にされる。それは対象と時期の故に価値のある史料である。というのは，そのテキストは，ヘーゲルの息子の視点から，ヘーゲル学派におけるヘーゲル法哲学受容とヘーゲル法哲学の基礎の批判的修正への発端を資料で裏付けるものだからである。

　編者は，ヘーゲル研究のはじめに早くもこの手稿に出会うことができたことを，幸運な偶然と感じてきた。編集は，1960年代の半ばには始められたのだが，しかし，手稿を可能な限り迅速に公開しようという計画は，その後に続いた年月の混乱と増加した大学の職務に直面して実現されなかった。いまこの仕事を終えるにあたって，私は，ハイデルベルク大学法律学ゼミナール当時の静かな図書館空間とそこで過ごした時間も思い出す。

　手稿の状態と編集の原則については，「編者あとがき」で明らかにする。「序論」は1966年に書かれたものである。ガンスとヘーゲルの関係を詳細に明らかにしようとしたその第2章は，1967年にカール・レーヴィットの古稀祝賀記念論文集『自然と歴史』——前から品切れになっているのだが——の中で公表さ

れたものである。ルイギ・マリニによるイタリア語版翻刻は，1977年に「レヴィスタ　ディ　フィロソフィア」誌68巻 FASC. Ⅰ-Ⅲに公刊された。この度の印刷のためにその全体にもう一度目を通した。補遺は，ガンスの普遍法史の概念にとって重要な，サヴィニーと歴史法学派との論争を，今日では入手するのが難しいいくつかの論文で裏付けしている。

　編集作業は，私のエアランゲン校のクリストフ・フリーデリッヒ博士とマンフレッド・ハニシュ博士の助力によって容易に終了した。彼らと並んで，フリッツ・ティッセン・スティフングにも，いただいた援助に感謝したい。特段の感謝をしなければならないのは，ハイデルベルク大学法律学ゼミナールの事務局長のオラフ・ミーエ教授である。彼女には，テキストの再度の点検のために手稿を私に寛大にも貸し出し，印刷の自由を与えるという便宜をはかっていただいたのである。また，アドルフ・ラウフ教授にも友情溢れる仲介にとくに感謝したい。最後に，版下の修復の際に証明されたのだが，イングリッド・ヒュルス女史およびカリン・ライヒ女史の信頼のおける辛抱強さに感謝する。

　　エアランゲンにて　1979年9月

　　　　　　　　　　　　　　　　　　　　　　マンフレッド・リーデル

〔1〕　ヘーゲルは1831年11月10日と11日に講義を行い，11月14日に死亡した。師とはヘーゲルのことであり，弟子とはガンスのことである。「生じていた不和」とは，ガンスが自分よりも人気のないヘーゲルの講義に行くよう学生に勧めたことが，ヘーゲルの怒りを招いたという，いわゆる「ガンス事件」のことであろう。
〔2〕　筆記者は，言うまでもなく息子のイマヌエル・ヘーゲルである。「編者あとがき」参照。

もくじ

まえがき
凡　例

マンフレッド・リーデルによる序論 …………………………………… I

自然法と普遍法史

序：自然法の歴史 ……………………………………………………… 29
第I部　自　然　法 ………………………………………………… 63
第1章　抽象的・形式的法 …………………………………………… 70
第2章　道　　徳 ……………………………………………………… 86
　　第1節　行為の帰責 ……………………………………………… 86
　　第2節　幸　　福 ………………………………………………… 89
　　第3節　善 ………………………………………………………… 90
第3章　人　　倫 ……………………………………………………… 94
　　第1節　家　　族 ………………………………………………… 94
　　第2節　市民社会 ………………………………………………… 102
　　第3節　国　　家 ………………………………………………… 118
　　　　A　憲法体制（120）　　B　国際公法，国際法（132）
　　　　C　世界史（134）

第II部　普遍法史 …………………………………………………… 137
第1章　オリエント法 ………………………………………………… 139
　　第1節　オリエント法の概念 …………………………………… 139
　　第2節　中　国　法 ……………………………………………… 140
　　第3節　インド法 ………………………………………………… 147

　　　　第4節　ペルシア法 ………………………………… 157
　　　　第5節　エジプト法 ………………………………… 161
　　　　第6節　ユダヤ法 …………………………………… 165
　　　　第7節　イスラーム法 ……………………………… 172
第2章　ギリシア法 …………………………………………… 177
第3章　ローマ法 ……………………………………………… 190
第4章　中世の法 ……………………………………………… 195
第5章　近　　世 ……………………………………………… 204

補遺　歴史法学派との論争

　1　「世界史的発展における相続法」(1824年) の序文 ……… 209
　2　カール・フリードリヒ・フォン・サヴィニーの
　　　『中世ローマ法史』(1827年) の批評 …………………… 230
　3　「ローマ法の研究およびその体系」(1827年) …………… 255

編 者 注 ………………………………………………………… 309
ガンス研究に関する文献 ……………………………………… 325
編者あとがき …………………………………………………… 327

訳者解説 ………………………………………………………… 333
訳者あとがき …………………………………………………… 341
事項索引・人名索引 …………………………………………… 347

凡　例

1　本書は，Eduard Gans, Naturrecht und Universalrechtsgeschichte. Herausgegeben von Manfred Riedel.—1. Aufl.— Stuttgart: Klett-Cotta, 1981.（Deutcher Idealismus; Bd. 2）の翻訳である。編者による注釈のうち，日本語版の読者にとって不用なもの，草稿の校訂についての注記などは省略した。
2　本書の翻訳を進める過程で新たに出版された，Eduard Gans, Naturrecht und Universalrechtsgeschichte.Vorlesungen nach G. W. F. Hegel. Herausgegeben und eingeleitet von Johann Braun, Mohr Siebeck Tübingen, 2005. を適宜参照した。対照の結果，リーデルとブラウンが食い違っているが，どちらが正しいかわからない場合，あるいは，リーデルが間違っているとは言い切れない場合は，リーデルに従った。リーデルが明らかに間違っていると思われる場合は，ブラウン版に従った。ブラウン版の頁は，たとえば，123頁の時は（B123）のように略記した。
3　原文中のイタリック体は，傍点で示した。書名の場合は『　』で示した。
4　ラテン語のカタカナ表記の長音は，「ローマ」などの極めて一般的なもの以外は，原則として省略した。
5　ギリシア語およびラテン語の原語は原則として残した。ドイツ語は重要と思われるもののみを残した。いずれの場合も，訳語の後に括弧をつけずに記している。
6　本文中および編者注の丸括弧（　）および角括弧［　］はすべて原文のものである。丸括弧は手稿の中の括弧に対応し，角括弧は編者リーデルの補足である。亀甲括弧〔　〕は，訳者による補足である。
7　各部，各章，各節等の表題はすべて原文のものである。ただし，目次と本文の表題が食い違っている箇所については，訳注で断った上で一方に統一するという変更を行った。段落のはじめの小見出しは，読者の便宜のために訳者が付したものである。
8　段落は原則として原文のとおりである。ただし，内容に即して原文にない改行を行い，小見出しを付した箇所がある。
9　編者注は巻末に一括した。原書では，欄外に記された手稿の頁が付されている

が，本訳書では，本文中の該当箇所を＊で指示し，頁は訳書の頁に変換して示した。

10 編者による脚注は，本文中の表示は※にして，小見出しでまとめられた段落の後に入れた。複数ある場合は※1，※2，※3……のようにした。「欄外に」とあるのは，手稿の縁に書き込まれた注記を表している。注記の箇所として適当ではないと思われるものもあるが，原書の通りにしてある。

11 訳者注は短いものは本文中に〔　〕を付して入れ，長いものは〔1〕，〔2〕，〔3〕のように番号を付け各節の終わりに一括して入れた。

12 原書の本文の頁数を小口側の欄外に示している。

13 本文中に残した原語の中に，kであるべきものがcであったり，あるいは，iであるべきものがyであったりするような語（たとえばseyn）が見られ，一見誤植ではないかという印象を与えるかもしれないが，それらは原書のままである。その他，正字法上の特異点については，原書251頁に13種示されているが，省略した。

マンフレッド・リーデルによる序論

ガンスの位置 1848年の革命の前後のE・ガンスの法哲学的著作および彼の活動には，特有の意味がある。三月前期〔ドイツ史における1815年から1848年の三月革命までの時期〕にはガンスは現代史における政治的に強い影響力をもった人物であったが，失敗した革命の後すぐに忘れられた。なるほど，彼は同時代人の歴史主義の台帳においては大抵，ヘーゲル学派として登録される。しかし，彼の思考は，歴史主義の基準に基づいてのみ分類するのは難しい。架橋的な仕事たる『哲学史要綱』で既に，ガンスの名前はもはや決してヘーゲル学派に結びつけられない。彼は，「右」派（ガブラー Gabler，ヒンリヒス Hinrichs，ゲシェル Göschel，初期ブルーノ・バウアー der frühe Bruno Bauer）の代表者にも，「左」派（リヒター Richter，ルーゲ Ruge，後期ブルーノ・バウアー der spätere Bruno Bauer，フォイエルバッハ Feuerbach，シュトラウス Strauß，マルクス Marx，ミシュレ Michelet）にも入らず，しかも，ヘーゲル主義の学派同定によって「中央」を形成する人々（コンラディ Conradi，ローゼンクランツ Rosenkranz，エルドゥマン Erdmann，シャラー Schaller，ワトケ Vatke）のグループにも入らないのである。[*1] このような今日まで他に類のない19世紀の哲学史のハンドブックが伝えることができる唯一のことは，次の事情だけである。すなわち，彼がとくに「学術批評年報」――ヘーゲルから影響を受けた学派の機関誌であるが――の創設の際に積極的であったこと，そして，彼の主要業績「世界史的展開における相続法」（1824-1835年）において，ヘーゲル的な範疇を，歴史的視角から相続法という法の特殊分野に適用しようとしたという事情である。[*2] 同様に他に類のない法史のハンドブックたるスティンツィング・ランズベルク Stintzing-Landsberg の『ドイツ法学史』は，ガンスをヘーゲルよりは歴史法学派の近くに移動させている。[*3] ――歴史法学派の創始者たるサヴィニー C. F. von Savigny との長期にわたる闘争という事実（それ自体著者にとっては価値ある事実）を考慮に入れた場合には，少し意外な分類であるが。

※1 Friedrich Überwegs Grundriß der Geschichte der Philosophie, 1. Teil: Die Deutsche Philosophie des XIX. Jahrhunderts und der Gegenwart, 13. Auflage Tübingen 1951, S. 200f.
※2 前掲書208頁。
※3 Stintzing/Landsberg, Geschichte der deutschen Rechtswissenschaft, Abt. 3, Halbband 2 (Text), München/Berlin 1910, Nachdruck Meisenheim/Glan 1957, S. 355.

ガンスの生涯　ガンスの生涯は，もちろんアカデミックな観点から見れば面白さに欠けており，忘れ去られるのも無理はない。ガンスは，1797年（宮廷と関係を有する）名望家のユダヤ人銀行家の息子としてベルリンに生まれ，1816年に大学に入学し，はじめはベルリンで（1816/17年），次いでゲッティンゲンで（1817年），そして最後はハイデルベルクで（1818/19年）法学 Jurisprudenz を学んだ。サヴィニーからグスタフ・フーゴーを経てティボーへと至る道は，最後には彼がハイデルベルクで聴いたヘーゲルの哲学に至る。ガンスは，1819年ハイデルベルク大学法学部でローマ債権法に関する研究によって博士の学位を授与され，ベルリン大学でサヴィニーによって支配されていた学部との長年にわたる闘いの後，1826年に，法に関する員外教授へ意に反して変更され，その後まもなく（1828年）正教授に任ぜられた。異常に成功した教育活動――ガンスは彼の教室に時折1000人を超える聴衆を集めた――そして，彼の主要著作の完成のために捧げられた研究活動は，イギリスとフランスへの旅行によってのみ中断されている。ガンスは，1839年に42歳の若さで死んだ[※1]。

　ガンスの仕事に対する同時代人の評価と後の時代の評価を比較すると，最初の刺激とその後の影響力の変遷との間には，歴然として溝がある。若きエンゲルスが当時，ヘーゲル，フォイエルバッハ，シュトラウス，ルーゲと並んで，ガンスを「今世紀における哲学の全き展開」を規定する人々の列に迎え入れる時，アカデミックな教師および研究者としてのガンスの有能さを評価していただけではなく[※2]，ヘーゲルの後継者としてベルリンに招聘されたシェリングもまた，「ヘーゲル主義の不和の種」に一層広く芽を出させないために，ガンスを尊重し学問的業績を認めざるをえなかった[※3]。そして，ヘーゲルの弟子達は，それどころか，法学と法史学という特殊な専門領域においては，彼らの師さえも上回る地位にガンスを据えたのである。――ミシュレが彼の歴史的な『自然法

要綱』でなしたように。そこにおいては、法哲学、すなわち自然法と国家学との結合というヘーゲルの概念ではなく、哲学的法学、法史を通しての自然法の浸透というガンスの概念が、歴史学派と実用法学派との間の体系的隔離および方法的調停を形成していたのである。

※1　H. G. Reissner Eduard によるモノグラフィーの一つ Gans. Ein Leben im Vormärz, Tübingen 1965参照。
※2　Schelling über Hegel (1841), in Marx/Engels, Werke, Ergänzungsband, 2. Teil, Berlin 1967, S. 168.
※3　Schelling's Erste Vorlesung in Berlin, Stuttgart/Tübingen 1841, S. 15f.
※4　Naturrecht oder Rechtsphilosophie als die praktische Philosophie, enthaltend Rechts-, Sitten- und Gesellschaftslehre, Bd. 1, Berlin 1866, Nachdruck Leipzig 1970, S. 72-74.

法の歴史化の理論　これらの判断は、党派的な偏見によって早逝の共闘者および味方にとって有利な証言をしているにもかかわらず、歴史的な真実を含んでいる。すなわち、ガンスの新たな取り組みを、ヘーゲルを超える法の歴史化の理論と規定し、同時にサヴィニーとティボーという法学のうえで正反対の位置にいる二人に対して、歴史的位置付けを与えているのである。ヘーゲルが自然法を基本方針に則して国家学、すなわち政治学に結びつけているのに対して、ガンスはそれを歴史に結びつけている。ガンスは、その結論をヘーゲルによって定式化された前提、すなわち、本来、国家の法ではなく世界精神の法が最上位の法 das *summum jus* を形成するという前提から引き出しているのだが、民族精神の諸原理は、そのなかで民族精神が現存する諸個人としてその客観的現実性とその自己意識をもっているという特殊性のために、制限され、相互の関係におけるその運命と行為は、この精神の有限性の出現する弁証法、すなわち、歴史の領域である。ガンスの結論によれば、自然法は歴史哲学と合致しなければならず、すべての民族の法解釈の真の普遍史のなかに注がれなければならない。ガンスは、この出発点を特殊な法状況、すなわち、個別に展開される婚姻に求め、ローマにおける婚姻関係の規制は、この制度の他の制度の下での（重要であるとしても）一つの変態を表現しているにすぎないということを例証した。ガンスは、この思想を、すべての法概念に拡大し、それによって実際、ローマ法の抽象であるところのヘーゲルによって隈なく照らされた現代自然法

の概念性を克服しようとした。——それは、彼の早すぎる死によって残念ながら実現されえなかった意図であった。

　このような状況のなかで、ベルリン大学にガンスの序文を含む一連の著作集が保存されていたことは幸運というべきである。それは、少なくとも、計画の概要、すなわち、自然法と法史の統一という計画の概要を素描しているのである。そのタイトル、「普遍法史との結びつきにおける自然法と法哲学」がそのプログラムをはっきりと表現している。それは、事柄に即して、ヘーゲルの弟子が独立的に、批判的に実行したヘーゲル『法哲学要綱』への注釈である。事柄の中核に、法とその制度を歴史化すること、すなわち、その根本的相対性および実践的改革可能性を政治的・自由主義的立憲国家の意味において（君主制的姿勢そして／あるいは共和制的姿態において）示すというガンスによって追求された傾向が存在する。ヘーゲルという手本と比較して、何よりも、論題の構想と構成の大幅な一致がはっきり認められる。それは仕方のないことであった。なぜなら、ガンスは常にヘーゲルの弟子として知られ、ここでもヘーゲルの法哲学概説を講義することを明らかにしているからである。※2 手本となったヘーゲルのものとガンスとは、三つの点でのみ違っている。それは、(1)序：自然法の歴史を置き、(2)第3節国家Aの名称たる国内公法 innere Staatsrecht を憲法体制 Verfassung に変え——それによって一つの部分（君主権、行政権、立法権の一体性における「国内憲法体制 innere Verfassung それ自体」）に対するヘーゲル的表現が全体のタイトルとして現れる——、そして、(3)法史を通じての法哲学を強調している。それによって示されている法の歴史化への傾向（それは憲法学によっても認識されうる）を認識するためには、我々は、至るところで明らかにヘーゲル的概念で包まれているガンスの定式を、少しそれから解放し、時代の法見解との結びつきを追求しなければならない。

　　※1　Grundlinien der Philosophie des Rechts, 3. Teil, §340, Hegel's Werke, hrsg. von E. Gans, Berlin 1833, S. 430（我々は今後はこの版を引用する）。
　　※2　Naturrecht und Universal〔rechts〕geschichte, Mskr〔手稿＝講義ノート〕43頁〔原書53頁、本訳書60頁〕。

1 サヴィニーとティボーの間で——普遍法史の構想

　普遍法史というタイトルは，概念史的に見ると，啓蒙を継承した普遍史 *Historia universalis* という概念の適用である。普遍的なと呼ばれるのは，歴史が部分的に作られないとき，すなわち，地方的・一時的・宗教的・政治的に限定されないときである。普遍法史は——18世紀にヴォルテール，カント，ヴィコ，ヘルダーが展開したような普遍史概念から生じたのであるが——もはやヨーロッパ中心的な方向を向いていない。世界の歴史がヨーロッパと，すなわち，ギリシア精神，ユダヤ精神，キリスト教精神と重なる度合いが少ない限りにおいて，法史はローマ法あるいはゲルマン法と一致しないのである。

　自然法と歴史との関係　啓蒙の哲学が解明できずに放置したのは，自然法と歴史との関係である。その時代の自然法が，その概念を単純にローマ法から抽象したのではない限りでは，それは周知のようにヨーロッパの諸民族の種々の法形態からその法概念を取り出したのである。理性に従う代わりに，それが前もって定まっているかのごとく，経験から取り出され，その結果，歴史的に規定された法経験がドグマ化されたのである。それは，歴史法学派が依拠する方法的・批判的洞察である。それは，経験のドグマ化をうち破るために，法の起源への遡及を要求した。歴史法学派の言語慣用によれば，「自然的な」は，立法行為によって生じないという意味である。法の本質は，民族の慣れ親しんだ慣習の基礎のうえに形成される歴史のなかにある。文法家が言語法則を「与える」のではなく，発見するのと同じように，法律家も何よりも立法者ではなく，「正」法を見出すために民族精神の作用に依拠する歴史家である。

　歴史法学派の創始者のサヴィニーはこの論拠によって，ドイツ国家の立法の部分性を一般法典によって克服しようと同時代人のティボーが試みた努力に，首尾よく対抗することができたが，それに結びつけられていた法の歴史化の要請には十分に応えることができなかった。あらゆる法史の起源に遡る代わりに，彼は本質的にはローマ法のそばに留まったままであった。この点で，サヴィニーの論敵のティボーは，それを要請された時，はるかに明瞭に，民族の歴史への「縛られた視線」を放棄し，法史においてあらゆる新旧の民族の偉大な且

つ力のある立法を取り入れようとしたのである。ペルシアと中国の法体制に関する10の講義は，たとえそれがどれほど辛辣な嘲りのこもった調子で述べられたとしても，我々の学生のためには，ユスティニアヌス帝に至る法定相続順位を裏打ちするくだらない100のやっつけ仕事よりも，はるかに真の法学的意味を生き返らせるであろう。それは，ガンスが彼の主著の第1巻『普遍法史的展開における婚姻』（1824年）でモットーとして冒頭に置いた命題である。「正」法の法則の発見，それには立法に目を向けることが重要なのだが，歴史の研究を排除するのではなく，その逆である。すなわち，それは，法およびその制度の歴史的相対性の認識を超えて，改革の可能性と必然性を理解することを要求する。

※1　C. F. von Savigny, Vom Beruf unserer Zeit für Gesetzgebung und Rechtswissenschaft, Heidelberg 1814 ; A. F. J. Thibaut, Über die Notwendigkeit eines allgemeinen bürgerlichen Rechts in Deutschland, Heidelberg 1814.
※2　Civilistische Abhandlungen, Heidelberg 1814, S. 433.

法哲学と法史の科学性　ガンスが念頭に置いたような，自然法と普遍法史の結合は，もちろん実際に改革しようとする努力とは独立に構想されている。ガンスは，それを，彼の師のティボーから少し距離を置いて，「婚姻」に関する序言において誤解のおそれなくはっきりさせている。法史は，法学 Rechtswissenschaft の一部であり，そのようなものとして単なる法技術や法識学 Rechtsgelehrsamkeit とは区別される。「法技術と法識学」という言葉によって――この言葉で新しい構想が取り入れられているのであるが――「ある一定の国家において妥当している法の認識が概念されている。そのことから，それは，その対象に関して同一の内容をもつ。」技術と学識として，法がここでは国家のために，すなわち，実践的意図において，そして法律家の身分に所属するという条件の下で，学ばれる。法学の一部として，法史は哲学の要素であり，ガンスにとっては，実践的部門 Disziplin ではなく，理論――すなわち，何が真理であるのかという意味における存在の把握，である。哲学というものは，それを，完成したものとして見出される人格たる法律家によってでもなく，完成したものとして見出される国家の命令たる法律によってでもなく，概念的把握 Begriffen，より正確に言えば，その時代の法の概念およびその現存在

Daseinによってこそなすことができる。哲学は，概念的把握による認識である。しかし，それは，その歴史を，すなわち，立法の自己変革的実践および法律家身分並びに国家の実践を含むものである。「法の概念は……二重の観点から考察されうる。一つは，現実的な現在として，すなわち，思考において把握された法・人倫・国家の現在世界として，また一つは，時代の形式における不可避の生産と展開，すなわち，この現在世界の生成として。」第一の考察方法は，自然法あるいは法の哲学であり，第二は法史である。両者はともにヘーゲル学派にとっては，実践の理論であり，その限りで，強調された意味で学Wissenschaftである。

もし，法史がローマ法あるいはゲルマン法の歴史のごとく，ただ単に部分的な歴史からの抽象でないなら，すなわち，それが本当に法学であろうとするなら，それは，その時代の法概念の展開の全体を対象にしなければならない。そのことから，それは必然的に普遍法史である。というのは，それは，いかなる民族にもそしていかなる時代にも，唯一の価値を認めることはできないからである。この地点で，ガンスの方式は，歴史法学派の立場を越えている。彼は，歴史法学派と闘う。なぜなら，それが十分歴史的でないが故に，すなわち，それが歴史の全経過を表現しないで，しかもローマ法をドグマ化しさえするからである。しかし，ガンスは同時に歴史法学派の自然法ドグマ，すなわち，あるべきである法 ein sein-sollendes Recht を演繹する無歴史的概念性と闘う。ガンスは，歴史に委ねられる以外の自然法を認めない。そのために，彼は，彼の哲学の師たるヘーゲルの『法哲学要綱』はまさしくこの方向に向かっているとして，引き合いに出すことができるのである。

※1　Das Erbrecht in weltgeschichtlicher Entwicklung. Eine Abhandlung der Universalrechtsgeschichte, Bd. 1, Berlin 1824, Vorrede, p. XXVII.
※2　前掲書，p. XXX–XXXI.

人倫的全体および契約モデルからの解放：哲学の新しい審級としての歴史へ

ガンスによれば，『法哲学要綱』の最も重要な価値は，次の点にある。すなわち，ヘーゲルは今までの自然法〔論〕のように，先行の学問の起源および基礎づけの問題を取り扱っただけではなく，「後に続く学問の流出口と合流点」を与えた。事実，ガンスは，それによって，法哲学をヨーロッパの伝統の内部

でのその取扱い方から根本的に区別する点を際立たせている。古典古代の古典的政治学と近代自然法の理論は，一般に次の点で一致している。すなわち，法の問題は，その解決を，「最善の憲法体制」すなわち，古典古代ならびに近代の見解によれば「市民社会」(societas civilis) の制度と一致するところの国家 (civitas) の制度のなかに見出さなければならないということである。この目的のために，形而上学，人間学，心理学，また徳論あるいは義務論としての倫理学のような「先行学問」をただ再び取り上げることが必要であっただけではなく，これらすべての学問は上に示唆された意味での国家に関する理論を開始し，その基礎を形成したのである。この結束は，18世紀に歴史哲学と国民経済学のような新しい学問の登場によって解消した。そのうえに，カントは，法・国家論の問題と歴史哲学の問題との間に第一の結合をつくり出し，後者のテーマを伝統的・自然法的であると定式化した。すなわち，「一般的に法を管理する市民社会の達成」の問題として定式化したのである。別のやり方で，ヘーゲルは──ここではその理由をより詳しく論究することができないが──，歴史哲学を，「市民社会」の理論とその「最善の憲法体制」との自然法的結合から解放した。その完成の頂点で，見かけの上では自然法と一致している法哲学が展開したところの国家の普遍的理念は，歴史の戯れ──そこではヘーゲルによれば，「人倫的全体それ自身，国家の独立性」が偶然性に委ねられている──において互いに対立している「多様な国家」の特殊性に成り下がる。国家は，もはやそれ自体で存在することのできる，またそれとともに古典的政治学が始まり，また終わったところの人倫的全体でもなく，また近代自然法の構築が終わったところの市民社会 *societas civilis* の不動の契約モデルでもなく，それを越えて存在する──哲学の新しい審級としての──歴史である。それは，「多様な国家」の有限性の弁証法であり，そこから，「普遍的精神 *Allgemeine Geist*，世界精神 *Geist der Welt* が，その法であるのと同じように無制限なものとして生み出されるのである。──そして，その法は，世界史において，世界法廷として行われる最高のものである。」

※1 Vorrede zu G. W. Hegel's Werke Bd. 8, Berlin, 1833, S. VIII.
※2 Idee zu einer allgemeinen Geschichte in weltbürgerlicher Absicht (1784), 5. Satz, Akad. Bd. 8, S. 22.

※3 Philosophie des Rechts 3. Teil, §340, S. 430参照。
※4 前掲書。

「法理論の歴史への移行」というヘーゲルの目的の支持　ガンスにとっては，ここで，ヘーゲル的な法哲学がこれまでのすべての自然法と本当に訣別したのである。というのは，法学説は，最善の憲法体制についての学説，すなわち国家で終わらないので，国家学との結びつきにおいて，もはや自立的かつ最高のものではありえず，任意に中断することは許されない「自己を確実に向かわせる目的を与えられるべき」，「中間的なかつ接合的な学科」にすぎない。法理論の歴史への移行というこの目的は，ヘーゲル学派の中のガンスの世代および後の世代に支持された。その際，ガンスはヘーゲルが世界精神の学説とともにその移行に与えた特別な哲学的意味にはそれほど興味をもたず，〔目的〕それ自体に興味をもったのである。彼は，ヘーゲルの書の結論を「壮大な光景」に喩えた。すなわち，国家の高みから人は個別の国家が「歴史の大海の中に転落する」のを見ると。そして，ここで，ガンスは，ヘーゲルの「歴史の展開の短い概要」は，この領域に属すところの「より重要な利害の予感」を含むにすぎないということを明らかにした。

※1 Vorwort, a. a. O. S. IX.
※2 前掲書。

歴史に対する主張の先取り　それはもちろん一面ではその学科を一瞥して，ガンスが基礎づけ，そしてアカデミックな授業に導入した普遍法史だと言うことができる。しかしそれとともに，また，ヘーゲルが歴史をその値打ちの重さにふさわしい十分な大きさにおいて法哲学のなかにもって行かなかったということだと言うこともできる。ガンスは法の論理的取扱い方と歴史的取扱い方との関係の問題を，明確に解明しなかったにもかかわらず，ここで違いが歴然とする彼の講義の構成はなかなか啓発的である。その際，我々は，より一層詳細な注意にふさわしい二三の時代区分的観点にもかかわらず，そしてガンスがこの講義において既にサン＝シモンの初期社会主義理論に若干の章を費やしているにもかかわらず，新しく導入された自然法の歴史には興味を引かれないであろう。我々の関心に関する問題状況のつながりのなかにあるのは，次の事実で

ある。すなわち、まだ後のヘーゲル左派の批判形式で明らかに表現されていないのだが、ガンスとヘーゲル『法哲学』との違いは、ガンスが『法哲学』の中に存在する歴史への主張を先取りしているということである。

周知のように、ヘーゲルは、歴史法学派との対決に際して、歴史的基礎に由来する法の発展を「概念に由来する発展」から厳密に区別した。※3 この区別、すなわち、『法哲学』が採用した方法を、理性的なものは現実的であり、現実的なものは理性的である、〔という命題〕によって知られるものよりはるかに強く規定するところの区別は、この基本的な二義性と共通している。それ故、『法哲学』が、法制度を専ら歴史的に解明した歴史法学派の方法と一線を画したのはもっともなことである。『法哲学』は、首尾一貫した適用によって、原則的には区別される同一の立場に降りてくることはありうる。その対象が「事物の概念」であるところの哲学の要求を満たすために、法哲学は、それが使用する歴史的・社会的な現存在形式を、論理的規定性にまで高めざるをえないからである。後にマルクスによって（そして彼の前にはルーゲによって）批判された有名なヘーゲル法哲学の二義性——それはたとえば世襲の王位、長子相続制、二院制などの存在を、概念的必然性として正当化するに至る——は、それに基づいている。※4 ガンスにはヘーゲルの方法に起因するアポリアを認識し指摘するつもりは全くなかった。しかし、彼は事実上、後にルーゲとマルクスが行ったのと同じ事をした。すなわち、彼は、このような現象を歴史的実存を解明し批判するための歴史の産物として証明することを自分の仕事と考えたのである。※5

※1　ガンスは、近代の法哲学を三つの時期に区分した。1，草創期法哲学、すなわち、法哲学のための確固たる基礎を探求したスピノザ、ホッブズ、モンテスキュー、ヴォルフ学派の骨折り。2，国家を新たに生み出そうとするその逆の骨折り。獲得された法、存在するものを、それは打倒する。国家は、歴史を度外視して、原理から創られなければならない。これは、ルソーおよびカントであり、カント派およびフィヒテである。3，回帰的・概念把握的法哲学、それは存在するもの、現実に目を向けつつフランス革命の原理から生じたものである（手稿18頁〔原書40頁，本訳書42頁〕）。」第三の時期は、更に三つの異なった立場に分かれる。①「現実への回帰、ただし過ぎ去った現実への回帰」（＝ボナール Bonald, ドゥ・メーストル de Maistre; ハラー v. Haller, ミュラー A. Muller, シュレーゲル F. Schlegel）、②「革命の経験を伴う現存秩序への回帰」（＝バンジャマン・コンスタン Benjamin Constant, シャトーブリアン Chateaubriand, ロワイエ＝コラール Royer-Collard）、③「法と国家を存在するものとして概念的に把握するという仕方への回帰」（＝ヘーゲル）。ミシュレは法哲学の第一区分に自然法学の歴史——そ

のなかでガンスに将来にわたる重要な位置が与えられていた——を挿入したのだが、彼は後にガンスの思想を取り上げた。Naturrecht und Rechtsphilosophie, Berlin 1866, Bd. 1, S. 19ff., zu Gans S. 72ff. 参照。因みに、ルトヴィヒ・ボウマン Ludwig Boumann はミシュレの著作についての批評において、ガンスはミシュレと並んで、「自然法に関する彼の講義において法哲学の歴史も教えるべきであった」と、書きとどめている。Der Gedanke Bd. 8, Heft 4, S. 201ff. 参照。

※2 手稿41-42頁〔原書52頁, 本訳書59頁〕参照。
※3 Philosophie des Rechts, Einleitung §3, S. 26f.
※4 K. Marx, Aus der Kritik der Hegelschen Rechtsphilosophie (1843), in Werke Bd. 1, Berlin 1957, vor allem S. 215ff, A. Ruge, Die Hegelsche Rechtsphilosophie und die Politik unserer Zeit, in Deutsche Jahrbücher, 1842, Nr. 191, S. 762ff. 参照。
※5 ルーゲによるこのような言い回しについては、前掲書763頁参照。

2 ヘーゲルからマルクスへ——国家と市民社会の問題

それはまた、ガンスの公刊された著作から取り出される。ヘーゲルにとっては、「精神」、「世界史の最奥」、その絶対的法は、歴史の発展のなかでただ行われる *ausübt* だけであるのに対して、ガンスによれば、法理念は歴史と並行して進む。理念から歴史を「切り離すこと」、それはヘーゲルにおいてはとにもかくにも可能であることだが（1830年の7月革命への彼の控え目な関係を想起せよ）、ここでは原則的に不可能である。ガンスによれば、法の歴史がそれ自体、歴史的発展に支配されるなら、「同時代史は決して思想から切り離されたものとして挙げられるのではなく、むしろ思想の証明として挙げられ」うるのである。[※1] 歴史は、カール・レーヴィットがヘーゲル左派の変化した意識状況に関して証明したように[※2]、その時代に起こったこととして、概念の運動の尺度に高められる。歴史的経過は、既に概念の歴史的存在に対する関係である。たしかに、それは、——革命として——涸れることのない批判になるのである。それ故、ガンスは、ヘーゲルとは異なって、7月革命を、現在的なるもの Gegenwärtigen と現実的なるもの Wirklichen との和解を求める哲学からの離反として理解するのではなく、その哲学の証明として理解したのである。すなわち、1830年の革命は理性的である。世界史の哲学に関する講義——イマヌエル・ヘーゲルによって同様に筆記された——において同じ学期から言われたように、それが、「旧制度の過度の後見から、1789年の自由」を解放する限りで。[※3]

※1 次のものを参照せよ。Über Lerminier: Introduction à l'histoire du droit, in Vermischte Schriften Bd. 1, S. 128; Ferner Vorrede zu: Das Erbrecht in weltgeschichtlicher Entwicklung Bd. 1, S. XXXI ガンスは，ここで，法の哲学が法史によって補って見られることを望んでいる。
※2 Von Hegel zu Nietzsche, 3. Aufl. Zürich/Stuttgart 1953, S. 98ff. 参照。
※3 次のものを参照せよ。「世界史の哲学に関する講義」，1832／33冬期セメスター，手稿162頁。ヘーゲルと異なった革命の評価は，とくに，1833/34に部分的には公表されていた「最近の50年の歴史に関する講義（ローマーの歴史ハンドブック第4巻，285頁以下）」に見出される。また，H. Lübbe (Hrsg.), Die Hegelsche Rechte, Stuttgart-Bad Cannstatt 1962, Einleitung S. 14も参照。この関連でとくに興味深いのは，1830年のパリ滞在のガンスの描写である。「人々と状況の回顧 Rückblicke auf Personen und Zustände」40頁以下。ヘーゲルがガンスと1830年の革命に関して深部に達する見解の相違をもっていたということは，C. L. Michelets, Wahrheit aus meinem Leben, Berlin 1884, に明らかである。そこでは，ヘーゲルとの談話が報告されている。「……我々が当時，政治について語るに至ったとき，そして，私があの革命によってまさしく成し遂げられた世界史の進歩という言葉を発したとき，彼は，それは，ちょうどガンスが話したのと同じだと私を怒鳴りつけた。」(502頁)

21 歴史的な範疇としての国家：近代国家は代表制国家たること 自然法講義の中の「国内公法」に関する章において，歴史的契機〔モメント〕の影響が現れている——それ故，マルクスとルーゲもまさにそこから批判を始めたのである。まず第一に注意されるべきは，ガンスの場合，ヘーゲルが家族と市民社会から国家の領域への移行に与えた哲学的基礎づけが落ちているということである。その移行は，——国家において——「その観念性からそれ自体無限の現実的精神」であるべく，この領域において特殊化された理念から導き出されるのではなく，家族と市民社会の特殊な存在から国家の普遍性へと展開されるのである。すなわち，「国家は，個別の職業や活動に制限されるのではなく，すべての同業組合や身分に溶け込んでいるところのあの普遍的なるものであり，以前に取り上げられたあらゆる相違の統一，すなわち市民社会，家族，法などの統一である。」それに次のことが対応している。すなわち，国家は，ガンスにとっては，一つの本質的に歴史的な範疇である，すなわち，「ただ二つの国家，すなわち古代国家と17世紀の国家から生じたところの代表制国家があるだけである。」近代国家の概念は，ヘーゲルの場合のように，「立憲君主制」国家と一致せず，一般的には代表制国家である。そして，国家が歴史的範疇であるのと同じように，その憲法体制も歴史的範疇である。ヘーゲルが『法哲学』のこれに

関連する章において共和制国家形態一般を取り上げないで，世襲君主制を論理的概念に適合した唯一の憲法体制として導き出したのに対して，ガンスは，北米の連邦国家の歴史的事例を引いて，選挙原理に基づく共和制的憲法体制を，本来の概念適合的国家形態として表現したのである。すなわち，「この国家においては，中世の全体国家は転覆させられている。もはや領主自体が存在しない。そこには，君主制思想が心性 Gemüth，習俗，伝統の中に根付いているヨーロッパのようには，中世の伝統は少しも存在せず，その概念から生じる国家が，この北米国家のように，ヨーロッパに現れることができ，中世的伝統が消えるまでにはなお何百年も必要とするであろう。」

※1　Philosophie des Rechts §262, S. 326参照。
※2　手稿116頁〔原書94頁，本訳書118頁〕。同118頁〔原書95頁，本訳書120頁〕「国家は，まず，家族と市民社会の上に基礎づけられる。家族においては，契約を保護しうる財産が存在し，市民社会においても，まさしくこれと同じ性質が存在する。」も参照せよ。これについては，なお，K・マルクス「ヘーゲル法哲学批判」，『著作集』第1巻，205頁以下参照。
※3　前掲書，117頁。
※4　Philosophie des Rechts §§ 273-286, S. 355ff. 参照。
※5　手稿127頁〔原書100頁，本訳書125-126頁〕。C. L. Michelets, Wahrheit aus meinem Leben, Berlin 1884, 513頁によれば，ガンスが彼の最晩年に「君主制原理の存続に反対」であることを明らかにし，「故郷の状態を遺憾に思って」いたということである。

ヘーゲルとガンスにおける「身分」の性格の違い　事実，ガンスは，これと似た文で，ヘーゲル的表現に，「完全に自由主義的な，否，共和主義的な色合い」——それは彼に対する政治的な疑いをプロイセンの宮廷に抱かせるものであった——を与えた。彼が，手本とする書のはじめの章に，憲法体制というタイトルを付けたということは，それ故，決して偶然ではない。それは，もし望むなら，40年代の政治的自由主義を先取りしたところの，また初期ヘーゲル学派が相当傾倒していた一つのプログラムであった。この観点の下では，もちろん，「立法権力」に関するテキストの比較がとくに役立つに違いない。立法権力に，ヘーゲルは，彼がその前革命的「政治的」分肢を再び結びつけたところの市民社会の「身分的要素〔エレメント〕」を基礎として置いた。市民社会に関する章は，それが国家と異なった関係において存在するという確認で始まっている。個人は，「この国家の市民 Bürger」すなわち，フランス革命によって生

じた歴史的・具体的国家の「市民」として存在するのである。すなわち，「公民 Staatsbürger」ではなく，「自分自身の利益を目的とするところの私人 Privatperson である」。国家が，「古代の」市民社会の政治的現存在形式，諸身分（貴族，聖職者，市民身分），そしてコルポラツィオーン（都市共同体，村共同体，修道会，同業組合など）から解放されるのと同じように，社会は国家から解放される。それらの媒介 Vermittlung は，ヘーゲル法哲学が解こうとする中心的問題の一つを成す。それは，ヘーゲルにとっては，市民社会の私人の「概念規定」ではなく，それが自分自身をそこに区分するところの「身分」である。「国家の成員」であるべしという規定は，もし，私人が，この社会の再生産過程において欲求と目的の満足を得るために孤立させられている個人であって，そのような「諸身分」，つまりゲノッセンシャフト〔同輩関係としての組合〕，ゲマインデ〔地方公共団体〕，コルポラツィオーンの「成員」でないなら，ヘーゲルに従えば，抽象的なものに止まっている。それ故，ヘーゲルは，市民社会と国家との間の争いを和らげようとする。「身分的要素」の媒介によって，その相違は「止揚」され，政治的自由主義によって主張される私人の「公民」への拡大が根拠のないものになる。まさに，この点にガンスの批判が向けられる。ヘーゲルが，立法権力の身分的要素においては「普遍的自由の主観的要素」，すなわち，「市民的」私人が専ら「国家と関係する中で顕現し」，そしてその際「代表者は社会の本質的な領域の一つ」（身分，コルポラツィオーン，ゲマインデ〔地方公共団体〕の利害・営業）に止まるということから出発するのに対して，ガンスは，その身分は「組織化された国家の実定的分肢 positives Glied」でなければならないということをしっかり把握しているのである。その際，ヘーゲルによってただ単に構想されていただけの「市民の対自存在〔性〕」という契機および身分の普遍的利益との関係の契機は，古代「市民的」すなわち，それ自身政治的正義および自由によって組織化された社会から隔てられていたのであるが，ガンスによっては論理的に固定されないで，歴史的に展開される。身分原理は，「二重の意味で把握されうる。すなわち，中世的意味と代表制的意味で。中世的身分は，国家を代表せず，その仕事を代表する。そして，それは，国家の普遍的法ではなく，それ固有の法の中に現れる。我々の身分は，国家を代表しなければならない。」

※1 Philosophie des Rechts § 187, S. 251.
※2 前掲書，§ 308, S. 401参照。
※3 前掲書，§ 301, S.394.
※4 前掲書，§ 311, S. 405.
※5 手稿130頁〔原書102頁，本訳書128頁〕。

国家における反対派の必然性　　ガンスがここでヘーゲルに対して暗黙の批判をしているのは疑いない。その批判を，土地所有の特殊的な「身分的」代表の問題の際には，聞き流すことができなくなると言ってもいいかもしれない。我々は，この関連においてはより詳細に取り上げることができないが，反対派の必然性と結局は選挙方式の問題である。立法権力に関する章の結論で，ガンスはヘーゲルの手本にはない一つの節を書き加えた。すなわち，反対派に関する理論 die Lehre von der Opposition である。それは，1828/29の冬期セメスターから筆記ノートにおいて比較的広い場所——それは後の講義（1823/33, 1837, そして1837/38）においては明らかに後退した——を占めた。もしかすると，この強情な弟子の代わりにヘーゲルに対して当局の側から表明された「警告」は，この節に起因するのかもしれない。いずれにせよ，ガンスは，ヘーゲル的原理に従って，否定の範疇から国家における反対派の必然性を導き出したのである。ガンスは西ヨーロッパの憲法体制を見て，「反対派は一定の状況から生じるのか？　反対派が存在するのはある一定の国家においてだけなのか，それとも，それはすべての国家において存在すべきなのか？　どのようなところで反対派が必然的なのか？」と問うた。問題がそのように提出されたということは，答えは肯定だということである。すなわち，反対派は，「イギリスやある特定の諸国だけではなく」至るところで，見出される。それは，偶然的なものではなく，「各々の国家の利害と一致する。国家が反対派と関わっていなければ，国家は怠惰な状態にあるのである。」それは次のことを言おうとしている。国家が反対派と敵手を抑えるならば，そしてそれによって，国家が反対派固有の活動原理，すなわち「否定の側面」——それは行為並びに思考のなかに絶えず現れ，真理の運動における不可避的な契機であるのだが——を抑えるならば，国家および制度の状態は次第に腐敗する。1832/33の講義において，ガンスは，反対派は「真に実定的なものをそれ自身の内に含まねばならないと

ころの真の否定であり，反対派が勝つやいなや，議会は解散されなければならない」と言っている。

　反対派に関する理論へのこのような関心は，何故にガンスがヘーゲルとは違って選挙手続の問題に強い関心を示したのかを説明している。ヘーゲルに従えば，市民社会の特殊な領域，すなわち，ゲマインデやコルポラツィオーンなどにおいて，私人は，普遍的なものを代表する使命を得る。政治的代表もそこから出るので，ヘーゲルは選挙を余分なもの，あるいは意見と恣意の取るに足らないゲームと思ったのである。というのは，議員は，個人の代表，多数の代表，そして社会そのものの代表ではなく，身分の代表，コルポラツィオーンの代表，ゲマインデの代表だからである。それに反して，ガンスは，選挙手続のなかに決定的に重要な問題を見出した。彼は，「コルポラツィオーンや身分によって選ばれるのか，それとも人口に応じて……選ばれるのか」という「激しく争う二つの意見」に注意を向けさせた。第一番目の意見は，容易に理解されるように，この点で，かつて激しく争ったロマン派的・身分的理論のすぐそばに行き着くところのヘーゲルの意見と一致する。ヘーゲルが過去に目を向け，『法哲学』の基礎に置いた自由原理を歴史的発展の原理によって否定したこの箇所で，批判はもはや抑えられない。すなわち，第一番目の意見に関して，ガンスは次のように批判する。「コルポラツィオーンから選ばれた者はすべて，コルポラツィオーンの知識でもって代表する。しかし，市民社会の身分は，国家の中で消滅し，すべての人は市民 Bürger になる。今や身分の境界が徹底的に消滅しているだけにそうである。」

　これは，アーノルド・ルーゲによれば，ガンスがヘーゲルの存命中に『法哲学』から引き出した「自由主義的一貫性」である。その際，各々の場合に，ヘーゲル的原理の一貫性——それに対して右派のリベラル派および左派（ローゼンクランツ，ヒンリヒス，ミシュレ，ルーゲ，若きマルクス）と同様に，進行する時代の動きに関係づけられた意味をガンスが与えたのである——が問題であるということをもちろん見逃してはならない。ヘーゲル法哲学の欠点はまた，ガンスにとっては，それが概念の先端，思考する和解において，「生きた歴史」から生じ，一面的に理論的に振る舞い，この立場を絶対的なものとして固定するということのなかにある。しかし，この欠点についてガンスは述べなかった。

もし，彼がヘーゲルを修正するなら，鐘の鳴る騒がしさや絶え間ない鳴り響きをもってではなく，黙って，尊崇の念に溢れて修正したであろう。それにもかかわらず，彼の修正はまさにヘーゲル左派からの批判が生じた地点で始まっている。

※1　Philosophie des Rechts §§ 305-307参照。ここでは，ヘーゲルは「家族生活 Familienleben」（＝家原理もしくは性原理 Geschlechterprinzip）に由来する「市民社会の身分」（貴族）の特殊政治的な資格および——譲渡できない——その身分を君主権力に結びつけるところの遺産 Erbgut（長子相続権）を導き出そうとしている。そのことから，次に第312節が二院制の必然性を規定している。ガンスの批判は，形式的には，上院 Pairskammer に関する当時のフランスの議論に関連しているが，事態に即して見れば，まさしくヘーゲルに向けられている。手稿131頁〔原書103頁，本訳書129頁〕参照。「ペリエ Pairie〔フランスの上級貴族〕がより早い時期に過去のものになったので，今や人はそれを思考から導き出そうとしたのである。すなわち，国家においては，二つの契機が代表されなければならない，家族と市民社会が存在する。家族の代表はペリエであり，市民社会の代表は議員である……我々は言う。ペリエの思考は中世的である……〔しかし〕安定した議会は，長い期間信任される上院でなければならない。」

※2　この解明に役立つのは，1830年11月27日付けのシュマルツ Th. Schmalz の手紙である。それはガンス達に，次のように注意を促している。「人が言うように」，統治に対するいかなる反対派もまだ存在するに至っていない国家を「錆びている」と表明することは，彼を「政治的に危険な状態に」するに違いないと。その手紙の複製印刷物は，Die Juristische Fakultät der Universität Berlin, hrsg. v. O. Liebmann, S. 94-96 および Natur und Geschichte, Karl Löwith zum 70. Geburtstag, Stuttgart/Berlin/Köln/Mainz 1977, S. 257f. 所収の「私のヘーゲルとガンスについての研究のはじまり」参照。

※3　Naturrecht v. Gans, Ms. germ. 4 1708, Winter 1828/29, S. 174.
※4　前掲書。
※5　Dorow, Denkschriften und Briefe, N. F., Berlin 1841, Bd. 5, S. 90ff. 所収の Ueber Opposition (1837) 参照。
※6　手稿130頁〔原書102頁，本訳書128頁〕。
※7　Philosophie des Rechts § 311, S. 404ff. そして § 308-310 も参照。
※8　手稿132頁〔原書103頁，本訳書129頁〕。
※9　A. Ruge, Deutsche Jahrbücher, 1842, S. 762 und 764.

ガンスが変更を優先させた二つの章　さて，それはまた，講義の三番目の手がかり，すなわち，市民社会に関する章，我々はそれを締めくくりで取り扱いたいのだが，に対しても当てはまる。人が，手本からしばしば逸脱する定式化——それはこの領域において支配的な個人主義的競争原理をヘーゲルの場合に生じたよりはるかに少なく様式化して表現している（「市民社会において，人格が登場する，各人格にとっては他の人格の負担で，また他の人格を通して自己の欲求

の充足をはかるのが目的である。ここでは，自己を貫徹させようとする利己的原理が支配している。相互依存の体系，すなわち各々が全体の中の一つという性格をもった体系である*1。」）——を何と言っても考慮しないなら，ガンスが修正を優先させた二つの章が本質的には存在する。第一は，欲求の体系（§§189-208）であり，その講義はそれに新しい国民経済学の（重商主義の，重農主義の，そしてイギリスの産業システムの）教理史的概要を書き加えた*2。そして，それによって，ヘーゲルの表現は拡大され，歴史的に具体化されたのである。ここでは，それに詳細に立ち入ることはできない。我々にとっては，第二番目の章，すなわち，ポリツァイとコルポラツィオーンの方がより一層重要であるように見える。ガンスは，そのなかで，我々の問題設定との関連でとくに啓発的かつ興味深い一連の修正を行っているのである。

　直接的には，政治的国家領域への入口の前，すなわち，『法哲学』の§§240-245で，ヘーゲルは近代国民経済学の結論に続けて，市民社会の「何の妨げもない実効性」によってそれ自身の内部で生じるところの富と貧困の対立を取り扱っている。ヘーゲルはそれを「富の過剰によって市民社会は貧困の過剰および賤民の産出を制御しうるほど十分に富んではいない，すなわちそれに固有の資産を十分所有していない」という「弁証法」に社会を追い込むところの，この社会の産業的再生産過程の必然的結果として把握しているにもかかわらず*3，「賤民 Pöbel」の規定を奇妙な不確定さに止めている。社会的には，賤民は，一面では，「特殊な労働の制限」に結びつけられている階級，すなわち，マニュファクチャー労働者および工場労働者階級と一致するようにみえる。しかし他面では，ヘーゲルは，貧困それ自体は決して賤民を作らず，「貧困と結びつけられた心術……富者，社会，規律などに対する内的な憤りが賤民を作る」（§244補遺）とはっきりと強調している。それは，やはり「ブルグス vulgus〔民衆，賤民〕」と「ポプルス populus〔国民〕」の違いに結びつけられた古代の賤民概念と同じである。それは市民社会の経済的現存条件の中にある確固とした「階級」ではなく，道徳的意見の偶然性と任意性とが一体となった「貧困の主観性」および必要一般（§244）を際立たせている。それに次のことが一致する。すなわち，市民社会の本来の身分編成においては，問題となっている賃金労働者階級は，土地所有者の「実体的身分」という取扱いも，商工業 Gewerbe 身

分という取扱いも受けないのである。ガンスは，この編成に与するが，しかし，彼はそれと並んで，なお，彼が「市民社会の有機的構成 Organisation」と呼ぶ二つ目のものを知っている。

※1　手稿92頁〔原書81頁，本訳書102頁〕。
※2　手稿96-97頁〔原書83頁，本訳書104頁〕参照。
※3　Philosophie des Rechts §243, S. 302参照。
※4　前掲書，§§202-206, S. 264ff.

ヘーゲル学派の発展の先取り：賤民の止揚というプログラム　市民社会の有機的構成は，「ポリツァイ」に関する章で現れる。それ故，そこでは，ヘーゲルの手本は，ただ一般的に，富と貧困の対立および一部分は道徳的に評価された賤民の存在を取り扱っている。すなわち，「そのように，ポリツァイによって秩序づけられている市民社会は不可避的な仕方で，ある有機的構成に至る。それは，金持ち，富裕者 Begüterte あるいは生活できる者と，生活できない者，生存が保証されているという意識をもっていない者とに区分される。後者が，賤民に属する。」周知のように，ヘーゲルの場合，賤民の存在は，貧困な人々に私的あるいは公的な「援助」（喜捨，寄付，救貧院など）が与えられるということによって，制御される。社会的弁証法の本来の客観的逃げ道としては，世界貿易と植民地主義が現れる。しかし，それによって，賤民の産出は止揚されず，枯渇することのないものとして前提される。別のやり方で，ガンスは，社会的存在における賤民そのものの存在に対して，市民社会の自己「編成的」成分として，問題にした。すなわち，「賤民は残るべきか？　それは不可避的存在か？　この点において，私はこの点においてだけ正しさを有するサン＝シモン主義者の意見に与する。我々の場合には，そのような賤民はまだ組織化されていない，しかしロンドンにおいては〔組織化されている〕。ポリツァイは，いかなる賤民も存在しないというところまで仕事をすることができなければならない。賤民〔の存在〕それは事実であるが，しかし決して正しいことではない。人は，その事実の根拠まで尋ね，その事実を止揚しなければならない。」また，それは，19世紀の歴史にとって重要になる一つのプログラム，すなわちヘーゲル学派の内部での来るべき発展の先取りである。ガンスはその後に，このテーマを彼の「人と状況の回顧」（1836年）において，もう一度取り扱ってい

る。これまでの歴史がどのように変化しようとも，主人と奴隷，古代ローマの世襲貴族と平民，封建領主と家臣，工場主と労働者との間に常に存在した階級関係について書かれたこの書に見られる驚くほど大胆な命題が，学生マルクス（この時代まではガンスの受講生であったのだが）に，何の印象も与えなかったわけではないということを，若干の確かさをもって受け入れてもいいかもしれない。[※3] ガンスはここで工場主の支配に対抗する「プロレタリア達」に方策を提案するが，それを，彼は既に1832/33の冬期セメスターにおいてヘーゲルのコルポラツィオーン概念の解釈に際してもっていた。「……それは，自由なコルポラツィオーンであり，社会化 Vergesellschaftung である」と名付けられて。[※4]

※1 手稿112-113頁〔原書92頁，本訳書116頁〕。
※2 前掲書，113頁。
※3 Rückblicke auf Personen und Zustände, Berlin 1836, S. 99ff. 参照。それについては，既に何年も前にコルヌが示している。A. Cornu, K. Marx und Friedrich Engels, Berlin 1954, Bd. 1, S. 81参照。
※4 Rückblicke S. 101. 手稿113-114頁〔原書92-93頁，本訳書116頁〕参照。

ヘーゲル理論の領域内への止まり　　もちろん，ガンスはまたここではなお「市民社会」の領域に，すなわち，ヘーゲルの法哲学の中に見出される理論の領域に止まっている。講義においては，工場主に依存している賃金労働者の「社会化」が問題ではなく，ヘーゲルと同じように，市民社会自体の社会化，すなわち，社会から切り離された構成要素を国家に媒介することが問題であった。「コルポラツィオーンは市民社会の分裂した部分の社会化である。」[※1]「社会化」は，ガンスにあっては，まだ「人倫化」，すなわち経済的生活過程の「何も妨げるもののない実効性」によって生じる非コルポラツィオーンおよび市民社会の非統合の「コルポラティヴな」止揚である。ヘーゲルは，彼が「コルポラツィオーン」の下に理解しようとしていたことを比較的不確定にしていたのに対して，ガンスは，少なくともヘーゲル的概念に結びつけられることが稀ではない誤解，すなわち中世的な同職組合〔ツンフト〕との取り違えを除去した。ガンスは言う。「ツンフトは個人の自由が奪われる不自由なコルポラツィオーンである。我々が語ろうとしているコルポラツィオーンは，個人が市民社会によって自由にされるようなものである。」[※2] ここから，ガンスは上で述べられた著作において，ヘーゲルの概念と初期社会主義的アソシアツィオーン理論（サ

ン＝シモン，フーリエ）とのつながりを打ち壊す。ガンスは一方ではヘーゲルとともに，市民社会と「反省的な性格」（個人主義的競争原理，人格と所有の自由）とは分けられない，つまり，それは「サン＝シモン主義者」が望んだようには「それ自体国家に高められ」えないということから出発するにもかかわらず、※3　他方，市民社会の自由原理および正義〔Recht〕原理によっては，不自由はなお克服されない，すなわち，なるほど不自由は「形式的には止揚されるが，しかし実質的には完全な姿で存在している」であろうということを，偉大な疑う余地のない正しい洞察だと思っているのである。「もし人が人間を動物のように搾取するとすれば，たとえ彼が普段は餓死から免れているとしても，それは奴隷を意味しないか？　この惨めなプロレタリアにおいては，いかなる人倫の火花ももたらされえないことになるのではないか？　彼は，今は精神も心術もなしに為さざるをえないものへの関心を高めることを許されなくともよいということにならないか？」※4　市民社会は労働を自由に委せる。なぜなら，市民社会は，中世にあってはツンフト組織のなかにあった「有機的制度 Organische Einrichtung」を破壊するからである。しかし，もし，国家が，仲裁に入らないならば，そして，市民社会の内部で労働者に「自由なコルポラツィオーン，社会化」が許されないならば，自由に委ねられた労働は今や，コルポラティブな束縛から専制へ，すなわち，「親方の支配から工場主の支配へ」零落する。※5

　　※1　手稿114頁〔原書93頁，本訳書116頁〕。
　　※2　前掲書，114頁。──ヘーゲルは，コルポラツィオーンを，市民社会の「労働組織 Arbeitswesen」の「共同 Gemeinsamen」から生じさせる。そして，彼はそれを「同輩関係としての組合 Genossenschaft」の概念と同一視している（251節）。ツンフト制度との類似は，252節の注釈にある。境界の設定を，ただガンスによって編集された255節への補遺がもたらす。
　　※3　Rückblicke S. 98参照。
　　※4　前掲書，99頁
　　※5　前掲書，99頁および次頁，とくにフランスの状態への言及を参照せよ。そこでは，政府が政治的な理由で労働組合 Arbeiterassoziation および職人組合 Handwerkerassoziation を禁止していた。それについて，ガンスは短かく論評している。「このような状況が長く続くことができるのかどうか，労働者が社会の中に拠り所を求める必要がないのかどうか，ということはまさに，昔よりなお，今の社会が関心をもつべき問題である（100）。」

29 **ルーゲーマルクス系列との違いとヘーゲル法哲学の止揚**　それ故に，ガンスは，ヘーゲルによって輪郭が描かれた概念と立場をかなり踏み越えたのである。もちろん，それは『法哲学』の基礎に，すなわち，市民社会と国家の領域の変わりえない対立，否，不可避的に内包されている対立に，そしてその和解の可能性に，しっかり掴まれている。けれども，この地平の内部で，ガンスは，これまでの哲学および法学の歴史書においてよくあるように，彼が「右の」ヘーゲル学派に数えられるかどうかを疑わしく見せるところの一連の介入と変更を企てた。※1 なるほど，人は，ガンスがヘーゲル的法哲学から全く自由な関係に立っているということを，そして，とくにそれは彼のヘーゲルとの相違に関して生じた伝説に基づいているということを知っている。そして，人はまた，彼がそれによってしばしば，いかにやすやすと保守的な老ヘーゲル学者にさせられたかも知っている。かくして，とくに極端な例を挙げておくと，カール・ヘーゲル〔ヘーゲルの長男〕は，ガンスの死後，〔ヘーゲル〕全集の新版を作ることが必要になったときに，ヨハネス・シュルツェとマルハイネッケから，ガンスの補遺の中であまりに「自由思想的」に見える二三の箇所，とくに「ｉの上の点」としての君主に関する有名な命題を削除する任務を与えられたのである。※2 ガンスが，ヘーゲル的な弁証法の意味での反対派に対して異論を唱えた時，自身を固定する一面的契機として理解したこと，すなわち，なるほど個別的には，それ故「事実」においてはそうだが，しかし原理的にはヘーゲル法哲学の基礎を越えていかない批判としてであったことは，疑いがない。しかし，この批判そのものが，わずか10年後に『法哲学』のヘーゲル左派的破壊——概念的に正当化された事実の虚偽性からヘーゲル的原理の虚偽性を推論するのだが——が始まった諸点に関係しているということもまた，疑いがない。ここには，ガン **30** スとルーゲーマルクス系列との間の原則的な点での違いがある。それにもかかわらず，ガンスは，ヘーゲル学派の中でははじめて進歩思想を実行した人だと言ってもいいかもしれない。※3 彼は，ヘーゲルによって基礎づけられた法の概念，すなわち，『法哲学』の原料となった「自由の金属」※4 を現在の状況と比較し，それらが不整合な場合には，その止揚が将来のために絶対必要だと主張したのである。

　　※1　後の叙述は大抵，エルドマン J. E. Erdmann が与えたところのヘーゲル学派の歴史

について今まで残されたもののなかでは欠かすことのできない最上のものに従う。Grundriß der Philosophie, Berlin 1866, Bd. 2, S. 619ff. 参照。法学 Jurisprudenz の領域については、Stintzing-Landsberg, Geschichte der deutschen Rechtswissenschaft, Bd. 3, 2, S. 354ff. を参照されたい。若いうちから、私はリュッベの有益な労作を参照してきた。すなわち、H. Lübbe, Die Politische Theorie der Hegelschen Rechten, in Archiv für Philosophie Bd. 10/3-4 (1962), S. 175 ff. および Die Hegelschen Rechte, Stuttgart-Bad Cannstatt 1962, Einleitung である。また、シュトゥケ H. Stuke によるヘーゲル右派と左派との間の明確な境界設定の困難さについての適切な論評も参照されたい。H. Stuke, Philosophie der Tat. Studien zur Verwirklichung der Philosophie bei den Junghegelianern und den Wahren Sozialisten, Stuttgart 1963, S. 32 f.

※2　ミシュレによる報告を参照せよ。C. L. Michelet, Wahrheit aus meinem Leben, S. 171.

※3　これについては、W. R. Beyer, Gans' Vorrede zur Hegelschen Rechtsphilosophie, in Archiv für Rechts- und Sozialphilosophie Bd. 45 (1959), S. 260参照。もちろん、その序言からのみ証明しうるだけではないが、ヘーゲル学派の左と右への分裂の根源に関するその命題に私は与する。しかし、たとえ、宗教哲学がシュトラウスの「イエスの生涯」(1835) の出現の前に既に対立的な解釈の対象であったとしても (Göschel, Weiße-F. Richter, Feuerbach)、ここではパラレルな事象が問題となっていることを看過してはならない。

※4　Philosophie des Rechts, Vorwort, S. VIII 参照。

［中村　浩爾］

自然法と普遍法史

Naturrecht und
Universalrechtsgeschichte

どうすれば一つの講義のなかでこれら二つの専門分野〔自然法と普遍法史〕を一緒に扱うことができるのか。ドイツの教授たちの古い慣習に従うなら，このことを成し遂げることはできないだろう。しかし哲学的な意識を有する者，つまり最善の認識者たる者はこのことに取り組む。これら二つの学問をどのようにして統一するのか。ごく一般的にはこれらの学問はきわめて厳密に分離され，ここにはわずかとはいえ反目が見られる，その反目もおそらくは休戦によって中断されたこともあるであろうが。〔まず〕ある者たちは，哲学を法と国家を超越した省察であるとみなす。しかしこれは甚々しい誤りである。なぜならば，理念はそれ自体客観的に存在するものだからである。とりわけ誰もが自分の自然法をもち「私は国家の理想像をもっている」と述べる。カント信奉者や最近ではフィヒテ信奉者はかようにして，歴史を無視した当為的自然法を作り出した。また別の者たちは，フーゴー*がそうしたように，実定法の哲学を打ち立てる。しかしこの哲学は起こったことを起こったこととして列挙しているにすぎない。つまりこれは単なる番号づけである。

　三番目の見解はこれら二つの流れと敵対しているように見える。そもそも法は歴史的に現れたもののなかやその因果関係のなかに在るだけではない。その瞬間その瞬間で正しいものを発見することが法であるのでもなく，法はそれ自体永久であり真であるとされる。「法律と法は最悪の病気のように遺伝し続ける」（ゲーテ*）と言われるが，たいていの場合このことは真実である。なぜならこの見解は，法とはまさに真に現実的であるということを事実意図しているからである。歴史的な形式は法の形式ではないが，その歴史的な形式において法の形式は現実的で永久のものになった，というのである。ただ理論的なだけの法は法ではない。[1]この立場から我々は出発しなければならない。

　法は宗教と類似している。宗教は即かつ対自的に真であり永久のものであり，宗教も歴史を有していた。

　ここでは普遍法史を，それが拡張していくという点において論じるのではなく，哲学的に論じることにする。まずはヘーゲルが自然法の序文のなかで著した次の命題について論じてみよう。というのは，この命題が往々にして誤解されているからである。

　理性的であるものは現実的であり，

31

現実的であるものは理性的である。
　現実的であるとは単に表面に表れたもの，つまり関心を向けるに値しないものではない。真であること，そして思考されることがともに現実的なのである。この講義が対象とするのは，即かつ対自的，そして自発的な法の展開であり，そして理性法がそのなかで展開したという点で歴史の展開である。

[的場 かおり]

序:自然法の歴史[2]

Geschichte
des Naturrechts

ギリシア哲学　　自然法はいつ生じたのか？　オリエント世界で生じたのではない。なぜならオリエント哲学というものは存在しないからである。オリエント世界には，国家も自由すなわち意思もない。はじめて哲学が登場するのはギリシア人の下においてである。なぜならはじめて個人が現れるのがここギリシアだからである。哲学は思考のみを必要とし，哲学は何の前提もなく存在しなければならない。しかしオリエント世界にはある前提，すなわち宗教的神秘主義，宗教の萌芽という前提が存在する。［しかし］それは意識ではない。意識はギリシア人の下においてようやく姿を現す。だが，国家を思考の対象とするには，ギリシア人はさらに先へと歩みを進めなければならなかった。ギリシア人が哲学した最初のものは自然，つまり神の被造物としての自然であり，事物の本性としての自然であった。タレスは最初のギリシア人哲学者である。彼は特筆すべき格言を［後世に残した］*。

　このように自然哲学が最初の哲学であった。法哲学がはじめて登場するのは，国家がさらに発展したときのこと，つまり，普く拡張していたオリエント国家が民主政体のなかで勢いをそがれた後のことである。

　ピタゴラス哲学のある命題が法哲学の出発点をなしている。それは，正義は一つの数でありその数は何倍に増えても不変であるという命題である。しかし本当の始まりはソフィスト哲学のなかに見出せる。すなわちアナクサゴラスはヌース νοῦς〔理性〕を事物の原理として定立した。ソフィスト派はこのヌースを全く主観的に目的，意思と捉える。後にヌースは，彼らの間では絶対的なものとされる恣意となった。

ソクラテス　　ソクラテスはまさに，普遍的ではなく主観的なもの，恣意的なものに闘いを挑んだ人物である。ようやくこのソクラテスを法哲学の父と呼ぶことができよう。ソクラテスの説によれば，アナクサゴラスのヌースは恣意的なものではなく，正しきもの，善き美しきもの，不変なものとなる。ソクラテスが常に述べるのは，善き真なるものが支配しなければならないということであって，善きものとはどのようなものかということではない。したがってソクラテスの説く善は，メガラ学派（「善は存在し不善は存在しない」）やキュレネ学派（「善は快楽を満たすことである」），キュニコス学派（「善は有限なものを放棄することである」）の善とは異なる。しかし唯一プラトンだけがソクラ

テスの命題を真に展開した。この真の展開はプラトンの『国家』Republik のなかに見出せる。以下ではこの著作を引き合いに出すことにしよう。

プラトン　思考するということはそれ以前のものを変更することであり，古いものを単に複製することではない。ある状況が思考の対象となるとその状況は変更される。それゆえオーストリアでも君主制を擁護することは許されない。この法哲学はギリシア世界が没落してゆく時期に属し，たった60年しか続かなかった。プラトンの『国家』は，ソクラテス，ケパロス，ポレマルコス，トラシュマコス，グラウコン，アデイマントスの対話に始まる。

　対話は富に関することから始まり，ソクラテスは，「ケパロス，君は裕福だ。だから年老いても幸せに暮らせるのだ」と述べる。ケパロスは，テミストクレスがあるセリフォイ人に述べた言葉を用いて，ソクラテスに答える，「私がセリフォイ人だったとしたら，名を上げることはできなかっただろう，君がアテナイ人だったとしてもそうできなかっただろうように*」と。彼らは富の長所について話し合い，富裕であれば不正義を行うことはないということが富の主要な長所であると言う。さて正義の定義に移ろう。シモニデスの定義によれば，正義とは誤ったことを何一つ述べず，自分のものでないものはすべて返却することである。ソクラテスはこの定義を批判して，真なること，つまり心から真実を述べ，敵に対して善きことをなすのは正しくないと説く。それからこう補足する，「〔善き人間である〕友に対して善きことをなし，〔悪しき人間である〕敵に対して害をなすのが正しいことだ」と。それを聞いたソフィストのトラシュマコスは大きな叫び声を上げ，正義とは強者にとって有益なものだとしか解せないと述べる。フォン・ハラーもホッブズもこう述べているが。するとやはりソクラテスは反論し，この反論に第1巻は費やされた。ソクラテスは，何が有益であるのかは強者自身が知らないということを証明したが，それに関してトラシュマコスは「支配者は支配者たる限り決して過ちを犯さない」と述べる。それに対してソクラテスは「真の支配者は自分自身のために支配者たるのではない」と応じる。それを受けトラシュマコスは「誰も正義をなすから正しいというわけではない。正しいこととは，強者にとって有益であることのみである」と反論する。ソクラテスは「不正な者は不幸であり，公正な者は幸福である。正義は善であり，不正義は悪である」と述べることで勝ちを収める。臨席

者たちからこのことを証明するよう嘆願され，ソクラテスは語り始める。こうしてこの対話は終了する。続いてソクラテスは「小さな〔文字で書かれた〕書物を読もうとしてもたいていは読むことができないが，その書物が大きな文字で書かれていればそれを読むことができる。そこでまず我々は大きな国家における正義を示そうではないか」と言う。彼が示すところによれば，国家は農民や織物工など多様な人間を必要とし，また，国家は領土拡張をせねばならないため，戦士，監視者，支配者を必要とする。そうしたことは国家の現実的な基盤をなす。国家は客観的な正義であるがその客観的正義は個人においては主観的なものであり，国家における諸身分は個人においては素質とされる。

　人間の魂の本質は三つの基本的能力から成る。理性的なもの，すなわちト・ロギスティコン τὸ λογιστικόν，欲望的なもの，すなわちト・エピテュメティコン τὸ ἐπιθυμητικόν，そして怒り，すなわちト・テュモエイデス τὸ θυμοειδές の三つである。怒りは欲望と理性との葛藤である。知恵〔ソフィア σοφία〕は理性からしか生じない。怒りからは悪に対する憤慨，勇気，すなわちヘ・アンドレイア ἡ ἀνδρεία が生じる。アンドレイア〔勇気〕とソフィア〔知恵〕は一緒に節制，すなわちソプロシュネ σωφροσύνη を生み出す。そしてこれら三つは正義，すなわちディカイオシュネ δικαιοσύνη を生み出す。魂のこれら三つの基本的能力に対応する素質が国家には存在する。それは，理性的であろうとするもの，すなわちト・ブレウティコン τὸ βουλευτικόν，欲望的で奉仕するもの，すなわちト・クレマティスコン τὸ χρηματιστικόν，そして仲介する中庸のもの，すなわちト・エピクリコン τὸ ἐπικουρικόν の三つである。この最後のものは，欲望的なものに抗って最初の理性的なものを擁護する。そしてこれら三つから社会の三身分が導き出される。すなわち次の三つである。まずは支配者，守護者，ピュラケス ψύλακες，監視者であり，彼らには理性的であろうとする要素がふさわしい。次に，一番下の土台をなすのは何らかの生業に従事し奉仕する者たちである。最後に，エピクリコン ἐπικουρικόν〔補佐〕から戦士が誕生し，彼らは立法者を守らなければならない。支配者には知恵と学識が，戦士には勇気が，そして奉仕者には節制がふさわしいとされ，正義は彼らすべての美徳とされる。この規準にはさらに細かな条件が附される。すなわち，地上の国家は天上にある神々の永遠なる世界の像であるがゆえに，

国家をひどく退廃させる主観性という契機は放逐されねばならないというのである。主観性とは自己の利害である。人間はしたがって普遍性のなかで生きるべきであって，個別性のなかで，つまり利己的に生きるべきではない。上位二つの身分には総有しかありえず，奉仕者身分のみに私有が許される。大衆は与えられる状況に服し，個々人は全体にとっても有益になるように努めなければならない。各人がどの身分に属すのかは，出自という偶然や親の恣意に左右されるべきではない。どの身分に属すのかを明示するのはアルコン，つまり支配者である。それゆえ教育は国家の管轄事項である。したがって上位二つの身分は私的な婚姻をせず，群婚しかない。有能な者のみが国家によって受け入れられ，無能な者は遺棄される。国家は愛情をもたず，公民のみを必要とする。愛が存在するのは家族においてのみである。女性たちも出陣するが後衛部隊を成すにすぎない。プラトンが詩人を追放するのは，詩人が神々をこの上なく惨めに描くからである。彼はその様を，ホメロスから多く引用している。[3]

　この国家はその本性上徹頭徹尾ギリシア国家として描かれている。ギリシア国家は可塑性をもった国家である。プラトンの国家は一つのイデアだと言われる場合，これはイデアという形式で国家を把握しているという意味である。プラトンは決して非実践的だったわけではない。彼は『法律』Nomoi で実践的なことを提示している，つまりギリシアの教育について多く論じているのである。プラトンの国家の誤りはギリシア国家の誤りである。その誤りとは主観性を排除したことである。〔それに対して〕我々は主観性を認容し，主観性を国家のために役立たせる。購買欲や商人たちの努力が生む成果は国民経済学においては国家の利得とされる。近年たびたび見受けられることだが，サン＝シモン主義者がそうしたように，プラトンのこのイデアは無知から定立されている。

　アリストテレス　　プラトンの後継者であるアリストテレスは，おそらくことあるごとに学問に登場する最も該博な知識の持ち主の一人である*。アリストテレスはアレクサンダー大王と似ている。アリストテレスは，学問全体をそのすべての部分に至るまで把握し，経験を哲学的に考究した最初の人物である。アリストテレスは絶対的なものを可能態，すなわちデュナミス δύναμις において即自的に存在するものとして見出しただけではなく，それはエネルゲイア ἐνέργεια〔現実態〕でもある，つまり絶対的なものとは精神と現実との統一で

あると理解した。プラトンは全く別である。イデアはカタ・デュナミン κατὰ δύναμιν〔潜在〕、つまり原像を模写したものにすぎないのである。〔アリストテレスによれば〕絶対的なものは〔一方で〕現実的である、つまり思考する理性であり、論理であり、他方で、自然のように、それらが表現するものである。いかなる思考にもヌースがあり、ヌースは思考の産物であると同時に思考そのものである。活動的で現実的なイデアのみが重要なのである。またアリストテレスは、プラトンにあっては依然として一体であった倫理と政治を区別する。倫理についてもアリストテレスは、理性的な魂と非理性的な魂とを区別する。徳とは、非理性的な魂に苦しめられる者が理性的とされることをなすよう振舞うことである。アリストテレスは、「ソクラテスの誤ちは、彼が徳をエピステメ ἐπιστήμη、つまり学問となし、その実践的な部分を見落としてしまったことである」と述べる。アリストテレスが説く徳とは、両極端なものの中庸である。正義はこの徳に宿る。アリストテレスは正義を矯正的正義と配分的正義とに分ける。

アリストテレスの家族と国家　アリストテレスは、共同体は個々の事物を上回るものであり国家は一つの共同体であると述べる。アリストテレスによる国家の定義は下から、つまり家族から始まるのだが、第一の社会とは生殖を目的とする男と女の共同体であり、〔第二の社会とは〕主人と奉公人双方の生存の維持を目的とする共同体である。これらの関係はギリシア人の場合と他の諸民族の場合とでは異なるとされる。二つの共同体からまず家、すなわちオイコス οἶκος、家族が生じ、家族が複数集まれば村が、さらには国家や都市、すなわちポリス πόλις が誕生する。国家はより高次の幸福のために存するのであって、自らを維持するためだけに存するのではない。人間は国家のなかで個人的な事柄を捨て去り、〔そうすることで〕彼は一層高尚な存在となる。アリストテレスは、「国家は自然の産物の一つである。そして人間はゾオン・ポリティコン ζῷον πολιτικόν〔政治的動物〕であり、人間は本能的に国家のなかで生きるようにできている。もし国家の外で生きる者がいるとすれば、その者は人間を超えた者か人間たりえない者かのいずれかに違いない」と論ずる。

　家族は国家よりも単純であるが、家族はより高度な意味において国家に依存し国家から導き出される。家族は自然的には第一のものであるが、精神的には

国家に次ぐ第二のものである。国家の特性は常に家族のなかに見出せる。まず最初に家族の統治が存在しなければならない。家族は支配、婚姻、そして親子に基づく社会とされる。ここではやはり奴隷制が意識的に擁護されており、このことは古代においては最も重要でありあくまでも古代にふさわしい。アリストテレスは、「支配する者と奉仕する者が存在しなければならない」、「その一方は精神的な観点から言えばより高次におり、他方は肉体的な観点から言えばより高次にある。ここから、女性と奴隷〔という地位が生み出される〕、そしてこの関係は自然の摂理に従うものである」、続けて、「男性と女性の関係はオープリッヒカイトな関係であり、父親と息子の関係は君主〔と臣下〕的な関係である」と述べる。彼にはいまだ人間という思想が現れていない。富に関してアリストテレスはプラトンとは全く異なる。というのは、アリストテレスは中庸な富という美しさを追求し、徹頭徹尾富を排斥するわけではないからである。これが国民経済学の端緒である、もっとも国民経済学はようやくキリスト教の下で成立するものなのだが。アリストテレスは国家によって富を保護しようとする。

最後にアリストテレスは国家と市民について論じる。ポリテス πολιτης〔市民〕は裁判と行政に参加する者である。しかしこの定義は民主制国家に限って当てはまるものであり、他の国家には妥当しない。そのためこれはアリストテレスのきわめて高尚なイデアであるが民主制しか解さなかったプラトンほど視野が狭いわけではない。この定義が最良の定義であるとアリストテレスは述べる。しかし別の定義もあると言う。すなわち、彼の両親や祖父母が市民であったならばその者は市民であるという定義である。既にゴルギアスは「市民は市民製造工場から産み出される」と述べてこの定義を茶化したとされる。モンテスキューもアリストテレスと同様に多様な国制を定立し、続いてそれぞれの国制のために多様な法律を与えた。*

アリストテレスは目覚ましい進歩も遂げた。というのも、アリストテレスはプラトンとは反対に、徳の否定もまた国家においては許容されなければならないと述べたからである。

アリストテレスの国制　アリストテレスは国制を三つに区別した。最初の国制は君主制である。二つ目の国制は貴族制であり、若干のエリートたちによ

る支配である。三つ目の国制は共和制，すなわちポリティア πολιτεία である。これらの形態のいずれもが善きものでありうるが，三つ目の国制が最善であると彼は言う。これら三種の国制はそれぞれ変性する。つまり君主制は専制君主制や僭主制に変性し，貴族制は金持ち貴族が支配する寡頭制に変性する。最後に，ポリティアは頽落した民主制に変性する。中庸が支配すれば，いかなる国制でも最善である。なぜなら国家では，両極端なものの中庸が最も強大であるからである。これは単に消極的な真ん中，すなわちジュスト・ミリュー juste milieu と取り違えられてはならない。

　さて，アリストテレスは各国制において法律がいかようであるべきかについて述べる。これらの国制論とならんで，アリストテレスはギリシアと南イタリアの国制史，政治についても著したがこれらの著作は失われてしまった。アリストテレスの政治学には，プラトン（のテーゼ），つまりソクラテスが述べたとされる，国家における善とは単一であるというテーゼに対する直接的な反論が含まれている。単一であるということには二つある。実体をもつ単一性と，実体のない直接的なものとしての単一性であり，アリストテレスが考えるのは後者の単一性である。後者の単一性が追求されすぎると，個人しか単一でないということになり国家，家族は否定される。このような単一性は無益な平等でしかない。国家には多様性が存在しなければならない。アリストテレスは，男も女子どもも同様に各々が同じ物を指して「私のものだ」と主張しうるのはよくないことであるとも説く。「すべての者が財産を所有する」とは，誰もかれもが一緒に所有するという意味である。多くの者で〔同じ〕財産を所有すると，彼らはその財産のことをなかなか気にかけなくなる。プラトンは，市民はどの子どもも自分の子どもとする，すなわち，何人も自らの子どもに対して好意を抱くように他人の子どもに対しても好意を抱くべきだと説いた。しかしそうなれば市民はみな，誰に対しても真の愛をもたなくなる。真の愛は冷めてしまい，誰もが愛という名でもって自分の親族を呼ぶことができなくなる。[4]

　アリストテレスが生きた時期のギリシアは既に衰退しており，ギリシアの美はオリエントの外套に覆い隠されていた。アリストテレスはギリシア的要素を超越していた。アリストテレスはプラトンを超え，キリスト教世界にまで既に歩を進めていたのである。このアリストテレスの哲学ははるか中世に至るまで

生き永らえ，取って代わられることはなかった。アリストテレスは，アレクサンダー大王が成し遂げたごとく，精神［の帝国］の征服を成し遂げた。そしてアレクサンダー大王の軍司令官たちによって大帝国が分割され引き継がれたように，精神の帝国もアリストテレスの後にはいくつかに分裂した。

アリストテレス以降の哲学　アリストテレスに続いて登場するのは，ストア派，エピクロス派，懐疑派である。ストア派は，徳こそ最高の善であり，理性的な生活における最高の徳とは本能的欲求を抑えることであると述べる。エピクロス派が自らの原理として定立するのは，ストア派が斥けるまさに特殊なもの，感覚，つまり主観的な幸福である。ストア派は悟性哲学であり，エピクロス派は感覚哲学である。両哲学の間に位置するのが懐疑派であり，この学派は双方の側〔の主張〕を疑おうとし，最終的にはその疑いを自らの原理として打ち立てる。まず問題となるのは，これらの哲学が自然法にいかなる影響を与えたのかということである。全く影響を与えなかった，というのがその答えである。なぜならばアリストテレスが最後のギリシア哲学者であるからである。たとえ彼の後継者たちがギリシア語で論述したとしても，彼らはローマ的な要素に屈してしまった。

ローマ哲学　しかしながらローマでは法哲学なるものは決して現れえなかった。ギリシアが芸術の国であるように，ローマは法の世界である。はじめて法が扱われたので，ここには国家についての意識は〔まだ〕存在しえない。人間生活の一面が扱われたとはいえ，その面は直接的な形で現れたにすぎず，主観にとって客観的になりえていなかった。ギリシアにおいて法はまだ，人間がしかるべき考察を行うものとは理解されていなかった。しかしローマ人ははじめて法という言葉を発見した。ギリシア人は神々しか知らず，しかもそれを抽象化することも知らなかった。ローマ法においてはじめて実定法と普遍法とが対置される。この普遍法に当たるのが自然の法 jus naturale という言葉であるが，これは自然法ではない。芸術志向の強い主観的意識をもつギリシア人は蛮族を排斥する。ギリシア人はいまだ万民法 jus gentium をもたず，普遍的人間性を知らない。自然の法とは，自然によって生きとし生ける者に示されたもの quod natura animalia docet である。

キケロは，『法律論』De legibus, 『国家論』De republica, 『義務論』De

officiis のなかで，法に関する哲学的記述を多数残している。彼は，ギリシア哲学から転用できるものをローマ人に紹介したストア派哲学者である。彼にはほとんど内容がない。彼にとって最上のものはレクス lex であり，レクスは正しい理法 recta ratio，正しく秩序ある状態，つまり理性である。ここがストア派的である。なぜなら，この正しい理法からユス jus が生み出され，ユスが諸関係を具現化させる条件であるからである。ユスの主要原理は衡平 aequitas と平等 aequalitas である。キケロは，法がノモイ νόμοι〔人為的〕であるのかピュセイ φύσει〔自然本性的〕であるのかを検討する。ローマの著述家たちは，彼らの実定的で実務的な法の長所を自然法のために何一つとして提供しなかった。しかし，他でもないその実務，つまりローマ時代全体を通して定着をみた実務によって著述家たちは絶大な影響を及ぼした。

中世スコラ哲学　　ここからは中世に入ろう。中世では，キリスト教の概念がまだ緒についたばかりで現実性をなお掴めていないながらも自らが現実性となるように展開した。したがって中世に法は存在する余地がなかった。というのも，キリスト教は国家と法の世界に対してもっぱら否定的に作用したからである。精神は国家から身を引いた。しかしキリスト教は〔国家と法の世界を〕否定した後に，自ら一つの現実性を作り出したのであって，これが中世の歴史全体である。ここに哲学が生まれるはずもなかった。なぜならそこには普遍的なものは存在せず，特殊的なものしか存在しなかったからである。詩情的とも言えるほどの多様性がそこには存在した。したがって哲学はスコラ学でしかありえない。このスコラ哲学が啓示にいそしむのは，啓示に仕掛けを授けるためであって，特殊なものを普遍的なものに還元するためではない。スコラ哲学者たちが国家に関して何も語れなかったのは個別性しか存在せず，法も国家も存在しなかったからである。スコラ哲学者たちは何も生産せず，彼らの鋭い洞察力も啓示とアリストテレス哲学のそばを行ったり来たりするばかりであった。

近代哲学の誕生　　近代世界の到来とともに国家思想が現れる。近代世界とは，中世の個別な事柄を解体する，つまり無意識的に一体となった事物を分離する世界に他ならないが，それらの事物は近年再び意識的に一体化するようになった。そして近代世界とともに三人の孤高の哲学者が登場する。バーコ・フォン・ヴェルラム〔フランシス・ベーコン〕，マキャヴェリ*，そしてトマス・

モアである。彼らの国家思想は四分五裂しているが、生成しつつあるものを予見している。

※　手稿では、「第一と第三の哲学者はイングランドの首相である」となっている。

　　ベーコン　　ベーコンは自然を観察し、知る価値のある一切のものを一つの外的な体系内に取り込もうと試みる。彼はとても哲学者とは言えない。それゆえに彼は現下の経験主義者たちからもてはやされている。著作『学問の進歩』De augmentis scientiarum において彼は法を科学の対象と位置づけるが、それ以上は何も述べていない。

　　マキャヴェリ　　ニッコロ・マキャヴェリは偉大な政治家であり、歴史家であり、法哲学者である。〔ティトゥス・〕リウィウスの最初の10巻についての論考や『君主論』、その他の歴史的な著作ではしばしば法が題材にされている。マキャヴェリは、法や人倫性は絶対的なものとして考察されるべきではなく、それらは国や民族、習俗ごとに異なるものとして扱われなければならないと説く。彼は、リウィウスについての論考のなかではローマ共和主義的な信条を十分に示すが、『君主論』ではフィレンツェ的な意味において君主主義者である。君主たる者が君主であり続けるためにはいかに振舞わなければならないのかを、マキャヴェリは提示する。このことは一つの活写と捉えられるべきであって、フリードリヒ大王がなしたように、絶対的な観点から捉えられるべきではない。マキャヴェリは、いかにして君主が教皇の影響力に抗うことができるのかについて示している。しかし彼は決して諸制度を改良しようとはしない。彼は、諸制度をあるがままに実際的に把握し、現存するものを弁護しようとする。そしてなぜイタリア人が元来きわめて実際的で最も有能であるのか、様々な策を駆使することでいかにして最善の人生を送れるのかについて論じようとする。

　　ニッコロ・マキャヴェリは古代の友であると自負し、ギリシア人の生活を称賛する。

　　トマス・モア　　三番目の孤高の哲学者は、ベーコンより年上のイングランド人トマス・モアである。彼は1535年、死刑に処せられた。彼は『ユートピア』を執筆し、イングランドでの生活のなかで彼が思い描いた国家の理想像を作り上げた。〔そこでは〕人々が所有する規準、つまり財産の平等、それどころ

か諸権利の平等や衣類の平等までもが規定され確定されている。貴金属は軽蔑される。毎年選出される役人たちによって一人の長が終身で任命される。贅沢を助長しない生業，つまり必要最小限の生業のみが許可される。すべての者は農業に従事する。行政官が各人の職業を決定する。各都市の住民数と各家族の構成員数は決められている。ここを支配するのは愛というエーテルである。フランス人ボダン*による似通った著作も全く同様であるが，『ユートピア』が興味深いのは国家法思想が姿を現すからに他ならない。国家法思想は最も重要な時代に属する。

　グロティウス　これら孤高の哲学者の最後を飾るのが，近世自然法の父と称されるフーゴー・グロティウス*（1583-1645）である。彼は著作『戦争と平和の法』De jure belli ac pacis で何よりも自然法に取り組んだ。彼は，商業精神には富むが鈍重で思弁に欠けるオランダ人である。彼は政治家であり，当時の政策をとりまくあらゆる状況に精通し，当時の出来事の最前線に立っていた。イングランド人との闘争に関して彼は『自由海論』Mare liberum を著した。[5]それによれば，海洋は特別な民族の所有物ではないとされる。この命題は今日でもなお重要である。彼の主要著作〔『戦争と平和の法』〕には自由を求めて覚醒した感情が込められている。この著作からは，炯眼に満ちた無数の詳細な注釈や非凡な博識ぶりが多くの引用（思弁の不足からくるものであるが）とともに読み取れるとはいえ，これは経験主義的な考察にすぎない。

　デカルト　これらの者はみな暗黒を打ち破った。彼らの後ろには，近代哲学の創始者たるカルテシウス〔デカルト〕の哲学が控えていた。デカルトの最初の命題は「われ思う，ゆえにわれあり *cogito, ergo sum*」である。思考されたことを除いて，他の一切の内容は切り捨てられる。思考はその本性上すべてのものを疑う，思考されないうちは何も理解されない。つまり「すべてのことにつき疑われるべきである *de omnibus est dubitandum*」ということである。純然たる自我が意識されることによって，事物もまた意識されるにすぎない。意識されたこの純然たる自我は表象の塊であり，そのうちで最上位のものが絶対的に完全なもの，すなわち真実である。我々は事物を思考することで，その事物を現実の姿において捉える。これらの表象は永久的なものでもありうるし，一過性のものでもありうる。実体は単独で存在し他に何も必要とはしない。そ

れに対し，実体以外のすべてのものは神を必要とする。
　※　欄外：Hotho, De philosophia Cartesiana.*

法哲学の時期区分　　我々がさらに考察すべき法哲学には［重要な］面が二つある。すなわち，いかなる哲学的諸命題をもつのかという面と，それらの命題と時代とがいかなる関係にあるのかという面である。法哲学の歴史は次の三期に区分される。
1．まずは法哲学の草創期，すなわち法哲学の基礎固めが模索された時期である。スピノザ，ホッブズ，モンテスキュー，そしてヴォルフ学派の名が挙げられる。この時期の法哲学はいまだ革命的でもなければ破壊的でもない。この哲学は歴史や現存するものを観察し，それらから法哲学を見つけ出そうとする。
2．第二期は全く逆であり，国家を新しく打ち立てようとする。この第二期の法哲学は，既得の諸権利や現存するものを覆してしまう。国家は，歴史的なものは別として，諸原理から創設されるべきだとされる。この第二期に属する人物が，ルソー，カント，カント学派，そしてフィヒテである。3．第三期は，回帰的，概念把握的法哲学である。これは，現存するもの，実在するものに配慮しつつ，フランス革命の諸原理から作られた哲学である。

第一期：草創期の法哲学　　草創期の法哲学は17世紀半ばに始まる。シャルル8世*がフランスからイタリアに移って以降，諸国家は中世を脱した。それらの国家は相互に関係を構築し始める。ヨーロッパに登場した最初の原理は均衡原理である。均衡原理は，諸国家を機械国家として安定させる原理であるがゆえに，諸国家が関係を結ぶに際してまず必要とされた。〔しかし〕ナポレオンは既にその均衡を破壊してしまった。他にも，いくつかの国で動乱が起こっている。たとえば1649年のイングランドの反乱は君主制のあり方の検討を余儀なくさせた。

スピノザ　　国家に取り組んだ最初の人物はベネディクト・スピノザ*と言ってよかろう。彼はヴォルフ学派が頑なに抑圧したものを思弁した。スピノザによれば，神が実体であり，この神なくしては何も存在しない。実体である神は，思惟と延長とを区別せず統一する。したがって彼は無神論者ではなく無宇宙論者である。というのも，彼によれば宇宙と神とは区別されるからである。実体

は自己原因 causa sui，つまりそれ自身の原因である。悟性によって実体に付加されるものが，属性である。様態とはあるものが何か別のものになることだが，この様態を通して実体は把握される。このような様態，すなわち神の様態が思惟であり延長である。それゆえ人間の悟性とは実体の様態である。この様態によって，行動するよう，つまり精神的に自立するよう駆り立てられる人間は力である。人間は，実体そのものによって規定されるならば，そのときに限り自由である。神は善のみを欲する。つまり，悪は神の外にとどまり，神から悪が生み出されることはない。スピノザは，有限の精神と自然とを区別するまでには至らなかった。彼は，人間精神は自然的なものでしかないと考えた。人間は精神面ではなお自由ではない。政治に関するスピノザの主要著作は，『神学・政治論』Tractatus theologicus-politicus，『国家論』Tractatus politicus があり，後者は，「ここでは，君主制国家であるか貴族制国家であるかを問わず，国家が僭主制に陥らないために，そして市民の平和と自由が侵害されることなく保障されるために，その共同体がいかに築き上げられるべきかを実証する。*In quo demonstratur, quomodo Societas, ubi imperium monarchicum locum habet, sicut et ea, ubi optimi imperant, debet institui, ne in tyrannidem labatur, et ut pax, libertasque civium inviolata maneat.*」で始まる。スピノザはここで次のように嘆く。倫理学と国家学はユートピアを指し示したり詩人たちの黄金時代に語られたりしたことはあっても，これらの学問が実際の世界で必要とされたことは全くなかったと。法と国家の本性は決して外的自然から区別されない。精神的なものと自然的なものは同一である。自我はそこに在るものを捉えようとする，つまり，不快なものを非難するのではなく，存在するもの，必然的なものとして認識しようとするのである，とスピノザは論じる。

　自然の事物を存在させ活動させる力は，神の力である。したがって自然の法・権利は掟や命令であり，すべてのことはこれらの掟や命令に従う。自然の法・権利はそれゆえ自然の権力である。すなわち権力は法・権利である。各人の法・権利はすべて，その者が権力をもつ範囲にまで及ぶ。人が理性法に従って生きるからには，法・権利はいずれにせよ理性によって規定されるであろうし，権力は理性的なものとなる。ある者が他者の力に服する場合，彼は相手の法・権利に服することになる。そして，ある者が他者の力を撃退しえた場

合には，彼は自分の法・権利をもつのである。この点において権力は，肉体的なものとも心理的なものとも理解できる。この権力が法・権利であるという限り，その権力は法・権利全般の原理でもある。さて，自分より強大な他者がいる場合，自分がもつ法・権利が小さくなるということは誰にでも当てはまることである。つまり彼は，他者の法・権利が彼に認める法・権利しかもちえないのである。この普遍的な法・権利が統治であり，そしてこの普遍的な法・権利によって制約を被る者が被治者である。ここでスピノザは民主制，貴族制，君主制という区分を登場させる。人間は自然的生活においては自分自身に対して罪を犯すのであって，彼が法・権利に背くのは国家においてでしかない。したがって国家においてのみ正と正義を考察することができる。国家が市民に対して権力という点で優っているだけに，市民はますますわずかばかりの法・権利しかもたない。国家が法・権利や力を発動すれば，市民は自分の法・権利を放棄する。しかし市民状態は非理性的な状態に見えるかもしれない。というのは，何かある権力に盲目的に従属することは理性的ではないからである。しかしスピノザは，理性は自然に反することを命じないと答える。国家は最も強大であると同時に最も理性的である，そして最も理性的な人間は最も自由に命令に従う，と説く。しかし国家が権力をもたないところでは，国家は何の法・権利ももたない。それゆえに国家は感情に対しては何も命令できないのである。つまり道徳，宗教は国家の権力には服さない。したがって信教の自由は必然的である。友好関係を結んだり戦争をしたりすることが許されるのは，同盟を結んでいない国家同士の間でのことである。国家が罪を犯すのは，国家自らを荒廃させ非理性的なことをやってのけるときである。国家がその国家の市民法に敵対することもありうるし，この市民法を廃止することもありうる。

42　〔スピノザによれば〕最善の統治とは，消極的にではなく積極的に協力しながら人間が暮らしているところに見られる統治である。多数の自由な人間によって創設される国家が最善である。君主制国家ではすべての市民は武装しなければならない。国王が選挙によって選ばれた場合には，彼の親族のみが貴族となり彼らは結婚を許されない。各家族からメンバーを一名ずつ出して構成されるのが顧問官会議である。国王は候補者のなかから大臣を選出し，その大臣たちを通してのみ臣民は国王と結びつく。国王は心髄であり，王冠は世襲される。

スピノザ政治学の欠陥は，法・権利を権力としたことにある。この権力は二つの権力から，すなわち倫理的な権力と自然的な権力から成る。権力が倫理的なものであるときのみ，それは法・権利となるとされる。しかしスピノザは自然と倫理とを区別しない。スピノザは，いかなる権力も理性的であると同時に自然的であると述べる。したがって彼の政治論は僭主制にふさわしいものである。

　ホッブズ　スピノザのテーゼがたとえ誤っていたとしても，彼ははじめて法・権利を思弁し，自分なりの原則に従い徹底的に法・権利を追究した。そのスピノザと並ぶのがホッブズ（1588-1679）である。ホッブズは，スピノザに比べれば荒削りだが実践的であり，時代はやや遡る。しかし彼の見解はスピノザの見解と一致する。『市民論』De Cive（1642年）と『リヴァイアサン』（1651年）によってホッブズの名声は確立された。彼の人生はイングランドの動乱の嵐に巻き込まれた。ホッブズは，クロムウェルの敵，チャールズ2世の友，そして民主主義の敵であった。こうした時代状況は間違いなく決定的な意味をもった。つまりホッブズの著作に見られる辛辣さはこの時代状況が原因に違いない。

　ホッブズの基本原理は以下のとおりである。そもそも人間は生まれつき野獣 *fera brutalitate* であり，倫理的な本性をもたない。このように人間は万人に対する闘争 *bella contra omnes* 状態にある。しかし国家は，「自然状態から脱却すべし *exeundum est ex status naturae*」と述べる，つまり，人間に窮地から脱却するよう強いるのである。ホッブズは，〔人間を〕人倫化するものが国家であるとはみなさず，〔したがって〕その限りにおいてルソーの対極に位置する。法・権利は，ホッブズによれば，人間が結ぶように強いられた平和条約に他ならない。自然状態では人間があらゆるものに対して法・権利をもつため，正は存在しない。人間の自由を制約する契約のみが拘束力をもつ。それらの契約を人間に遵守させるためには，恐怖が不可欠である。この権力こそが国家の基盤であるという。それゆえに国家は絶対的権力 *imperium absolutum* でなければならず国家を解体することはできない。服従することを拒む者がいた場合，国家はこの者を殺さざるをえない。〔なぜなら〕支配者は法律に服さないからである。複数の国制を混合することはできない。国家創設以前になされる行為は

いずれも，アディアポラ〔善悪いずれでもないもの〕，したがってどうでもよいものである。市民法に従う場合のみ犯罪は悪とされる。これは市民法にのみ正が宿るからである。支配者が将来の幸福に反する要求をなしても，人は沈黙せねばならない，［抵抗するのではなく］殉教を通じてキリストの下へ赴くのである ire ad Christum per martyres。

43　草創期のその他の哲学者　ホッブズの体系はスピノザの体系に比べて実践的なものであった。このためホッブズの体系は18世紀初頭までの2世紀を支配したのである。この体系の基礎にあるのは非人倫性に他ならない。体系の頂点に置かれるのは物質的，感覚的な力という権力であり，倫理的な力ではない。基本的にホッブズの体系はスピノザの体系と同じである。しかしスピノザは権力を徳，すなわち倫理的なものたらんとする。親革命派はホッブズの体系に敵対した。ミルトン*やランゲ*である。ランゲは，Julius Brutus という名で『僭主に対する自由の防御，あるいは人民に対する君主の法的権力と君主に対する人民の法的権力についての論考』vindiciae contra tyrannos sive de principis in populum; populi in principem potestate loquitum（1577年）を著している。

　プーフェンドルフ　［これらの革命的な諸原理は］ザムエル・プーフェンドルフ（1631-1694）をはじめとする者たちによって穏健化された。プーフェンドルフは初の自然法の教授であった。つまり彼は大学で自然法の教鞭をとった最初の人物であり，はじめはハイデルベルク大学で，のちにスウェーデンのルンド大学で教授を務めた。彼の著作には，『一般法学の基礎』Elementa jurisprudentiae universalia（1660年），『自然法と万民法』De jure naturae et gentium（1672年），『人間と市民の義務』de officiis hominis et civis（1673年）がある。プーフェンドルフは，自然状態に関するホッブズの議論を批判した。プーフェンドルフによれば，自然状態は利他心と利己心から作られ，そこから社会が誕生する。最も肝要であるのは，人間同士ができるだけ社交的な共同体を維持するということである。正は社会にのみ存在し，その社会を成立させるのは契約であるとされる。この最後のテーゼはカントにあっても，そして今日においてもなお，きわめて広く膾炙している。国家は婚姻と同様，契約によって成立しうる。しかしそれは一つの形式にすぎず，実体ではない。プーフェンドルフによれば，国家の目的は安全の保障である。違反行為をなしたという理

由で支配者を弾劾できるのは，支配者が自らの権力を放棄し臣民に敵対的に振舞ったときだけである。国王の権威は神に由来するのではなく，契約に由来する。国家は解体されるべきでない以上，決して立法権と司法権を分離してはならないとプーフェンドルフは主張する。しかしこの権力分立の原則はまさに今日の国家法の基礎をなしている。

コクツェーイ父子　プーフェンドルフに続くのは，フランクフルト・アン・デア・オーデル大学の教授であったハインリヒ・フォン・コクツェーイ*(1644-1719)と，フリードリヒ大王の宰相を務めたザムエル・フォン・コクツェーイ*(1679-1755)である。彼ら二人が注目に値するのは，ルソーの議論を先取りしたからである。前者は『グロティウス解説』Grotius illustratus を，後者は『自然法についての単一・真正・適切なる原理の議論』Discursus de principio juris naturalis unico, vero et adaequato を著した。この著作はとりわけプーフェンドルフの社会性概念を批判する。自然法の原理は国家ではなく道徳的な能力 facultas moralis であり，この能力は，自由にそして善く振舞うようにと神が人間に与えたとされる。法・権利は，自由にそして神の掟に従って行動するための能力である。この神の掟は自然の摂理のなかで理性によって認識される。コクツェーイは多数の始原的な権利を数え上げる。[8] たとえば，土地に住む権利，地上の動物や生産物に対する権利，一つの社会を作る権利，無主物の使用に関する権利，自由に行為する権利である。つまり，「各人に対して彼のものが与えられるべきである suum cuique tribuendum」ということである。宰相ザムエルのこの原理は黒鷲勲章の標語となった。

トマジウスとグンドリング　これら三者が打ち立てた体系の諸原理は，次の者たちにより若干の修正と変更がなされた。

その人物の一人，クリスティアン・トマジウス*(1655-1728)[9]から始めよう。彼の著作は『神法学提要』Institutiones jurisprudentiae divinae (1761年) と『自然法と万民法の基礎』Fundamenta juris naturae et gentium である。トマジウスは，自己に対しても他者に対しても生活を真に幸福にすることをなせ，そして逆のことをしてはならないと述べる。礼儀 decorum，誠実 honestum，正義 justum の三つが彼の基本命題である。第一命題と第二命題は，汝のために他者にして欲しいと思うことを汝は〔他者のためにも〕なせ，ということであ

る。第三命題の正義は，汝に対して他者からして欲しくないと思うことを，汝は他者に対してもなすべきではない，ということである。トマジウスにあって重要なのは，はじめて［法から］道徳を分離したことであり，［彼の後継者である］グンドリング (1671-1729) も『自然法と万民法』Jus naturae et gentium (1714年) において法と道徳を分離している。グンドリングは道徳と法を完全に区別し，法を強制説の下で理解する。この原理は法に対して多大な影響を及ぼした。強制できないことが道徳であり，強制できることが法であるというのである。自然法 jus naturae は権利と義務に関する学説から構成される。したがって，強行的自然法 jus naturae cogens ならびに，強制されうるものと強制されえないものというこの区別は，18世紀を通して支配的であった。これは，鈍重な悟性原理になり果てたホッブズの説に他ならない。そこで常に問題になるのは，「誰が強制しようと欲するのか」ということである。

クリスティアン・ヴォルフ　続いてクリスティアン・ヴォルフ (1671-1754) を取り上げる。彼の著作には，『自然法論』Jus naturae (1740-49年)，『自然法・万民法提要』Institutiones juris natuae et gentium (1750年)，『人間の社会的生活に関する理性的思考』Vernünftige Gedanken von dem gesellschaftlichen Leben der Menschen (1721年) とその第2版 (1750年) がある。ヴォルフは法を道徳に近づける。彼の道徳の原理は完全性であり，彼の自然法の原理はこの完全性を外的なものに適用することである。他者が完全な人間になるよう促すことをなせ，というのである。それをなさないことは許されるべきではなく，このためには社会秩序が不可欠であると説く。他者を完全な人間になすように促さない者はそうするよう強制されることになる。こうして哲学は最も空疎な時代を迎えた。

モンテスキュー　草創期に属す最後の人物として，モンテスキュー＊ Montesquieu (1689-1755) の名を挙げねばならない。彼は『法の精神』Esprit de lois で抽象的な原理を尺度とするのではなく，法と国家を現存するものとみなし法と国家を歴史的に検証しようとした。それゆえモンテスキューはまさに自然法学者であるばかりか，哲学的な歴史家なのである。彼の著作が示すところによれば，法と国家にはこれと定まった形はなく，それらは宗教や気候といったあらゆるものと関連しながら存在する。彼は君主制，独裁制そして共和

制を取り上げ論じる。モンテスキューへの批判は，アンションが行ったように，こうした抽象的国家を語る際に彼が特定の像を眼前に思い描いていたという点に向けられる。しかしそれは正しくない。むしろモンテスキューは国家と諸国制のあり方へと踏み込んでいたからである。

モンテスキューが共和制について打ち立てる原理には二種類ある。すなわち，徳を原理とする民主制と，節制を原理とする貴族制である。モンテスキューが君主制原理として据えるのは名誉である。もっとも彼が名誉を語るとき念頭に置いたのはフランスとイギリスである。ルイ14世なる人物は名誉のみを手にした。そうして彼はその名誉を用いて臣民を自らに結びつけた。スペインや今日のイギリスにおける国王の朝の引見に際してこの原理は重要である。独裁制の原理は恐怖である。法律や教育は，人間を国制の原理に従って行動させるという効果を上げねばならない。法律は徐々にしか発展しない。国民が法律を遵守しないというのは一種の堕落であるが，法律によって国民が腐敗させられたときの堕落は一層酷く取り返しがつかないものとなる。モンテスキューはこの光景をルイ15世治世下に見た。どの国家もその国家規模に応じた国制を選択せねばならない。共和制を選択するのは小国のみであり，巨大な国は君主制を選択する。モンテスキューは，習俗が諸国民を支配すると述べた。しかしこうした考え方は彼の後には消えていった。いまや諸国民を支配するのは世論である。

どの国家にも三つの権力がある。すなわち，立法権，執行権，司法権である。これら三権は分立されねばならず，一人の手に掌握されてはならない。イギリスの国制を考慮しながら，彼は代議制について概略だけを示している。モンテスキューの炯眼は，平等ではなく多様性が人間に幸福をもたらすと指摘したことである。モンテスキューが非難されるべきは，彼が諸国制の原理を心理学的形式で語り論理学的形式では語らなかった点である，むろんこのことは彼の時代では何ら不思議ではないのだが。次に，このような三権を定立することは全く正しくない。司法機能は何の権力も構成せず，「執行権力」という名称はそのなかに含むべき内容に対してあまりにも不相応である。その詳細については自然法の本論で論ずることにする。

以上で自然法の諸体系を確立した時期は幕を閉じる。この自然法の諸体系の欠陥は，これらの体系が国家を超越して，つまり国家をわきにおき省察を行っ

たことである。それらの体系は国家をそれ自体で ex nexu 扱うべきであり，それ自体からは何も展開されない。そしてこうも言わざるをえない，国家はこれらの理論を無益なものとして放置した，と。このことが変更されるのは，ようやく次の革命的法哲学のなかでのことである。

第二期：革命的法哲学

カント　革命的法哲学者の一人がイマヌエル・カント（1724-1804）である。彼は人類について最も深遠に思考した人物の一人であり，近代哲学の創始者であり確立者である。彼の理論哲学は批判哲学である。つまり彼の哲学は，事物自体の本性を認識しようとするのではなく，どの程度人は事物の本性を捉えることができるのかを理解しようとする。彼の哲学はもっぱら否定的であり懐疑主義的である。彼は18世紀の古い教条主義を打破する。カントの思考はそれゆえ空疎な悟性の思考である。つまりその思考は形式的なものに他ならない。カントが明らかにするのは，事物，〔正確に言えば〕事物自体は捉えられないということである。人間は，私は何を知るのかと問うだけではなく，私は何をなすべきかと問う。行動は知識から生じるものではなく，これに関する一定の定言命法が措定されねばならない。したがってこの点においてカントの実践哲学は彼の理論哲学と矛盾をきたす。あの定言命法，すなわち「汝の意思の格率が常に普遍的立法の原理とみなされうるように，汝はいつでもどこでも行動せよ」とは一体何なのか。しかしこの定言命法が何の内容も有さないのは，何が立法の内容であるのかを彼が示さないからである。つまりカントは形式的な命題を設定するものの，一体何をなすべきかについては語らない。それは内容のない自己同一性であり，つまりは特殊な内容は排除されている。しかしそれにもかかわらず，いささか高次の定義がなされる。すなわち道徳的善はあらゆる経験的なことの外部に存在するものであり，それ自身からそしてそれ自身のために生成する，と定義される。カントによれば，道徳は客観的なものではなくただ主観的なものにすぎない。つまり一つの信仰，一つの可能性なのである。道徳律を現世で実現することは不可能であるがゆえに，この律は結果的に現世の後に世界があることを保証する。このようにしてカントは道徳律から宗教へと至る。カントの考える宗教は仮言的である，なぜかといえば道徳律が当為の律に他ならないからである。

いまやカントの道徳律は今日の自然法の基礎をなす。彼の道徳律は自由の律である，つまり自然律とは区別される道徳的な律である。これらの律が外面的行為に向けられる限りでは，それはもっぱら法的律と呼ばれる。これらの律が我々の行為を規定する基礎である限りでは，それは倫理的律である。法的律が課す義務は外面的なものしかありえない。なぜなら法的律は外面的な義務の観念それ自体に，行為者の恣意を規律する根拠たれとは要求しないからである。外面的に立法された場合は，律は外面的なものにしか作用しない。〔それに対して〕倫理的律では，人が自己を自ら規律することが求められる。したがって倫理的律は外面的な律よりも広範囲に及び，外面的な律をそのなかに包摂する。

これをさらに詳細に見れば，法は強制であるという基礎づけ以外は何も見当たらない。それにもかかわらず，カントの学説が自然法のために果たした功績はきわめて大きい。彼は，あの自然法が構築されるための基盤を手に入れた。すなわち，自由を生み出す意思を承認したのである。彼以前の哲学者たちは常に副次的な原因を主要原因としていた。しかしカントの欠点は，これらの実践的な諸原理が定言命法であるということである。したがってカントの下でこれらの原理は何も生み出さない。彼が下す結論は定言命法に持ち込まれるだけでしかないのである。

ルソー　カントと並び立つが，彼とは一線を画するのが，ジャン・ジャック・ルソー（1712-1778）である。彼の著作には，『人間の間の不平等の起源と基盤についてのディスクール』Discours sur l'origine et les fondements de l'inégalité parmi les homes（1754年），『社会契約論あるいは国権の原理』Du contrat social ou principes du droit politique（1762年），『エミール　または教育について』Emile ou sur l'éducation（1762年）がある。ルソーは18世紀の最も偉大なフランス人著述家である。しかし彼はそもそもフランス人ではなく，ドイツ的特質をより濃く帯びたジュネーブの人間であった。

ルソーは，彼の理論の出発点である自然状態において人間は他者に対して全く関心を払わないと論ずる。憐憫が人間同士の唯一の紐帯であり，徳の源である。自然状態には平等があるのに対して，社会状態には不平等，所有，諸制度が現れる。したがって国家は緊急国家であり，そこでは自由のために自由が放棄される。それゆえルソーとホッブズは対極にある。もしあらゆる場所で自然

の掟が守られておれば，人間は幸福に暮らしていたという。しかし国家が存在する今となっては，人間は自然状態に後戻りすることはできず，生きるという重荷を背負わなければならない。

『社会契約論』のなかでルソーが述べるには，本来的に人間は自由であるがゆえに，人間を奴隷にできるのは契約のみである。力は国家において法という形式を備える。国家では各人の人格と財産は保護されねばならない。その結果，彼らは自由であり続ける。人間は普遍的なものに服従し，そうすることで普遍的なものの一部となり，あらゆるものについても，そして誰に対しても権利をもつ。国家の基礎は意思，すなわち一般意思 volonte generale にあり，これが人民主権の基礎である。この理論はそれ自体では正しい。しかしこの理論を様々に検討しながら，以下の自然法の箇所で何をなすつもりなのかということは厳密に検証されねばならない。政治体は，受動的な面で捉えられる場合は国家 état であり，能動的な面で捉えられる場合は主権者 souverain である。主権 Souveraineté とはそれゆえにもっぱら国家の仕事である。市民はまさに権力に参加する者であるのに対し，臣民は服従する者である。たいていの場合個々人の意思は普遍的な意思に服するものであるが，ある人民が政治体の〔能動的な〕特性を無条件で放棄した途端に，彼らは抑圧された人民となる。よき法律によって治められる国家はいずれも共和制国家である。市民の精神が荒廃すると暴動が起こり暴動が鉄鎖を断ち切るが，自由を新たに構築することは難しい。どの立法もそれが対象とするのは自由と平等である。みなの心に留め置かれること，みなが口に出さねばならないこと，それが一般意思である。ルソーは，封建制から現れた代表制という目新しい逃げ道に異論を唱える。なぜなら主権は代表も譲渡もできず，人民が認めないことは承認されてはならないからである。ルソーの自然法がもつ根本的な欠陥は，彼が一般意思を理念，つまり普遍的な意思とするのではなく，全員の意思としたことである。

しかしルソーはフランス革命に不可欠な人物であった。キリスト教が哲学史に属すように，フランス革命は自然法に属す。一般意思，すなわち人民主権の思想は18世紀を燃え立たせ，啓蒙主義すなわち真理を否定するという思想はすべての社会階層を貫いた。政府は統治機関として創設されるにすぎないがゆえに，政府それ自体も誤ることがあると考えられ，最終的には，政府を転覆させ

ることができるという結論が導かれた。フランス革命における震撼と死は常軌を逸したものではなく、一貫して思想から導かれたものである。啓蒙主義、すなわち否定は眼前にあるものすべてを否定する。この破壊からすぐに新たなものが生み出されなければならなかった。このような事態がさらに進むと、状況それ自体が否定されることになった。ついには、既定のものだといって人間の生命が否定されるに至る。人間の生命を否定することから生まれたのがテロリズムである。しかしテロリズムでさえ再び既定のものだといって否定されることになった。これがテルミドール9日の出来事である。

フランスの革命的法哲学者　フランス革命期になるとさらに多くの自然法学者が登場した。その最初の自然法学者がルイ16世の侍医を務めたケネーである。[10] 彼は重農主義理論を確立し、国家の富は土地所有にのみあると説いた。土地所有に関係しない産業や活動はいずれも否定された。シュマルツは最後の重農主義者である。

次にシェイエスについて述べよう。彼の著作は『特権階級について』Sur les privileges,『第三身分とは何か』Qu'est ou que c'est que le tiers etat? (1789年) である。これらの著作はフランス革命の成り行きに絶大な影響を及ぼした。彼は第三身分が重要であることと同時に、第三身分が侮られていることをも示す。彼は統領制へと一部でつながる国制をも生み出した。ここには表面的な計算しかなく、何らの現実生活も前提とされていない。ミラボーはたしかに最も偉大なフランス人演説家であり、革命的自然法にとって重要な人物である。彼の演説はその対象物を明るく照らし、それは一筋の稲光のようである。[11] しかしそれは学術論文ではない。

ドイツの革命的法哲学者　さて、考察の対象をフランス人哲学者から革命的ドイツ哲学に移そう。ドイツ哲学にも同じ革命が、つまりフランスにおいてのように実際に成果を上げた革命が見てとれる。しかしカント信奉者たちはたいていの場合カント哲学をほとんど理解しておらず、クルークがそう呼ばれるように、幼稚なカント学者である。彼らは断片的なことしか理解しないまま法哲学を展開する。これに属するのが、フーフェラント、ホフバウアー、マース、ハイデンライヒ、ラインホルト（重要な人物であるが、ヘーゲルが言うように、準備をするばかりで哲学に踏み込んでいない）、フォイエルバッハである。彼

らの上に立つのがヨハン・ゴットリープ・フィヒテである。彼の哲学は，カントの事物自体を覆すということに拠っていた。フィヒテはすべてのものを自我から導き出す。たしかに『自然法論』(1796・97年) は彼の学説に基づくものだが［その学説は］貫徹されえず，それゆえに剥製もどきの著作になった。この著作のなかでフィヒテは非実践的な理念を数多く持ち出す。エフォロイ職がその一例である。シェイエスと同じようにフィヒテも国家を不活性な状態に置いた。興味を引くのは『鎖国商業国家論』におけるフィヒテである。ここでは，各人がどの技芸や生業にいそしむべきかは国家によって決められる。たしかにこれは仕事の分担ではあるが，個人の自由は損なわれる。商人は工場を経営することを許されず，工場主は物を売ることを許されない。商人はただ物を売るだけ，商人とはそうあるべきであるという。外国との取引はすべて禁止され，あらゆる価値は穀物価値に応じて決まる（この点では重農主義者である）。国内で消費されない物は処分されねばならない。最後にフィヒテは彼の国家論のなかで自然法を扱った。エフォロイとなるのは，大概のことを知っている哲学者である。あらゆる人間を一緒に教育すれば，おのずと資質の低い者と資質の高い者が生じる。それゆえ教師は各人の使命を見極めなければならない。

最後に，これに関連する演説「ドイツ国民に告ぐ」を取り上げる。この演説は1807年に行われたのだが，その年のプロイセン国家は物質的に荒廃しており，内なる力をより一層高めなければならない局面にあった。彼の演説は電光石火のごとく作用し，このなかで夢想めいたことは忘却された。フィヒテはとりわけ子どもの教育を語ることから演説を始め，ルソーと同じように，両親から子どもを引き離そうとした。

上述のフィヒテやフランス人とともに（フィヒテは歴史全体を，すなわち現存するものをただ否定するテロリストである）この段階は閉幕する。フィヒテ信奉者はいなかった。なぜならテロリズムは現れるべくして現れるが，その後は衰退していくからである。

第三期：回帰的法哲学　　回帰的法哲学の考察に移ろう。この哲学は明らかに革命的法哲学を内包するが，同時に〔現実を〕正当化するという要素も内包する。この法哲学は三つの見解に分裂する。

　1. 過去の現実への回帰型　　まず，現実へ回帰する，といっても過去の現実

へ回帰するという見解である。フランスでこの見解は，亡命，反革命そしてジェズイット主義の形をとって主張されてきた。亡命は新しいものから逃避することであり，それ以上のものではない。続いて反革命は，新しいものに反抗するという行動をとって自己を表現することである。最後のジェズイット主義哲学は，国家を神性の影響を受けたものとみなし，国家を現実からあの世に連れ戻そうとする。国家は世俗的な国家ではないとされる。それゆえに教会が君主制や君主の正統を擁護するのは，教会がそれらを自分の味方につける必要があるときだけである。しかし教会が十分に防備を固め自立するやいなや，教会は君主制の敵に転向することもありうる。目的のためであればすべてを犠牲にするという論法である。このことは現在フランス，つまりフランスの陽気さ*gâité de france* に，そしてベルギーの革命に見られる。

フランスの哲学者　この学説は一つの学派をもつまでに広がり，これに属すのがボナール*，ドゥ・メーストル*である。ボナールの重要な著作は，『理性の光のみによって最近考えられた原始時代の立法　第3巻』La Législation primitive considéréé dans les derniers temps par les seules limières de la raison. 3. Vol., 『社会秩序もしくは，社会における権限，機関および主題の自然法についての批判的エッセイ』Essai analytique sur les lois naturelles de l'ordre social ou du pouvoir, du minister et du sujet dans la société である。

重要なのは，三位一体説が家族（父／母／子），教会（神／聖職者／信者），国家（貴族，官僚／国王／人民）の基礎をもなすということである。国家で公布される法律はその身に神の刻印を帯び，神の掟であらねばならない。これは一般意思とは異なる抽象概念である。なぜかといえば一般意思は自身以外に法律をもとうとはしないからである。人民主権は無，つまり現実性なき抽象概念であり，人民主権には神が欠如し人間がすべてである。しかしボナール氏の国家には人間が欠如しており，こちらの方がはるかに酷いと言えよう。

重要なことだが，当然ながら彼は宗教改革に異論を唱える。なぜなら宗教改革が人間の法・権利を導入し，きわめて民主的な原則を打ち立てたからである。自然現象においても道徳的なことにおいても，光方はすべて南方から来るとボナール氏は言う。ヨーロッパは，北方のソフィストたるフス*，ウィクリフ*，そしてルターによって暗澹たる漆黒につつまれ，プロイセンは一つの国民という

よりは一つの陣営をなしているとも述べる。しかしこのことはきわめて疑わしい。ドゥ・メーストルは深遠な思想家であり，サンクト・ペテルブルクのサルディニア大使 Soirées de St. Pétersbourg であった。ここでは彼を政治的というよりも宗教的な観点から論じるが，彼はボナールよりも愛すべき洗練された人物である。キリスト教は完全に教皇に依存している。教皇は無謬であるというが，世俗の事物に関しては無謬だという程度である。だが，こんなことは事実全くどうでもいいことである。なぜなら世俗の事物はいずれにしてもきわめて多様でありうるからである。教会はただ存在するだけの凍てついた標識である[12]。というのも，教会は凍死してしまっているからである。

ここで，中世が達成できなかったことが展開したのである。

ドイツの哲学者　　今述べたフランス人たちの奮闘に続いたのは，ドイツ人たちであった。まずはアダム・ミュラー*である。彼の著作は『経国策の諸要素』Elemente der Staatskunst，『国家学全体の神学的基礎の必要性』Nothwendigkeit einer theologischen Grundlage der gesamten Staatswissenschaft である。次に『コンコルディア』を手がけたフリードリヒ・フォン・シュレーゲル*，そして最後はフォン・ハラー*である。ハラーは『国家学の復興ならびに，人工的・市民的状態というキマイラに対抗する自然的・社交的状態の理論』Restauration der Staatswissenschaft oder Theorie des natürlich-geselligen Zustandes, der Chimäre des künstlich-bürgerlichen entgegengesetzt を著した。ハラーはその理論で，シュレーゲルはその表現で，ミュラーはその思想で，彼らの著作はドイツでしばしの間大きな影響力をもった。ハラーの見解はホッブズほど視野の広いものではなく，比類なき理性的な思想というわけでもない。ハラーによれば，国家は権力者と弱者に支えられている。つまり国家はこの二者をまとめたものである。〔これら二者を〕統一するのはカトリック教会に他ならない。それゆえに国家と教会は一体である。同じことでも，ボナールははるかに才気に富んだ論じ方をする。アダム・ミュラーとシュレーゲルも同じことを提示したが，彼ら二人は比較的丁寧であった。これ〔過去への回帰〕はドイツでは極端な形をとった。中世は内面世界を重んじる，ドイツらしさに溢れている，ミンネ〔騎士の貴婦人に対する奉仕的恋愛〕の歌があるという理由に基づき，ドイツ的特徴に沿った形で中世への回帰が行われた。

歴史学派　彼らと歴史学派が区別されるのは，歴史学派の方が高尚であるからだが，そもそもは彼らも歴史学派も同じである。歴史学派は古代史に専念してきた。歴史学派は，法理念それ自体は存在しない，現実性から法は展開しない，そうではなく法はその歴史的展開のなかでしか認識できないと述べ，過去を振り返れと説く。この学派は現在においても過ぎ去ったものしか見ない。過ぎ去ったものと因果関係を有するものだけが今日の法とみなされる。

2. 既存秩序回帰型　次は，革命の経験をもとに既存の秩序へ回帰する見解である。回帰的法哲学におけるこの第二の見解は国法学者たちの見解である。彼らは立憲君主制という型を展開させ定立した。ここでは何よりバンジャマン・コンスタン*の名を挙げなければならない。他にも，ロワイエ＝コラール*やシャトーブリアン*がこの立場に属すが，彼らは議論して説明するほどの法哲学者ではない。1832年に亡くなったイギリス人ベンタム*は法哲学者と呼んでもかまわないだろうが，そもそも彼はエルヴェシウス*の哲学を刷新したにすぎなかった。ベンタムによれば，公益性が国家の重要事である。彼は，道徳を快楽と苦痛という感覚を認識することでしかないと解する。徳は国家の善であり，悪徳は国家の悪であるとされる。ベンタムはイギリス人特有の性格をもって全世界のために一つの憲法を創り上げている。ベンタムは〔フランス〕革命に参加した。フランス市民となった彼は改革に反対した。というのも，改革は一切の歴史状況をまとめてひっくり返すわけではないからである。

サン＝シモンとサン＝シモン派　さらにここからはサン＝シモン派の言及に移らねばならない。この創始者はサン＝シモン*であり1825年に亡くなっている。彼はフランスで最も古くから続く最も重要な家系の出である。彼は財産を瞬く間に使い果たした後，新しい世界に足を踏み入れ産業を興し財産を築いたが，再び散財した。その後哲学に打ち込むも貧困を極め，自殺を図った。自分の頭に弾丸を打ち込んだ後も数年生き続け，『新キリスト教』を著している。彼は人知れず亡くなり，革命以降ようやく彼の弟子たちが登場してきた。彼らはあらゆることを下から上へと改革しようとした。彼らは社会状況全体が頽廃していると考え，新しい社会を打ち立てようとした。彼らによれば，今日の社会は否定されるべき状態にあり，肯定されるものなど何もない。我々の世界は危機に満ちた世界に他ならず，調和に満ちたオルガノン〔機関〕をもつ世界で

はない。戦争，対立，闘争は根絶されなければならない。つまり新しいオルガノンが打ち立てられねばならない。キリスト教は精神的なことに取り組む世界にすぎないとされてきたが，マティエール〔物体〕の復権が必要である *il faut rehabiliter la matière*。彼らはこれまで副次的なもの，すなわち手段としかみなされてこなかった産業を最終目的とみなす。彼らは，国家全体の基盤を産業に求める。それゆえに彼らは，ゴット・エ・コン Gott et Comp という屋号をもつ大商社を組織する。

キリスト教はたしかに奴隷制を廃止したが，賃労働制を廃棄しない。しかし賃労働制は人間を物扱いする。多くの人間は機械にされ，他の人間たちによって搾取される。こうしたことが廃止されると，人々は上から区分されることになる。保証制度は国家の一部が不信をもっていることを示すものであるため，廃止される。ここに打ち立てることのできる唯一の原理は労働である。労働に即した職業は各人の能力に応じて区分される。どの職業に就くのかは各人が自分で考えるのではなく，国家が決定しなければならない。社会には三つの身分がある。〔第一の身分は〕聖職者身分，すなわち感情，愛，共感の身分である。この身分の労働は共感であり，彼らの才能は愛である。この身分は社会を一つにまとめる。この身分にふさわしい民族がいる。それはフランス人である。なぜならフランスでは共感という要素が広く浸透しているからである。第二の身分は学問に携わる身分，つまり学者 savant の身分である。彼らは思考し議論するが，これには並々ならぬ才能が必要とされる。この身分にふさわしいのはドイツ民族である。第三の身分は産業に携わる身分であるが，ここに競争は存在しない。この身分を生み出したのはイギリスである。産業は万人の万人に対する闘争であったが，いまやそれは調和的であるべきだとされる。たとえば，ドイツの上級靴職人は国内のすべての靴職人に仕事を与え彼らを保護する。この上級靴職人自身も世界靴職人の下で［労働する］。

しかしどうすれば所有権と折り合いをつけられるのか。彼らは所有権を廃止する。正確に言えば，所有権はそこに存在するが場違いなものとされる。人は働くために必要な道具を所有せず，道具は働くために与えられるという。彼らはこのことを，最高位にある者が統治権を所有する方法に例える。当然のことながら相続権は廃棄される。そのうえで新しい家族法が打ち立てられる。家族

の絆や家族の権利，義務は廃止される。人は一つにまとまった集団に属すのではなく，国家集団に属する。婚姻すら廃止される。当初は一夫一妻制が成立すると言われた。しかしアンファンタン氏は雑婚を認めた。そしてこのことがサン＝シモン派をいくつかに分裂させる契機となった。

　フランス人の頭脳からこうした体系が生み出されたのは必然的であった。なるほど彼らが擁護する抽象的概念は，翌朝には理にかない実践的なものになるはずだったのかもしれないが，こんな概念をこれほど自信をもって定立できるのはフランス人しかいない。重大な欠陥は，サン＝シモン主義が人間の諸制度を完全に廃棄しようとしたところにある。人間はみな二面性をもつ。つまり人間は自らをもち，自らを思考し，自らを殺すことすらできる。そして人間は所有物をも外在的なものとしてではなく，自分自身として有する。同様に非理性的なのは，相続権を廃棄しようとすることである。というのも，相続権は所有権を唯一倫理的にするものだからである。相続権を通して所有権は倫理的なものとなる。もし相続権がなければ所有権は形式的なものとなろう。それゆえ私は，家族のために所有権は必要であると考えている。家族を廃止することは決して許されない。家族によって国家は分裂することなく，逆に具体的な統一体となるのである。さらにサン＝シモン派が説く調和に従えば，一切の熟考，一切の行動，そして一切の個人の自由が否定されることになる。それゆえにサン＝シモン派の下で産業は存在できない。

3．あるがままに捉える方法回帰型　　ここで回帰的自然法哲学の第三段階に移ろう。これは，法と国家をあるがままの姿で把握するという方法に回帰するという段階である。この場合，哲学は現実を直接取り扱うことから距離を置き，奥義，つまり理念として定立された核心と関わることになる。自然法がまずはじめに述べるべきは，すべての法律のなかでそもそも核になるのは何かということである。[したがって]何が正当か，法についての思考が外面的に何を完成させたのかということについては，自然法は述べる必要がない。各国の諸法律のことを気にかけるべきは実定法である。その際，法なるものは人間の自由の産物であると言うことはたやすい。つまり誰もが法についての思考をより高度になすこともできれば別様になすこともできるため，即かつ対自的に真であるものと矛盾する状況に陥りかねない。こうした矛盾は哲学的に考察するなか

で解消される。主観は客観的となり，客観は主観的となる。哲学的に考察するということは，反省的なことではなく，もっぱら理性的なことである。自由に考え出されたものは世界のなかで実現されるものでもある。この点で法は全体として自由の基盤と解される。しかし，自由は内面的なものであるというだけでは不十分である。自由は客観的でもなければならず，これが法なのである。

本講義の課題　これ以上の前置きはよしておこう。なぜなら，前置きというのは常に，何かを予見させはするが何も証明することはないからである。次のとおり，分けておくことにする。
1　自由と意思の概念から法と国家の世界を構築すること。これはすなわち狭義の法哲学である。
2　いかにしてその体系が歴史のなかで段階的に具現化されてきたのか〔を示し〕，そうして我々は哲学的な法史学に到達する。
3　いかにして実務的な法はそのなかで哲学的な法学と歴史的な帰結を統一するのか〔を示す〕。

この限りにおいて，本講義は真に学問的な法百科全書のごとくに見えるかもしれない。はじめての参加者のためにヘーゲルの『法哲学要綱』を基礎とすることにしよう。

〔1〕　原文では，「Das theoretische Recht ist ein Recht gewesen.」と書かれているのに対して，ブラウン版では，「das bloß theoretische Recht ist nie Recht gewesen.」となっている（B6）。この「ただ理論的なだけの法は法ではなかった」ことの理由は，「自己を具現化してきたものが法であり，毎日自己を具現化するのが法であるからである」と説明されており，前後の文脈からもブラウン版の方が適切であると思われる。そのため，ここではブラウン版に従い訳出した。
〔2〕　原文では「自然法の歴史的序章」Geschichtliche Einleitung des Naturrechts と書かれ，目次のタイトル「自然法の歴史」Geschichte des Naturrechts とは異なっている。しかし，読者の混乱を避けるため，ここでは目次のタイトル表記に統一して訳出したことを断っておく。
〔3〕　プラトンの「詩人追放論」である。彼は，詩の目的は教化であるという立場に立つ。しかしホメロスの詩では，神同士が争ったり戦ったり，神が様々な姿をとって地上に現れ人間を欺き人間に苦しみをもたらしたりするが，これらは「ただ善いことの原因」である神の善性に矛盾するとプラトンは理解する。このようにプラトンは哲学的見地からのみでなく，国家的・教育的見地からも詩の批判を行った。松本仁助・岡道男・中務哲郎編『ギリシャ文学を学ぶ人のために』（世界思想社，1993年）291-293頁を参照せよ。

〔4〕 原文では「〔er〕kann mit Liebe seine Verwandten nennen.」となっている箇所が，ブラウン版では，「keiner würde mit Liebe seinen Verwandten nenen können.」となっている（B22）。後者の方が前後の文脈との整合性があるため，ここではブラウン版を補足し訳している。
〔5〕 この著作がイングランドとの闘争に関して執筆されたというガンスの記述は若干の修正がなされなければならない。柳原正治『グロティウス』（清水書院，2000年）44，45頁によれば，1609年『自由海論』をグロティウスが匿名で執筆した理由は祖国オランダとスペインの和平交渉にあるという。この和平交渉のなかでスペインは，アジアとの海上交易の独占権を主張した。このスペインの主張に対抗して，オランダ人がアジアへの航行の自由および交易の自由を有することを弁護する著作を執筆するよう，オランダの東インド会社ゼーラント支社がグロティウスに依頼した。これがグロティウスが同書を執筆した直接的な理由であった。しかしこの著作が発表された直後，イングランド国王ジェームス1世は，イングランド沿岸海での漁業を規制する布告を出し，大洋の領有を主張するようになる。1615年のイングランドとのクジラ漁業をめぐる交渉会議のなかでグロティウスが海洋使用の自由を展開したことはたしかである。柳原，前掲書，51，114-116頁参照。
〔6〕 ブラウン版では「Kraft」ではなく「Knecht」とあり，「そのような人間はしもべ」であると訳される（B32）。「人間が実体の変状によって行動するよう規定される限りにおいて，人間はしもべである。しかし人間が実体それ自体によって行動するよう規定される限りにおいて，人間は自由である」（B32）という前後の文脈からして，「力」ではなく「しもべ」の誤記の可能性も考えられる。
〔7〕 正確には，「王の血族である貴族の男子で現在の王と三等親または四等親の近親関係にある者」は結婚を禁じられる。結婚を禁止する理由として，貴族すべてに妻をめとり子どもをもつことを許せばその数は増加するばかりで，貴族間で戦争が起こる原因になるからだとスピノザは説明する。この禁をやぶり貴族が子どもをもうけた場合，その子は私生児としてあらゆる栄職に就く資格を有さず，両親の相続者としても認められない。畠山尚志訳『国家論』（岩波書店，1976年）70，71，102頁を参照せよ。
〔8〕 原文では，「Unrecht」と書かれているが，ブラウン版では，「Urrecht」と書かれている（B38）。しかし原文の直後で挙げられる「Recht」の諸例との関係を考慮すれば，「Unrecht」ではなく，「Urrecht」が適切であると考えられる。したがって原文とは異なり，「Urrecht」を訳出した。
〔9〕 原文ではトマジウスの没年を「1738年」と書いているが，正しくは「1728年」であることから訂正して訳出した。『哲学・思想事典』（岩波書店，1998年）のトマジウスの項目，1183頁を見よ。
〔10〕 ケネーは1749年，ルイ15世の寵妃ポンパドゥール夫人の侍医としてヴェルサイユ宮殿に入り，その後ルイ15世の侍医も務めた。以上のことより，原文の「ルイ16世の侍医」は「ルイ15世の侍医」の誤りであろう。『大月経済学辞典』（大月書店，1979年）234，235頁。
〔11〕 原文では「wie ein Blick」となっているが，ブラウン版では「wie ein Blitz」と書かれている（B50）。beleuchen という動詞との整合性を考えると「Blitz」の方が適切であ

るため，ここでは「Blitz」と訳出した。
〔12〕 原文では「Zeichen」となっている。しかし続く「教会は凍死している erfroren」という文章との連関性を考慮すれば，ブラウン版の「死骸 Leichen」（B55）の誤記という可能性も否めない。

［的場 かおり］

第 I 部
自 然 法※

Erstes Buch: **Naturrecht**

法の根底としての意志の自由　　法の根底は精神である。しかし，哲学は，54
法をうまく扱えない。法の場合には，哲学は論理学そして自然哲学を前提し，
それから主観的精神，すなわち，心理学を前提し，自然法がそれに続く。より
一層明確に規定すれば，法哲学の根底は自由意志であるということである。カ
ントとルソーがそれを最初に認めた。

　かつては，意志の自由は後悔や負い目のような様々な意識現象から説明され
た。人はしばしばそれを意識の事実として挙げた。もし人が自由意志と言うな
ら，それは同語反復である。なぜなら，意志は本質的に自由だからである。通
常，意志は認識から区別される。人がそのような区別をするのは，認識が理論
的であるのに対して，意志は実践的であるから，すなわち，単なる認識は事物
をそれがあるがままにさせるが，意志は事物を変化させ自分のものにするとい
う理由からである。しかし，このような区別は全く存在しない。なぜなら，意
志が自由であるならば，意志は認識に他ならないからである。最も強い非難は
次のように言うことである。彼は自分が何を欲しているかを知らない。ある人
が何かを欲するなら，彼はそれを知らなければならない。また，ある人が何か
を思考し知ったとしても，彼はそれを欲することなしにはそれを為すことはで
きないと。思考なき意志は意志ではなく，意志なき思考は思考ではない。単に
表現の上で，意志と思考は区別されるにすぎない。意志は実践的側面から思考
を表現したものであり，知識は理論的側面から思考を表現したものである。

　※　目次と表題は，この語〔自然法〕が用いられているが手稿〔講義ノート〕では「法哲
　　学」となっている。

意志の三つの契機　　意志は，三つの契機に分かれる。その内の，最後のも
のが最初の二つのものの統一である。

　a）第一の契機は純然たる無規定性である。人間はあらゆる規定から自己を
引き離す能力をもつ。すなわち，私は私 Ich=Ich である。これは，フィヒテの
出発点である。この側面においては，意志と思考の同一性が示されている。こ
のような抽象概念は，世界史へとしばしば移っていく。すなわち，これは空虚
な狂信である。狂信的であるということはその規定性において何も承認されて
いないということである。これはフランスのテロリズムにおいて極端に現れた。
動物はこういうことはできない。なぜなら，動物は自らを抽象することができ

ないからである。これは，自らを普遍的なものとみなす抽象的な無限である。この段階は，無制約〔な状態〕である。狂信にとっては，世界の作用は制約である。それ故に，狂信はこの世界を果てしなく破壊し続けなければならないのである。このような否定的側面は，意志が不可避的に規定性を要求するので，一面的なものにすぎない。もっとも，意志のこの側面は，それ自身矛盾である。

b) 第二の契機は，特殊性，規定性の契機，すなわち規定されたものへの意志の制限である。私が何かある規定されたものを欲することによって，それと同時に私が欲しないものすべてを無視する。動物は特殊のこの側面のみをもつ。動物はその特殊のなかに，つまりそれが欲するもののなかに，いる。つまり，動物はこのような特殊な意志によって支配されているのである。第一の契機が高次のものであり，第二の契機は低次のものであるというのが普通の見方である。前者が人間的であり，後者が動物的であるというのは正しい。しかし，無規定なものは，単に抽象的なものにすぎないので，それは同時に規定されたものである。二つの契機はどちらも真理ではなく，一面的である。

c)〔第三の契機〕真理は，それらの統一においてはじめて存在する。これが，ようやく意志である。それは，第一の契機においてあらゆるものから抽象された私が，第二の契機においては単に私の外部にあったが，第三の契機においては自我外存在であると同時に自己に留まるということのなかに存在する。ここに人間と動物の違いが存在する。私の自己規定，すなわち自己を一定の規定のなかに〔置くことを〕欲することは，制限とみなされるべきであるが，同時に自己のなかに，すなわち自己との同一性および普遍性のなかに留まることである。私は，私自身を放棄し，私自身をこのような規定性のなかにあるものとして知る。私はそれに拘束されているのではなく，私が私自身をそのなかに置くが故に私はそのなかにいるのである。これが真の自由，すなわち意志の実体性 Substantialität である。私は自由である。すなわち，私は私自身が規定されていないことを知っている。私が規定されていないということは，人間の最初の規定性である。しかし，この規定性は我々の外にあるにもかかわらず，私は私自身を私のなかに保持しようと欲するので，〔私は〕その規定性を私のなかに置かなければならない。狂人は自己自身の外にいる。なぜなら，彼は自己自身のなかにはいないからである。心理学および精神の現象学がこのような意志と

係わるのは，自己意識として現象のなかに現れるように，意志が現象として現れた時だけである。意志が法のなかに現れる限り，我々は，規定性と係わる。そのことから，我々は意志の形式についてだけではなく，意志の内容についても語らなければならない。なぜなら，この内容それ自体が法だからである。この内容は，形式からしっかりと区別されなければならない。内容は二重でありうる。すなわち，単に即自的に存在するもの，たとえば，自由それ自体でもありうるし，あるいは，意志，すなわちその内容が意志そのものであるところの意志でもありうる。

意志の種別と法　その対象が意志それ自体から生ぜず，意志それ自体の外にある意志は，どのようなものであれ，即自的に自由な意志である。それは衝動と熱情である。衝動の内容は，私のものではなく，衝動が私を導く。それ故に，衝動における意志は即自的であるにすぎず，形式的に自由であるにすぎない。すなわち，内容は私にとって所与のものだからである。人間のみが，そのような形式的意志をもつことができる。動物は，衝動と熱情とは無縁である。このような意志は，理性的なものとの対照においては自然的なものである。この意志は，たしかに私のものであるが，有限な意志にすぎない。すなわち，それは思いついたことを私にやらせようとするのである。人は意志であるところのものを為さず，外から入ってきたものを為す。すなわち，これが悪意なき意志 der einfältige Wille である。意志のこの形式は恣意と呼ばれる。この形式の下に，人はしばしば自由の概念を把握する。これは普通には，権利・法 Recht, すなわち，人が為したいと欲することを為すこと，すなわち，内容の如何を問わず欲することを為すことが権利・法と呼ばれるのである。しかし，このような自由は，自由ではない。なぜなら，その内容が形式に適っていないからである。悪を欲するものは，形式的には自由である。しかし，彼は自分が欲する悪の奴隷である。カント的哲学は，自由と権利・法を恣意の内に閉じこめた。それは恣意を，為すに値する対象と考えた。つまり，どちらに導かれるかは偶然であり重要ではないということである。人はしばしば神学において，生来の感覚的人間は性善的か，それとも性悪的かと問う。彼が自然的なものから自由である限り善である。彼が自然的である限り悪であり，しかも彼自身原罪を負っている。彼は自然的な意志を即かつ対自的に存在する意志に変えなければなら

56

ない。人は更に，次のように言う。彼がその衝動を実体的な内容のせいにする限り，彼は衝動を浄化しなければならないと。

即かつ対自的に存在する意志　即かつ対自的に存在する意志は，意志それ自体から生じるところの，形式に相応した内容である。これは理性的意志である。その意志は対象に対する純粋な普遍性であり感覚的なものではない。つまり，それは思惟する英知 Intelligenz である。このような意志は，その対象が意志それ自体であるが故に，真に無限である。意志の内容は，意志それ自体から生じ，そして意志それ自体に向き合っている。それは単なる素質や能力ではなく，現実的な無限である。自由な意志は，自己自身を対象化する。それゆえに，それは全く客観的である。もし，意志が自己意識であるならば，つまり全く客観的なものの内に埋没しているならば，これは子どもの意志である。それに対して，意志が客観的なものを支配しているならば，それは大人の意志である。即かつ対自的に存在する意志は，自由な意志を欲する意志であり，これこそが権利・法である。権利・法は，理念としてであるが，自由である。

　法は，この表現のなかに段階をもつであろう。そしてどの程度まで，またどのようにこの段階を表現するかを問われる。法は，意志が一度に意志するような単純なものではない。第一の段階は形式的法であり，それは次に道徳に移行し，それはさらに人倫という高次の段階へ，［そして］それは，国家として歴史という一層高い段階へ移行するのである。これは概念規定の内在的進歩という方法，すなわち弁証法という方法へと至る。これは外的かつ内的なものである。外的なものに関して言えば，事物はそれがあるがままにとどまり，その表現は全く恣意的である。それに対して，内的なものは，事物それ自体の変化であり展開である。概念のどの段階も一つの形象を有し，それは別の高次の段階に吸収される限りは有限であるにもかかわらず，それがより高次の段階にとどまる限り無限である。

57　自然法の区分：
　　即かつ対自的な意志が法の対象である。すなわち，それは以下のものである。
A　直接的・抽象的・形式的意志；人格の法・権利，そして一定の物 Sache
　　におけるその現存在，すなわち人格，所有，契約，不法，刑罰に関する理論。
B　単なる直接的意志が，それ自身に戻り，それ自身の中で反省する。すなわ

ち道徳［に関する］理論。
C　内的に形成された意志は，自分を外的世界において表現するが，道徳は形式的法に結びつけられている。これは，二つの先行段階の統一，すなわち，人倫に関する理論［である］。

第1章　抽象的・形式的法[1]

　「人」の概念　　我々は，即かつ対自的に存在する意志を，法の内容として定立する。それは，はじめはまだあらゆる内容に対して直接的で，無内容で，そして否定的である。このようにそれ自体において直接的な意志は，主観 Subjekt の意志，すなわち「人 Person」〔以下，一般的な意味での人と区別するため「人」と表記する〕である。人はしばしば，「人」は諸権利の権化だと言う。それ故，それは形にはまった表現と言ってよいであろう。「人」の概念は，ローマ法において発見された。「人」は直接的な生きた意志である。古代ローマ人の場合は，「人」からはまだ奴隷が除外されており，キリスト教においてはじめてどの人間も「人」となった。さらに，「人」は自己自身との無内容な関係に他ならない。このような意志の規定は，否定的なものである。しかし，「人」があらゆる規定されたものに自己を当てはめる自由をもつ限り，「人」は無限の規定をもつ。すなわち，「人」は自己を対象として知っているのである。人格 Persönlichkeit は権利能力を含み，抽象的かつ形式的法──「人」であれ，そして他者を「人」として尊重せよという法的要請──の基礎をなす。即かつ対自的に存在する意志についての話しであるにもかかわらず，意志の表れはここではまだ偶然的である。「人」は世界に対して，一つの可能性にすぎない。「人」の法としての抽象法は，それが道徳と比べて単なる可能性にすぎないが故に，抽象的である。それ故，唯ひとつ必要なのは，人格は犯されてはならないということである。法的禁止命令のみが存在し，法的作為命令は存在しないのである。

　「人」に関して，「人」それ自体に自然が対立すると言われなければならない。自然のなかで，主観は一つの関係のなかに，つまり，第一に「人」は意志をもつ，というよりはむしろ「人」は意志であるという関係のなかにあり，そして自然は意志をもたず，それゆえ意志に従うのである。自然は「人」に対立する制限であり，「人」は自然を征服しなければならない。

第1章　抽象的・形式的法

占有と所有　　通常，法は，「人」に関する法，「物」に関する法，訴訟に関する法に区分される。この区分は法学提要のなかに存在し，多数が追随している。しかし，これは全く誤りである。なぜなら，「物」に関する法は存在せず，法は「人」に関する法に尽きるからである。「人」は，自然の制限を克服することによって，自己をここ〔この境位〕に置かなければならない。「人」は「物」から区別されており，自己をそのなかで実現しなければならない。というのは，もし，そうでないなら，まさに「物」自体が権利をもつことになるであろうからである。もし，人格が自身にいかなる現実性も与えないなら，それは抽象的なものとなるであろう。「物」には二つの意味がある。すぐ思い浮かぶのは，「人」の外にあるもの，それとも物質的存在であるが，ここでは後者の意味ではなく，前者の意味，すなわち，「人」の外にある事物 Dinge の多様性を表象している。それ故，「人」はその意志を「物」の中に置かなければならず，それによって「物」を自分自身のものにするのである。これが，あらゆる「物」に対する人間の直接的領得権 Zueignungsrecht である。そして，ここで我々は最も重要な占有と所有の区別に到達する。人間はあらゆるものに対して領得権をもつことによって，彼はどの「物」の中にも権利をもつ。この観点からは，人はその権利を，占有と呼ぶと同時に所有と呼ぶことができる。ここでは，両者は一致しているのである。それにもかかわらず，占有と所有は全く区別して規定されなければならない。ある「人」が占有を獲得し，それによって所有を得れば，他者はその後は彼をこの財産の占有者と認める。歴史的に見れば，ここには，占有に関して引き合いに出されるべき，とくにサヴィニー*によって擁護された，実定法的見方がある。本来，「物」に対しては一つの権利のみが存在し，その権利が所有権である。もし人が厳密でありたいと欲するなら，次のように言わなければならない。すなわち，どの所有権者も占有する権利をもつ，それ故，自然的な仕方で存在するような占有の概念はない。それにもかかわらず，とくに説明されるべき占有〔の概念〕が存在する。占有は事実であるとサヴィニー氏は言う。このような説明は，非常に好まれた。ある人は，法的な事実など存在しないと言った。また，ある人は，ゲッティンゲンのハッセ*氏と同じく次のように言う。婚姻は事実であり，それ故に終わりがある。それにもかかわらず，占有は法規によって定められるものであろうか？

71

占有は，本来，権利として認められるべきではないのではないかと。〔これに対して〕占有は，たしかに権利ではない。しかし，ある人が占有を獲得すれば，彼は元の占有者に対して力を行使する。この力は不法である。それ故，それは元のところへ突き戻されなければならない。占有は，占有物に対する力が行使されるほど，その権利・法を得る。そしてこれが占有の権利・法の基礎である。権利のないものに対する力を行使することは全く不可能である。なぜなら，力は権利・法の否定だからである。それ故，もし，占有者があらゆる力に直面して何の権利・法ももたないなら，人は彼に対して何の力も用いることはできない。そして，この力は「人」に対して行使されるという風に，サヴィニー氏によってあいまいに表現される。それによって，「人」はその意志を物に与えると。サヴィニー氏の規則に従えば，悪者は好意的に私の占有に攻撃を加え，それによって彼ははじめて私に対して権利をもつと言わなければならないであろう。それについても，サヴィニー氏は注意を払っている。すなわち，彼はそれに関して次のように言っている。占有は仮の所有であると。しかし，これもまた誤りである。なぜなら，泥棒は占有しているが，彼がその物を盗んだということをよく知っているからである。

　真の占有概念は，占有とは未だ広く認められるに至っていないところの端緒的所有である，というものである。占有が所有の前面に歩み出るところでは，占有は普遍的な真の意志の側面に従って所有である。それ故に，自分自身のために物を持つ心素〔意志〕 animus rem sibi habendi のない者は誰も占有することはできない。これは特殊意志である。それ故，人はそれを所持すること tenere, すなわち，占有としての保護を受けない所持 detentio と呼ぶ。受寄者は，所持しているにもかかわらず，占有者ではない。しかし，彼は泥棒になるや否や占有者になる。したがって，占有の理論は，単に実定的なものではなく，精神のなかに横たわるものである。その限りで，所有に対して，占有は不法なもの，あるいは偶然的なものとして現れる。

　所有の本質　　所有とは何か？　それは自由の最初の現存在，すなわち，物のなかの「人」である。「人」は所有をもたなければならない。なぜなら，「人」という規定のなかに所有が含まれているから，つまり，人間は何と言っても常に自己それ自身をもっているからである。どの「人」の実現も，私的所

有である。この理念は今やようやく再現し，ローマの理念に遡ったのである。1800年にわたる闘争の後〔にである〕。私的所有は，また家族所有でもあり得る。そしてそれによって，それは人倫的になる。これはなお，家族世襲財産の中に［保存されている］。けれども，所有は形式的でなければならず，決して単に非人倫的なものと解されてはならない。キリスト教的・中世的法はそう解したが。所有をもつ者は，それによって高められる，すなわち人倫化される。所有者 le proprietaire は，それだけで既に重要な男である。所有はどこでも否定されてはならず，保証されなければならない。所有は国家にとって危険になるというのはプラトンの誤った考えである。

　所有の本質［には］，私がそれをもたなければならないのとちょうど同じように手放すことができるということがある。それ故に，この権利に対するどのような制限も，所有の否定である。最も本源的な所有は，自己の身体である。私は身体を占有するが故に，身体は自由でなければならない。つまり，私は奴隷であってはならない。人は外的には奴隷であっても内的には自由でありうると言われてきた。これは全く誤り［である］。フーゴーは19世紀に奴隷制を弁護したが。そのことから，名誉毀損は，いわゆる所有侵害より重い侵害である。もし，ある人が所有をもてば，彼がそれを意欲しただけでは，すなわち思考 die cogitatio だけでは十分ではなく，彼がその物質を完全に我が物にするということ，すなわち，それが彼の所有であるという標識を示すことがなければならない。これが占有獲得 Besitzergreifen である。

所有が失われる三つの契機　　所有が失われる三つの契機は，1．占有取得 Besitznahme，2．使用，3．譲渡である。

　1　占有取得は三重の仕方で考えられる。a) 直接的に掴むこと，すなわち直接的獲得様式［としての］先占 occupatio と添加 accessio。先占は，単に感覚的な取得である。添加は，私の所有の，知らない内の感覚的増加である。けれども，この獲得様式は，物を「人」がそうであったのと全く同じようにする。b) 私の意志が物をただ単に獲得するだけではなく，〔それを〕変え，〔それに〕浸透するということ，つまり，形成 Formation。これは，より高次の占有取得である。加工 specificatio はこれに属する。形成は，人間が自己を占有するのと同じ仕方である。彼が自己を単に占拠するなら，人間は単に即自的に自由で

あるにすぎない。ある人は自己を占拠するのと同じように，他者を占拠しうるのである。しかし，陶冶された人間は奴隷制をもたない。自然に従えば，人間は奴隷であり，アリストテレスは単に自然的人間を扱ったにすぎないのであって，陶冶された人間を扱ったのではない。c）最終的には，占有取得はそれを単なる印として表現するところまで至ることができる。これはなおより深い［形式］である。なぜなら，人は印において，あるいは表現によって，単なる思考を否定するからである。それ故，教皇は，スペインとポルトガルとの間でアメリカを分割したのである。コカルデ Kocarde，すなわち，言葉，しるし，表示は，それが私に属するということを表わすのである。ここでは，否定は，普遍を物で表現するものである。それ故，物はその本質において，本来，一般に否定されるものであるが故に，物は全く非自立的なものとして使用 Gebrauch に至る。

2　使用　どんな物も，使用されるようになる。すなわち，所有は私に対して肯定的なものとして対立するべきではなく，それが私に対してもっぱら否定的な状態にあるほどに，私の精神によって浸透されなければならない。使用において，私は物を否定する。最も完全な否定は，消尽，消費である。これは，〔花などを〕残さず摘み取る子どもに最もはっきりと現れている。［さらに］使用は，獲得方法と解することができる。これは，すなわち時効による所有権の獲得 usucapio ［である］。使用は所有の〔枢要な〕本質であるので，もし，私がある物を使用しえないなら，私はその物を所有していないし，それ故，古ローマ市民の単なる権利〔虚有権〕nudum jus Quiritium は全く空虚であるということになるであろう。しかし，使用には，様々な種類がある。すなわち，人は用益権や役権 Servitut（持ち主との共同使用），すなわちある期間遠ざかった所有の保証 Gewissheit ［担保物権：それによって所有は粉々に砕かれ全く空虚になる］を得ることができる。用益権が常に排除されているならば Semper abscendente usufructu，所有権が存在する。

　しかし，使用されている物は，使用されている他の物との関係をもつ。この関係は，一つの普遍的尺度をもたなければならない。これが価値である。プロイセン一般ラント法は，これを認めて次のように言っている。すなわち，価値は使用の普遍的な尺度であると。さらに，貨幣は，そのみかけほど，そのなか

であらゆる特殊性が消滅する普遍的象徴ではない。それ故に，貨幣は一つの歴史をもつ。最初〔に用いる〕人間は重さを量らなければならない。しかし，彼らは間もなく数える〔だけでよくなる〕。すなわち，刻印が普遍性を表わすのである。量の形式を用いた質の消滅が貨幣の目的である。

　使用は，〔私が〕まだある物をもっているという印である。使用が終われば，これは物からの私自身の撤収のしるしである。これが取得時効 *Usucapion* の根拠である。時効取得する者は，所有者の不使用から，所有者がその物を無主物にしたと推定してもよいのである。

　3　不使用は所有の放棄である。人間が所有をもたねばならないように，彼は所有を放棄できなければならない。それ故，所有は本質的に自由である。人倫化された所有者は，家族と国家のなかに現れる。にもかかわらず，所有にとってこの人倫化は追放されるべきである。〔また〕人間は自己自身をもち，それを譲渡しうるであろうか？　否，彼は彼の外にあるものを譲渡しうるだけであって，表面に出ていても内面的なもの，すなわち彼の最も固有の「人」それ自身を譲渡することはできない。であるから，自殺することは人倫的でもなく，正しくもない。どこでも自殺は禁じられており，そのことから，偉大な精神〔の持ち主〕は，たとえばナポレオンに見られるように，大きな不運に見舞われても自殺しないのである。彼はより高貴なことのためにのみ死ぬことができる。つまり，国家において，すなわち，闘いにおいて死ぬことこそが，人倫的なのである。

　人間は，彼の器用さや才能を譲渡しうるか？　人はこのことを肯定しなければならない。というのは，彼に由来するところのものを，彼は譲渡しうるからである。ローマ法には，精神的性質をもった所有の規定はない。これには複製に関する理論がふさわしい。その弁護のために次のように言われる。すなわち，もし，私が一冊の本を持ち，所有するならば，私はそれに対して何でも為すことができるのであって，引き裂くことさえできる。したがって複製することもできると。この「したがって」という表現は誤りである。なぜなら，複製するためには，それを所有する必要がないからである。もし，私がそれを所有していなかったとしても，私はその本をその普遍性において所有しているのであって，2000部の中の思考をではなく，ただこの特定の本を所有しているのである。

これから区別されるのは，人が剽窃と呼ぶのが常であるところのものである。それは，他の形で，たとえば概説書［において］，思考を盗むことである。これは，人が以前の所有者の名前を挙げずに，その精神的所有を不当に我が物にするという道徳的不正にすぎない。

　現存在 Daseyn は，規定された存在として，他者にとって本質的な存在である。つまり，意志の現存在として，それは今や意志にとって他の「人」である。所有においては，そもそも私が物を持つということだけがある。このような権利の保持は，譲渡によって消滅する。つまり，これによって，私はその物を失う。私は，私がその物を放棄するか，あるいは他者に譲り，それを根拠に他者がそれを要求することによって，私はその物を失うのである。他者が，自己だけで持っているものを私を介して持つことによって，私は私の求めるものを，単に私によってだけではなく，他者の意志を介して持つのである。他者の意志によるこのような所有の獲得が契約である。それは，その現存在をより多くの意志のなかにもつところの所有である。契約において，特殊としての所有は，普遍としての所有に移行する。

　契　約　どの意志も，前進し，意志らしくならなければならない。所有から契約に移行することによってこれを為す。契約において，どの意志も，所有者であること，所有者であり続けること，そして所有者になることをやめる。ある人が，契約において，他者の意志によって〔物を〕手に入れるがゆえに，この獲得様式は最も高次のものである。契約は，二つの意志の関係が異なりうるということを，もちろんそれ自身の内にもっている。それ故，契約は複数存在するのに反して所有は一つだけであるということが，全く自然に帰結する。契約は権利・法に基づいて為されなければならない。すなわち，契約においては，所有は絶対的ではなく，ある価値をもっているものとして表現される。たとえば，私に物を渡すよう私が売り主を訴えたとすると，私は物に対して訴えたのではなく，私と売り主との間の関係に対して，利益のある限りで *in id, quod interest* 訴えたのである。しかし，ここでは，価値に左右されるから，それはまた保持されなければならず，そこから莫大損害 *laesio enormis* が生じるのである。

　「人」と「人」との関係においては，まだ人倫的な基礎はない。それゆえ，

婚姻と国家は契約ではない。もし，私が婚姻もまた契約であると言うとすれば，私がそれを「もまた」とみなしているときには正しい。しかし，婚姻は契約にすぎないと言うとすれば，これは人倫をその形式に帰することである。

しかし，今や契約は区分されなければならない。ここで，我々は，実定的法律家と闘うことになる。カント*は，既に40年前にその区分を為したが，〔それは〕まだ受け容れられていない。もし，契約が，数個の意志に媒介された財産の授受であるなら，その授受はただ単に個々の持ち分所有者に移転するのか，それともどの持ち分所有者にも現れるのか，すなわち，形式的契約なのか現実的契約なのか，換言すれば，それは贈与なのか，それとも交換なのかということが問題である。

さて，我々は，あらゆる契約がこれへ向けられるわけではないかどうかということを見てみたい。贈られることができるのは，1．一つの物件，*donatio*〔贈与〕，あるいは2．一般的物件の使用，*mutuum*〔消費貸借〕，無利息の貸付金，あるいは特定の物件の使用，*commodatum*〔使用貸借〕，あるいは物件の懇請による引き渡し，*precarium*〔容仮占有〕，3．奉仕，すなわちある人が私に保管を任せること，*depositum*〔寄託〕〔あるいは〕奉仕一般の贈与，*mandatum*〔委任〕，のいずれかである。

交換契約：対物契約としての交換は，物件対物件の交換でありうる。すなわち，〔1．〕*permutatio*〔交換〕，*emtio-venditio*〔売買〕，2．期待に対する期待，賭博と賭事，3．要求に対する要求，*transactio*〔協約〕，*compromissum*〔合意〕，*Vergleich*〔和解〕4．価値に対する使用，*locatio-conductio*〔賃貸借〕，*mutuum*〔消費貸借〕，5．価値に対する奉仕，*locatio operarum*〔雇用契約〕，でありうる。

今や我々は，契約の第三番目の区分に至った。その契約の内には，果たされねばならないところの仮定された約束が存在する。単なる約束はまだ契約ではない。なぜなら，二つの意志が共同して存在しなければならないからである。しかし，約束の履行は義務でもある。もし，履行の契機が契約のなかに取り入れられるなら，その契約は完全な契約であり，これこそが契約を完全なものにする第三番目の区分〔である〕。これは，一部は，契約主体の完全化，すなわち，組合*societas*であり，また一部は，〔客観的〕完全化，すなわち，保証，担保契約*，でありうる。合意がそれに対応した現実性をもつというこのような

63

区別は，どの契約にもあると考えられることはできず，それは契約の中に存在するというより一つの契機である。合意は全く妥当する。そして，ローマ法において制限されたように，それは例外である。

　　※　欄外：追加的義務は，また次のように呼ばれた。即ち，自己の債務の弁済約束 *constitutum debiti proprii*，債務引受 Intercessio など。

不　法　　古代法においては，形式が不適切な場合には，契約は効力をもたせられなかったので，形式が内容より値打ちがあった。形式は契約の概念の外に，そして実定法の内にある。契約には二重のものがある。すなわち，各契約当事者の共同意志とまだ棄てられていない特殊意志である。もし，そのなかの特殊意志が普遍的意志に反して自己を妥当させようとするなら，これは矛盾であり，不法である。通常，法はただ強制的戒めとしてのみ，つまり，不法に対立するものとしてのみ把握される。しかし，実定的なものは，それによっては把握されない。法そのものは，ここでは，はじめて特殊的なものに対して普遍的なものとして現れる。所有のところでは，我々は不法を扱うことはできなかった。なぜなら，そこにはただ自己を実現した意志があるだけだからであり，我々はそれと並んで他の意志をまだ知らないからである。そこでは，まだ不法は普遍的であり，不法はまだ区別 Unterschied ではなく，不法の様々な側面は全く様々な契機だと言われるのである。

　不法は，まず第一に犯意なき不法あるいは民事上の違法 *Civilunrecht* でありうる。これは，特殊意志が，ただ自己自身を普遍的なものであると主張する限りにおいて，各々の場合に普遍的な法に対立するということである。それ自体正しいものが，第一に探し出されるべきであり，そして，各々の特殊意志はそれ自体正しいと主張する。その限りで，民事訴訟は，権利をもつという各々の当事者の主張，すなわちまだ具体的法でない抽象法，である。不法はまだ，自覚された不法ではない。これは，法律行為の原因へ行ったり来たりし，法的紛争へ至る。このような不法の見かけに対して，法と不法が呼び寄せられ，その判断は即かつ対自的に存在する法の定立によってなされる。

　これは，民事訴訟の原理がどのようなものでなければならないかという主要問題に説明を加えるものである。修習生のゲルトナー*は，私の論文集において，[これを] 非常に見事に取り扱った。〔そこには〕二つの原則がある。すなわち，

一つは，普通法の弁論主義であり，二つ目は，プロイセン〔一般ラント〕法の職権主義である。弁論主義は，法それ自体が侵害されるべきではないという原則から生じる。それ故，「苦情を言う人がいなければ責任を追及されることはない」という原則が存在するのである。犯罪者は，彼の行為によって，彼が不法を為そうと欲したということを暗示しないであろう。それ故，訴訟手続においては，当事者が持ち出すことのみが考慮に入れられ注目されなければならず，このような形式に則って提出されたもののみが裁判官の決定に役立たされるべきなのである。したがって，裁判官が気を配るのは，即かつ対目的に正しいことではない。これと全く反対なのが職権主義である。これは，民事上の違法はまた不法でもあり，刑事不法と区別されないという考えから生じる。裁判官は，彼の前に提出されたものに目を奪われるべきではなく，争いの決着のなかに入らなければならない。すなわち，彼は，刑事訴訟におけるのと同じように，指図し取り調べなければならないのである。当事者がなすべきことを忘れた場合には，裁判官はそれを告げることさえしなければならない。職権主義は，そのような考えにのみ相応している。しかし，職権主義は完全に誤りである。それは，犯意なき不法と犯罪との取り違えに基づいている。それは真理ではないので，また不可能である。それは首尾一貫しえない。もし，首尾一貫すれば，それは糾問になるであろう。それは，ある者あるいは他の者の生活のあらゆる状況に関わらなければならなくなる。首尾が一貫しない主要な例は，ある者を出廷拒否 contumaciam の場合でも有罪の判決を下したことである。

　不法の第二の側面は，詐欺 Betrug である。犯意のない不法においては，誰もが権利を有すると信じている。〔しかし〕詐欺においては，詐欺を行う者は，彼が不法であるということを知っている。彼は権利・法の仮象を生み出そうとする。それ故，詐欺は道徳の立場から見れば，偽善に譬えられるべきもの，すなわち，民法上の悪意 dolus である。ここには，恣意は破棄されるという要請，すなわち，詐欺に対する刑罰がある。

　不法の最後の段階は，強制と犯罪である。誰かが法・権利を知り，それ自体を侵害することを欲するということが，犯罪の意味である。強制は，ある物から去り，そして諸条件を受け容れるという私の意志の強要である。意志の内的側面，すなわち道徳的側面ではなく，外的側面のみが侮辱される。しかし，そ

れも人間の現存在であり，それ故侵害されてはならない。強制は存在をもたず，自己自身を破壊する。それは，他者の意志の表明を否定するところの意志の表明であるが故に，不法なものである。第一の強制は単に不法なだけである。〔しかし〕第二の強制は，それが否定の否定であるが故に，合法的なものであり，これが刑罰なのである。強制は，それが自然的なものにかなっている限りで許されるだけである。法・権利がまだ自然的な状態にある，いわゆる英雄の法・権利 Heroenrecht，そして，ヘラクレスにアウギウスの畜舎を清掃することを強制する男達，英雄達がこれにふさわしい。完全に抽象的な法・権利は，強制法として表現される。なぜなら，不法は一つの力であり，法へ回帰しようとするもう一つの力に再び立ち向かうものだからである。第一の許されざる強制は犯罪である。そこでは，自由は自由として，法・権利は法・権利として，意志は意志として犯される。犯罪は単に単一のものであろうか，それとも多様なものであろうか。意志および自由の現存在は，多様なものである。それは，生活のなかに，国家のなかに，そして，家族のなかに現れる。それ故，現存在の完全な無限性が犯されたのか，それとも現存在の単なる一部が犯されたのかという区別が存在する。それ故，殺人は窃盗より重く罰せられるのである。〔しかし〕德しか知らなかったドラコンやストア派の哲学者達に見られるように，すべての犯罪が一つの犯罪にすぎない時代が存在した。

※　欄外：人は物を意志によってのみ所有しているのであって，彼は物の中に意志を置いているのである。もし，そこに法があれば，意志はその法的根拠の貫徹の中に存在する。もし，不正であれば，彼は物を得られない。たとえ彼が更に別の法的根拠をもって来ることができたとしても，全く同じことである。彼がそれを知らないとすれば，彼は物の上に，欠陥のある意志を置いているということである。

刑罰論　　犯罪とは一体何なのか？　法の単なる否定としては，それはどのような実定的存在ももたない。そして，それは単なる否定であるが故に，その本性そのものが再び否定されねばならず，刑罰がそれをなすのである。これが，我々の刑法学理論である。これに対立する多くの理論がある。18世紀末以来，刑罰とは何か，と問われてきた。人は，それは悪であると言った。であるから，人は，それが如何にして可能かを基礎づけようと欲した。人は，それを，この悪を生じさせたもの，築いたものとの関係，つまり犯罪との関係においてではなく，それを即かつ対自的に悪であるものとして解明しようと欲してきた。こ

第1章　抽象的・形式的法

れは悟性理論に入る。その第一のものは，我々のラント法のなかになお存在するところの，いわゆる威嚇説である。それに従えば，刑罰は，犯罪そのものを罰すべきであるという理由ではなく，将来の犯罪者を恐れさせるという理由によってのみ基礎づけられる。この説は，まさしくこの誤りで苦労する。それは，刑罰を既に生じた犯罪との関係においてではなく，まだ生じていない犯罪との関係において定めるのである。これはクラインシュロートの理論である。その理論を満足させるために，毎年二三の者を無実であるにもかかわらず連れてきて，彼らは有罪であると言う必要があった。それによって，威嚇の目的は達せられるのである。なるほど，それは正しくないと無実の者は言うかもしれない，それでもやはり犯罪の正義のためであると答える，と彼らは言う。それは最も価値のない理論である。そして，今やすべての刑法学者達によって見捨てられている。なるほど刑罰には人を恐れさせるという効果があるということは真である。しかし，これは付随的な目的にすぎず，刑罰の理念 Idee，概念 Begriff ではない。刑罰それ自体の目的は，全く異なったものでありうる。

　第二の説は，かつてはギーセン大学の教授であった，国務大臣ヘルン・フォン・グロールマンのいわゆる予防説である。〔それによれば〕刑罰によって，犯罪者は新たな犯罪を犯すことを妨げられるであろう。その結果，刑罰はまたそのためにのみ存在しなければならない。もちろんその根拠は過去の犯罪である。この説は，前の説〔威嚇説〕より優れている。しかし，これもまた誤りである。なぜなら，犯罪そのものではなく，新たな犯罪が犯されるかもしれないという恐れが刑罰の根拠だからである。もし，犯罪者が将来新たな犯罪を犯さないという保証があるなら，犯罪者は罰せられえない。この説によれば，死刑は廃棄されるであろう。なぜなら，他の予防手段が存在するからである。それ故，死刑は無用かつ不正となるであろう。この説にはほとんど支持者がない。

　第三の説は，いわゆる矯正説である。これは以前はベルン，今はヴォルフェンビュッテルに居るヘンケ Henke によって，そして他の人々によって擁護された。刑罰は，犯罪によって社会から隔離された人間を矯正によって再び社会に返すためにあると。しかし，矯正は刑罰の根拠ではない。それは，目的であり，また将来的なものにすぎない。

　第四の説は，フォイエルバッハによる，いわゆる心理強制説である。法律が　**67**

心理的に威嚇するということによってこそ、改善された矯正説の提案が基礎づけられるべきであり、法律のないところには刑罰もなく、そして、心理的強制が刑罰の本性として表現されると。しかし、これは全く誤りである。なぜなら、あらゆる国家の〔存在の〕前に刑罰は存在するからである。それに加えて、刑罰を定める法律は何に由来するのかという問題がある。フォイエルバッハ氏は、国家による保証が必要だからであると言う。心理的強制というこの全く平凡な説は、全く同じように正しくない。[問題は]最も大きな心理的衝動があれば、最も重い刑罰によって罰するということでいいのかということである。父親殺しのために、人間は最小の衝動をもつことがあり、小さな盗みのために、最大の衝動をもつことがある。それ故に、後者は前者より重く罰せられることになってしまう[であろう]。

　刑罰は、犯罪の表示に他ならない。罪を犯したからこそ罰せられなければならないのである。どんな人間にもこのような感情がある。すなわち、もし、ある人が傷つけられたなら、彼は復讐感情をもち、この侵害に対して反応しようとするのである。最も古い民族においては、復讐は許可された刑罰である。しかし、復讐は一つの侵害に対するもう一つの侵害であり、一つの有限な侵害に対するもう一つの無限の反応である。すなわち、復讐においては、人は人が行ける限りのところまで行くのである。それ故、それは行きすぎるのである。量に還元された復讐が、報復 Vergeltung である。歴史は、法の民族たるローマ人においてようやくそれに到達する。それまでは、オリエントでも、ギリシアでも、血讐が許されていた。どの人間もそう見なされており、そしてこれは、彼がただ単に特殊なことをするということではなく、彼がどんな特殊なことにおいても、普遍的なことをするという彼の名誉である。それ故、各犯罪者は、また普遍的なものとみなされる。一定の不法によって、法は普遍的不法に対立させられ、そして普遍的不法に普遍的刑罰が立ち向かうのである。これが、犯罪を消滅させる贖罪 Sühne である。それは、決して現実的なもの、真理ではなく、存在[をもたず]、絶えず犯罪によって自己を止揚するのである。

　プラトンは、『ゴルギアス』において既に深い洞察を表明している。刑罰は犯罪自身の正義であり、これはまた、その正義に不法として逆らえないという犯罪者の感情でもあると。このような普遍的刑罰は、刑罰の様相とどのように

関係するのであろうか？　刑罰は，全体として理性的なのであって，犯罪へのその個別の関係が，自然法に関係があるのではない。それは，実定法のなかに見出されるべきである。しかし，実定的刑罰とは如何なるものか？　一番軽い刑罰は，所有に対するものである。なぜなら，所有は外的現存在であるからである。二番目の刑罰は，人格それ自身に対するもの，すなわち，禁固あるいは移送あるいは殴打である。三番目に重い刑罰は，人格それ自身が破壊されるということ，すなわち，死刑である。

　※　なぜ，悪意のない不法と詐欺 Betrug の際には，私が罰せられるか罰せられないかが，私の恣意によって左右され，犯罪の際にはそうでないのか？　悪意のない不法の場合は，法それ自体の外的な現存在が侵害されるだけであるが，犯罪の場合にはそうではないからである。悪意のない不法の場合，侵害は実定的存在ではない，すなわち意図的な不法としてそれ自体存在したのではなく，侵害によって，私自身の中に，すなわち侵害された者の中に法それ自体の要請が必ず生じるのである。詐欺の場合にも同様に，侵害された者は，彼の行為によって法それ自体の要請を満たす。けれども，それはここでは仮象にすぎない。しかし，犯罪の場合には，行為は，行為者の特殊意志によって実定的存在となる。なぜなら，その特殊意志は法それ自体を，すなわち人格の普遍的権利能力を否定したからである。すべての自由意志の全体，すなわちその特殊意志に対する正義が現れるのは，そうでなければ，実定的存在が行為者のみならず，すべての人格のものにならないからである。悪意のない不法の場合には，特殊意志のみが否定される。その恣意においては，この否定を承認するかしないかということが問題となる。詐欺の場合にも全く同じように，彼が彼の尊重された特殊意志を，侵害された法それ自体との一致とみなそうとするかどうかは，侵害された者の恣意に左右されるのである。

　死刑論　　最近では，死刑は不法であるという博愛主義的な見解が生じた。この前の世紀には既にベッカリーア＊によって，次いでウィーンのゾンネンフェルス＊［によって］。我々は，否，と言う。なぜなら，もし，死刑が廃止されるなら，彼らは殺人を廃止しなければならないからである。もし，彼らが刑罰の頂点を取り除くなら，彼らは最大の犯罪から刑罰を取り除くことになる。しかも，刑罰は犯罪に相応しなければならないのである。死刑がふさわしくない犯罪に死刑を科すのは悪である。そのようなものは，国事犯である。というのは，もし，それが成功すれば，それは歴史的なものになるのであって，それはそれが失敗する限りでのみ犯罪だからである。それに加えて，すべての窃盗，ナポレオン法典の場合には重窃盗も含むのだが，そして更に，放火も——死者が出なかった場合だが——同じである。

死刑の弁護あるいは廃止について，人は次のように言ってきた。国家は契約であるから，人間は同意しなければならなかった。しかし，誰も自分の死に同意していない。なぜなら，死は最悪のものであり，人が無実であることがありうる。それにもかかわらず，人は，裁判所が間違いを犯すと仮定しなくともよいからであると。また，他の人，たとえばシャトーブリアン*は言う。キリストが我々のために死んだが故に，［死刑は廃止されねばならない］と。だから私は言ってきた。その場合には，キリストの死によって，死一般も人間によってやめられなければならないと。もちろん，精神的死はやんだ〔のだが〕。

　人は報復を非難してきた。不貞をはたらく夫は，再度の不貞行為に対して，鼻そぎ人がその夫の鼻を切り落とすという損害をその夫に与えることによって罰せられるという点をとらえて。これは全く誤りである。なぜなら，同一の損害によって罰せられ，報いられるということではなく，価値によってのみそうされているのだからである。なぜなら，報復においては，犯罪と刑罰の直接性は消滅しており，しかも両者はただ等価に止まっているだけだからである。

　国家による処罰　　刑罰に関しては，なお，次のことが注意されなければならない。ある一つの犯罪に際しては，それが生じたということ，即ち，不法行為の体素〔有罪認定証拠〕corpus delicti だけが重要なのではなく，いかに生じたのかということ，すなわち，その際に働いた心理的動機が重要なのである。これが，生じた犯罪がどの程度まで個人によって引き起こされたものと考えられるべきかという重要な可罰〔転嫁〕説である。刑罰そのものは，国家において受け容れられる。そして国家によって与えられる。なぜなら，即かつ対自的な法が犯されるのであるから。それ故，もはや私的な罰 poena privata は存在しない。もし，私が何かを盗まれたなら，私が泥棒を訴えるかどうかは私次第ではなく，国家が彼を起訴するのである。私的刑罰においては，なお復讐の性格をもった何かが残っている。その次に，訴追主義的手続と糾問主義的手続が区別される。前者の徹底した形はイングランドに存在する。そこでは，犯罪が起訴されるかどうかは被害者次第である。それ故，糾問手続が正しい手続である。なぜなら，ここでは国家が関係者として登場するからである。陪審によって［行われる手続］も糾問的である。

　犯罪において，法・権利は外的現存在として侵害される。刑罰において，そ

れは再び回復される。しかし，それはただ単に漠然とした外的な現存在［として］ではなく，総じて，その思考において，即ち，その内面性において再び回復されるのである。それ故，刑罰によって外的現存在としての法・権利は，その内面性にまで高められるのである。私自身の中の法・権利は，道徳性である。 **69**

　所有としての意志は，抽象的な私のものとして現れるのだが，契約においては意志によって媒介され，ただ共同的な私のものとして現れる。不法においては，意志は，偶然性として，それ自体偶然的な意志によって定立される。道徳的なものにおいては，この偶然性は，自己自身の内において反省されるものとしてあり，無限に自己自身の内に存在する意志の偶然性，道徳である。

　〔1〕　原書では「抽象的・形式的法」の前に"A"が付されているが，このタイトルに対応する他のタイトル（「道徳」と「人倫」）には，"B"や"C"が付されていないので，削除した。

第2章 道　　徳

　道徳とは何か，そしてそれはどのように法と異なるのか？　1．法においては，意志は外部に現存在をもち，道徳においては，意志は主観性それ自身において現存在をもつ。主観的自由のなかに存在するのは，まずは意志が外的客体を意志の自由の現存在として認識しないということ，すなわち，〔自己を〕取り囲む世界がもはやそれ自体自由の現存在を形成せず，それが意志の対象である限りで，つまり意志が主体の知識と意欲のなかにある限りで現存在を形成するということ，に他ならない。したがって，主体の内部に見出されるものは，帰責 *Zurechnung* である。2．人間は彼の自由を実現しようとする，すなわち，彼の内面的意志決定を現存させようとする。──道徳の第二の教義，すなわち，幸福についての教義である。3．〔次いで生じるのは〕目的の衝突，最高善の下での衝突の秩序づけ──道徳の第三の区分──である。

第1節　行為の帰責

　どの行為の表出にも責任が先立っている。すなわち，内面に生じる行為である。人間は，ある行為に，責任があるかないかのいずれかである。すなわち，人間が行為に責任があるならば，その行為は自由意志的である，あるいは，人間が行為に責任がないならば，その行為は非自由意志的である，あるいは，どの行為の基礎にも客観的なものと主観的なものとの一致がないなら，その行為には両者が混合しているということである。責任と転嫁に関する教義は，ただ単に道徳においてのみならず，法においても存在する。しかし，その基礎をなすものは，主観的なものであり，道徳の領域である。そもそも人間は，行為の自由原因 *libera causa facti* でなければならない。彼は，単に原因であるだけではなく，意欲する原因でなければならないのである。客体の把握と意志による決定は分裂することがありうる。つまり，生じたのとは別様に誰かがある行為

を把握しうるのであり，その時，非自由意志的なものが現れるのである。非自由意志的行為の場合には，我々は決定するのではなく，決定されるのである。アリストテレスはこれを「タ・ビアイア τα βίαια〔強要によって〕」と名付けた。混合行為は二つの異なったものから成る。ここではいかなる自然力も行為に駆り立てないが，行為は間違いに至りうるのである。これは，酩酊状態，夢遊状態，錯乱状態において存在する。このようにして，たいていの行為は混合行為であるということができる。

しかし，人間には責任があるかないかのいずれかであるというだけでは十分ではなく，行為はそれ自体人間の内部で展開し，そしてそこで完全な現存在を得なければならない。これが，帰責の第二区分，すなわち企図 *Vorsatz* に関する教義である。

企図に関する教義 これは，三つの部分に分けられる。1．ある行為が人間の内面から生じると考えられるか，その時これは企図的なものに関する教義であるが，あるいは，2．そうではなく，人間が彼の内面において行為を考えない偶然的行為か，3．企図的なものと偶然的なものが重合している場合，つまり，過失 *Versehen, culpa* に関する教義，である。

企図は，自由意志から区別することが重要である。企図においては，先行した行為として，状況が意識に取り入れられる。自由意志においては，ただ単に即自的に存在するものの側面がつかまれるにすぎないのである。

1．企図的なものに関する教義 *Lehre vom Vorsätzlichen, dolus* ここでは，外的客体が私の表象と一致することが必要とされる。どのような企図的なものも自由意志的な行為であるが，しかし，どのような自由意志的なものも企図的なものであるわけではない。子どもや動物は自由意志的なものに参与するが，企図的なものには参与しないとアリストテレスは言う。企図は，目的になるのではなく，手段になるのである。企図において，思惑と決心が分裂する。ここには，民事法における悪意 *dolus* に関する教義，そして刑事法における未遂 *conatus*〔コナトゥス〕に関する教義がふさわしい。コナトゥスは試みである。すなわち，企図の始まりである。単なる企図は，刑事法においては罰することはできない。〔もっとも〕ナポレオン法典においては，コナトゥスは行為と同じように罰せられるのだが。しかし，これは誤りである。なぜなら，犯罪である

ためには既に起こったことであることが必要だからである。

偶　然　〔2.〕状況によっては，外的な原理がともに作用するので，企図の実行は予見されないことに依存している。これが偶然 *Zufall* である。偶然は，我々が責任において非自由意志的と呼ぶものである。偶然は罰すること〔責任転嫁すること〕ができず，悪意 *dolus* と不慮の出来事 *casus* は企図の両極端である。両者の間に過失 *Versehen, culpa*，すなわち偶然と企図的行為との同一化，がある。〔3.〕過失においては，把握されるべきようには客体が把握されない。このようなカルパ culpa の教義は，民事法では非常に重要である。なぜなら，過失は人間の生活においてはいつでも起こることだからである。カルパは，近代の法律家によって，重い *lata*，軽い *levis*，最も軽い *levissima* の三つの等級をもつものと理解されてきた。人は，量的には，欲するだけの等級を考えることができる。しかし，そうなると限りなく多くの種類の過失が存在しうることになるであろう。それ故，この等級は，質的に把握されなければならない。では，いくつの等級が考えられるか？　二つである。すなわち，カルパ はドルス *dolus* とカスス *casus* との間にあるので，ドルスにきわめて近いカルパとカススにきわめて近いカルパが生じる。これはまた，ローマ法の重過失 *culpa lata* と軽過失 *culpa levis* という区分でもある。過失の場合は道徳的悪が少ないので，また可罰性も少ない。しかし，事柄の連関がわかっていたにもかかわらず，そのように行為が行われた場合には，ドルスが成立しうる。ここには，直接過失 *dolus directus* と間接過失 *dolus indirectus* との区別がふさわしい。カルパは認識の錯誤のなかに存在し，ドルスは意志の錯誤のなかに存在すると，しばしば言われる。しかし，これは，認識と意志の違いではない。

意　図　可罰に関する第三の重要な教義は，決心の実行，すなわち，意図 *Absicht* である。意図は人が二つのものを同時に求めようとするものである。ここでは，主体と客体とが結合している。しかし，両者はまた相互に離れている。正気でない企図は存在するが，正気でない意図は存在しない。このような外的・内的世界の最初の同一化から，第一の教説，すなわち，直接的意図 *directe Absicht* が生じる。しかし，意図はまた再び分離を含む。そこでは，私はこれを直接に意志せず，それを他のことのために為す。これが間接的意図 *indirecte Absicht* である。しかし，もし，直接的意図と間接的意図とが一つの

ものとして把握されるなら，私は実質的意図 materiellen Absicht，すなわち，私が意志することの完全な内容，に到達する。意図は無限の過程のなかに入るかもしれない。意図は〔別の〕意図の上に自己を置くことができるからである。これが，人間の目的に関する教説であり，窮極目的として，幸福を［置く］。

第2節 幸　福[1]

　ここでは，もはや行為の抽象的形式は問題ではなく，その内容が問題である。普遍的目的が，初めて幸福の目的として現れる。最も粗野な段階では，人間は彼の衝動を満足させようとする。これが第一の段階（である）。この段階に止まり続けた道徳家達は幸福主義者と呼ばれる。目的は普遍的なもの，すなわち幸福という目的，それゆえ実践的かつ理論的目的でありうる。

1　幸福の目的〔―利益―〕

　人間は彼の利益となるものに従うということが，どの行為においても企てられている。前世紀の終わりにイギリス人ベンタム*が，このように主張した。エルヴェシウスの［原理］もこれと一致している。この道徳哲学は，最も荒削りなものである。

〔2　実践的目的〕

　その後，この利益は，喜びを求め不快なことを避ける活動であると規定された。これは，快楽主義，アリスティップス*そしてエピクロス*の立場である。第三は，幸福の目的として道徳感情が現れるというものであり，これは道徳的感情を楽しむ原理――スコットランド人ハチスン*の教説――である。道徳感情のなかには，人間は喜びのあらゆる変化のなかに絶えず現れるだけであるという人間の実践的理性への移行が，既に存在する。これは，何よりも自己愛，すなわち，喜びのあらゆる変化のなかで涸れることのないもの，である。これは，主としてエルヴェシウスの原理である。善のために有徳こそが最も得られるよう務められなければならない。自己愛は，社交的な目的に至る。これは，シャフツベリ*によって唱えられた，自己中心的衝動と共感的衝動の統一である。実践的目的の第三は，法と幸福との争いである。ここには，緊急権と正当防衛の

教説がふさわしい。

　しかし，ここには既に，実践的目的の理性的目的への移行が存在する。

〔3　理論的目的〕

　第一の理性的目的は，衝動としての，すなわち，自然に生ずる考えとしての，知識という目的 *Zweck des Wissens* である。これは，好奇心あるいは知識欲である。この知は何よりも利己的であり，すべての主体を消耗させる。なぜなら，それはすべてを思考を通して変えるからである。これは，スピノザの，すなわち，スピノザ的倫理学の立場である。我々は，情動に対する明白かつ明瞭な洞察によって自由に行為する。その洞察は，全世界の認識から生じるのであるが，それが，神の知識愛 Intellectualliebe ——それは徳であり幸福であるのだが——，を創り出すのである。これが，純粋な知識愛である。

　けれども，〔第二に〕倫理は知識であるだけではなく，行為でもある。人間は，行為するためには情動を知らなければならない。これは，ウォラストンの哲学＊である。それによれば，どの行為も，それ自体，真実の表出である。この認識はそれ自体再び目的になりうる。これは，完全性 *Volkommenheit* という目的である。人間は完全でなければならないというのである。これによって，我々は幸福から遠ざかる。〔第三に〕完全性はライプニッツ-ヴォルフ的道徳の立場，すなわち，汝を完全なものにすることを為せという立場である。これに対して，これは理想であるかもしれないが，人はただそれに近似することができるだけであるというのが，ファガーソン哲学＊の立場である。しかし，それ故に，彼の原理には不完全さがある。なぜなら，人はそれに近づくことができないからである。完全な道徳原理は，即かつ対自的な真でなければならない。これが，善である。

〔1〕　この節は簡略化されすぎている上に，展開がわかりにくいので，ブラウン版に従って番号や見出しを補った。

第3節　善

73　　**古代の善論**　　善の教説は既にソクラテスによって主張された。しかし，彼はまだそれを規定するに至らなかった。彼は，何が善なのかについて語らな

かったし，プラトンも同様である。それを為したのはアリストテレスである。彼は，善は，衝動と理性との調和，あるいは理性によって衝動が規定されることであると主張した。これが，「アレテ αρετη〔すぐれていること〕」である。なるほど，ここでは，衝動は，理性に高められているが，行為の実定的内容を成している。しかし，幸福の目的は，今や徳の技能が実現される手段に貶められている。その上，徳の教説は穏健な，可塑的な，そして陰りのないものであった。アリストテレスは，徳の三つの本質を示した。すなわち，肉体的本質，倫理的本質，そして論理的本質，である。肉体的なものは，徳を発展させる手段である。これは，健康，食餌療法学，そして体操である。倫理的なものは，勇敢さ，節度である。功名心，寛大さ，羞恥心などの徳が二つの極の間の仲介者であるのが常である。論理的なものは，その内容として衝動をもたず，精神の活動をもっているのだが，それはストア的道徳の原理である。最も高度な論理的な徳は，真理であると同時に最高の幸福である。

　ここでは，なお衝動が理性と親密に調和している。しかし，官能的欲望の内容が，理性の前に立ちはだからざるをえない。そこで，第二番目の教説として義務に関する教説が登場する。

　いかにして徳と義務は区別されるか？　徳は心情の内にある。それに対して，義務は善という理性の命令を実行しなければならない。それ故，徳は義務にとっての手段にすぎない。それ故，義務の教義をもつキリスト教は，古代の徳に対して反対を表明したのである。アウグスティヌスは言った。徳は単に輝かしい悪習にすぎなかった。なぜなら，それらの徳はまだ内容として衝動をもち，それと闘わないからであると。全く同様に，この立場から，カントはアリストテレス的中庸が徳と悪習の違いを理解していないと言って批判する。徳はただ量的にのみ悪習から区別される。それゆえに，質的に区別されるのではない。一個の悪習は，悪習全体よりは小さいので，それは徳に数えられるのである。アリストテレスの見解とキリスト教の見解の違いは，古代においては，衝動は何かある種の善と考えられ，キリスト教においては，官能的欲望は何かある種の悪と考えられたことである。

　義務論　　義務について哲学的に語ったのは，カント道徳がはじめてである。定言命法は，汝の行為がすべての人にとっても格率 Maxime となりうるよう

74 に行為せよ、という道徳原理である。しかし、義務とは何か？ カントはこの問いに答えない。これは、理性の自律である。それ故、彼は、ヴォルフ哲学の他律に還帰することになる。[なぜなら、] そこには内在的な義務論が存在しないからである。これは、フィヒテ哲学において探究された。すなわち、フィヒテは、次のように主張した。英知 Intelligenz は自発性の不変の原則に従わなければならないと。その内容は、我は、我の外の何ものからも規定されないということに尽きる。否定的なものの制約は克服されなければならないので、人間は本能を彼の活動 Thätigkeit によって根絶しなければならない。義務は絶対的義務の成就のための手段にすぎない。三種類の義務が存在する。人間の自己自身に対する義務、すなわち、自己保存。他者に対する義務、すなわち、愛、正義。神に対する義務。〔この三つである。〕

　この体系において、義務論は実定的 positiv になり、徳であるところのものへ戻った。これらの個別の義務は、相互に衝突する。これが決疑論、すなわち、スコラと中世の道徳哲学である。諸徳は可塑的であるがゆえに衝突しえないはずであるが。

　しかし、衝突した場合には、どの義務が優先されるのか？ 義務の矛盾に立ち向かうために、人間はこのような衝突から自分自身の内に還帰し、全世界を自己の内で反省する。これが禁欲であり、その中心が祈りである。この禁欲は、再び、道徳的なものの最終決定が人間の心の中にあるという考えに至る。かくして、[我々は、] 最高善、すなわち、良心の教説に [至る]。

　良　心　　良心とは善をもつという確信の自覚である。善の最奥にある内面的平静は良き良心である。もし、人間が意識的に善に対立させられるなら、それは悪しき良心である。主体の良心において、徳論と義務論は一致する。この立場は、ヤコービの哲学のそれであり、たとえば、ザントの弁護人のドゥ・ヴェッテ*——彼は自己の内的信念に従って行為したのだが——がその例である。彼はまた、歴史の扱いにおいて全く間違っている。このような内的熟慮は、客観的世界に対立して、法則、法、そして人倫に寄りかかる。そして、全く同様に、それは文化においても間違っている。それゆえ、それはルトヴィッヒ・ティエック*によって、シュレーゲルについて主張されたイロニーを生みだしたのである。この理論は、人格を、見る者にとって純主観的に描き、客観的に描

いていない。これはまた，シュレーゲルの『ルツィンデ』においても同じである。そこでは，神の怠惰が挙げられているのであるが。

　我々は，良心こそ最高の道徳的立場であると言う。しかし，道徳は人倫の下に置かれる。最奥の主観性が，それ自身の表明によって，人倫を呼び出すであろう。人倫はしばしば道徳と同一のものとして扱われるが，しかし，人倫は道徳より高次のもの，すなわち，外的な立場の再獲得である。その次に，人倫は道徳と法の統一である。古代人は，昔から人倫的神を崇拝してきた，国家，愛，名誉と同じように。我々にあっては，これは逆戻りしている。すなわち，近代世界は人倫的 sittlich というより道徳的 moralisch なのである。二三の道徳家は，人倫を道徳のなかに引き入れている。しかし，それなら，宗教も引き入れることができる。これが，18世紀のカントによる啓蒙主義の宗教である。キリスト教の道徳は，本当は道徳の限界を越えており，［そこから］押し戻されなければならない。

　人は次のように言うことができる。人倫は，精神的なものであり，第二の自然である。すなわち，ここではじめて真の内在的な義務論が生じたと。誠実さは，人倫的徳一般である。人間は，義務をもつ限り，権利・法をもち，彼が権利・法をもつ限り，義務をもつのである。

［中村　浩爾］

第3章　人　　倫

人倫の区分　〔人倫は三つの区分からなる（B138）〕
1. 直接性〔の段階〕における人倫は，感情と愛による人間の結合であり，それは，家族である。家族は，無反省的であり，最初の素朴な人倫である。
2. この感情的な愛は反省になる。このような人倫の闘争，つまり家族において一体であったものの分裂が市民社会である。
3. この闘争は，最も高い一体性に統合されなければならない。分裂されたものの調和が国家である。

第1節　家　　族

家族は，感情的な人倫である。愛がその原理をなす。その感情的な意識は，複数の個性から成り立つ一体性である。

〔1　婚姻〕

婚姻の概念　ここで，第一のものは，婚姻論である。それについては法的に論じられたので，変わった諸見解が存在する。婚姻は，性交という事実以外の何ものでもないと言われた。〔しかし〕婚姻は両性による個人の倫理的な共同体である。また，婚姻は一つの契約である〔とも〕言われてきた。契約が婚姻を成立させるということは真実である。しかし，婚姻にとって，契約は，一つの手段ではあるが本質的なものでないことは確かである。婚姻に入る二つの様式が区別されなければならない。まず，人倫性の洞察によって〔婚姻〕関係に入り，その後はじめて主観性が生じるのか，それとも，出自によるのではなく主観的関係を受け入れ，そこから人倫的な〔婚姻〕関係に入るのかである。古代世界では，それは前の方法から生じた。なぜなら，古代は出発点としての愛を知らないからである。そして，愛は，アラビア人たちと騎士たちとの戦いに

おいて，はじめて生まれたのである。

婚姻の人倫　婚姻の人倫性は，愛において，信頼において，そして，完全な個人の全存在にわたる共同性において，配偶者双方の一体性の意識のなかに実体的な目的として存在する。ローマ人は，婚姻は人類の不可分の慣習 *vitae individuae consuetudo* であると言った。これは，全くそのとおりであるが，しかし，不完全に行われた。婚姻において，そこでは男と女はまだ別個である。そうであるということは，財産共同制を不可欠とする。〔それゆえ〕，夫婦別産制理論は婚姻の概念には入らず，ローマ人たちはそれを嫁資法のなかに入れている。それに対して，ドイツ法では財産共同制は成し遂げられているのである。ところで，婚姻は神聖なものなのかという問いは，法における最も重要な問いの一つである。婚姻は神聖なものである *matrimonium est sacrum* ということは真実である。何故なら，婚姻は一つの人倫的な関係であるからである。婚姻は崇高であり，そして一度しか結ばれないゆえに，それは解消されえないもの［として］〔考えられている〕。しかし，婚姻は，まだ，人倫が解消されえないという段階ではない。婚姻は単に人倫の概念にすぎない。人倫の理念は，国家である。そして，この国家の理念は，世界史のより高次の理念にぶつかってのみ，粉々に砕けるのである。理念は概念と現実の統一であり，国家はその理念である。国家においては，概念は現実に一致している。こうした一致は家族にはない。家族の概念には，まだ現実はない。家族において概念と現実は，むしろ，互いに対立，分裂し，諸悪をなすということを含んでいる。家族が永遠の一体性のなかで生きるという考えがある。我々の見方からすると，婚姻が永遠であるべきだということは崇高なことである。また他の見方によれば，結ばれた婚姻が現実であるということが，崇高なことである。それによって，婚姻の現実は神聖なものになる。しかし，現実が神聖であるところで，この現実が，まさに最も醜悪なものであるという矛盾が明らかになる。

離婚法　しかし，それだからといって，婚姻は簡単に解消するか。婚姻は，一生涯継続するために結ばれたという考えがある。婚姻を解除条件つきの前提下で結ぶことができるというラント法の規定は，全く反人倫的である。しかし，現実が全く概念と矛盾するならば，［矛盾は］，〔婚姻を〕解消することによって解決される。しかし，現実も概念もおろそかにされないように離婚法を援用す

るということはきわめて困難である．それに関して，ラント法には，およそ存在する諸規定の内で最もひどい規定〔がある〕．

77　**婚姻の方法**　婚姻はまた，ある感覚的な側面をもっている．しかし，この感覚的衝動は，婚姻では，人倫化される．しかし，この衝動をすべて奪い去ろうとすることは，プラトン的な，そして修道士的な愛のように抽象的概念であり，全く間違っている．問題は，婚姻はどのようになされるかということである．オリエントでは，外的であり，感覚的である．ギリシアでは，女性は肉親から〔夫に〕引き渡〔され〕，〔彼女は〕夫を主人として〔受け取る〕．ローマでは，その契機は女性の同意である．キリスト教徒では，単なる女性の同意だけではなく，共同体の承認と宗教による儀式である．フランスでは，〔民事契約は〕女性の同意以上のものであるが，単なる民事契約だけではなく，共同体の証明書と市長の証明書が必要である．しかし，宗教的なものではない．婚姻の儀式は必要不可欠なものか．もちろん，内的に高められた婚姻が，外的にも高められたとき神聖になるという限りで必要である．フランス的婚姻によって，婚姻はまた真に結ばれる．カトリックの婚姻法によれば，つまり，トリエント公会議に従えば婚姻は，二人の立会人と聖職者の前での宣誓によって既に許可されている．単なる民事契約だけであれば，婚姻は，内縁関係へと簡単に引きおろすことができる〔からである〕．――

　　婚姻の目的　婚姻の目的は何か．しばしば，子どもを作ることであると言われる．しかし，目的は，個別的なものではなく，婚姻であるものの総体である．あらゆる人倫的なものは，それ自身を目的としている．婚姻は，一つの一体性であるが，それでも，その中に男と女を含んでいる．男は，仕事，普遍的な〔ものを認識する〕知と意志と家族の最終目標の意識を現わし，女は，感情の領域と家族の結合を現わす．男は世界と家族の関係を体現し，外へ歩み出る．女は家族の圏，家族の領域の中に留まる．女の特徴は，どの民族においても，一般に婚姻に与えられるものをもっていた．

　　一夫一妻制　我々は，ここで，一夫一妻制と一夫多妻制のどちらが正しいかを検討しなければならない．これは，しばしば，きわめて外面的に示〔される〕．それゆえ，カントは，夫婦の一方が「物」として他の一方を占有しても，彼らは互いに〔物として〕相殺される〔関係にある〕と言う．しかし，一方が複

数の配偶者をもつことは相殺関係ではない。妻たちが自身を人格にまで陶冶した時に，感性的な意識の一体性としての婚姻が生じることができるにすぎない。妻は「物」のようなものであってはならない。一人の夫に複数の妻が存在すれば，妻の人格は破棄される。最初の本来の一夫一妻制はギリシアにおいて存在する。そして，そこではじめて，歴史意識が発達したのである。それにともなって，婚姻が単婚であるためには，同血族の下ではなく，異血族の下で存立しなければならない。なぜなら，婚姻は，異なった個人たちの一体性であるからである。兄弟姉妹や叔父と姪においてもまた，婚姻はふさわしくない。なぜならば，〔全く〕他人である夫と妻が，しっかりした一体性を形成することが必要だからである。一族内で結婚し，そのために腐敗したことは，ブルボン王家やハプスブルク王家のようなものが徐々に虚弱になり，没落したことに見て取れるのである。

婚姻における財産　婚姻に際しては，実質的な側面もまた話題となる。婚姻における財産である。妻がまだ，「物」として取り扱われるところでは，彼女達は，何かの代償として，返礼として取得される。これは，アジアでみられるふつうの光景である。妻が人格を得ているところでは，彼女は物質的に自立し，持参金を持ってこなければならず，持参金がない婚姻はありえない。これはローマ法に引き継がれている。そこでは，嫁資を準備できなかった妻 *mulier indotata* は屈辱的である。さらに別の立場は，キリスト教的—ゲルマン的なものである。ここでは，夫が妻に「贈り物」を与える。タキトゥスは既にその奇妙さについて語っている。もし，妻が愛によって結ばれているならば，彼女は，お金がなくても自由であり，金銭的自立を必要としないであろう。〔何故なら〕夫は，自分が死んだときのために，彼女への愛から，つまり，親族のためではなく妻自身のために，モルゲンガーベ[4]，嫁資 *dotalitium*，持参金を渡す。それゆえ，婚姻における契約は，本来のゲルマン民族の下では存在しない。しかし，ラテン系民族はいまだにローマ法に依拠しており，低俗なフランス人は，契約なしには結婚しない。したがって，財産共同制は，婚姻の概念に完全にふさわしいものである。

婚姻の解消　婚姻の解消。我々は，上述のように，婚姻は，生涯にわたっていると言ったが，しかし，婚姻の現実は，しばしばそれを破棄するのである。

2　家族の存立

資産と子ども　ここで，第一は，資産である。家族以前の〔抽象法・道徳の段階〕では抽象的なものが，人倫的なものになる。所有 dominium が資産 patrimonium になるのである。男は，資産の取得と処分のために，事前の備えをしている。その際に，妻はどの程度活動をしなければならないか。彼女は，手に入れたものを家族のために用いる手配をするのみである。第二は，子どもである。子どもは，家族の具体的な存在である。子どもがいなければ，家族は単に抽象的であるにすぎない。子どもにおいて両親は互いの愛を確かめる。子どもは愛の担保である。子どもはどのような権利をもっているか。彼らは，すべての面で扶養され養育されるべき権利をもち，そして，父は，子どもをある意味で服従させ，父に奉仕させるという権利をもっている。つまり，父は，子どもを罰する権利をもつのである。子どもへの罰は，もっぱら主観的でかつ道徳的な性質であるにすぎない。それは，犯罪に対するようなものではなく，威嚇の目的と，〔子どもを〕自然的なものから人倫的なものへと高めるのが目的であり，報復ではない。

子どもの教育　だが，子どもは「物」ではないし，両親の所有物でもない。彼らは即自的に自由である。オリエントにおいては，父権は，必ずしも強固ではない。子どもは，奴隷ではないが，自由でもなく，家父長に恭順するとしても〔そこでは，〕家父長的恭順は，まだ自覚にされるには至っておらず，そして，まだ〔家族の〕構成員に行きわたっていない。ギリシアにおいては，美しい親密な関係が〔支配し〕，ローマでは，絶対的な厳格さが〔支配している〕。父権の下の子どもは，取るに足らない者である。子どもは，父権の外では，もはや家族に属さず，全く相続権をもたない。この父権をキリスト教は廃棄した。子どもは即自的に自由である。子どもは年齢が高くなると即かつ対自的に自由になる。尊厳や名誉もまた，十分に自立性を与える。教育の目的は，彼ら自身を自覚させることである。子どもは，直接的な〔即自的な〕子どもでいることを終わらなければならない。

遊戯による教育法に対する批判　子ども時代には，衝動は，年齢が規定するよりも，もっと先へ行こうとする。それゆえ，子どもは何かを学ばねばならない。しかし，子どもっぽい方法によってではなく，学習という形態において

である。しばしば，遊戯による教育法が，擁護される。それは，ルソーのエミールにおいて生まれ，スイスのイヴェルドンでペスタロッチ*によって実践された。人は，子どもに，精神的な労働，つまり学習の苦労をさせまいとする。子どもっぽさは，重要なもの，留めておくべきものとみなされる。しかし，それは誤りである。子どもっぽさは，学習によって砕かれなければならない。

しつけをすることは，父だけにではなく，母にも当然ふさわしいが，それ〔が認められたの〕は近年になってからである。ローマ法では，父だけが権力をもっている。子どもは，幼少期には，母につながっている。〔それゆえ〕，母は子どもに感性的な意識を与えなければならない。

ゲジンデ〔奉公人〕制　なお，ここでは，中世には現れず，ようやく近代の歴史に現れるゲジンデ制について触れなければならない。古代には，家族内の仕事は，家内奴隷 *familia servorum* によってなされた。中世では，奴隷にかわって，農奴である。農奴は自立性をもち，そして教会との関係では人間であるとされる奴隷である。その農奴からゲジンデが生じた。ゲジンデは，家族の中の奉公人階級であるが，しかし，仕事上での実体性をもち，本質的に家族に属するのである。そして，ゲジンデの場合，関係の実体性は自由を制限せず，自由な服従のなかに，自由な仕事のなかに，この関係の実体性が存在するのである。

3　家族の解体

後　見　〔家族〕の解体は，自然的なものであるとは特徴づけることはできず，子どもが成長し，成年に達し，そして，新しい家族をつくるということである。このような家族の広がりが，家族を解体するのである。このような解体に，後見の理論，〔つまり〕本性上自立しているような家族の構成員に関する監督理論があてはまる。家長 *pater familias* のいない孤児[5]は当然自立的であるが，しかし精神的に〔自立している〕わけではない。後見は家族生活の終わりにあり，そして家族から市民社会への移行過程である。ただプロイセンラント法のみが，後見が市民社会に属しており，民事法には，わずかにしか属していないことを承認しているだけである。それゆえ，後見は家族的であるだけではなく，また国家的でもある。家族後見人がいない場合，国家的後見が生じるのである。　**80**

〔ローマ法上の〕後見関係は，父権関係とは別物である。そこには感情はなく，単に外的な監督が存在するだけであり，そして，それゆえ，より自由なものである。ローマ法において，後見 tutela と保佐 cura を切り離していることは、[6] 全く偶然かつ歴史的なものである。我々の場合には，その後，これは合致している。

相続法　　死による家族の解体は，相続法の理論の最終頁にくる。しばしば，相続法が物権法における取得方法として取り扱われるのは，間違っている。なぜなら，相続法では，抽象的所有の契機よりも家族法の契機がより重要な意味をもつからである。相続法にこそ，所有権の中で唯一人倫的なものが見出される。しばしば，相続法は不道徳なものとして非難されてきた。しかし，それなしには，いかなる人倫的な所有も存在しないであろう。

相続法に対する立法の理性的関係とは何か。相続法は，その本性上，「物」において二重のものでありうる。なぜなら，所有は二重の性格をもつからである。まず，第一に，抽象的なものである。つまり，それは，一人のものであり，他者のものではない。そして，第二には，人倫的なものである。この二つのカテゴリーから，相続法の二つの方法〔論〕が生じる。1．遺言に関する理論，2．法定相続に関する理論である。相続法の歴史は，あらゆる時代に，そして，あらゆる民族において，この二つの方法の関係以外の何ものでもない。すべての歴史［もまた，］国家に対する主体の関係以外の何ものでもないのと同様である。

歴史の初期段階では，この〔二つの〕関係は，完全に一致している。遺言は，オリエント世界においては，まだ生まれていない。なぜなら，遺言は，自由の概念に基づくからである。抽象的所有の概念は，オリエントにはまだ存在せず，父が息子に与えるのは，せいぜい助言である。

ギリシアにおいて，はじめて遺言は生じた。［つまり］，ギリシアで，個人がはじめて生じたのである。ディアテーケ〔遺言〕διαθήκη は，しかし，遺言で定められた相続人が同時に養子になることによって，それはまだ法定相続と結びついている。ローマでは，遺言は，法定相続とは一致しない。これらの間には，自然の矛盾が存在する，すなわち，遺言がある場合と遺言がない場合である *Earumque rerum naturaliter pugna est testatus et intestatus.* ローマ法における相続法の歴史は，ただこの闘争の和解のみである。それは，新勅法115に*

100

おいて実現する。キリスト教的，ゲルマン的相続法は同様に遺言を認めていない。つまり，遺言は無効である *nullum testamentum* とタキトゥスは言う。しかし，ローマ法の原理が導入され，そして，それによって，我々は，遺言による相続権，それから法定相続権，そしてその二つをつなぐもの，つまり遺留分権をもつにいたった。しかし，ローマ相続法は，いまだにそのまま留まっているが，しかし，それが我々のために何の役にも立たないとは言われないのである。

　理性的な相続法とは，次のようなものである。財産は人倫的なものであり，かつ私的なものでなければならない。我々は，この観点を統合しなければならない。そして，それは，ギリシアにおいて存在する。しかし，我々の場合には，対立の意識からの回復である。相続法は，法定相続に従った原理でなければならない。これは，ナポレオン法典においてのみ確実に認められている。しかし，私的なエレメントもまた権利を与えられていなければならず，そして，その権利が遺言である。資産の一部分を〔遺言で〕定めることが，各人に正当に認められなければならない。私に子どもや両親や兄弟姉妹がいる場合，親等が遠くなればなるほど，私の資産について〔遺言で〕定める権利が増える。つまり，対立する人倫の力は減少する。さらにいっそう〔私的エレメントが強くなると〕，私は，自分の全資産について〔遺言で〕定めることができる。しかし，その場合，もはや推定相続人も相続人の遺留分も存在しないが，被相続人の遺留分が存在することになる。

市民社会への移行　　家族の中で人格が強くなり，そして，再び家族が形成されることによって，多くの家族が互いに関係をもちながら登場する。それらの家族の対立は，差異の感情をもたらす。一体であった家族的人倫は，反省的な家族の中でうち砕かれる。これらの対立のなかで一つの関係が形成される。これが市民社会である。

　家族においては人倫が存在し，そして市民社会においては反人倫が存在しているように見える。そして，実際またそうである。しかし，それは一つの進歩である。市民社会において人格が登場する。各人格にとっては他の人格の負担でまた，他の人格を通して自己の欲求の充足をはかるのが目的である。ここでは，自己を貫徹させようとする利己的原理が支配している。〔しかし〕それは，

相互依存の体系，すなわち各々が全体の中の一つという性格をもった体系である。市民社会は必要国家 Notstaat であり，悟性国家 Verstandstaat である。多くの人はそれを真の国家と言ってきたが，そのなかから，かの浅薄な理論が生じてきたのである。人倫は上部の関係であり，市民社会の最高の成就である。市民社会は非人倫的で，無概念的であるように見え，したがって，その精神を作り上げることは容易ではない。市民社会は新しい時代に属している。古代はそれをもたなかった。それは，ようやく，主体性の精神から生まれたのである。古代においては，市民社会は奴隷によって支えられた。我々は，それをまず国家の富として把握する。

〔1〕 原文は Sitte であるが，ブラウン版には「さしあたり，Sittlichkeit〔人倫〕は，Sitte〔習俗〕を意味する。」とあり，人倫とした。人倫については，ブラウン版137頁参照。

〔2〕 この項は，原文では，Die Sitte in ihrer Unmittelbarkeit, d.h. ihrer Empfindung und Liebe, in ihrer Reflectionslosigkeit, Naivität ist die Verbindung der Menschen durch Empfindung und Liebe, die *Familie* となっているが，非常に意味が取りにくく，ブラウン版は明確なため，それをもとに訳した。ブラウン版138頁参照。

〔3〕 手稿本文では「家族論」になっているが，手稿目次に基づき，本訳書の見出しは「家族」とした。

〔4〕 モルゲンガーベ Morgengabe。初夜の翌朝，新郎から新婦への贈り物をした昔のドイツの風習。本訳書200頁参照。

〔5〕 原文は，Eine Waise *pater familias* であるが，ブラウン版では Eine Weise ohne *pater familias* となっており，ブラウン版の方が意味が明確なため，それを採用した。ブラウン版151頁参照。

〔6〕 tutela（後見）と cura（保佐）の関係については本訳書192頁参照。

〔7〕 原文は，sein であるが，ブラウン版による mein を採用した。ブラウン版155頁参照。

第2節　市民社会

市民社会の区分　　我々は，まず，市民社会を以下のように区分する。

1. 市民社会の個別性。諸個人は，市民 Bürger として，自己の目的に利害関心を有する私人 Privatperson である。ここでは，富める世界および自然状態の存在を考察しなければならない。自らの労働とそれ以外のすべての労働による諸個人の充足，これが，国民経済である。

2. どのように国民の富を維持し，そして現実になるのかという教義。すな

わち，司法である。司法が，はじめて富の真実を見出し，そして偶然性・単なる可能性を止揚する。
3．偶然性に対する備え。つまり，司法〔の作用〕にもかかわらず，まだ，我々に偶然として現れるものを普遍的なものに連れ戻すもの，〔すなわち〕ポリツァイとコルポラツィオーンである。コルポラツィオーンは，非人倫的なものの人倫化である。つまり，反省において砕かれたものを普遍的なものに復帰させることであり，家族，〔つまり〕，市民社会への抑制原理である普遍的なものへの還帰である。それゆえ，コルポラツィオーンは国家への移行である。

※　手稿では欄外に書かれている。

1　国民経済学

　ここで，我々は，1．欲求論，2．欲求を媒介する外面的な事物，3．主観的な欲求と外面的な事物の媒介である労働，を考察しよう。

　欲　求　　1．主観的な欲求。往々にして，最小の欲求をもつ人こそが，最も幸福であるとみなされてきた。彼はほとんど〔何ものにも〕依存しない。しかし，我々は，次のように言いたい。多くの欲求をもち，欲求をすべて満足させることができることこそ幸福である。活動は，多様な欲求のなかに存在する。なぜなら，欲求をもたず，欲求を充足しない者は死んでいるのに等しいからであると。

　外面的な事物　　欲求はきわめて多様である。それは自己増殖するのである。しかし，欲求は，充足のための手段を求める。これが，〔2〕欲求の充足のために必要とされる外面的な事物である。欲求が手段を呼び起すのと全く同じように，手段は欲求を呼び起す。同じく，個別的欲求から，客観的で社会的な関係が生じることがある。これが，時流である。それを通して，欲求から，社会のなかに習俗 Sitte が生じるのである。つまり，個別的な欲求から普遍的な欲求が生じる。理性的な人は習俗に自分を合わせるであろう。個別的なものを生み出すこと，つまり，時流を創り出すことは，我々の関心事ではない。欲求の充足が社会的になることもまた，欲求である。

　個別的な欲求が普遍的なものから分離し，再び社会的なもののなかに入って

いくことで，まさに欲求は変化するのである。贅沢はこの相互作用である。さて，贅沢は幸か不幸か。なるほど，多くの人々は，贅沢は奴隷の状態であり，国家の没落を招くと言う。しかし，これは誤りである。なぜなら，贅沢は，まさしく自然の跳躍であり，かの自然状態の解放であるからである。贅沢な人間は，彼の思いつき，意見に従い，それゆえに自由である。しかし，その自由は単に形式的であり，真かつ理性的なものではない。それゆえ，贅沢は，その裏面に，最大の従属，欠乏をもっている。かくして，イングランドでは途方もない贅沢が支配しているのである。

労働　3．労働。労働は，欲求〔を充足するため〕手段に手を差し出すものである。人間はすべてのものを働いて手に入れなければならない。世界中のすべてのものは形態を保持しているはずであり，人間はただ人間的なやり方で享受できるにすぎない。享受するすべてのものに，人間は固有の烙印を押すのである。陶冶と洗練である。実際的な陶冶は，まず多くのことができることにある。野蛮人は怠惰であり，のらくらしている。労働は，それ自体で制約に至る。その制約は，教育であり，陶冶された社会においてのみ行われる。——労働は分割されなければならないと，しばしば言われる。だが，労働の分割には，工場におけるように極限にまで行かずにはおれないという性質がある。この分割は，機械的労働に依存関係を作り出し，〔機械労働が〕人間を飲み込む。もし人間が機械的労働によって外的なものに頽落し，精神的なものが外的なものに〔規定されるように〕なった場合，〔労働における〕精神的なものは，そこからほとんど何も得ないに違いなく，試練にさらされる。もちろん，苦境は，機械の導入によって，すぐさまあまりにも巨大になるので，人々は，機械を徐々に導入する。しかし，機械の導入は不可避である。

国民経済学の体系　我々が労働を要約すれば，資産に至る。ここで，我々は国民経済学の体系を取り上げたい。資産とは何かという問いは，様々に取り扱［われる］。1．コルベールの重商主義。2．アダム・スミスの産業主義。3．ルイ15世の侍医であったケネーの重農主義〔などである〕。

古代には，国民経済学はなかった。なぜなら，労働は奴隷に命じられており，市民社会は，教養のある高貴な怠け者から成っていたからである。中世では，営業と芸術はまだツンフト的で，特殊的であった。

重商主義　　1．コルベールの重商主義は長期にわたり支配的であり，そして，なお，いまだに完全に排除されているわけではない。重商主義は，次のような思考に基づいている。つまり，ある国の労働生産量について考えるためには，国家の収支がどのような状態であるかが重要である。輸入よりも輸出が多くなる，あるいは，支出されるよりも多くの貨幣が入ってくるならば，その余剰が国家の富を形成することになる。この原理は，貨幣は，それ自体としては相対的なものにすぎないにもかかわらず，それが絶対的なものであるという間違った原理に基づいている。しかし，貨幣は，貨幣になされることに関係している。つまり，ある種の物が少ないと，その種のものは高価である。それゆえ，貨幣の収支という尺度は，資産にとって決して適切ではない。貨幣が入るだけで，出ていかないある国を考えてみると，そこでは，膨大な貨幣が蓄えられ，そして生産物は非常に高価になる。それゆえ，彼らは，貨幣を，別の諸国に送らなければならなくなるだろう。そこでは，貨幣は高価である。そして，それらの諸国では，彼らの生産物を，生産物がより高価である国に向けて送らなければならないだろう。したがって，そこから再び貨幣が外へ向かうので，収支バランスは元に戻るのである。それに加えて密輸や密輸品があるために，国家の収支バランスは算定できなくなるのである。

2　重農主義。これは，富を運動のなかにではなく，静止した大地に見て取るのである。農耕と大地の力が，富を規定する。つまり，それらが，他の諸労働を引き起こす〔とみる〕のである。それゆえ，重農主義者たちは，土地台帳*，そして本質的にそれらに由来した地租しか認めない。現在では，重農主義者はもはやほとんどいない。なぜなら，彼らは，死んだものを生きて働いているものよりも好んだからである。〔重農主義に対する〕批判は，とくに我々の時代にあらわれる。我々の時代には，穀物は，もはやあまり価値がない。つまり，財が担保に入れられたり，富が国債証書に入れられたのは，流動可能な状態にあるのである。重農主義にとってもまた，国家の保証機能という理念が，関係しているのである。

3　我々は，アダム・スミスの産業主義〔論〕に賛成する。それは，イギリス人リカードゥ*，そしてフランス人セー*によって［さらに］発展させられた。富は，単なる死んだ資本のなかにあるのではなく，本質的に産業労働のなかに

ある。つまり，産業は，農耕や商業や工場〔生産〕を包摂しているということである。もし，そこに一つの欠陥があるとすれば，精神的な労働を重んじていなかったと言わざるをえないことである。精神的な人々は非生産的である，たとえば，ソクラテスは非生産的であったであろう。しかし，彼のおかれた状況では，それは正当である。ここで，我々は，国民経済学の説明について，この学説体系から始めることにする。

　身　分　資産は，資本力や手腕の基礎でありうる。それによって，我々は市民社会における不平等に至るのである。不平等は，市民社会においては全く必然的であり，平等の要請は，全く無知で怠慢である。市民社会は区別のシステムであり，区別は，市民社会の生命である。しかし，その不平等のなかには，理性的な尺度を見出すことができる。それは，市民社会の身分である。そのような身分には次の三つがある。

　　a．実体的もしくは直接的〔身分〕
　　b．反省的もしくは形式的〔身分〕
　　c．普遍的身分

　a．実体的〔身分〕は，まだ自然と最も多く関係しているもの，つまり，農民の身分である。これには，大農場主は属さない。この身分には直接的な人倫がある。農民は，自由であるとしても，彼の活動範囲や視点は制限されている。しかし，彼は，国家全体の基礎である。国家は，農民から始まるのである。

　b．反省的身分，反省もしくは商工業の身分。この身分は自然の加工を目的としており，したがって，ある媒介する［目的］をもっている。彼は，悟性に，反省を指示されている。この身分はさらにいくつかの身分に分かれる。1．手工業身分は，個々人の欲求のために，自然的なものを個々人の要求するものへと加工する。それゆえ，彼は，農民身分に最も近く位置している。我々の時代には，この身分もまた一般化し，それによって，いわゆる身分の際だった区別をなくしている。同様に，商工業身分は，農民身分にまで広がる。農場主が，毛織物業やブランデー醸造を経営する〔ように〕。2．工場主身分。工場主は，個別的なもののためではなく，ある共通のもののために働く。3．第三の，そして，商工業身分における最高のものは，商業身分である。彼は，工場の生産物もしくは自然の産物を相互に移動し交換する者である。商業身分は，近代に

おいて，ようやくそれにふさわしい高みに到達した。ルイ14世によって，はじめて商業身分は，国家のなかに取り入れられた。この身分は，その本質に従って，さらに二つの部分に分かれる。a．生産物を交換し，そして，それらによって取引するもの，すなわち，本来の商人身分。b．銀行家身分は，媒介物，すなわち信用関係である貨幣を媒介する。したがって，彼は商工業の最高の媒介者である。

　c．普遍的身分，それは実体的であるとともに反省的でもある。それゆえ，前述の二つの身分を統一する。官吏，特殊な職業なしに生活している不労所得者である。実体的な身分も，普遍的な身分もコルポラツィオーンを必要としない。企業家は，この身分をしばしば空疎なものとみなしている。しかし，エリートであり，教養のある身分であり，その限りで，最高の〔身分〕である。この身分に属する者は，国家との関係で仕事をしているか否かであり，国家の仕事をしない方に属するのは，不労所得者と広大な土地所有者である。

　これらの身分は区別されているとはいえ，しかし，自然的には区別されない。個人であるという表明は，もちろん彼のおかれている状況から生み出されるのであろうが，しかし，彼がその身分であろうと決意することが不可欠である。それによって，はじめて一人の個人が市民社会に歩み入るのである。

　18世紀の終わりに〔書かれた〕，ルツィンデの時代のように，すべての身分を超越しようと考えることは，それ自身全く誤ったものであり，そして，望むべくもない。——もし，市民社会のなかに保護と資産のための保障が保護の中になければ，市民社会の資産は，無防備であり，不確実になるであろう。そのような資産の保障を行うのが，司法である。

2　司　　法

　司法は，市民社会の中に位置付けられる。今日のヨーロッパの意識全体は，何人も法の前では平等であるという，あの最高の命題に結びついている。そして，これは，どの国家においても，誰もが法律の前では平等であるという真のコスモポリタニズムである。しかしながら，この命題は，まだ決して成し遂げられてはいない。たとえば，知的財産権は，まだ全く保護されていない。知的財産権は，国内でしか効力をもたない。我々は，フランスとイギリスのあらゆ

る著作の海賊版を製作することができるのである。

法と法律　制定されたものとしての法，すなわち法律としての法は，普遍的なものとして意識されなければならない。それによって，はじめて，法律としての法は，本来の意味と明確性を得るのである。法律は，普遍的なものと考えられるので法律のなかには，法の頂点が存在する。しかし，この見解は決して一般的ではなく，法律を侮る人が存在する。法律は，法の唯一の表れではない。むしろ，法は，すべての法律以前に存在する。法は，習俗，慣習のなかにはるかに多く表現されている。法は，習俗や慣習のなかに，無限に生き続けている。したがって，習俗と慣習は，法の源泉であり，昔から，法は，そのようなものとして現れると言われてきたのである。しかし，それは，無教養，無思考の時代においてにすぎない。今日の立法では，慣習法 *consuetudo* について書かれた章は，非常に短い。しかし，ゲルマン時代の初期には，すべては慣習である。しかし，今では，どのようにして，特殊な営みから普遍的なものが生じるのか。普遍的なものが，すべてを貫いてきたのはどこなのか。それが，歴史学派の命題である。我々の場合には，〔逆に，〕どのようにして，法が慣習によって生じるのかと問いたい。ある村では，農民が特殊な仕方で，契約や婚姻を結んでいるということだろうか。そのような見解，つまり，現象を思考や法律より高くおくことは，詩情的ではあるが，妥当ではない。それゆえ，我々の時代は立法に対する使命をもっていないという，20年前，サヴィニーによって主張された命題は，この間に妥当性をうることなく，法典が次々と生まれたのである。

　法が法律になることによって，それは，実定的になり，法であるものになる。それゆえ，法であるものであるからといって，直ちに，それが正しいということを意味するわけではない。立法の全歴史は，法と法であるものとの衝突以外の何ものでもない。法律は，すべてのものを包括できないし，些細なことのすべてまで取り入れることはできない。その限りで，法律は，それ自身のうちに，すべてのケースに拡大適用できる力をもたねばならない。これは，類推解釈と解釈である。解釈は，内容と形式とが一致していない場合の法律においての内容の回復である。類推解釈は，原理から個々のケースへの演繹である。

87　しかし，裁判官の論証は，恣意的になってはならず，法典に従わなければな

らない。そして，法律は，民衆の意識の中にもたらされるために，公布されなければならない。この命題は，現在では全く一般的に受け入れられている。ところで，法律の本質が公布にある以上，生きている民衆の言語で書かれるべきであって，死んだ言語〔ラテン語〕によってではない。そうでなければ，法は，単に学者のものにすぎなくなるからである。そして，そのことは，いまでもローマ法が妥当しているドイツの多くの地方で生じている。

　諸法律は，まとまって一つの全体を成している。それらは，歴史の事項索引である。善の最大の敵は，最善を求めることである Le plus grand enemi de bien est le meilleur。それゆえ，人は善を捨ててはならない。消すことができない誤りがあろうとも，善を尽くさなければならない。そして，よりよきものへの希望を，決して諦めてはならない。

　どの法も，現存在となり，そして，一定の内容，形式を得る。古代の法は，形式において最大の厳粛さと区別をもっていた。我々〔の時代〕には，これはなくなっている。もはや訴権の等級はなく，どの訴権も一般的である。法は，ある確かな一定の形式をもたなければならない。しかし，形式は，本質的なものであってはならず，法律の内容を破壊してもよいということではない。しかし，同様にまた，形式のないものは不完全である。そこには，期間，廃棄，形式がなければならない。刑事法においては，法律としての法は，犯罪を無限の違反として捉えるのではなく，単にその他の立法との関係で比較衡量された［違反］とみなすことができると言わなければならない。より寛大にするか，あるいは，厳格にするかは，立法の普遍的な原理に従って決められる。普遍的でかつ組織的な関心があらゆる国々に存在するようになれば，ここに，より大きな平等がうち立てられるであろう。

　裁　判　法律は，それを媒介するために法律を現実化する役所を求める。それは裁判所である。裁判制度は，司法において最も重要なものであり，そして，自己の下に立法を従属させる。それゆえ，立法が不完全であっても，立法に反しては何もなしえない。裁判は法の実現であり，ただ偏った利害関心から離れた不偏不党力の実現を目的とする。利害関心をもつ力は，法を実現すべきではない。それゆえ，自力救済は追放［され］る。

　最も初期の時代には，王はまた裁判官でもある。しかし，組織化された国家

においては，行政権と立法権から分離した裁判機関が生じた。それは，現代では，完全に認められている。当然，ハラーは，国家が与えた法は，支配者の善意と慈悲であると主張しているが。

さて，もし人が市民社会にいるのであれば，そこでは，普遍的自由，法廷にたつ能力，そして裁判所に出頭する義務が存在する。しかし，法が裁判所で争われた場合，証拠理論がそのなかの媒介物である。法は裁判で現れる。証拠理論は，それゆえ，訴訟の中心理論である。証拠という媒介物が，法〔と裁判所〕の間にあるので，訴訟手続は，不快なもの，不幸なものになる。訴訟手続に対抗して，保護をうるために，仲裁裁判の制度，または，平和裁判所の制度に戻り，訴訟抜きの法を回復させようとしてきた。それは，フランスに取り入れられているし，イングランドでは全面的に働いている。平和裁判所の目的は，些細な関係を，簡易に解決し，上級の裁判所に持ち込ませないことである。それゆえ，名誉毀損のように簡易な場合，そこで解決された方がよかったのである。

商業の場合には，訴訟手続をできる限り簡素化することと，商事裁判所を設立することが最も重要である。商業が活発なものであればあるほど，ますますそうである。しかし，法律家は変化の激しい商業の関係を知らない。それゆえ，商事裁判所には，商業のやり方を知っている商人が，法律家とともに存在しなければならない。

司法の公開性　法が法律として有効であるためには公布されなければならないように，法律の各条項が，裁判所を通して有効になるためには，公知されなければならない。つまり，公開されなければならない。民衆の政治的意識を呼び覚ますためには訴訟手続の公開性が重要であり，それゆえ，法律の公開性は自由主義的な政治的制度にとっては必要不可欠であると言われる。それはそのとおりであるが，しかし，法律の公開性はより高度なものに，つまり，法律の本性に関係している。司法の公開性は，法律の公開性の結果以外の何ものでもない。司法の公開性は内的な理由に基づく。〔しかし〕，これに対して外的な理由が挙げられてきた。なぜ，世間全体が私の罪過，私の悪意 dolus を知るべきなのか〔とか〕，悪者は，他の悪者の愚行の公表によって，巧妙かつ抜け目がなくなると言われてきた。しかし，それは，ただ俗物的な反論にすぎない。

〔それにもかかわらず〕この反論は，かなり一般的に受け入れられてきた。そ

れにより，我々の立法の改定の際には，それらの手続に訴訟当事者たちを参加させることは認めたが，第三者の参加は認めなかった。これはドイツ的公開制と呼ばれる。

　審理の口頭制は，本来，哲学的なものではない。しかし，公開性と関係しており，諸条項の生命力を生み出すのである。

　陪審制　　これは，より一層，刑事法に関しては重要である。民事法では，個別の事件は，一般的な原理と異ならない。それは，単なる法律上の知識に属している。刑事法においては，あることが生じたかどうかという問題と，それはどのように生じたかという判断とに分けられる。前者は，法学的知識に左右されるわけではなく，一般的な人間に関する知識や心理学的な知識により多く左右される。事実の審理は，判決の時点に至るまで，もちろん裁判官の職務である。しかし，誰が判決を導くのか，あることが生じたかどうかという問いを，ただ法律家だけに〔委ねていい〕のか。つまり，陪審裁判所が存在すべきか否かである。イングランドでは，陪審員は古くからあり，スカンジナビア諸国におけるように，既に非常に古い時代から存在する。フランスでは，〔それは，〕フランス革命以来〔存在する〕。その後，ドイツでは，陪審裁判所は，ナポレオンのもとで諸侯によって導入された。マクデブルク，ハノーファー，ヴェストファーレンにおいてである。しかし，これは，消え去った。

　裁判官は独立的であるにもかかわらず，しかし，国家のために偏向するようになる。このことは，陪審員，すなわち，〔被告と〕同等の立場の者たちにはあてはまらない。しかし，陪審員たちは，国家に対して猜疑心の強いものとして描かれるのである。

　フォイエルバッハによって説かれたこの理由は，すぐさま最もはなはだしい浅薄さにまでなった。〔国家に対する陪審員の〕猜疑心を挙げるなら，同様に，陪審員に対する猜疑心もまた挙げることができる。それは，政治的理由である。教養のある人たちが裁判官と同様によく判定するという前述の法的理由は，彼らが裁判官と同様によい，という可能性を挙げるにすぎず，必然性をもっているのではない。

　真の理由は，そもそも，刑事法の絶対的な一貫性のなかにのみあるのである。刑罰は，不法の否定，すなわち，法・権利の否定の否定である。それゆえ，刑

罰は，犯罪の破棄であり，法・権利の回復である。

しかし，我々は，犯罪者が，ある要求，ある法・権利を刑罰に対してもっているということを見た。それゆえ，犯罪者は，処罰される際には，判決に参与しなければならない。彼は代理されなければならない。この代理人が彼の同意を与えるのである。

刑罰を引き出すものは犯罪の自白のみである。しかし，自白そのものは主観的である〔としても〕，あたかも〔事実〕そのものとして，犯罪の裁きの場に委ねられるであろう。それゆえ，この自白は，客観的にならなければならない。そして，陪審員は，犯罪者の良心を見つめ，そして犯罪の自白を客観化しなければならない。彼らは，ただ裁判官であるのみならず，犯罪者の代理人，弁護人でもある。

陪審員の導入なしでは，我々の場合のように，刑事訴訟は，ひどく恐ろしい不合理なもの，そして不正の寄せ集めのようなものになってしまうであろう。

裁判の歴史　　ここで，このような裁判の歴史をおおまかに辿っておきたい。裁判を民族精神〔の現れ〕であると主張することは一つの平板な見解であり，しかも間違っている。裁判は，キリスト教に，そして代表制についての我々の政治的見解に由来している。古代の人々は代表制をもたなかった。古代の民主主義においては，民衆裁判官が存在したが，陪審裁判所は存在しなかった。それは審判人裁判に由来するとされてきた。審判人 *scabini*，つまり参審員は，ドイツにおいてはすでに早くから存在していた。しかし我々の場合には，陪審員は生じなかった。陪審裁判所の歴史の最初の基礎は神判，すなわち神の裁き *Ordale* である。犯罪者〔とみなされた者〕は，犯罪の疑いを晴らすために，途方もないことをしなければならない。処罰を免れるためには，奇跡が起こらなければならない。神は，不法を守護しないものであり，潔白な者を助けるのである。起訴はそれだけで，既に判決をほとんど必要としないほど重いものである。これが，原始的初期段階である。神判は，ゲルマン地方に発生する。

第二の段階は，神判がその他のものから分離し，ただ罰するだけの段階である。そこには，神の審判があるが，しかしまた，そのなかには個人の勇敢さに起因する勝利も存在する。しかし，〔その時には〕，決闘は，外面的なものである。決闘を金で雇った〔代理の〕者にやらせることができることになり，罪の

ある者が勝つことさえできるのである。それゆえ，更に進むと，判決を良心に，すなわち人間の内にある神においたのである。これが，雪冤宣誓である。もはや，神判のように，外面的なものに対してではなく，心の法律家たる神に訴えることが被告に委ねられた。しかし，被告の意思に委ねることは，あまりにも主観的である。それゆえ，宣誓補助者 conjuratores が，中世のすべての法廷には，たいてい存在した。宣誓する者は誰でも，宣誓が正しく行われるということを保証する12人を連れてこなければならない。そこから陪審員が生じた。〔また〕そこから，イギリスにおいては，陪審員の匿名制が生じ，陪審員は，全員一致の決定が出るまで，相当長く閉じこめられたのである。

ところで，糾問主義訴訟が生じ，陪審裁判が発達しなかった国々では，陪審裁判所は，どのようであったのかということが問題である。糾問主義訴訟においては，国家はすべての犯罪の総取締である。それゆえ，被告の自由は，弾劾主義の〔訴訟〕におけるよりも，大幅に制限される。しかし，被告の自白は必要不可欠とみなされた。そして，これは拷問である。被告人は，苦痛でそうなるのだとしても，自白しなければならない。被告人が苦痛をのりこえることができると，彼は自由であり，その後，彼は，訴追されることはない。したがって，これは神判である。

拷問の撤廃とともに，今や中味のなくなったこの考え方は，我々の刑事訴訟から全く姿を消した。〔そして〕代わりに特別の刑罰がおかれた。これは，客観的証拠が常に現存するとは限らないが，それでも犯罪者に無罪を言い渡すことはできないということにもとづく。それゆえ，残念ながら，質的な中間ではなく，量的な中間がとられる。犯罪にふさわしい刑罰よりも緩やかな刑罰を与えるのである。

フランスの陪審裁判所は，全く不完全である。1830年に，いくつかの改良が加えられたが，しかし，裁判官はいまだに古いものに埋もれている。我々は陪審裁判に未熟であると言う人もいる。これは，おそらく真実である。しかし，時間をかけてはじめて熟達するのである。

それゆえ，我々は，司法を作り上げたのである。司法は，資産の保護であるが，しかし，予防や福祉ではなく，事後の〔保護〕である。裁判官は，福祉については考えない。それゆえ，市民社会の第三の契機はポリツァイ *Polizey* と

91

コルポラツィオーン *Corporation* である。

3 ポリツァイとコルポラツィオーン

ポリツァイ　ポリツァイは欲求と司法をつなぐ。それは，国民経済的〔立場〕と法的〔立場〕の統一である。ポリツァイは，客観的国家においてのみ存在する。それゆえ，古代には，〔つまり〕ローマやアテネに存在するが，中世にはなく，ルイ14世になってようやく存在する。ポリツァイは，偶然による妨害を防ぎ，秩序を維持しなければならない。それゆえ，ポリツァイは，即かつ対自的に認められる事柄に違反行為の烙印を押すことができるが，それによって，混乱が生じるかもしれない。それが，ポリツァイの違反行為である。それによって生じる損害の認識は，保安ポリツァイの側面に属する。

営業の自由　第二は，日々の欲求の増加と制約によって欠乏が生じるかもしれず，ポリツァイは，それらを予防しなければならないということである。これは，営業ポリツァイである。それは，商工業の自由の考察へと我々を導く。

営業のなかには，仕事を遂行することが，仕事をする人を援助し，怠惰をなくすということが存在する。〔それに対して〕，各人は，学問においては一定程度の知識を満足させることを求めなければならない。これは営業のなかにはない。なぜなら，個人的な〔充足〕では〔なく〕，普遍的な〔充足〕が重要だからである。普遍的充足にとっては，A. B. C 等〔の個人のうちの誰〕がよい物を生み出すかということよりも，そもそもよい物が生み出されることこそが〔重要で〕あり，そして，それは競争によって達成されるのである。

それに対して，営業の自由は，〔個人が〕独立できるという錯覚を招き不幸な結果を作り出すとという主張がある。なるほど機械〔生産〕の際のような個人の不幸が存在するということは真実である。しかし，そのことは次第に変化し，職業は〔機械とともに新たに〕広げられる。多くの者がマイスターになることが可能になる〔と信じたり〕，また，〔それを〕既に現実であると信じこまされたので，〔多くの者がマイスターになる〕準備をしたり，客観的にはまだ存在しないことを可能と見るという錯覚を招くと，我々の州議会は，〔営業の自由について〕*
異議を唱えたのである。

同様に，さらにより重要なものは，商業の自由である。現在，これは，ドイ

ツにおいて，ますます主張されており，イギリスでは，既にハスキッソン*によって主張されている。フランスでは，商業の自由はお粗末なナポレオン的財政策にとどまっている。

商業の自由は，多様な国々の物資の交換をより容易にすると言われている。排除と制限は自国自身におけるのとほぼ同様に，他国に対しても〔向けられている〕。制約は，すべての外国製品が禁制品*であるというほど絶対的であるか，または，一定の関税下でのみ輸入が許可される〔程度に〕相対的であるかということができる。外国のよりよい生産物に途方もない多額の関税〔をかけること〕によって，国内産の粗悪な物を保護しようとしてはならない。なぜなら，粗悪な物はそれに値しないからであり，この原理が，我々の立場である。また，制限を徹底することは不可能である。どの国家も，輸出できる物を輸出でき，そして，輸入しなければならないものを輸入しなければならない。隣国が輸出することなしに，単に輸入しているだけということはありえない。

教育と救貧のポリツァイ　ポリツァイは，さらに別の見方で考察されなければならない。ポリツァイは，たとえば，家族から引き裂かれた者，もしくは事情があって飢えている個人を人間として援助するべきであり，それゆえ，教育と救貧のポリツァイがある。

通常は私法のなかにあるが，しかし，市民社会に属するある事柄は，教育ポリツァイに属している。そして，それは，我々のラント法が果たしてきたことである。それは，未成年者，精神障害者と浪費家に対する後見である。

さらに重要なものは，救貧ポリツァイである。貧者は偶然性に左右されるかもしれない。それは，物乞いである。しかし，物乞いは，たいていの国家においては禁じられている。しかし，そこでは，貧者のために配慮されなければならない。その場合，二つの原理が存在する。第一の原理は，ポリツァイは善行を必要とすべきだと主張するので，貧者に仕事を与えようとする。もう一つの原理は，救貧税を主張する。救貧税によって，慈善は偶然ではなく，各人の教区の中に存在している貧者の割合に応じた一つの普遍的交付になる。これは，イギリスでは，途方もなく重荷になっている。しかし，イギリスでは，貧困は，あまりにも巨大である。

人間は生きる権利をもっている。家族がそれを与えなくなるや否や，市民社

会はそれを保障しなければならない。それは、遺棄された子どもたちが養育される孤児院の制度である。そこでは、これは嬰児殺しを抑止する。なぜなら、もはや〔殺す〕目的がなくなるからである。アジア諸国でさえ孤児院がある。たとえば中国においても。

賎民 ポリツァイによって、そのように秩序づけられた市民社会は、必然的に一層豊かになり、そして一つの有機的構成に到達する。それは、金持ち、裕福なもの、もしくは生計を立てられる者と、生計を立てられない者、保護される存在である者とに分かれる。後者は賎民に属する。賎民はそのままでいいのか、不可避的存在か。これに関して、私は、この点でのみ正しいサン=シモン主義者の意見に与する。我国では、そのような賎民は、まだ組織化されていない。しかしロンドンでは〔既に組織化されているのである〕。ポリツァイは、それゆえ、賎民がなくなるよう活動できるようにしなければならない。賎民は、事実ではあるが、正しいことではない。事実の根本にまで到達できなければならず、そしてそれを止揚しなければならない。

植民 市民社会が飽和状態になると、それは、さらにそれ自身を超えて外へ向かっていく、これが、植民である。海は、余分なものが遠くへ運ばれるところのエレメントである。植民は、国家に貧富の階層分化が既に形成されている場合にのみ生じるのである。それゆえ、植民地は古代や我々の〔時代〕にはあるが、オリエントや中世に植民はない。植民のため、15, 16世紀、そして、世界分割の17世紀にアメリカ大陸が発見され、そして、準備されたのである。北方に向かっては北ヨーロッパから、南方に向かっては南ヨーロッパから移民した。先住民は追い払われた。これによって、持続的な移民のための土地が発見されたのである。

コルポラツィオーン 我々は、国民経済学および司法とポリツァイにおいて、市民社会を検討した。しかし、ポリツァイは、単に外的な備えにすぎない。たしかに、それは人倫化されたものではない。市民社会の人倫的性質を示すのは、国家への移行を［形成する］コルポラツィオーンである。コルポラツィオーンは、市民社会の分断された部分の社会化である。我々は、コルポラツィオーンを、ツンフトと理解してはならない。ツンフトは自由のないコルポラツィオーンである。そこでは、諸個人の自由は廃棄される。我々が語りたい意

味でのコルポラツィオーンは，市民社会によって，諸個人が自由になるようなものである。ツンフトには，個人を超えた普遍的なものの専制がある。コルポラツィオーンは，普遍的なもの，名誉に満ちたもの，人倫的なもの，身分相応のものであるが，強制的なものではない。フランスでは，手工業者のコルポラツィオーンはない。ただ，それを形成することがよいかどうかが問題にされるだけである。そもそも，どの身分がコルポラツィオーンに編入されるべきか。第一の，直接的身分は，それを必要としない。なぜなら，既に仕事によって人倫的であるからである。〔この身分は〕，非人倫的なものから別の人倫的なものへ高められることを，全く必要とはしないからである。同様に，〔第三の〕普遍的身分はコルポラツィオーンを必要としない。なぜなら，この身分は，媒介された人倫の中におり，そこで普遍的なもの，人倫的なものに，つまり，国家，学問に従事するからである。しかし，第二の反省的身分は，コルポラツィオーンを必要とする。なぜなら，この身分は，非人倫的，分裂的，利己的であるからである。かくして，我々は，組合，商人コルポラツィオーンをもつ。――弁護士や医者はどこに属するのか。普遍的な身分にか，それとも，第二の〔反省的身分〕にか。彼らは両面性をもつ者であり，両方に属する。つまり，たとえばハンブルクでは，医者はまだ営業的であり，彼は年末に請求書を送る。それゆえ，弁護士と医者とは関連があるだろうというのは，確かである。

フランスでは，毎年一人の代表者を選ぶ弁護士の集団があり，我々の場合のようにバラバラではない。彼らは，重要な法学的問題に関して協議しあう。イギリスでは，医者たちがカレジウム〔共同研究組織〕を作っている。それによって，一種の身分的名誉を組合にもたらす。身分的名誉は，一つの普遍的なものを所有し，それによって，そうでなければその身分の中にいられないものを獲得するいという意識である。コルポラツィオーンは，国家と同様に個人の自由を制限すると非難する人々がいる。それは，全く正しいし，妥当である。なぜなら，コルポラツィオーンと国家の人倫は，自然的な自由，つまり恣意を制限するべきだからである。組合による教育訓練は，市民社会において，家族と同様に，以前は職人の遍歴によって見事に組織されていた。

日雇人は，職人から区別される。日雇人は，定職に全く就かず，誰彼なしに仕え，そしてその人たち以外とは全く結びつきがない状態である。マイスター，

それは非常にすばらしい名称であり、かつて、すべての技芸や業績にまで適用されたが、現在では、手工業でしかほとんど使われなくなり、[そして]それ以外では、楽団マイスター〔指揮者〕、郵便マイスター〔局長〕として、また、フランスにおける弁護士、たとえば、メートル・デュパンの[ように]、わずかな名称において[残っているに]すぎない。我々の組合では、マイスターは、組合の構成員を意味する。それは、〔職人として〕修行を終えた者に対してであり、既に自立したものを職人と呼ぶが、まだひとかどになっていない者は、見習いと呼ぶのである。

〔1〕 原文はDiesである。ブラウン版によるDiese Garantie des Vermögensを採用した。ブラウン版171頁参照。
〔2〕 市町村長・議員・吏員によって構成された裁判所。簡易な裁判を行った。現在廃止。

［田中 幸世］

第3節 国　　家

バラバラにされたものが、コルポラツィオーンによって国家へと連れ戻される。国家はかの普遍的なものであって、個別の職業や活動に限られず、すべての同業組合と身分がそのなかで解消される。そして、国家は、以前に取り上げたすべての多様性の、すなわち市民社会、家族、法などの統一である。

国家の諸定義　　国家とは何か？　それは、多くの人々によって論じられた問いである。我々は、様々な回答を取り上げようと思う。

ある人の言うところによると、国家は夜警国家である。国家は本来なくともいいものであるが、しかし、人間は時に不道徳的なので、緊急国家〔は必要〕である。彼らは、国家を個人の個別利益を保護すべき市民社会以外の何ものでもないと理解する。国家は、自然的自由の障害である。人間は、ある部分を保持するために、彼の自由と資産のある部分を犠牲にしなければならない。これは、重農主義者、すなわちシュマルツ氏＊の命題である。

別の人の言うところによれば、第一の学説は、大いに偏狭であり、第二の学説はそれほど偏狭ではない。第二の学説とは、国家の歴史的起源に関するハラーの説＊である。その説は、国家とは何であるかとは言わず、国家は、それが

存在するということから解明されなければならないと言う。国家の存在理由は理念ではなく，それが存在するという事実である。ハラーは次のように言う。いかなる国家も暴力や武力以外のものによっては生じなかった。これが国家の固有の存在根拠であると。しかし，フランス人ボナール*やラムネ*は，次のように言う。権力はそれを支えるものを必要とするが故に，教会が存在し，国家はそれに依存していると。これは，国家の神学的基礎づけと言うべきであろう。もし，人が，強力であることは人倫的ではないと言えば，ハラー*はもちろん，良き弁護士こそが強力なのであって，悪しき弁護士は弱いものである，［そして］ライオンが悪いのではなく，弱い獣が悪いのであると答える。この理論は新しいものではなく，ホッブズが既に唱えている。

　第三の学説は，国家は契約に基づくというものである。これはそのとおりである。しかし，契約は偶然的であり，国家を内的には基礎づけず，国家を外的に基礎づけるにすぎない。しかし，契約が国家を外的に形成することもきわめて稀である。同様の問題が婚姻にもある。さて，国家とは何か？

　国家は人倫という理念の現実化である。すなわち，それは，自己を明らかにし，自己を知る意志，そして，それが知っていることそれ自体を行うものである。婚姻は人倫の素朴な概念であり，国家は人倫の実在性である。国家に至ってはじめて人間は自由になる。国家がなければ，自由は自然的なものである。ただ二種類の国家のみが存在する。すなわち，古代の国家と，17世紀の国家から生じた代表制国家である。

　ギリシアでは，市民は国家と緊密な関係にあった。すなわち，彼らは，国家に対して崇敬の念を抱いており，国家の外では生きられなかった。彼らは，主観的心情をもたず，人間を自立的なものと見なさなかった。すなわち，彼らは，我々のようには，自分の判断によって国家へ戻るということがなかったのである。これが，我々だけがもち，古代人がもたなかった愛国心〔原語はPartiotismusであるがPatriotismusとして訳した〕である。17世紀に，国家は意志から，すなわち主体から生じたが，自然法［によれば］国家は熱情に欠けたものにすぎず，ただ単に洞察のなかに存在するにすぎなかった。世界史において，もちろん，諸国家は個体化し，しかる後に熱情的なものになるのである。

　国家は，三つの方向をもつ。1．国家は直接的人倫を［現実化する］ことが

できる。すなわち，自己を自己に関係づける国家である。これは，国内公法あるいは憲法体制 Verfassung である。2．国家と国家との関係，これは，国際公法あるいは国際法である。3．これらの外面的国家間の闘争，そこから普遍的精神が現れるのであるが，これが世界精神である。

A 憲法体制

　国内公法は何を含むのか？　国家の諸契機の上に自己を基礎づける憲法体制が，不可欠のものである。そのなかにすべての部分が存在しなければならない。国家はまず，家族と市民社会の上に基礎づけられる。家族においては，契約を保護しうる財産が存在し，市民社会においても，まさしくこれと同じ性質が存在する。

　人はよく立憲制国家と非立憲制国家について語る。前者は，成文憲法体制あるいは新しい代表制的憲法体制を指す。〔しかし〕この表現は，全く間違っている。というのは，どの国家も一つの憲法体制をもっているからである。憲法体制が形成されているかどうかだけが問題である。

　では，憲法体制とは何か？　人はこれを保証，制限，否定として描写する。それによって，国家の自我 Ich たる君主は，彼の行為を否定される。しかし，憲法体制は制限的なものではなく，国家そのものの肢体であり有機体 Organismus でなければならない。すなわち，それは国家の現実化，すなわち，国家があるところのものでなければならない。それは，国家のなかでバラバラに存在しているものを，制度のなかに統合しなければならない。それは，組織的でないものの組織化である。

　宗教と学問は国家のなかでどのように振る舞うであろうか？　どちらについても，我々はまだ話していない。カトリック的見方によれば，国家はそれ自体のなかに宗教をもたず，国家は宗教によって樹立され秩序づけられた全体である。中世においては，この見方は正しい。しかし，それ以後の歴史においては，国家は自立的になり，教会を国家自体のなかに包摂したのである。しかし，人はそれを認めようとはせず，教会と国家とを並列させようとした。これが，ラムネーによって雄弁に主張された見解，すなわち，ガリア教会〔フランス革命以前のフランスカトリック教会の別称〕の見解［である］。第二の，プロテスタン

ト的見方は，宗教は存在の他のすべての側面と同じように国家のなかに受け容れられ，国家に属すというものである。宗教は国務である。君主は最高位の司教 Summus episcopus である。すなわち，宗教の僕は国家の僕である。

後者の見方は，さらに二つの関連において考えられる。すなわち，一つは，宗教は国教であるというものであり，また一つは，国家は特定の宗教に対して関心をもたず，宗教それ自体を保護するというものである。宗教は，強くなればなるほど，主体との関係が強くなり，その限りで国教の本質と矛盾する。それ故，人は国教を至るところで早く消滅させた。ドイツでは，国教は廃止された。国家は宗教に対して，国家自身の内に宗教を含むものとしてではなく，ただ宗教を保護するものとして振る舞わなければならない。これは，主として，北アメリカに現れた。しかし，これは，宗教がその最も主観的な信心深さにおいて，たとえば敬虔主義として現れるという結果をもたらした。これは正しくもある。というのは，これは，道徳的寄り道であるにもかかわらず，自己自身によってのみ破壊されることができ，それは実際また生じたからである。どんな宗教も一つの状態 Zustand，風習 Gebräuche，習俗 Sitten をもつ。これが祭祀 Cultus である。これは主観的信心深さの表れである。どの祭祀も自由でなければならず，国家はそれを保護しなければならない。

宗教より強く無限の精神の自由に結びつけられているものは学問である。国家は，臣民が不信心であることよりも無知であることに関心をもっている。それゆえ，国家は学校を設立するのである。ただし，それは専制政治として現れてはならない。

国家のなかで作用するすべての契機の全体をそれ自体のなかに含む憲法体制はすべて理性的である。非常に多くの憲法体制が理性的であったし，理性的であるし，理性的であるであろう。一つの絶対的憲法体制があると考えることは無意味である。時代の形成に適っている憲法体制はすべて理性的である。

人はしばしば憲法体制に関する学説を，権力に関する学説と呼ぶが，それは正しい。権力に関するこのような学説は，近代に生じたものである。中世には，古代と同じく，人はそれを見出さなかった。では，権力とは何か？　この重要な問いにすべてがかかっている。人は権力を三つの名で呼んできた。すなわち，立法権，執行権，そして，司法権であり，それらは異論なく受け容れられてい

る。もし人が，立法権を認めるなら，執行権自体が全く存在しえないということを否定できない。なぜなら，人は法律を使うことによって，法律を執行するか，あるいは法律を制限するからである。それ故，人は全統治を執行権のなかに置く。すなわち，官吏の任用，国土の繁栄のための配慮，国内の治安〔の上に〕。それゆえ，思慮深い行使は，そのなかには全くない。それゆえ，より新しい国法学説は，第四の権力，すなわち戦時禁制品をこっそり持ち込んだ。バンジャマン・コンスタンの調整権 le pouvoir modérateur である。これはブラジル憲法に伝わった。しかし，二つの権力，すなわち調整権と執行権 le pouvoir exécutif は一つに，すなわち統治権に統合された。同様に，もし人が，司法権について語るなら，それは外面的である。なぜなら，裁判官は解任できないし，それゆえ独立しているからである。しかし，裁判官は統治権にだけは従うのである。普遍的権力は立法権である。第三の権力は，立法権と統治権を自己の内に含み，国家を個として，個別として，そして普遍と特殊の統一として表現するものである。これが，国家権力である。

1　国家権力 Staatsgewalt [1]

君主権について　　国家権力――それは国家を個として表現する――はどの国家にも存在する。それは，君主権の性質として，あるいは共和国の権力として存立しうる。君主権について，まず検討する。君主権〔の特徴〕は，国家が特定の固定した個人 Ich によって代表されるということにある。これは大きな長所である。なぜなら，君主が国家を代表するということは，国家が彼に属するということを意味しないからである。国家が彼に属するという見方は，君主は国土の所有者であり，臣下は彼らの保有地をただレーエン〔封土〕としてのみもつ，すなわち，フランツィエ領主 rex Franciae やアングリエ領主 rex Angliae という中世的見方である。フリードリッヒは，自らをボルセンの王と呼んだが，あるいはそのもっと古い称号は，プロイセン領主である。今ではルイ・フィリップはフランス王 roi des Francois と呼ばれる。

国家の相貌は王に委ねられる。民族がまだ野蛮な時代には，ピョートル大帝やフリードリッヒ2世のような偉大な個人が国家に彼の精神を刻印することができるが，国家が秩序立ってくると，国家がたいていのことを為し，偉大な王

はもはや現れないのである。同様に、領民は臣下である必要はない。中世には、支配隷属関係が存在した。しかし、今日では、それは廃棄されなければならない。人は領民を最高の国家の成員と呼ぶことができる——バーデンの大公が8ヵ月前に自由意志でそうしたように。

　封建君主制を、我々はただハンガリー（古典期は別として）とイングランドにのみ見出す。それらの国では、国家の各部分は自立した外的な分肢であって、液状の有機的な分肢ではない。すべては、私法的である。すなわち、裁判体制 Gerichtsverfassung は、有産者の私有財産である、すなわち、家産裁判制である。それは、我々の場合にも、なお存在している。1808年に国王の勅令によって廃止されたにもかかわらず、当時の大臣はこれを自己の所管のままにし、忘れてしまい、そのため今日に至るまで休眠しているのである。分肢が自己のみで存在すること、すなわち、自己それ自体によって存在することは封建君主制の病気である。それは、異常であり、肉体を病む者が、体の分肢の自立へ［還元される］のと同じようなものである。だからこそ、イングランド貴族院は改革法案*［に］、すなわち改革法案の正しさ［と］必要性のすべてを承認することに反対したのである。その代わりに、症状を一時的に緩和する手段が処方された。しかし、これは、根治療法ではなく、非常に再発しやすいものであった。

　国家の頂点にいるところの、国家の個体であり、自我である君主は、主権を有する。国民主権についてしばしば次のように語られる。国民は最基底のもの、最終的なもの、すべての権力、統治そして命令の根拠である。それゆえ、その名前ですべてのことが生じなければならないと。これは否定できない。しかし、あらゆる時にあらゆる制度が国民の意志によってひっくり返されうるということ、そして、国民のみが諸制度によって縛られていないというのは誤りである。これはテロリズムの思想であって、理性的国家の思想ではない。もし、憲法体制が国民と一つでないなら、それは国民とは全く別の何ものかであるので、国民はその憲法体制を脱ぎ捨てる。これが歴史の根本的な危機、すなわち革命である。永遠に、歴史は、法と矛盾するであろう。なぜなら、歴史は三段論法的には変わらないからである。君主制国家においては、国民の主権は、君主が国民の代表であるという限りで、君主に属する。

　君主はしばしば彼の法を神の法の上に基礎づける。それはいつ始まったの

か？　はじめは，お世辞として，ローマ皇帝ディヴァス・カラカラ *Divus Caracalla* やコモドス *Commodus* によって始まった。*Divus*〔神〕は単なるお世辞である。中世はこれとは違って17世紀にようやく，ジェームズ1世が最初に自ら「神の恩寵により」と名乗り，それをその後ルイ14世が採用した。神法の思想は，国家の神性に基づくというより，君主の安定性に基づいている。1813年にようやく現れた正統性 *Legitimität* という言葉は，まさにそれを表現している。それによって，次のように主張される。国王が国家を建てるのであって，国家が国王を王位に就けるのではないと。これが，王政復古における争いである。すなわち，ルイ18世とカール10世は，自分たちが憲法体制を与え，国家を樹立したのである，それゆえ取り返すこともできるのだと主張したのである。

しかし，今ではこれは否定されている。というのは，君主にとって国家の理念の代表であることの方が，神的なものであろうとするよりも難しいからである。このような君主の権力は，国家を国家の外にある何ものかに結びつける。たとえば，それはギリシア国家と神託との関係である。

君主の相続権　　選立君主制と対立する君主の相続権〔世襲制〕に関して言えば，後者が前者より好ましい。選立君主制には，君主が国民によってその位に就かせられるにもかかわらず，国民に属さないという一つの矛盾がある。共和制は，それとは異なっている。というのは，その大統領は常に国民のなかにいるからである。それに対して，君主は国民の上に立っている。選立君主制の場合には，世襲君主制においては生じない小派閥もまた，維持されるのである。

選立君主国の場合にも通常，選挙協定 die Wahlcapitulation，すなわち国民の意志への君主の意志の降伏がある。君主の絶対的な権力から，国家権力一般に添加される重要な法が生ずる。それは恩赦法である。それは，根拠への法の掘り下げと法との止揚である。そこでは法がただ当事者の一方としてのみ現れる。法は現実的なるものの秩序である。すなわち，それは全能の神，絶対的なものの前では消えてしまう。法より高次のものは，愛であり，宗教的な・神的な真理である。これは，法の承認によって法を無効にすることができる。このような慈悲はキリスト教によってはじめて生じた。それは，古代には存在しなかったのである。人はしばしば逆のことを言う。ダヴィッド王が彼の息子アプソロンや他の人々にどのようにして恩赦を与えたかと。しかし，これは恩赦と

は区別されるべき免訴 Abolition である。王は最高の審判者 summus judex であり，彼の承認が重罰には不可欠である。古代においては，恩赦はただ単に偶然あるいは事実にすぎず，神的なもの，あるいは愛ではない。ソクラテスは門を開けてもらったが，逃走しうるかどうかを吟味しなければならなかった。キリスト教徒の皇帝の下ではじめて，恩赦が生じた。さて，恩赦権は，君主制を必要とするか，それともまた共和制を必要とするか？　恩赦は国家の個体性のなかに出発点をもち，それは君主制のなかにも共和制のなかにもある。それ故，いずれも恩赦権を行使しうる。恩赦には根拠がない。なぜなら，挙げられた根拠は法的な取扱いであり，恩赦は最終のものでなければならない，すなわち，根拠によって根拠が最終のものにならなければならないからである。

官吏の任命　君主権のなかに，官吏の任命権がある。というのは，その統治は，選挙に依存するのではなく，その一体性および安定性において確固として存在しなければならないからである。官吏は裁判官に至るまで解任できる。なぜなら，統治権力の可変性がそれを必要とするからである。それについては，後で詳述する。王の無答責とは逆に，王の権力に対しては，官吏は責任を負う。大臣は国家元首に命中しそうな稲妻に対する避雷針である。ところが，これに反して，次のように言われてきた。すなわち，これは一つのフィクションである，なぜなら，それでも王は行動するであろうし，大臣は彼の僕なのだからであると。オランダ王もこれを真と見なし，オランダの憲法体制においては，大臣は責任を負うと定められていない。国家の本性のなかには，王の無答責は存在せず，君主権の本性に［それは由来する］。というのは，君主は君主以外の市民が掌握する動きのなかに投げ込まれてはならないからである。

　君主ではない国家元首の権力（について言えば），「国家元首」というのは18世紀の抽象的な教説である。［それ故］〔プロイセン一般〕ラント法第2編第13章において，王についてではなく，国家の元首について語られているのである。アメリカ合衆国においては，頂点に非君主的元首が置かれている。大統領はあらゆる君主的権力をもっている。それにもかかわらず，彼は4年後に再選されることはできるが，8年以上は国家の頂点に留まることはできないのである。アメリカ合衆国においては，中世の国家が完全に倒された。君主自体がもはや存在しない。心情，慣習，伝統のなかに君主の思想が根付いているヨーロッパ

のようには，そこには中世のあらゆる伝統が存在しない。概念に由来する国家が，北米のように，ヨーロッパに誕生し，その伝統が滅びるまでには，なお多くの世紀を必要とするであろう。

2 統治権

統治権は，個々の事例を一般的な原則に包摂させる。それは，行政 Administration と司法に分かれる。早い時代にはこのような分離は存在しなかった。古代にもなければ，我々の時代でも1806年まではなかったのである。このような分離が理性的であるにもかかわらず，である。しかし，両者は統治権に属する。裁判権は，裁判官自身が法律であるところのものでなければならないが故に罷免されえないということによって，統治から区別される。法律は，少なくともその普遍的本質によって永遠であり，全く同じように，裁判官は安定して確固として国民の前に立たなければならない。しかし，他方，官吏はその本性に従えば罷免されうる。というのは，行政は要求に依存しており，それ故，官吏は更迭可能でなければならないのである。フランスにおけるように，そのような可変性が存在しないところでは，可変性が実現しないとしても，単なる可能性であれ，可変性が存在しなければならないのである。我々の場合には逆に，個人を養うことが過度に目的となっている。

人は官界では，以前は伝統に従って動いたのだが，より新しい時代には，原則に従って動いた。真理は，はじめは個人の内にあり，中間では講義の内にあり，頂点では再び個人の内にある。同様に，人間は，下部に足をもち，中間部に腹，そして上部に頭をもつのである。

大臣は，有機的全体を形成するために，頂点にいることが不可欠である。有機的全体は，国家の概念に従って，すなわち国家の機能に従って形成されなければならない。1806年以前の我々の時代のように，歴史的伝統に従ってではなく。そこでは，総督 Generaldirectorium によって国王のために任命された大臣がそれぞれの州におり，それが本当の意味での総督 Satrap であった。今や［国家概念に従って］省が［組織されている］。まず第一に，国家は他国との関係の中にある。それゆえ，外務省ならびに陸軍省が必要であり，次いで，内部に，司法省および統治を司る内務省が必要である。中世国家においては，司法

省と内務省とは重なりあっている。内務省は財務省に分岐する。これは，教育（文部）および精神的事柄に関する省と同様に，大きく膨張するにつれて固有の部門を形成する。各々の市民は，国家官吏という普遍的身分に入る自由をもたなければならない。例外なしに，これはどこででも認められる。我々は，この命題のなかに最大の真理を発見する。任用は元首の権力によらなければならない。

　さて，もう一つの問題は，官吏は彼の地位を契約に基づかせるのか，それともあらゆる契約を度外視した法に基づかせるのかという問題である。普遍的なるものとしての国家は，なるほど個人と契約を結ぶことができる。しかし，官吏と国家とは人倫的関係のなかにあり，それゆえ契約的関係は官吏の品位を落としかねないということを知らなければならない。官吏の養成は最重要事の一つであり，それはドイツで最もよく行われている。官吏に対する監督は国家によってなされなければならない。官吏の身分は，市民に対して，隔絶的・貴族的なコルポラツィオーンという地位であってはならず，国民と固く結ばれていなければならない。フランス人は，権力者 le pouvoir, すなわち官吏を，国民から切り離されたものと考えている。官吏の身分には，ある種の非情さがなければならないが，それは，大国家にのみ存在するものであって，より小さな国家の場合には，逆なのである。

　官界と正直さは不可分である。官吏は，次のことに従う。すなわち，官吏は国家を理性的に代表するので，誤った歴史的区別は廃止され，理性的な区別が現れるということに従う。この観念から，アーノルド・ミューラー事件の際にフリードリヒ大王の怒りが生じたのである。具体的なケースにおいては彼は間違ったかもしれないが，一般的には当時の状況に反してはいないのである。

3　立　法　権

　国家の普遍性は，国家元首にのみならず，全体にも由来しなければならない。何が普遍的であるかの規定は，ただ普遍それ自体から生じる。法律は普遍的なものである。あるもののために存在するには，そのもののためになるものでなければならない。ここには，身分に関する教説がふさわしい。よく間違って次のように言われる。すなわち，身分は統治に対する制約でなければならない。制約は国家の内には存在せず，国家の否定の内に存在すると。しかし，諸身分

は有機的国家の肯定的分肢でなければならず，それ自体，国家の展開である。身分の契機は市民の対自存在性の承認である，すなわち，普遍的なものが問題となるときに存在すべきことである。それは，陪審員の場合と同一の原理である。ところで，これは二［重］の意味で理解されなければならない。すなわち，中世的な意味と代表制的な意味の二つである。中世的な身分は，国家を代表せず，仕事仲間を代表する。彼らは，彼ら固有の法に従い，国家の普遍的な法には従わない。しかし，我々の〔想定する〕身分は，国家を代表しなければならない。彼らは，国民と国家権力との媒介物である。身分そのもののなかに，反対派，すなわち大臣に反対する党派が形成されるのが常である。反対派が消滅したように見えたときがある。たとえばピット*の時代のように。彼は，国家にとって必要だと考えたが故に，反対派を買収したのである。それは，真の肯定をそれ自身の内に保持したところの真の否定である。反対派が勝利するや否や，議会は解散されねばならない。これは体系的であるべきか，それともただ特定の措置のためでいいのか？　我々は言う。それは体系的でなければならない。なぜなら，否定は偶然的であってはならないからであり，それが解散されうるのは次のような場合だけである。すなわち，イングランドにおけるカトリック解放の場合のように，あらゆる深刻な傾向が続くに違いない対象が問題となる時だけであると。

　どれほどの数の身分が，すなわちどれぐらいの数の議会が存在すべきか？　これはきわめて重要な問題である。身分が自身の権利 *suo jure* と思われていた中世には，高貴な貴族が自分たちだけで唯一の階級を形成しなければならず，それ故，最初はそこには貴族のみが存在し，その後徐々に共通のもの die Gemeinen が形成された——貴族はそれから分離されたのであるが。ペリエ die Pairie〔フランスの代表貴族〕がより早い時期に過去のものになったので，今や人は思考からそれを導き出そうとしたのである。すなわち，国家においては，二つの契機が代表されなければならない。家族と市民社会である。家族の代表はペリエであり，市民社会の代表は議員である。家族が設立されるべきであるなら，どの家族もその代表を送らなければならない。それが家族にふさわしいのは，それが世襲であるからである。しかし，もしそうでなければ，それは王によって任命されなければならない。我々は言う。ペリエの思考は中世的であ

る。それは存在するなら，それは世襲的でなければならない。なぜなら，そうでなければ，それはペリエではなく，大臣によって構成された，何の威厳ももたない枢密院であると。それでは，一つの議会のみが存在すべきか？　これは，国家の概念と一致しえない。それによって，おそろしい激しさが審議に加えられる。そして，二つの契機，すなわち安定と変化——両者ともにそれぞれの真理をもつ——，が考慮に入れられる。古代の議会，そして500人の議会を編成した時，このことを指導者は感じたのである。安定した議会は，長い期間信任される上院でなければならない。

議員の選挙　ところで，議会構成員の選挙はどのようになされるべきか？　二つの激しく対立する意見がある。コルポラツィオーンや身分によって選ばれるべきか，あるいは人口に応じて，すなわち空間的区分に従って選ばれるべきか否か，である。第一の意見によれば，コルポラツィオーンから選ばれた者はすべて，コルポラツィオーンの知識をもって代表する。しかし，市民社会の身分は，国家のなかで消滅し，すべての人は市民 Bürger になる。今や，身分の境界が徹底的に消滅しているだけになおさらそうである。——我々は，選挙の際，直接税を主要原理とみなしている。それ自体で保証となるところの，税金がもっているような特定の能力がないのか？　これは，たびたびフランスで論議された。我々は，能力は税金なしに，認められなければならないと信じる。——被選挙権に条件が付けられるべきか？　これは，一層重要な問題である。我々は，ベルギーやオランダと同様に，誰もが無条件で被選挙権をもたなければならないと思う。もし，市民社会のすべての側面が等族議会において代表されるなら，それはよいことであることは全く疑いようがない。しかし，そのような代議員は，その存在のために歳費をもらうべきか，あるいは，そのような身分は報酬をもらってはならないのか？　大君主制においては，それは望ましくないであろう。しかし，ドイツでは，人は歳費制度をどこでも取り入れてきた。それは状況によるのである。もし，等族議会が法律の共同知の契機であるなら，諸身分から始めるべきか，それとも君主がすべての発案権をもつべきかということが問題となる。二三の国では，王は全く発案権をもっていない。たとえば，イギリスのように。この方式は，それ自体，王が体面を傷つけられないということを意味する。フランスにおいては，王も議会も発案権をもつ。議

員が納税者を代表しているが故に，税金に関する法律案は，はじめに議会に提出されるということは，どこででも受け容れられている。

　議会は共同知であるが故に，これはまた，完全でなければならず，そして，国民全体に広げられなければならない。これが等族議会の公開性 *Öffentlichkeit der Ständeversammlung* である。しかし，それは，国家に政治的な性格を与える。閉じこめられた身分は，最も簡単に支配者によって働きかけられる。そして，自由の名の下に，最も卑劣な専制政治が行われるのである。これは，ナポレオンの下で行われた。より一層拡張された公開性は，世論 *öffentliche Meinung* である。それは，法，真理を欲し，そしてまた，現代の最も高次の法廷である。ところで，それは個別の国家の公論ではなく，全ヨーロッパ世界の公論である。これは，ナポレオンのお陰である。彼が，諸国民の相互交流を通してコスモポリティスムス〔世界主義〕の思想を伝播させたからである。公論のなかに現れるものは，真理だからである。なるほど，ここで，またここから悪しき間違った力が働く［かもしれない］。しかし，それは決して長続きしないのである。

　世論の表出　　さらに，世論の表出は，出版の自由である。出版の自由には，意見を表明する可能性が存在しなければならない。それにもかかわらず，よく世論が間違うのとちょうど同じように，その機関も間違うことがある。しかし，間違いを阻止しなければならないという理由で，それを危険なものと見るべきか，それともそれは維持されるべきか？　世論が認められる限り，それは機関にもまた認められなければならない。我々は検閲制度をもっている。しかし，それは役に立たない。なぜなら，それは印刷をある場所で妨げるにもかかわらず，我々は出版の自由を他のどこの土地に行っても享受しているからである。自由な出版には，害悪と並んで治癒がある。そこには確かに害悪がある。しかし，口頭の表明は阻止されえず，ただ行為の後でのみ罰せられるのと同じように，出版違反行為も事後的に罰せられうるだけである。なるほど，検閲制度が必要であり中世が押し潰されなければならなかった17, 18世紀におけると同じような状況が，ありえたかもしれない。しかし，今や，出版の自由はあらゆる文明化された国において，導入されねばならない。それが禁じられている間は，出版違反行為は，出版を自由にさせておくより，大きな影響力を保つ。自由に

させるや否や出版はその力を減じるのである。出版は，世論を背景にしてこそ，統治により一層大きな圧力を加えるのである。

　以上は，国内公法である。これは，国際公法に転ずることによって，二三の制度が変化する。国家は，他の国家——それらも単一の人格である——に対しては，個であり，個別であり，人格である。このように一つの個であることは，民族の最高の名誉である。一個の人格であることが人間の名誉であるのと同じように。このような国家の現存在は，たいてい疎遠な国家との関係から生じる。これが我々を戦争に導くのである。複数の国家が存在する限り，それらは多様であろう。違いの頂点が戦争である。戦争は病気であるが，必然的なものである。しかし，戦争は人倫化されうる。というのは，それは偶然的な原因から生じるのではなく，思考の衝突から生じるからである。そのようなことは，1815年以来の最近の戦争でもあった。スペインの立憲制に対するフランスの戦争，議会の多数派を獲得するためのアルジェに対する戦争，そして同様にアルジェによるツィタデルに対する戦争など。現在は，戦争は存在しない。なぜなら，戦争が必要であると考えるような思考が存在しないからである。今や人は戦争をする前に，長く熟考する。戦争は，特有の階級を形成する。すなわち一部は国内に，また一部は国外に駐屯する軍隊を構成する勇敢さをもった階級である。この階級の〔国内での〕割合はどのようなものか？　古代においては，すべての市民が兵士であった。中世においては，戦争指導者との個人的関係によって，誰でも兵士になった。17世紀には，常備軍が復活し，人は彼らに彼らを国民から区別する特有の表象を与えた。制服や規律は，彼らに普遍的な統一性を与えた。国家が普遍的なものとして統一性を獲得した近代においては，人は古代の思考に回帰したのである。すべての市民が兵士である。我々の場合には，たしかに，最高の軍事体制がある。それにもかかわらず，その上，至るところになお常備軍が存在する。勇敢さは，形式的な，肉体的な徳である。それはそれ自体，対自存在的な基礎をもたず，他のものだとみなされる。それは，服従関係においてのみ考えることができる。勇敢さのなかに，自分の精神は存在しない。単なる服従，すなわち，非理性的なものが存在するのである。それが，軍事的徳の原理である。それゆえに，戦争は個人の個人に対する闘いであって，何ものをも悲しませてこなかったのである。勇敢さのもつ普遍性は，ようやく近代

に入ってから、火薬の発明によって、その真理を発見した。それによって、個人は退けられたのである。「大男よりも小男の方が多くをなしうる。」今や人は、それは完全に正しいということのなかにいまいましさがあり、そのいまいましさは戦争のなかにもあるだろうと、叫ぶ。しかし、軍隊は集団として把握されなければならないのであって、個人としてではないのである。

　国家が好戦的な個体であろうとするなら、国家権力を掌握しなければならない。国家元首は、国家の個体性の表現であるがゆえに、戦争と平和を司ることができるのである。

B　国際公法，国際法

　諸国家は、それらが個体である限り、孤立して存在することはできず、他の諸国家によって認められなければならない。しかし、それは、一つの国家システムがそこに存在する時にのみ妥当しうる。ある国家が他の国家によって認められるということは、最も重要なことである。しかし、中世においては、財産が、すなわち事実的なものが権力を決定した。現在、国家が事実上存在すると見なされるべきであろうか？　イギリス議会でカニング*が登場し、次のように言った。「私は、事実上存在しているすべての国家を認識する。」統一が確かなものに見えなくなり、再び転覆させられるや否や、そのような国家がいかに自ら統一を獲得したか、その認識の正当性を求めなければならない。事実性と正当性は、国家の中で重なりあっている。ナポレオンは、カンポ・フォルミオの和平*の前に、一定の条件の下ではじめてフランス共和国を承認することを望んだオーストリア人達に言った。「お前達に太陽は見えるか？　もし、それを認めないなら、お前達は盲だ。」

　他の国家によって承認された国家を、ナポレオンは気にかけるべきか？　これは、干渉の問題である。カッスルレー卿*は、既に10年前に不干渉の原則を主張している。かつては、人は、戦争の原因を思考によって規制せず、どこかの他国が自国に屈服しないなら、戦争に至った。個体としての諸国家は、利害関心をもっている。それ故、他国に干渉しないということは、利己的立場から、隣国をただ単に近くにある国家とのみみなし、協力関係にある国家とみなさないということ、そして、全ヨーロッパ国家体制を認めないということを意味す

るのである。〔しかし〕全ヨーロッパ国家体制は，一個の利己的な国家より高次元にある。

　国家が相互に個として締結する条約は，トラクタテ *Traktate* と呼ばれる。悲しむべき，とくにドイツで土着の見方は，通常，道徳的なものである。国家は，純然たる人格として扱われる。国家は，その上にいかなる権力をも認めない権力である。他の国家との関係は，それに何の変化ももたらさない。契約の保持と不保持は国家の繁栄に従う。契約の保持は，抽象的私法である。なぜなら，契約締結の際，各当事者は既に自己を超える司法権を認めているからである。これは，国法には当てはまらない。連邦国家，隣保同盟 Amphiktyonen，仲裁処 Austrägalinstanz は，国家の上に自己を置いた概念である。我々は，これについて，考えたい。昔から，小国は連合してきた。しかし，この結合には全く個性がない。それ故，それは無力である。連邦国家，アムフィクティオン，仲裁処は，北米国家連合においてのみ存在する。なぜなら，そこでは個別の国家が国際公法をもたないからである。仲裁処を，人は，多様なドイツ諸国家の紛争解決に責任をもつ裁判所と呼ぶ。諸国家がそれに従う限り，それは全く正当である。

　最終的なもの，すなわち，トラクタテによる最後のものは，戦争，すなわち主たちの窮極の理性〔武力〕*ultima ratio regum* である。しかし，戦争そのものは重要ではなく，戦争は勝利のなかで平和を獲得しなければならないのである。戦争は，本質的には，一過性のものであり，人倫的なものである。それ故，戦争においては，国際法が存在する。軍使や特命全権使節が尊重されること，捕虜の取扱いや交換，私有財産の尊重が，その制度である。しかし，戦争は最終のものではないので，整然とした状態が，そのなかに保たれていなければならない。

　戦争において，諸民族が交互に登場し，ぶつかり合い，彼らの力および彼らに固有のものを取り替える。そして，そのようにして単に民族的にすぎないものを一つの歴史に高めるのである。かくして，諸国家は歴史的民族になる。国家が，唯一の利害関心ではなく，世界史すなわち世界の運動が問題になる。これは，諸国家相互の弁証法的運動である。すなわち，そこに，自己を展開させる永遠の核がある。そして，これが世界精神である。

C 世 界 史

107 世界史は, 世界法廷であり, 諸国家はそこで個体としてその権利・法を受け取る。世界史は, 精神的現実性と, その内面と外面においてかかわりあっている。このような精神の運動を, その必然性において表現するのが歴史である。これは, 回想録のように直接的に語られるか, あるいは哲学的歴史［によって］行為の理由を取り上げることができ, 反省的歴史によって, それは直接的なものから切り離されるのである。世界史は, 人類の倫理的完成可能性である。かつては, 世界史的民族として, 各々の時代にただ一つの民族のみが存在した。今や, 多数の国家が, すなわちヨーロッパ国家体制が存在する。世界には多くの民族が存在する。しかし, 若干のもののみが世界史的である。それ故, 個人間で世界史的なものと伝記的なものとが区別されるのと同様である。カルタゴは一つだけ切り離してそれ自体として把握できるがゆえに伝記的である。しかし, ローマはそうではない。それは, 世界史のなかに位置付けてのみ把握することができるのである。

すべての時代の前に, 歴史のない時代, すなわち無垢の黄金時代が存在する。しかし, それは, 農耕も婚姻も国家もなく, 遊牧民族が存在する時代である。彼らは, 全く自然的である。その自然性から, 彼らは半神話的な英雄を創り出す。

我々は, 歴史のなかに, 四つの形態を見出す。第一の形態は, 人類の幼児期である。人間と呼びうるものはまだ誕生しておらず, 胎児の状態である。これはオリエントである。自由はまだ自然の胸で眠っている。第二は, 自由の誕生である。人間と呼びうるものはそこにいるが, まだ子どもの状態である。これが, ギリシアである。第三は, 自由と自然の闘争, 主観と客観との対立, そして無限と有限との対立である。闘いは弱々しくなり, 党派はなくなり, それらは均され, 生気のないものになる。パトリツエ［パトリキウス：古代ローマの世襲貴族］とプレビェ［プレブス：古代ローマの平民］は平等になる。〔これが, ローマである。第四は,〕外の世界にもはや求めず, 人間は内なる世界に引きこもる。これがキリスト教である。これは, さらに三つの形態に分かれる。第一は, 教会の外面性におけるキリスト教である。中世は, 聖と俗との闘いである。第二は, 16, 17世紀における聖に対する俗の勝利である。第三は, フランス革

命における国家の解放と精神化である。

〔1〕 Elements of the philosophy of right/G. W. F. Hegel ; edited by Allen W. Wood ; translated by H. B. Nisbet, Cambridge University Press, 1991, the Power of Sovereignty. G. W. F. Hegel, Grundlinien der Philosophie des Rechts, Herans-gegeben von Johannes Hoffmeister, Vierte Auflage, Verlag von Felix Meiner in Hamburg, 1955 では，innere Staatsrecht となっている。

［中村 浩爾］

第Ⅱ部
普遍法史

Zweites Buch:
Universalrechtsgeschichte

〔第1部の〕自然法から国家の全容が示された。国家から，我々は世界史へと到達した。自然法において抽象的に示したことは，歴史に基づいてしだいに解きほぐされよう。以下では，普遍法史を詳細に論じるのではなく，それをもっぱら哲学的に考察するにとどめ，重要なことがらを取り上げたい。

第1章　オリエント法

第1節　オリエント法の概念

オリエント法の性格をめぐる二つの見解　〔オリエント法の性格をめぐっては〕二つの〔相対立する〕見解がある。一つは，モンテスキュー*の見解である。彼はこう述べている。オリエントに法はない。なぜなら，オリエントの諸国家は，恐怖すなわち暴力に基づいているからである。恐怖がその手綱をゆるめたら，すべてが瓦解する。生けるもの，有機的なものは，オリエントにはない。したがって，法はない。法の存立は，法の神聖さを承認することに拠るからである。法が執行されるのは，支配の手綱が引かれているときに限られる。このため，法が詳細に規定されることは全くない。

　これに反する立場にたつのが，アンクティル・デュペロンの『オリエントの立法*』〔1778年〕である。アンクティルは，アベスタ教典 *Zendavesta* をヨーロッパにもたらした。彼は，もっぱら熱狂のあまり，〔モンテスキューとは〕全く逆の主張をなした。真実は，両者の見解の間にある。

法と宗教　法史料は，オリエントにはあまた存在する。どの民族にも，非常に詳細なカズイスティク，註解が存在する。しかし，そこに内容はない。すなわち，高次の段階は維持されるけれども，低次の段階はすっかり消えていく。家族も婚姻も財産も，すべては国家の中で止揚されているかのようである。我々の国家は，これらすべての低次のものを維持している。諸侯に対しては法

がなく，これら集団が高次になるにつれ法はぼやけてしまう。この意味で，法は存在しない。法のなかには，唯一既存のものしか存在しない。それが宗教である。国家と法をともに保障するのは，宗教である。木がまだ芽ぶいたばかりのように，オリエントでは，多様な存在がまだ区別されていない。存在は即自的であり，可能性をもつだけで，まだ即かつ対自的ではない。

さて，東アジアと西南アジアの諸民族は，区別されなければならない。東アジアの諸民族にあっては法が宗教的であるのに対し，西南アジアの諸民族にあっては宗教が法的だからである。東アジアでは宗教が法を支配するが，西南アジアでは法が宗教を支配する。

我々は，法の概念には多様な事実があることを考察しておきたい。中国では，原始的な外面性がある。人間の内面性と宗教性は，人間が最初からもつものではない。最も直接的なものは家族である。したがって，国家は家族国家となり，法は家族法となる。第 2 段階では，法は宗教的，内面的，空想的になる。これがインド法である。この内面性は透徹さへと発展する。この法が純粋さの法，すなわちペルシア法である。ペルシア法から，法はユダヤ人の一思想へと移行する。法には一定の相違が生まれ，宗教は悟性的な性格をおびるようになる。すなわち，宗教が諸事実を必要とするようになる。宗教が法律を与え，宗教が法的になるのである。ユダヤ法から，法は二方向へと分化していく。エジプト法は，最も謎めいた法，それ自体が一つの闇であるような闇〔の法〕である。イスラーム法は，宗教的な狂信主義の法である。

第 2 節　中　国　法

史　料　　以下では歴史を対象とするため，まず史料を示しておきたい。史料としては，基本文献である『書経』と『易経』，法律書，とりわけストーントンが翻訳〔1810年〕した刑法たる『大清律例』がある。さらに，旅行者たちの著作がある。とくに重要なのは，16世紀の宣教師ハルデ*の手になる4巻本〔『中国帝国と大タタール族の詳述』1736年〕である。また，18世紀末に中国に赴いたマカートニー卿〔1737-1806〕の使節団の記録がある。この旅にはストーントンやバロー*が同行し，彼らがこの旅を記録したといわれる。1816年には，新使

節のアマースト卿が中国に渡ったが，彼の著作は途中で失われてしまった。フランス人グロシエは，ハルデその他の著作を編纂した〔『中国帝国の一般的叙述とその現状』1785年〕。これまでは国家の問題にとどまってきたが，普遍法史を論じるにあたって，国家から個人のレベルへと下りていくことにしよう。

　法・国家・皇帝権　　中国法と中国国家の特徴は，宗教的でなく，詩的でもないということにある。その始まりは，しばしば最終段階だと思わせるほどにきわめて抽象的で外面的であったため，ヨーロッパ人はこれを大いに誤解してきた。皇帝は，〔臣民の〕父であり，自分の家族〔たる臣民〕を配慮しなければならない。ある皇帝〔堯〕はこう言った。「民が飢えて犯罪を犯したとき，責めを負うのは朕である」。孔子はこう言っている。「〔君子は〕，家族を統治するように，国家を統治しなければならない」。中国には，ほとんど無制限の権力が存在した。〔皇帝の〕支配権は，正妻の息子に引き継がれた。これが国法全体である。

　行政機構　　では，中国の行政機構はどのように構成されていたのか。〔科挙〕官僚のことを「官」という。文官と武官は区別されていた。「進士」という〔最高位の〕学位をとるまでに，文官は幾多の試験を通らなければならない。これは個性の欠如を表わしている。その結果，批判は外面的なものとなる。独自の精神や独立性は重視されない。北京と他の諸都市はきわめて緊密に結びついている。しかし，それは組織ではなく，機構である。同様の機構は，9品に区分された官僚のヒエラルヒーにも見てとれる。皇帝側近の大顧問会議は非常時に招集され，司法府〔行政府〕の長官と次官から構成された。

　〔北京には〕複数の司法府〔行政府〕があり，六部〔隋唐代から清代まで行政事務を分掌した六つの官庁の総称〕と呼ばれた。第一部は，吏部と呼ばれ，全文官を監督し，〔文官のふるまいについて〕皇帝に報告した。第二部は，戸部と呼ばれる。これは国家全体の財務省であり，全俸給，つまり米の計算をした。官僚への俸給は現物支給だったからである。また，戸部は帝国の全家族のリストをつくり，すべての租税を決定した。第三部は，礼部と呼ばれる。礼部は，服喪期間などの典礼，学問，芸術を扱う。服喪期間は非常に重視された。また，礼部は，寺院や饗宴，公的行進も監督した。第四部は，兵部，つまり軍事官庁である。第五部は，刑部であり，刑事裁判所である。第六部は，工部であり，〔寺院建立以

110

外の〕公共事業を監督した。六部のメンバーは〔同数の〕満州族と漢民族から構成されたが〔満漢併用制〕，満州族は，〔皇帝が満州族からのみ選ばれるなど〕多くの特権を有した。以上が，六部である。六部は，もちろん対象に応じて組織化されていたが，何らかの理念があったわけではない。

　六部には，それぞれ尚書〔長官〕，左右侍郎〔次官〕，密偵が置かれた。中国では，尚書が報告するすべてのことが検証されることなく絶対的に正しいとされ，これが国法上の基本原則とされた。各部の尚書は，誤りを見つけた場合に皇帝に意見を上奏する権利をもった。皇帝が誤りを犯せば，国土が誤った方向にいくからである。これら六部の尚書は軍機処という会議体を構成した。軍機処は最高官庁であり，国家全体を監督した。しかし，どの尚書も，皇帝に報告したことについて同僚その他の誰かに少しでも話してはならなかった。このほか，〔唯一の貴族的要素としての〕宗室があり，皇帝一族の各員が登録されていた。彼らはいずれも，〔特権的に〕黄帯を腰に帯び，黄色表紙の本に登録された。

　　※　欄外：家族がいかに重要かがわかる！

平等と専制　　中国には貴族が存在しない。このことはしばしば賞賛されてきた。しかし，貴族というものは，往々にして自由を制限するものであるけれども，自由そのものでもある。というのは，平等があるところには最大の専制があり，差別があるところには一つの有機体的統一体があるからである。差別を平準化しようとすれば，専制に至る。たとえば，ローマ共和政では貴族と平民が互いに戦った。あるいは，万民を平等にしたフランス革命はナポレオンを生み出した。中国にはカーストはなく，身分的特権はない。中国国家は，全く自己完結的であった。中国国家は，その生成と同じく，閉鎖的で，他者との関係をもたない。いかなる改新も，本質的に封殺されてしまう。すなわち，古き秩序が存続すべきとされるのである。歴史が進歩せず，現状が維持されるところは，たとえそれがヨーロッパにあったとしても，一種の中国である。

　毎年，すべての臣民の人口が調査され，16～50歳の男性の数が再調査される。同様に，すべての地域についてもまた人口が調査される。ただし，その調査は，〔徴税簿の不備のため〕地域にとって有利な結果となる。こうした戸口調査は，そのメカニズムの点では賞賛に値する。しかし，退屈きわまりないため，我々のもとでは実施できまい。中国では，各個人，身分，季節ごとに衣服法規が存

在する。

農民身分　　中国では，農耕が尊重された。農民は最初の身分であるため，原始的な国家ではたいがい称えられる。皇帝は，農民身分を称えるために，毎年耕地を耕した。最初の皇帝の一人が農耕を考案したと語り伝えられている。〔中国では〕農民は最も教養ある身分とされたが，これに対して我々のもとでは，農民は最も教養がない身分とされている。

　1732年の雍正帝〔位1722-35〕の勅令により，全府県ともその地域で最も秀でた農民の名を報告するよう命じられた。その農民は，試験を受けずに第8品の〔名誉〕官僚となって，知事と茶を飲む権利を得たのである。

暦　　暦は，中国人の間では主要関心事であった。しかし，暦のなかの数学的なことを彼らが知っていたわけではない。このため，通常はヨーロッパ人〔宣教師〕が暦に関与する。というのは，生産性を高めようとすれば数学的知識が必要だからである。暦を管轄する大きな官庁〔欽天監〕が北京にある。北京では，一つの大きな新聞たる州報〔京報（けいほう）〕が発行されている。〔新聞である〕にもかかわらず，それは，〔法令を〕単に転載したものにすぎない。記事を少しでも改ざんしようものなら，〔編集者は〕死刑に処せられた。皇帝自身が，京報を検閲した。

　諸省の地方長官を総督・巡撫〔督撫〕という。彼らは，第1品の官僚であり，外出時にはかならず100人の供を連れねばならなかった。省で処罰された官僚は，毎年，刑罰を受けてそれを報告しなければならず，同様に，3年ごとに，自分が犯した過ちを報告しなければならなかった。

工芸と商品　　いまもなお，我々は中国からいくつかのものを得ている。たとえば，陶磁器，茶，南京木綿，造花，火薬である。我々はもっと精神的問題を扱いたいので，本書ではこれらには立ち入らない。

家族法　　家族は，中国で最も重要なものである。

　婚姻は，中国では売買同然である。象徴的意味としての売買ではなく，全く文字どおりの売買であり，一切の宗教的祝別もともなわない。したがって，女性の状態はきわめて悲惨である。女性は，男性に仕え，奴隷に等しい。婚姻が締結される前に，親は，子が実子なのか，養子なのかについて確言せねばならない。さらに，健康状態と年齢が確言されることとされている。女性の売買は

112 父親が決定し，本人の意思がたずねられることはない。女性には主体性が認められないため，〔誰のもとに売られるのかについても〕女性は無関心である。あらゆる売買と同様，〔婚姻〕契約を撤回する場合には違約罰が定められている。その刑は，笞杖刑である。それにもかかわらず，中国には，近親関係による婚姻障碍が存在する。近親相姦自体は，最も原始的な人間にあっても犯罪とされる。近親相姦禁止というこの定めは，決して変化しようがない。たとえば，モーセの律法は，我々のもとでもなお妥当している。さらなる婚姻障碍が，服喪である。〔親族の〕死や投獄に基づく服喪期間に結婚した場合，その婚姻は成立せず，〔無効とされた〕。

官僚は，その省の出身者でないかぎり，自分が任ぜられた省で結婚することはできないとされた。同様のことは，ローマ皇帝の総督や〔ローマ・カトリック教会の〕聖職者独身制でも見られる。奴隷は〔自由人の〕妻を娶ることが許されなかった。また，誰も罪を犯した女性と結婚することはできなかった。

婚姻は，本質的に一夫多妻制である。女性は物とされたからである。男性が裕福であれば，多くの女性を買うことができた。にもかかわらず，一夫一婦制的な特徴も見受けられる。〔たとえば〕正妻は，他の妻たちに対する権力と優越的地位を有しており，側妾の子どもたちはみな，正妻を母として尊敬しなければならないとされた。〔正妻をさしおいて〕側妾を優遇する者は，きびしく罰せられたのである。しかし，中国には側妾もまた存在し，側妾たちを大々的に商う都市があった。そして，中国人は，正妻に上述のような優越権を与えないよう，側妾となる女性たちをたくさん買ったのである。

中国では，離婚もまた存在した。離婚事由には，七つのものがあった。1）不妊，2）ふしだら，3）夫の親族の軽視，4）おしゃべり，5）盗癖，6）疑り深い性質，7）克服しがたい憎悪である。最後の事由は，プロイセン一般ラント法〔1794年〕と一致する。姦通の場合には離婚は必至であり，夫に先立たれた寡婦は財産として扱われた。〔側妾は，夫の死後に転売されるが，〕正妻に限っては，強制的に売られることはなかった〔＝再婚を強制されなかった〕。中国法では父だけに専断的権限が認められ，息子は何ら権限をもたない。*尊属は敬われるが，卑属はそうではない。息子が罪を犯した場合には，父だけが責任を負う。

養子縁組もあった。子どもが3歳を超えておれば，養父と同じ姓の出身でな

けらばならない。子が3歳以下であればその必要はない。養子を実家に戻したり，養家から独立させたりすることはできない。その場合には，笞杖刑100回の刑を受ける。ただし，養父が実子を得て，養子の実父母が子の取り戻しを望む場合は例外とされた。

　服喪の教えは，中国人にあってはきわめて高度に発展した。それは，中国人の果てしない外面性重視と退屈さのせいである。喪に服する者は，同時に国家との関係も断つ。家族関係が，あらゆる国家関係の基礎とされていたからである。祖先の像が安置されている祠堂に一族全員が集まり，みんなそろって墓参りをする。

　中国では，近親は四親等までとされた。この四親等までは単独で喪に服する。我々のもとではもっと親等が遠い人々までが，中国では従兄弟や従姉妹という一般的な名称で一括される。四親等以上には〔服喪〕義務は及ばない。

　相続法*　　聖書の宣教師であるイエズス会士たちによって，たびたび次のように言われてきた。家父は遺言を書く権利をもつと。〔しかし〕アジア全土を通して，遺言は存在しない。遺言は意思の出発点だからである。個人が存在する場合にはじめて遺言が存在するのであり，遺言がはじめて出現したのはギリシアである。アジアで遺言と呼ばれるものは，家族にあてた父の一般的・家父長的な助言・願望であり，家族は通常これに従う。しかし，父がこのような遺言で法定相続〔無遺言相続〕を侵害しようとすると，父は笞杖刑で処罰される。ゆえに，父は既存のものをそのまま確認することができるに留まる。

　法定相続は次のとおりとされた。まず，できるかぎり家族は同居しなければならない〔同居共財〕。これについては，賢者Tochang*がこう助言している。家族の対立は笞杖刑に処せられるべきであると。父のあとを継ぐのは，長男子である。たとえ他の息子たちが遺産の一部を受け取ることがあったとしても，彼らは遺贈を受けるにすぎない。正妻の長男子が単独で相続するのである。正妻が50歳になるともはや子は得られないとみなされ，他の妻たちの子が遺産相続することが許される。

　娘たちには相続権はない。しかし，兄弟が，姉妹の面倒をみなければならない。兄弟は姉妹を結婚させてもよく，それは姉妹にとって利益になる。こうした相続権の効力は上下四親等まで及ぶ。四親等以遠については，被相続人は自

由に相続人を指定することができるが，ただし同姓の者に限られる。四親等以遠の者が相続人に指定されたあとに息子が生まれたら，両者が遺産を分割する。被相続人と最近親族のあいだに明らかな敵対関係がある場合には，被相続人は親族から最も気に入った者を選ぶことができる。

　以上のように，中国の家族は味気なく，情愛に欠け，外面的なことを重視する。長子の〔優越的〕権利は，我々のもとにも存在した。しかし，長男子相続制は，一族の継承に価値がおかれる場合にはじめて生じる。これは主として，ゲルマン民族にあてはまる。

　道　徳　中国の道徳は，いかなるものか。家族と同様である。道徳性がすべてであり，これゆえに道徳性は何ものでもない。異常なほど多くの道徳箴言があるが，それらの基礎たる本来の道徳性はそこにはない。主体的な自由が存在しないからである。

114　**刑事法と民事法**　刑事法について。中国法全体が刑事法である。刑事法と民事法の区別はない。こうした区別は，ローマ法にもまた存在しない。債務者は，笞杖刑に処せられる。ここで注目すべき唯一の点が，刑罰の段階である。

　最も軽い刑は，笞杖刑20回である。太竹を使うか，細竹を使うかの違いがある。父権的懲戒権の性格をもつこの刑罰は，どの官僚が受けもってもかまわない。刑罰を受けたあと，受刑者は感謝しなければならない。そこには一方で奴隷的なものがあるけれども，他方で真理がある。というのは，刑罰は受刑者の権利だからである。第2の刑罰はさらし刑である。しかし，どの受刑者もさらし台をひきずらねばならない。第3の刑罰が耳禊ぎであるが，複雑である。第4は，荒れ地ばかりのタタール地方〔中央アジア〕への終身追放刑である。あるいは3年間船を漕ぐか，奴隷の印つまり焼き印を押されることもあった。第5が死刑である。民族を考察する場合，たいていはいかなる死刑が存在するかが重要である。死は究極の刑罰であり，したがって，苦痛が付け加わることによって，死刑以上のものになる。ギロチンは機械的であると批判できる。人は意思をもつ人間によって首を刎ねられねばならない。

　中国には様々な種類の死刑がある。それらはみな，絞か斬に通じる。謀反には最も残酷な処刑〔凌遅処死〕が科せられる。謀反を犯した者のすべての親族もまた殺されるが，60歳以上の者は，犯罪者と同じ屋根の下に住んでいた場合に

かぎって殺される。皇帝の勅諭にふれる場合には，窃盗も死刑になる。それ以外の場合には流刑か笞杖刑に処せられる。墓泥棒と殺人は単純死刑で罰せられ，姦通は明白な場合には死刑となる。この点は文明化された諸民族と同じである。

民事法律はすべて刑事罰で保護されている。たとえば，父の称号を引き継いだ次男以下の息子，側妾に正妻の名誉を与えた男は笞杖刑で処罰される。刑事法との唯一の違いは，これらの刑罰が民事法では金銭で代替できるという点である。すべての官僚は法律を知っていなければならず，毎年，法律に関する試験を受けねばならない。これに通らなかった高級官僚は，1ヵ月分の俸給を没収される。下級官僚の場合には打たれる。何らかの罪を犯したが，その後それに関する法規定を知っていることがわかった農民は無罪放免とされた。孤児，寡婦，老人を保護しない者は，笞杖刑60回に処せられる。道徳的なものと法的なものは区別されていない。

〔1〕 Macartney, George, A narrative of the British embassy to China, in the years 1792, 1793, and 1794 : containing the various circumstances of the embassy, with accounts of customs and manners of the Chinese, and a description of the country, towns, cities, London 1795〔マカートニー（坂野正高訳注）『中国訪問使節日記』平凡社，1975年（東洋文庫277）〕。
〔2〕 科挙には秀才・明経・進士の3科があったが，宋代に進士科に統一された。
〔3〕 隋の文帝時代から1905年まで1300年間行われた高等官資格試験を科挙という。
〔4〕 軍機処とは，清朝の雍正帝の時代に作られた皇帝直属の諮問機関であり，政務最高機関である。軍機大臣は，内閣大学士および六部の尚書（長官）・侍郎（次官）の中から選ばれた3〜6人で構成され，その下に満漢各16人の軍機章京がいて文書処理にあたった。
〔5〕 ヌルハチの父タクシの直系子孫をさす。

第3節　インド法

史料　史料は豊富である。インドの宗教，歴史，諸関係のなかに存在するものすべてが史料である。法がまだ分離していないからである。とくにマヌ法典。これは，30年ほど前〔1794年〕にウィリアム・ジョーンズ卿[1746-1794]が翻訳し，ヒュットナーによって〔1797年に〕英語からドイツ語に翻訳された。今ではサンスクリット語からドイツ語に翻訳されており，ガンスの序文がついている。さらに，コールブルックによるマヌ法典抜粋の英訳がある。また，

1760年頃〔1776年〕に出版されたハルヘッドのゲンツー法典がある。さらに，インド相続法に関する〔理論が書かれた〕ダーヤ・クラマ・シングラハがある。ほかに，インドの寓話集であるヒトパデサ〔婚姻法について多くを記載している史料〕やその他若干のものが利用できる。さらに，イギリス人の叙述や旅行記，歴史や報告，イスラーム教徒の史料もある。

ミル〔1773-1836〕の『インド史』が最上である。

宗教と法　宗教的であること，宗教にすべてが由来すること，これが〔インド〕法の一般的性格である。これゆえに，インド法の最初の教説は宇宙創造史となる。宇宙創造史から，純粋に自然的なあらゆる関係が生じるからである。

〔立法者〕マヌは，〔創造神〕ブラフマン〔梵天〕の息子あるいは孫である。ブラフマンは，自らマヌに戒律〔ダルマ＝行動規範〕を教え込んだと言われる。マヌは，ブラフマンから教えられた戒律を世に伝えたのである。このゆえに，マヌ法典は神の法典であり，神聖とされる。

法は，世界開闢とともに始まる。マヌ法典は，次のように始まる。一種のカオスである普遍的精神——それを我々は抽象化して神と呼ぶ——である超ブラフマ〔超梵天＝梵〕は，一つの種を水中に投じた。種から1個の卵が生まれ，この〔宇宙〕卵から，ブラフマンが生まれた。こうして，ブラフマンは一つの形姿をもつようになり，神の形姿は，抽象的なものから，感覚的にとらえられるものとして現前するようになった。ブラフマンは宇宙創造を続けた。彼の口からはバラモン〔司祭〕が生まれ，両腕からはクシャトリヤ〔王侯貴族〕，両腿からはヴァイシャ〔平民〕，足からは〔最下級の〕シュードラ〔隷属民〕が生まれたのである。

カーストの区別　はじめの〔バラモン・クシャトリヤ・ヴァイシャという〕三つのカーストは，〔インダス川とガンジス川に囲まれた聖なる国たる〕インド諸国に定住すべきとされる。〔一生族たる〕シュードラは，生計をたてることができる場所で生きるほかない。シュードラは国との関わりを一切もたないのである。しかし，前記の三つのカーストは再生することができる〔再生族〕。彼ら再生族は，生まれながらのものをぬぐいさることができる。さらに，これらのカーストの外面的なことがらは，〔マヌ〕法典によって取り決められていた。名前，行動および生活様式は，外面上，細部に至るまで決められていたのである。バ

148

第1章　オリエント法

ラモンにつけられる第1の名前は聖，クシャトリヤのそれは権力，ヴァイシャのそれは富，シュードラのそれは侮蔑を表すものとされた。これは諸カーストの一般的性格を示す。第2の名前は，カーストの実際〔上の役割〕を表す。バラモンにあっては幸福，クシャトリヤでは実力，ヴァイシャでは給養，シュードラでは隷属的な奉仕労働である。

116

　ガヤトリ〔入門式＝2度目の誕生を意味する儀式〕は堅信式であり，それぞれのカーストへの受け入れの儀式である。バラモンでは父により8〜16歳で，クシャトリヤでは11〜22歳で，ヴァイシャでは12〜24歳で入門式が行われる。入門式がそれより遅れた者は，破門される。

　宗教と国家と市民社会は，インド法では一体化している。

　バラモンは，どの教育を受けるにもまず「オーム〔唵〕」という聖音を唱えねばならない。さもなければ，すべては彼から消え失せる。すなわち，人々の群れから遠く離れてこの言葉を千回繰り返すと，蛇が脱皮するのと同様，彼はあらゆる罪から解放される。バラモンの教えを受けることなくヴェーダ〔聖典〕の知識を手に入れた者は，書物の窃盗を犯したに等しく，煉獄へ沈むとされた。

　10歳のバラモンは，100歳の戦士〔クシャトリア〕から父親に等しい敬意をうける。学を修めていないバラモンは，〔中身のない〕木の象あるいは革のレイ羊同然である。まさに学識がはじめて姿形に生命を吹き込むのである。再生族の人間であろうとも，ヴェーダを学んでいなければ，シュードラに等しい。

　人は，3度生まれかわる。第1は，母からの自然の誕生である。第2は，入門式で聖紐〔再生族の地位の象徴〕を締めることによる誕生である。第3は，戒律の遵守による誕生である。これらの誕生を経験する前の人間は，シュードラ，すなわち，自然から生まれただけの自然な人間でしかない。

　シュードラの最下層が，チャンダーラである。彼らは，パーリア〔不可触民〕とも呼ばれる。チャンダーラも，犬も，飼育中の豚も，月経中の女性も，去勢者も，再生族が食事をするのをじっと見つめてはならない。チャンダーラの住まいは，都市の外でなければならない。彼らはこわれた容器しか使用できない。チャンダーラは，シュードラと高位身分〔バラモン〕の女性との間に生まれた混血カーストとされる。チャンダーラに食べ物を恵もうとする者は，食べ物を

手で彼らに与えてはならない。チャンダーラは死刑執行人であり、また、親族をもたずに死ぬという大きな恥をさらした者を葬る役目をもっていた。市民社会について話すべきことは以上のとおりである。

家族法　婚姻　まず、婚姻について。婚姻については、中国の婚姻と区別することが重要である。中国の婚姻は、純粋な売買婚であった。インドでは、婚姻には聖なる性格が与えられ、民間の売買婚は悪しき低い婚姻となる。

　婚姻には八つのものがあった*。第1は、ブラーフマ婚であり、父は娘をただ一枚の着物でくるんでヴェーダをよく修めた者に与える。このとき、贈与は一切なされない。第2のダイヴァ婚は、荘厳な持参金をつけて司祭へと嫁がせる婚姻である。第3のアールシャ婚は、花婿が娘のために2頭の牛を父親に贈るという婚姻である。牛はインドでは神聖視されている。第4のアースラ婚は、花婿が父親に対して、父親が娘を失うに見合うだけの財産を与えるという婚姻である。第5のガーンダルヴァ婚は、愛欲に基づく婚姻である。第6のプラージャーパティヤ婚は、父親が祝福を授ける婚姻である。第7のラークシャサ婚は、妻を戦争で略奪した場合の婚姻である。第8のパイシャーチャ婚は、妻を犯罪まがいで手込めにし、その後娶るという婚姻である。以上の婚姻には、子に恵まれ、幸福な四つの良き婚姻がある。それが、ブラーフマ婚、ダイヴァ婚、アールシャ婚、プラージャーパティヤ婚である。これらは、わかりやすく聖なる婚姻である。これにひきかえ、聖なる婚姻とみなされないのが、アースラ婚、ガーンダルヴァ婚、ラークシャサ婚、パイシャーチャ婚である。

　女性たちの扱いもまた中国とは異なる。インドのほうが女性にはやさしい。たとえ事物自体が人倫的でなかろうと、少なくとも、敬意を払ったり、個人を尊重する様子はうかがえる。

　婚姻禁止は実際的というよりもむしろ善意の忠告である。たとえば、身体に濃い毛がはえている家族の一員と結婚するべきではないとか、赤い髪や燃えるような瞳の娘と結婚してはならないとかである*。異なったカースト間で結婚しようとすれば、以下のとおりとなる。たとえば、あるバラモンがバラモン*の娘を娶っているならば、クシャトリヤと結婚でき、既にクシャトリヤの娘を妻としているならば、ヴァイシャと結婚でき、ヴァイシャの娘を妻としているならば、シュードラと結婚できるといった具合である*。

一夫多妻制はインドにも存在する。しかし，同一カースト出身の妻は宗教的行為を果たさねばならないという点には，一夫一婦制的原理もみとめられる。しかしさらに，インドの多さ，自然の多様性，原則の無限定性のゆえに制限がきわめて少ない。

父　権　父権は，なお厳格な家父長制という性格を有している。父は，カーストごとにしかるべきときに子どもたちに入門式をさせなければならない。娘は8歳で結婚させねばならない。見合った若者にであれば，もっと早くに娘を与えることもできる。他人の妊娠から生まれた息子は（ヨーロッパでは養子に該当するが），勅令の形式で受け入れられる。なぜならば，息子は父親を劫罰から解放するという定めをもっているからである。息子は，自分自身のために存在するのではない。子の愛は，そこにいる他者のためなのである。父親は，天国の王座のもとにたどりつくとシュラーッダという供儀をささげる息子をもつという証文を示さねばならない。彼が息子をもたなければ，地獄へと投げやられてしまう。地獄から父親を救い出すことができるのは息子だけなのである。〔したがって，息子をもたない〕者は，サピンダ親の1人に，自分の妻との間に自分を地獄から解放してくれる息子をもうけるよう指示を与える〔指定女（プトリカー）の制度〕。これは，婚姻の最初の原罪である。今ではもはやインドでもこうしたことは行われない。というのも，インドも情容赦のない時代となり，人々はそのような形で子をもうけるやり方にもはや純粋には満足しなくなったからである。息子をもうける別の方法は，父親が既婚の娘に対して息子を産むよう指示することである。息子が生まれたら，孫は，祖父に引きとられて，息子としての権利をすべて手に入れる。養子制度もまた存在したが，さほど重要ではなかった。養子は地獄から解放することはできないからである。

親　族　親族のなかでは，長兄が最も高い敬意をうけ，息子たちよりもそうである。親族は2種に区別される。第1がサピンダ親である。サピンダ親とは，祭餅〔ピンダとよばれる祖霊供養のための米団子〕を互いに奉献する親族を指す。六親等までがこれに含まれる。第2がサマーノーダカ親である。これは三親等から六親等までで，寄進水を奉納しなければならない。親族は彼ら自身のためにではなく，供儀のために存在する。

教師は，〔神である〕超ブラフマと同様の尊敬を受けるが，父親はバラモンと

118

同様の尊敬しか受けない。すなわち，精神的な育み〔教育〕と生身の育み〔養育〕とについて〔前者を後者よりも高位におくという〕関係があったのである。親族は，毎月シュラーッダという供儀を捧げる。供儀は，父，祖父および曾祖父に捧げられ，父が存命でなければ，曾祖父の父が加えられる。父祖への供儀は，神への供儀よりも重視された。

　相続法　インドの相続法は，相続法であると同時に死者祭祀でもある。相続法の原則は，本質的に血族相続である。本来の遺言は，まだ生じるべくもなかった。中国と同様，家族はできるだけ長く同居しなければならない。兄弟のうち最年長者が財産を取得し，他の者は彼に従う。家族が別居する場合には，最年長者が優先権をもつ。彼は，遺産の20分の1を先取りする。彼がとくに学が高く，徳目をつんでいれば，さらに自分用に最上の品を取得することができる。父の指定に基づいて娘が産んだ息子，あるいは，父の指定を果たせなかった娘やその夫もまた同じ権利をもつ。サピンダ親から生まれた息子は，のちのインド法では，最年長の兄弟がもつこの優先権をもはやもっていない。

　相続法の基礎は，血縁関係ではなく，供儀である。というのは，血縁関係ではなく，供儀のみが原理だからである。すなわち，供儀が途切れるところで，相続順位も途切れ，供儀が始まるところで，相続も始まる。したがって，卑属は，我々のところとは異なり，無限ではない。卑属は，三親等で終わる。というのは，死者供儀を捧げるべきは曾孫までのみとされ，しゃしゃら孫はもはやそれができないからである。息子も孫も曾孫もいなければ，父，祖父，曾祖父が相続するが，彼らに対して，被相続人はシュラーッダ〔供儀〕を捧げねばならない。これら三者がいない場合には，こんどは四親等の卑属からはじまり，六親等にまでいたる。彼らは寄進水を捧げる親族である。これらの卑属の次にくるのが，四親等から六親等までの尊属である。

　女性には，男性と同等の権利が与えられていない。しかし，男性がいない場合には，女性も〔相続人に〕入ってくる。すなわち，女性は絶対的に排除されているわけではないのである。インド相続法は，非常に精緻に考案されている。1812年，国王枢密官ブンセンは，アテネ相続法についての論文のなかで，これをソロン法ではなく，インド法に由来するとしたが，これには全く根拠がない。六親等にも相続人が存在しなければ，誰かに固執する必然性はもはやない。こ

第1章　オリエント法

のため，この段階で遺言が登場する。遺言では，親族の誰かを任意に選ぶことができた。親族が1人もいなければ，財産は国家のものとなる。ただし，バラモンは除かれる。バラモンの場合には，遺産は，入門式を授けたバラモン仲間のものとなり，次いで学問仲間，その次に学識バラモン，最後に学識なきバラモンに帰す。さらに，インド相続法は，いくつかの例外的な継承ルールをもっていた。

以上が，インドの家族である。家族は，神的で宗教的である。したがって，そもそも強固な家族はない。

　※　欄外：Erbrecht, Th. I. S. 90-93.

道　徳　中国と同様，道徳性には，内面的な自己決定が欠如している。しかし，道徳的な規定は存在する。

刑事法と民事法　刑事法および民事法は，インド法でもまた混在している。しかし，インドでは民事法は刑事法ではない。両者は分離されずに併存しているのである。

〔マヌ法典によれば〕法は18の部分に分けられる。

1. ひとが金銭を欲求のために必要とする場合—借用 *mutuum*。
2. ひとが何かあるものを保証と利用のために他人に与える場合—抵当 *despositio* と賃借契約 *commodatio*。
3. 所有権なきものの売却。
4. 共同経営について—組合 *sociis*。
5. 債権返還請求 *repetitio debiti* について。
6. 賃金不払いについて。
7. 契約不履行について。
8. 売買の取消について。
9. 主人と奉公人〔牧夫〕とのあいだの争いについて。
10. 境界紛争。
11. 暴行について。
12. 名誉毀損について。
13. 窃盗について。
14. 強奪について。
15. 姦通について。
16. 夫婦間の口論について。

120

17. 相続法。
18. さいころその他の生きものを利用した賭博について。

このように，法的規定の成立は全く偶然であり，何らかの原則が貫徹しているわけではなく，体系もない。刑事的なものと民事的なものとがないまぜになっている。

司　法　　裁判官は王である。王は，自分で裁判をすることができなければ，1人のバラモンを任命する。そして，そのバラモンがさらに3人のバラモンを〔補佐役として〕任命しなければならない。法廷とは，四面のブラフマンの法廷[13]である。正義が，悪徳により傷つけられて，法廷に近づき，法廷が悪徳から矢を抜き去ることがなければ，正義もまた悪徳によって傷つけられたものとされる。正義は，最高の動物たる一頭の牡牛とされる。正義を殺す者は，牡牛を殺す者である。もし法廷に不正義が持ち込まれたならば，4分の1は王，4分の1は証人，4分の1は原告，4分の1はその他の裁判官の責任となる。すなわち，不法は質的にではなく，量的に分割されるのである。所有者不明の財産が見つかれば，それは3年間保管され，それでもなお所有者がわからなかった場合には，王のものとなる。

王　権　　王は，自らの品位を維持し，ヴェーダを保護しなければならないとされる。〔マヌ法典によれば〕王がいなければ，世界は恐怖におののくであろうから，これゆえに神は王を創った。したがって，王は，強大な神性が人間の姿をとったものとみなされる。王は，悪を罰し，善を称えるべきであり，正義を決して侵害してはならない。〔しかし〕四つの身分に対する事実上の君主にして管理者かつ保証人であるのは，〔王ではなく〕刑杖〔ダンダ＝刑罰の象徴〕である。王は，バラモンに対して寛大さを示して，自らの激情を鎮めるべきものとされた。〔王〕ヴィシュバミトラはバラモンに対して寛大であったゆえに，バラモンとしての名誉を得たのである。これが，功徳に対する報いの表われである。それは，バラモンというカーストが，他のカーストに開かれる唯一のケースであった。

王は，18の悪徳を避けねばならない。18という数は，彼らには重要であるように思われる。1．狩猟，2．賭博，3．昼寝，4．ライバルを非難すること，5．女性に溺れること，6．飲酒，7．歌謡，8．楽器を奏でること，9．舞

154

踏，10. 無用な旅，11. 密告，12. 暴力，13. 悪巧み，14. 嫉妬，〔15. 中傷〕，16. 不当な抵当，17. 誹謗，18. 公然たる攻撃である。王は，山嶽の要塞に住まねばならない。王は，同じカーストから妻を娶らねばならない。王はバラモンに贈り物をしなければならない。王が秘密を打ち明けようとすれば，バラモンに対してそうしなければならない。忠告を得ようとする場合も同様である。王は，たとえ餓死しようとも，バラモンから税を取ってはならない。

　ヴァイシャ。ヴァイシャは，聖紐を受け取ると，自己のカースト出身の者と結婚し，農耕，牧畜，商売といった自己の職分に専念する。なぜならば，神はヴァイシャに動物を託し，王とバラモンに人々を託したからである。したがって，ヴァイシャは，「私は家畜を持っていない」などと決して言ってはならない。シュードラの最高の義務は，バラモンに奴隷として仕えることである。こうすれば，シュードラは至高の喜びを得ることができる。

　私　法　バラモンが何らかの財宝を見つけたら，彼はそれをひとりで取得してもよい。バラモン以外のカーストが財宝を見つけた場合には，王が半分をとり，残り半分をバラモンが取得することができる。

　証人となることができるのは誰か。それは，家を保有する既婚者〔家長〕，息子をもつ父親，バラモン以外で同一地区に住む住人であり，敵でも味方でもない人物であった。偽証者，危篤の病人，犯罪者，王，料理人，歌手，踊り手は証人になれなかった。女性は女性についての証人になれるとされ，各カーストはそれぞれのカーストの証人になれるとされる。

　真実の陳述をなした証人は，最高の段階にのぼり，精神世界における最上の地位を賦与される。ブラフマンは，そのような証言を聞き届けるものとされた。しかし，偽証者は，水中で蛇によって圧殺される。証人をたてるかわりに，宣誓することもできた。宣誓は，西洋よりもオリエントにおいてのほうが厳粛で重大なものとされた。これゆえ，ユダヤの律法では，〔宣誓違反は〕厳罰に処せられたのである。不必要な宣誓は，現世でも来世でも処罰されるべきものとされた。偽証については，利得目当ての場合には1,000パナ，不注意の場合には125パナ，友情ゆえの偽証ではもっと少ない罰金を〔支払うべきもの〕とされた。

　利子は，担保があれば〔年〕15パーセント，担保がなければ〔年〕24パーセ

ントであった。リスクがあれば〔＝担保がなければ〕，司祭は2パーセント，兵士は3パーセント，商人は4パーセント，奴隷は5パーセントを〔月々の利子として〕上乗せして支払わねばならなかった。50パナ以上の窃盗は，手の切断刑に処せられた。ダイヤモンドやルビーを盗んだ者は，死刑に処せられた。バラモンから牛を盗んだ者は，片方の足を失った。殺人の襲撃にあった場合には，たとえ相手がバラモンであろうと，殺人で撃退することができた。自分自身の財産をもつことができなかったのは，既婚女性と息子と奴隷である。バラモンは，困窮事態におちいったときには，シュードラの財産を奪うことができた。

マヌ法典は，決して法としての価値をもったわけではないが，歴史的には重要である。マヌ法典では，法は詩という形をとっている。法の詩学については多くのことが書かれており，ヤーコプ・グリムですらサヴィニー歴史法学雑誌に論文を書いている。〔インドでは〕宗教において規定されているあらゆることが，法の基礎をなしている。したがって，〔インド〕法は，まだ全く〔宗教から〕自立していない。

〔1〕 ブラフマニズム世界の最も基本的な価値観・社会体制・行動規範を確立したもので，原題は「マヌによって説かれたダルマの教え」または「マヌの伝承」といい，法律書ではない。前2～後2世紀に編纂された。作者不詳。全12章1342詩節より成る。田辺繁子訳『マヌの法典』（岩波文庫，1953年）参照。
〔2〕 リーデル版ではLeben，ブラウン版ではLehre。ここではブラウン版に従う。
〔3〕 現在では「カースト」と「ヴァルナ」の違いが明らかにされており，ここでは「ヴァルナ」が正しい。
〔4〕 キリスト教の洗礼と同様，宗教的儀式によって精神的により高次な存在へと生まれ変わるとされた。
〔5〕 リーデル版ではNormen，ブラウン版ではNamen。ここではブラウン版に従う。
〔6〕 リーデル版では20～22歳。『マヌ法典』第2章36～38節では11～22歳。
〔7〕 リーデル版ではUmbildung，ブラウン版ではUmbinden。ここではブラウン版に従う。
〔8〕 リーデル版では「パーリア」。『マヌ法典』第3章239節では「再生族」。原注も参照。
〔9〕 リーデル版では「無傷の容器」。『マヌ法典』第10章54節では「こわれた容器」。
〔10〕 リーデル版ではWeib，ブラウン版ではViele。ここではブラウン版に従う。
〔11〕 ブラウン版によれば，養子もまたシュラーッダを捧げて養父を地獄から解放できた。
〔12〕 リーデル版では「六」親等。
〔13〕 リーデル版では「三面」。『マヌ法典』第8章11節では「四面」。
〔14〕 リーデル版では17悪徳の列挙しかなかったため，ブラウン版に従い，「14. 悪口雑言」を追加し，その後の番号を一つずつずらした。
〔15〕 Jacob Grimm, Von der Poesie im Recht, Zeitschift für Geschichiliche

Rechtswissenschaft 2 (1816), S. 25-99.

第4節　ペルシア法

　史　料　ペルシアにおける法の原理は以下のとおりである。〔ペルシアでは〕法は，再び自然な状態に戻り，空想的要素を失う。古ペルシアの法典に関する史料は，ごく限られている。主典は，1750年ごろになってようやくアンクティル・デュペロン*によってヨーロッパにもたらされた。それが，アベスタ教典である。アベスタ教典は，のち，アンクティル自身とキール大学教授クロイカーによって翻訳された。

　さらに，主たる史料は，ギリシア人著述家たちの著作のなかにも見出される。ただし，それらでは，ペルシア人に関する記述はいささかギリシア化されている。ヘロドトス〔前5世紀〕，トゥキュディデス〔前5世紀〕，ストラボン〔前64-前21〕，パウサニアス〔2世紀〕，シチリアのディオドロス〔前1世紀〕，アリアノス〔95頃-175〕である。

　宗教と法　ペルシアではまず，宗教の本質を規定しておかねばならない。法が宗教に基づいているからである。ペルシアでは，宗教はゾロアスター〔ザラスシュトラ〕というひとりの人間に始まる。したがって，立法は，〔中国やインド〕より人間的であり，より自然的であって，奇怪な偶像はない。なぜならば，ゾロアスターが登場したとき，ペルシア人は既に完成された国土をもっていたからである。グスタスプ王*は，ゾロアスターの友として統治し，ゾロアスター教を導入した。ゾロアスター教の基礎は，至高の自然たる光におかれる。これゆえに，ゾロアスター教は最高であり，最も自然であり，最も純粋な宗教なのである。しかし，光は対極に闇をもつ。すなわち，アフラ・マズダ〔善なる光明神〕とアンラ・マンユ〔のちのアーリマン＝悪なる暗黒神〕〔が対比される〕。法もまた，〔宗教に〕劣らず純粋であった。

　カースト制度　ペルシア人もまたカースト制度を有している。〔ゾロアスター以前に〕既にドゥシェムシド王〔アフラ・マズダの息子とされる古代ペルシアの神話的王〕が，ペルシア人を四つのカーストに分けていた。神官，戦士，農民そして手工業者である。奴隷は存在しない。奴隷は生まれ変われないからであ

る。すべての人間はそれ自体純粋であり，悪くなるのはもっぱら自分自身のせいとされた。しかし次に，ペルシアでは，農業と手工業が実質的にはじめて分離した。最後にペルシアでは，カーストは自然によって決まるのではなく，人間の必要と目的に応じて決まるとされた。カーストは身分であったが，諸身分は宗教との関係では平等であり，もっぱら職分に応じて区別されたのである。

　神官カースト。ヘールベドが下位神官であり，モベドが高位神官，ダストゥール級神官が最高位の神官である。神官特有の職分は，精神と肉体を対等に保つこと，気高くあること，清くあること，歴史を研究することである。インド人とはちがって，衣服や行為に関する外面的な要請はそれほどない。神官が職分をきちんと果たせば，アフラ・マズダの姿となる。ゾロアスター教神官は，ギリシア人によって，既に純化したものとして描かれてきた。ダストゥール級神官には1名の高位神官がついている。

　戦士身分は，強く，勇敢で，純粋で気高くあらねばならない。ペルシアの戦士は，アジアの諸民族のなかでも最高の戦士であった。第3身分〔農民〕は，倦むことなく仕事にいそしまなければならない。第4身分〔手工業者・商人〕は，許された生活方法や業種ならば何をやってもよいが，彼らのいずれもが自己の仕事をきちんとわきまえておかねばならない。

　これらのカーストの世界をよく表わすのが，〔善神〕アフラ・マズダの曼荼羅図である。諸カーストを支配するのは調和であった。従順と統治は，奴隷化や専制とは区別されねばならないとされた。国家全体の考え方は，あらゆるものが自らの首長をもたねばならないということである。首長制はあらゆる階級が1名の首長のもとにおかれることを前提にしている。宗教的罪を犯していない者は誰でも，最高位神官を罰することができるとされた。一介のペルシア人ですら神官を罰することができるとされたのである。

　あらゆる関係に首長，すなわち，サトラップの制度が存在する。家族においても，市民社会においても，国家においてもである。ペルシアではもとから首長制がしかれていた。というのは，ここペルシアでは，もともと諸州が対立しあっていたからである。賢明な統治をする最高首長をもつのは最大の幸福とされる。女性たちもまた首長に服する。——アベスタ教典は，王に対する畏敬について多くを語っている。すなわち，王だけが生まれながらに王となり，他の

すべての者はそれぞれの優秀さによって自らの地位を獲得する。したがって，魂の純粋さや能力の卓越さによって，カーストの溝をしばしば越えることができたと考えられる。——神官は，聖なる言葉を解釈するという務めをもち，すべてのことを聖なる言葉に基礎づけようとした。王には，ダストゥランダストゥール〔神官中の神官＝ダストゥール級神官のこと〕*という至高至尊の神官がいて，王は，あらゆる重要事に関して彼に伺いをたてたのである。

市民社会　ペルシアでは，農耕が第1の最も尊敬されるべき身分であったが，これはいかにも自然に叶っている。安静な住まいがあるところでは，人々はひとところで増えるが，これが市民社会の歴史で主要な契機をなす。我々は，市民社会についてそれほど多く考察することはできない。なぜなら，国家は市民社会からまだ分離していないからである。

婚姻　ペルシアでは，家族は，純粋さに至る回路とみなされた。[1]したがって，家族から官能は排除され，ペルシアではまさに近親婚が称揚される。我々から見れば，それは近親相姦にあたる。というのは，婚姻においては，異った者同士が一緒になるべきであって，同じ種類の者同士が一緒になるべきではないからである。近親間では存在しない官能的欲望に基づいて異なった者同士が一緒になるべきである。さもなければ，ひとは，魚同様，自分自身と結婚することになってしまうであろう。

近親婚*が，真に神聖な婚姻とされる。これゆえ，ペルシア人の婚姻には5種類のものがある。

1. シャーザンSahzan婚，すなわち，女王との婚姻。娘がはじめて結婚したとき，彼女は女王と呼ばれるからである。
2. ヨグザンJogzan婚*。結婚から生まれた第1子が夫の父か兄弟の子となる婚姻を指す。この子が15歳になると，妻はヨグザン婚をなした男性とシャーザン婚を締結する。
3. サテルザンSaterzan婚。すなわち，死んだ若者に妻が与えられて〔レヴィレート婚〕，妻が第3の婚姻を実行する場合である。妻はヨグザン婚およびシャーザン婚を経て，第3のサテルザン婚をなす。
4. 寡婦の婚姻〔チェグエルザン Tscheguerzan 婚〕
5. コデシュラエザン婚 Khodeschraezan。恋愛による娘との婚姻。

これら〔3・4〕の婚姻は聖なる婚姻ではない。

ネカン Nekan は，ペルシアに以前から存在する結婚式である＊。それは一種の婚約である。婚約がおそろしく進化しているが，それは婚約が〔婚姻に人倫性をもたらす〕媒介だからである。厳密な意味での一夫一婦制ではないが，他のアジア民族と比べると一夫一婦制に近い。男性はひとりの妻から複数の子どもをもうけると，2番目の妻を娶ってはならない。夫は婚姻の目的を達成したことになり，無用な婚姻によって欲望にふけってはならないとされたからである。つまり，条件付きの一夫一婦制だったのである。

妻の地位は，アジアの以前の状態とくらべると改善されている。ペルシア人では，愛が若干は存在する。ターヴィッズ Taavids と呼ばれる魔よけの護符があって，夫はそれを妻の首にかけねばならず，護符のおかげで妻が自分にとって好ましくなるとされた＊。かなり愛情のこもった扱いである。一種の嫁資 dos も存在する。妻が夫に何がしかを持参するのが慣習であった。

父 権 ペルシアでは，父権は，純粋の家父長制である。子をもたない者には災いがあり，彼は天国に至る「チンワトの橋」を渡ることはできない。このため，息子か娘をもつ宗教的必要があったのである。教師の地位は父よりも高い。師弟は70の友好の絆で結びつくが，夫婦は60の絆である。「10人の子の父となれば，汝の子は誉れ高き子となろう＊」。相続法〔によれば〕，娘も息子もそして妻も均分に相続する。

道 徳 道徳的な定めは，魂，すなわち魂の感覚と欲求に関連している。宗教の純粋性の一つとして，純粋な道徳が要請される。思想や言動はあまねく純粋でなければならないとされるのである。しかしながら，個人の自己決定は存在しない。

刑事法・民事法 刑罰は，きわめて残酷である。斬首，磔，石打ち，生き埋め，火あぶりが，切断刑とならんで存在した。切断刑には，鼻そぎ，去勢，目のえぐり出しがあった。ペルシアではじめて宦官が登場する。はじめて名誉刑[2]も現れる。すなわち，〔各人には〕王から金の鎖が与えられたが，何らかの罪を犯すと，金の鎖は取り上げられたのである。

民事法についてはほとんどわからない。しかし，契約を守ること，言った約束を守ることの要請は強いように思われる。ペルシア人のもとでは教育が厳し

かったが，のちに被征服民族の慣習の影響を受けて緩和されていく。

〔1〕 ブラウン版は次のとおり。「中国では婚姻は売買であり，インドでは婚姻は宗教的形式で片づけられた。ペルシアでは，非常に独特に，婚姻は純粋そのものとして捉えられる。婚姻は純粋さへの回路であり，純粋さに至る手段であった」(B291)。

〔2〕 リーデル版では，eine Bestrafung der Ehen，ブラウン版では Ehrenstrafen。ここではブラウン版に従う。

第5節　エジプト法

エジプト法がペルシア法と関わりをもつのは，エジプト人がペルシア人に長く隷従していたからである〔前6世紀末〜前4世紀末〕。〔しかし〕エジプトの基礎は，〔ペルシア王〕カンビュセス〔2世〕〔位前528-前522頃〕の〔エジプト征服〕以前から存在した。したがって，エジプトは，〔ペルシアとは〕全く異なった本質を有している。エジプト法は，エジプトの性格を反映し，秘儀の法 Recht des Geheimnisses だったのである。

史　料　ほとんどの史料は，ギリシア人の著述家のものである。とりわけ，ヘロドトス，そして，彼の記述とはしばしば矛盾するがストラボン，シチリアのディオドロスである。プラトンも多少の記事を残している。近年，ヒエログリフの解読が始まった。とくに，シャンポリオン（弟）〔1790-1832〕〔がロゼッタ石をつかってヒエログリフの解読に成功した〕。しかし，エジプトのことが解明されたわけではない。ヒエログリフの解読が必ずしもエジプト人の生活の一層の解明につながるわけではないと言わなければならない。

カースト制　エジプトにもまた，カースト制支配があった。しかし，カースト制は，インドのように純粋に自然なものではなく，ペルシアのように純粋に精神的なものでもない。それは，自然でもあり，精神的でもあって，両者は明確に分離されていない。カースト〔の数〕については，古代著述家たちの間で議論がある。ディオドロスによれば，5カーストが存在した。神官，戦士，農民，商人・手工業職人，牧人である。ストラボンは，3カーストしか記していない。神官，農民，戦士である。ヘロドトスとプラトンは，5以上のカーストがあると述べている。すなわち，牧人カーストのなかに，牛飼いと豚飼いの2カーストがあり，商工業者カーストのなかにも，船乗りと手工業職人が区別

されている。これらのカーストが自然であるというのは、カーストが民族の多様性から生じたからである。すなわち、神官と戦士はエチオピア起源であり、カビレとよばれる商人・手工業職人と農民はベルベル人であり、牧人〔と船乗り〕は今日のアシャンティの祖先からなる。

　1　神官は、エジプトでは、支配的精神としての影響力をもつが、自然な神格者としての影響力をもつわけではない。神官は、つねに行政にまごうかたなき影響を及ぼし、歴史的な変化をもたらしてきた。第2期〔ペルシア支配期〕以降、神官カーストは、下エジプトにのみ住んだ。神官は、〔アジア一般でそうであったように〕国家の役職を司り、国民を教育した。どの神官も、特定の神殿に属さねばならなかった。キリスト教会法において、まことの司教であれば自己の司教区に住まねばならないとされたのと同様である。世俗的・具体的な場所指定が行われたのはそのためだったのであろう。大神官は、こうした神殿の長であった。主たる神官団は、テーベ、サイス、ヘリオポリス、メンフィスにいた。いずれの神殿も自身の土地を有し、神官の財産はそこから調達された。こうした制度は、カトリックの位階制に影響を与えた。同様に、エジプトでもまた修道僧が成立した。神官には三つのランクがあった。a. 預言者、b. コマステ、c. ズッコレである。預言者は、国王選挙のさい、100票をもつ。コマステは20票、ズッコレは10票をもった。大神官は国王と同格であったが、国王をしのぐことはできなかった。国王と大神官の像は、メンフィスの神殿に安置された。神託はエジプトで登場し、謎解きのような語りで預言がなされた。

　2　戦士カーストでは、神官身分と同様、世襲制がとられたが、個人としてというよりも、集団としての世襲制であった。当初〔ファラオ時代〕は、戦士カーストは統治から排除された。第2期〔ペルシア支配期〕、第3期〔プトレマイオス朝〕になってようやく彼らも国王選挙に参加することができるようになる[1]。戦士は手工業を営むことはできなかった。捕虜は、戦士カーストのものとなるのではなく、〔神官カーストのものとなった〕。土地所有はもっぱら国王、神官、戦士にのみ属した。所有地はエジプト全土で小作に出されており、小作地の地代は、国王、神官、戦士によって徴収された。農民は所有権をもたなかったが、自由身分の永代小作農であった。

　ほかの諸身分についての記述は少ない。ほかの諸身分では、まず手工業者の

第1章　オリエント法

間でツンフト制度が発生し，おそらくは世襲制に基づいていた。重要なカーストは，ナイル船乗りである。牧人カーストは蔑視された。しかし，蔑視の程度は，豚飼いよりも牛飼いのほうがましだった。おそらくこれゆえに，ユダヤ教では豚肉が排除されるようになったのであろう。ギリシア人通訳のカーストも存在した。

王 権　王権は，存在するあらゆるものを保証した。王権は世襲で，女性もまた王位に就いた。国王には姉妹との婚姻が許されていたが，国王以外のエジプト人には許されていなかった。国王は，神官カーストか戦士カーストの出身であった。国王が戦士カースト出身の場合には，王位に就くことによって神官カーストに変わった。インドと同様，詳細な〔宮廷〕儀式があった。全領土の3分の1は国王に，3分の1は神官たちに，3分の1は戦士たちに属した。国王の周辺には，奴隷も外国人も低位カースト出身者のいずれもがいてはならなかった。国王は，領土の収入からすべての統治経費をまかなわなければならなかった。〔さもなければ〕何の貢租もなかったからである。国王は，あらゆる報告を読まねばならなかった。国王が死ねば，死者裁判が行われた。死者裁判は，いわば歴史の審判として，非常に厳格に行われた。諸国王は，生前この審判を非常に怖れた。

家 族　女性たちは嫁資 dos をもらった。〔たとえば〕ソロモンはエジプト王女と結婚したが，彼女は嫁資として都市一つを持参した。ユダヤ人の場合と同様，レヴィレート婚制度もあった。それによれば，一族を存続させるため，亡夫に子がいなければ，亡夫の兄弟が寡婦とのあいだに子をもうけて，亡夫の子となしたのである。

エジプトでは，一夫一婦制の萌芽もまた見られた。ディオドロスによれば，神官はただ1人の妻しかもたなかったと伝えられる。同様の定めがモーセの律法にもある。〔これに対して〕ヘロドトスは，エジプトの湿地帯の住民は一夫一婦制をとるが，他地域の人々は異なると述べている。神官以外にも，一部のエジプト人が一夫一婦制に向かう傾向をもっていたことは，もちろんありうるだろう。

父権は非常に強化されており，娘たちを娼婦にすることもできるほどであった。近親相姦はエジプト人の間でも行われたものの，その程度はわずかであっ

た。養子制度もまた存在した。モーセを見つけたファラオの娘は，モーセを養子にした。この物語はよく知られるが，モーセのケースをもって，エジプトに養子制度があったと言えるわけではない。ヘロドトスが語っているように，娘たちは，自分たちの親を養うよう強いられたが，息子たちはそうではなかった。

　エジプトでは，女性たちははじめて尊敬されるようになった。それは，〔オシリスの妻である〕イシスの像に認められるとおりである。統治する女王もまた現れた。

　道　徳　エジプトの道徳性は，ペルシアほど高いレベルにはなかった。むしろ，エジプトの道徳性は低かったといえる。高次の道徳感情を発展させることができなかったのは，あやしげな神託のせいである。

　刑事法と民事法　刑事法について。父殺しは次のように罰せられた。父を殺した息子は，父の遺体に縛り付けられ，縛られたままで，処刑されねばならなかったのである。〔聖なるものとされた〕ある種の動物を殺した場合には，死刑に処せられた。ディオドロスは，飢饉になっても，人々は〔雄牛や雌牛のような〕聖なる動物を食べるよりも，人間を食べるであろうと述べている。法廷で偽誓した者や嘘をついた者もまた，処刑された。〔自由人の〕女性を強姦した者は，去勢された。罰金刑は，不注意から聖なる動物を殺してしまった場合にのみ科せられた。エジプト人は〔インド人と同様〕，犯罪者はみな犯罪に相応した報いを受けるべきであるとの刑罰観をもっていたのである。

　民事法について。古代歴史家たちは，国王メネス〔前30世紀に上エジプトと下エジプトを統一した王〕が最初の成文法を定めたと記している。つづく諸国王は，神への礼拝，幾何学，数学，神官カーストの教育，領地，小作制に関する法律を公布した。〔国王〕セソストリス〔前20-前19世紀〕は，戦士カーストの権限を拡大した。ボッコリス〔バーケンラネフ：前717-前712〕は，王権と債務制についての法律を公布した。債権者は，決して債権価値相当 *alterrum tantem* 以上の利子を取得してはならないとされた。また，債権者は，債務者の人格にもふれることはできなかった。それは国家に属したからである。ある者が証文なしに金を貸したならば，債務者は宣誓をして，〔債務から〕解放された。父親のミイラが自分にとって非常に重要であれば，そのミイラを抵当に入れることもできた。支払いができなければ，債権者は，すべての副葬品を所有することができ

た。どの神殿にも，〔神官がたずさわる〕仲裁裁判所が置かれた。仲裁裁判は，任意の裁判であるため，個人主義的な要素が前面に現れる唯一の場所でありえた。

30名からなる控訴裁判所〔国王セソストリスが創設〕は，王国全土を管轄した。**128** 控訴裁判所は，ヘリオポリス，メンフィス，テーベの神官団から構成されていた。各神官団から10名のメンバーが送られ，30名が裁判長を選んだ。裁判長が選出された神官団は，欠員補充の裁判官を送った。裁判長は，首に真実の像をかたどった金の鎖をかけていた。そして，裁判が終わるたび，その鎖は，裁判に勝った者の首にかけられたのである。

こうして，エジプトからは二つの観点が生まれることになる。すなわち，ユダヤ教とギリシア人の生活である。

〔1〕 エジプトの時代区分については，ブラウン版によれば，次のとおりであった。第1期はファラオ時代，第2期はペルシア支配期，第3期がアレクサンダー大王以降のプトレマイオス朝期，第4期がローマ支配期，第5期がイスラーム期である（B294）。

〔2〕 Diodoros, Griechische Weltgeschichte, Buch I,73f.

〔3〕 ブラウン版ではやや理解が異なる。ブラウン版では，ヘブライ法でも神官が一夫一婦婚をとっていたことから，ディオドロスの指摘の方が，ヘロドトスの指摘よりも信頼できるとしている（B297）。

第6節　ユダヤ法

史料　ユダヤ法は，我々にとって大変重要である。というのも，我々の法は，一般にユダヤ法から多くの規定を受け継いでいるからである。史料はじつに豊富である。旧約聖書の全体，とりわけ〔旧約聖書の最初の5巻である〕モーセ五書〔トーラー＝律法〕，さらに，紀元2世紀以降のすべての注解書〔タルムード〕である。まず，議論を伴わない単純な注解書であるミシュナ[1]〔口伝律法の集成〕と議論を伴うゲマラ[2]〔ミシュナの補完〕である。ゲマラには2種のものがある。〔4世紀に成立した〕エルサレム・ゲマラと，〔6世紀に成立した〕バビロニア・ゲマラである。後者のバビロニア・ゲマラの方が重要である。若干の箇所は我々には古すぎるとはいえ，18世紀中期に書かれた騎士ミヒャエリス[*]によるユダヤ法はすぐれた書である。今に至るまで，最良のものである。

165

法と国家　ユダヤ法の観念は次のとおりである。ユダヤ法は，他のすべてのオリエントの神政と似ているが，国家が宗教的観念の下にたつという意味での神政ではない。それは，不可視の神を王としてあおぐ神政であった。したがって，涜神は大逆罪となる。はじめて，涜神が犯罪となったのである。それは，ユダヤ法ではもっぱら，神は自分とならぶ他のものの存在を許容しないという神の抽象的な観念があったからである。

　しかしそれにもかかわらず，ユダヤ人には，目に見える王を戴くことが許された。本来ならば，このようなことはできないはずである。だからこそ，〔預言者〕サムエルは〔民から王を求められた時〕諸王のことをあれほどにも罵ったのである。大地を所有するのは神であり，ユダヤ人は〔神から〕土地を借りたにすぎない。神は雲の下に現れるが，自らの姿は現さず，ウリムとトンミム〔神意を問う道具で，大祭司が盛装時に胸当ての中に入れる〕をとおして現れる。これは神話的な神託である。この神託は最も聖なるものであるが，それ以上のことはわからない。人びとは，非常時に神託のうかがいをたてたが，そのとき天界の神が常に現存することが示された。

　いまや神が王となり，民は選ばれた民となり，他の民から分け隔てられた。ユダヤ人は他の民と結婚してはならないとされたからである。〔しかし〕この禁令は，諸王によってしばしば破られた。——王政以前，世俗統治の形態は共和政をとり，歴史上はじめて，政治的決定のために集会が招集されていた。諸部族の族長たちは，モーセに対して叛旗をひるがえした。彼らは，国を自分たちのものとして支配していたからである。モーセはただ一人では裁ききれなかったため，士師〔裁き人〕を置いた。10名の男性ごとに1名の士師が置かれた。荒野では，七〇人〔の長老〕会が生まれた。

　レビびとは貴族であり，ユダヤ民族の貴族階級である。貴族階級は自然発生的なものではなく，人為的に生み出されたのである。レビは他のすべての者と同様，ヤコブの息子であった。したがって，ヤコブの他の息子たちもまた〔レビと〕同じように貴族になることができたにもかかわらず，貴族にはならなかった。レビびととは，学識ある有閑階級であり，ユダヤ民族によって養われた。レビびとは，その他の部族よりも高い地位をもっていた。オリエントのその他の民族にはカースト制があったが，ユダヤ民族にはなかった。——モーセ自身

は，ユダヤ民族が王をもつことを望まなかったように思われる。このため，モーセは，ユダヤ民族に対して，外国人を〔王に〕選ばぬようにという条件を出した。——おそらく，統治者の位に就くにあたって，王には協定文書がつきつけられたと思われるが，それにもかかわらず，王は，オリエントの残余の諸王と同様，専制君主となったのである。

ユダヤの国法は，純粋に宗教的で神聖であった。そこからは，ユダヤ人の歴史を何もひきだすことができない。

市民社会　芸術，商業，手工業は，古代のユダヤ人には全く知られていなかった。彼らはもっぱら農耕を営んでいたにすぎない。

家　族　婚姻は，ユダヤ人にあっては，売買同然であった。ヤコブは，ラバンの娘たち〔レアとラケル〕を娶るために14年間働いた〔『創世記』29〕。売買〔婚〕は，何らかの聖なるものによって飾られることはない。一夫多妻制は限定的ではなく，無制限であった。ユダヤでは，一夫一婦制は高位司祭に限定されていた。高位司祭は，一夫一婦制で生活しなければならなかったのである。これは，エジプトに由来する。王もまた，多数の妻をもつことが禁じられた。正妻とならんで，側妾制も成立した。側妾とは，身分相応の妻を迎えた男性に対して下女として仕える女性を指す。下女の子どもたちは，通常は正妻に委ねられた。これらの子どもたちの間には区別はなく，彼らはみな同等の権利〔相続権〕をもった。

レヴィレート婚は，インドのサピンダ親などによる出産と関連している。家門を存続させることなく死ぬことは，悪しきこととみなされていたと思われる。子を得られないことは，既に人間としての罰を意味した。かつては，天国に行けないのは宗教的理由からであった。〔亡夫の〕兄弟は寡婦と結婚せねばならず，そこから生まれた息子は，寡婦の〔亡夫の〕夫の子とされた。これを拒むならば，その者は刑罰として侮辱的な靴脱がしの目にあった。のちに，レヴィレート婚は廃止される。レヴィレート婚が一夫多妻制に基づいていたからである。一夫多妻制は12世紀に廃止され，その結果，もはやレヴィレート婚は存在しない。今では，誰も兄弟の寡婦とは結婚しないため，必然的に，屈辱的な靴脱がしを受けねばならない。

父は，自分の思いどおりに，娘を結婚させることができる。娘たちは自身の

意思をもたない。異民族との通婚の禁止は，本来は，彼らをとりまく周辺の近隣民族に関するものであった。すなわち，〔ユダヤ人は〕カナンの人々と結婚してはならないとされていたのである〔『創世記』28.1〕。妻と離婚するとき，夫は妻に離縁状を渡さねばならない〔『申命記』24.1〕。それは特殊なことであった。捕虜として略奪し結婚した妻を売却してはならないとされる〔『申命記』21.14〕。——厳格な処女法が重視された。妻は処女でなければならず，処女性の喪失に対する刑罰はきわめて苛酷なもの〔死刑〕であった〔『申命記』22.21〕。そして，このことは，妻にはそれだけの重要性が付加されていることを示す名誉であった。

父権は厳格である。モーセは，父親に生殺与奪権 ius vitae ac necis を与えている。しかしながら，反抗的な息子は町の長老によって裁かれねばならない〔石打ち刑『申命記』21.18〕。ユダヤ法では，長子としての出生が優越的な価値をもつ〔『申命記』21.15〕。母の長子が息子である場合には，長子として生まれたことは，一層高い価値をもった。

親族はきわめて良く規定されている。婚姻禁止は，たとえわずかしかなかったに違いないとしても，なお有効であった。伯叔父は姪と結婚できたが，甥は伯叔母とは結婚できなかった〔『レビ記』18〕。これは，親等が実に精緻に見事に区別されていることを意味している。

相続法　相続法は，全く独自である。男性が死ぬと，息子は娘より優先的に相続する。子がいなければ，兄弟が相続し，兄弟の次に伯叔父が相続する。伯叔父のあとは，最近親族一般が相続する。つまり，相続は3系に分割されたのである。まずは，卑属である。卑属が一人もいなければ，父系つまり尊属に至り，父の息子の最近者が相続する。そして，祖父の息子が伯叔父である。これ以上の尊属の子は第三系となる。父祖の遺産は在存しえなかった。家門の維持は主要事項とされた。最古の法では，娘は相続権をもたなかった。娘の相続権は，ツェロフハドの娘たち*以降はじめて登場し，モーセが彼女たちに相続権を保障した〔『民数記』27〕。長子は，次子以下の2倍〔の相続分〕を受け取った。かつては，相続分は，父によって廃棄されることがあったが，モーセが改めて父の恣意を禁じた。ミヒャエリスは，ユダヤ人にも遺言制度があったという仮説を立てた。しかし，これは全くアジアでの生活の原理に反する。せいぜい，

父の存命中に子どもたちの間で遺産分割が行われたにすぎないと思われる。ユダヤ法でもまた，無遺言相続は永遠の原理であるとされた。

道徳と刑事法　道徳について。帰責の思想が，ユダヤではじめて出現する。むろん，きわめて素朴な方法ではあったが。家畜にもまた責任が転嫁された。さらに，神によって，父の犯罪は三ないし四親等まで連座とされた。

生命刑は，最も重い刑罰であり，石打ちの刑を行う。剣で刎ねられると想定されているのは頭ではなく，いささか複雑なものである。石打ちの刑とは山から突き落として石を投げるというものである。そのさい，死後に罵倒すると，犯罪同然とされた。来世で受ける大きな罰は，抹殺である。すなわち，神が驚異的な方法で罪を犯した者を食い尽くすとされた。

追放刑と，ほかに，牛の尿道を干したものに鋼鉄線をいれてつくった鞭で打ち据えるという刑罰もあった〔『申命記』25.1-3〕。自由刑はなかった。自由刑が成り立つには，自由というものが価値をもっていなければならない。このため，〔自由刑には〕かなりの教育が前提となる。同害報復 *poena talionis* がしばしばみられたが，罰金刑や贖罪もあった。

最も重い罪は，涜神罪である。ユダヤ人のあいだでは，偶像は完全に破壊された。異教の神々の像は厳禁されたのである。異教の神々の像の前には，跪いても，供物を捧げても，祈ってもならなかった。偶像崇拝行為に対しては，石打ちの刑が科せられた。──モレク神〔古代セム族の神〕に対し，カナンの人々は人間の生け贄を捧げていた。生け贄を捧げた者に対して，ユダヤ部族出身者であれば誰でも石をなげてよいとされたのである〔『レビ記』20〕。

次に重いのが，典礼法違反である。その場合には，違反の種類に応じて刑罰は重くなったり，軽くなったりした。

典礼法違反の次に重かったのが，神の名を無意味にあるいはみだりに唱えるという行為である〔『レビ記』24.14〕。なぜならば，神の真の名は，神と同様，地上の外にあったからである。同じく，偽の預言者には，死刑が科せられた〔『申命記』18.20〕。偽証に対する刑罰は，神に委ねられた〔『申命記』19.18-21〕。近親相姦と同性愛は，非常に厳しく，かつ合目的的に扱われた〔『レビ記』20〕。強姦を犯すと，加害者は〔被害者と〕結婚しなければならなかった。その場合には，それ以上強姦の罪には問われることはなかった〔『申命記』22.29，『出エ

ジプト記』22.15-16〕。ユダヤ人は，殺人〔謀殺〕と故殺を区別した。殺人は，死刑に処せられた。しかし，単純故殺を犯した者は，アジール〔聖所または逃れの町〕に逃げ込む権利をもち，高位司祭が死ぬまでアジールにとどまる権利を有した。この場合には，アジールで故殺者の罪があがなわれたのである〔『申命記』19，『出エジプト記』21.13〕。モーセは，殺人の場合には贖罪金をとることを禁じたが，故殺の場合には贖罪金を認めた。

　ミヒャエリスは，ユダヤ法に恩赦法を見出そうとした。なぜならば，ダビデの〔3番目の〕息子たるアブサロムは，〔妹タマルを辱めた兄アムノンを殺害したけれども，ダビデ王にいったん許されて〕刑を免除されたからである〔『サムエル記下』13-14〕。しかし，これは免訴 summus index としての追認であって，恩赦のケースではない。

　血讐は，既にユダヤ人に存在した。これは当時から個人間，家門間で行われた。血讐はギリシア人やゲルマン人にも存在した。殺害者は血讐の恣意に委ねられる。窃盗の場合には，同額あるいは倍額の賠償をしなければならなかった。窃盗犯が賠償を支払えなければ，奴婢として売られた。不行跡な息子や大酒飲みは処罰された。

　民事法　ユダヤの民事法は非常に興味深く，イスラームよりもはるかに興味深い。というのも，イスラーム法は，私法の状態を発展させることができず，狂信的宗教にからめとられ，支配されて，詩情に依存しているからである。

　売買〔契約〕は，法廷場所としての門で締結される。門には，すべての者が出入する。所有権の譲渡には特別な形式もまたあった。その形式とは，靴の引き渡しである。

　ユダヤ人ほど，隷属制がゆるかった民族はない。ユダヤの隷属制は，奴隷制の如きものとは全く異なった。戦争か売買を通じて，奴婢にされたのである。奴婢は，財産を所有することができた。主人は，奴婢を折檻することができ，奴婢を殺しさえしなければ無罪放免された。しかし，主人が奴婢の目や歯を傷つけたならば，奴婢は自由を得た。異民族出身の奴婢とヘブライ人の奴婢とは区別された。〔たとえば〕ヘブライ人奴婢は7年間奉公すればよかったが，異民族出身の奴婢は一生奉公しなければならなかったのである。どの日雇い労働者に対しても，日当は日没前までに支払われねばならなかったが，このことは非

常にゆるやかにしか考慮されなかった。折り返し労働をする雄牛には，口輪をつけてはならないとされた。すなわち，動物には寛大であったが，しかし動物が神聖視されていたわけではない。「ヨベルの年」というのは，以下のような律法を指す。「ヨベルの年」律法によれば，農地を売る場合には，50年間を限って売ることができるにすぎず，その後，農地は再びもとの所有者に復帰する〔『レビ記』25.6ff.〕。国土は，神から個々の部族や家族に与えられた聖なるものとされた。したがって，売買によって，〔土地が〕部族から分離してはならないとされたのである。これは，イングランドでも同様であった。イングランドでは，99年間以下の間だけ〔農地を〕売ることができたのである。ユダヤ人には，利子をとることは禁じられていた。これは教会法に取り入れられる。〔しかし，利子徴収の禁止は〕，もっぱら必要利子 Notzins についてしかあてはまらず，取引に関して利子をとることは禁じられていなかった。

　穂を刈り取ったり，葡萄を食べたり，宝物を見つけたり，動物の人間同然の扱いに関する規定は，非常に合目的的である。〔ユダヤ法では，〕一般にあらゆるものを人間的に扱おうという努力がなされた。〔ユダヤ法で〕はじめて，たとえその拠り所が宗教にあるにせよ，法律の内容の人間的な部分が，宗教から分離していった。しかし，律法の内容は人間的なものとなったのである。

　以上のようなユダヤ法は，そもそもは決してアジア人のために作られたものではなく，アジアでは消えていかざるをえなかった。〔これに対して，〕ヨーロッパにとっては，ユダヤ法は重要であった。ユダヤ法から，キリスト教が生じたからである。教会法がユダヤ法を制した。アジアにとっては，ユダヤ法はイスラーム教とイスラーム法を通して意義をもったにすぎない。

〔1〕　1〜2世紀の指導者の口伝の教えのなかから，黙示録を省いて，十戒の実践に関する部分のみを編纂したもので6篇から成る。
〔2〕　ミシュナの最初の4篇に関してなされた膨大な注解を3〜4世紀の指導者たちが整理したものである。
〔3〕　「汝は，汝をエジプトから導かれた神を裏切った。神のかわりに，王を選ぶとは」（『第1サムエル記』10.17f.）。
〔4〕　レヴィレート婚を拒否したものに対して，「義理の姉妹は，長老たちの前で彼に近づいて，彼の靴をその足から脱がせ，その顔に唾を吐き，彼に答えて，『自分の兄弟の家を興さない者はこのようにされる』と言うべきである」（『申命記』25.9）。

第7節　イスラーム法

史料　イスラーム法の唯一の基礎が，コーラン〔クルアーン〕である。しかし，コーランの立法は，せいぜい義務をあらわしたもので，全く一般的にすぎず，適用されることはない。コーランの形式はほとんど法と言えるものではなかったが，その形式は，古代アラビアの立法に由来する。それにもかかわらず，イスラーム法は，最も詳細でカズイスティッシュな法の一つである。これほど見事に成し遂げられた法はない。ヒジュラ〔聖遷：622年＝イスラム歴紀元元年〕後2世紀に既に，宗教分裂が生じた。スンナ派とシーア派への分裂である。シーア派は，ムハンマド〔マホメット〕後三代にわたる後継者のアブー・バクル*〔位632-634〕，ウマル〔位634-644〕，ウスマーン*〔位644-656〕を支持せず，もっぱら〔ムハンマドの娘婿たる〕アリー〔位656-661〕を支持した。そして，シーア派は，ムハンマドの協力者ではあってもアリーの協力者ではなかったサハーバ*〔教友〕たちを認めようとせず，スンナ派が正統と認めた六書であるクトゥプ・アッ・スゥイッタ〔預言者ムハンマドの言行に関する伝承や報告（ハディース）から成る六正典〕をも認めなかったのである。

シーア派は，四つの法集成〔四正書〕を有する。『律法規定の修正』，『異論伝承に関する考察』，『カーフィーの書』，『法学者不在のとき』である。スンナ派は，コーランを別様に解釈する。預言者の最初の弟子の見解であるイジュマー〔合意〕とキヤースすなわち類推である。さらに，スンナ派には〔正統〕4法学派がある。マーリク派，シャーフィイー派，ハンバル派そしてハナフィー派である。これら4法学派から，四つの価値が生じた。トルコでは，すべての裁判官がハナフィー派であることが求められた。——これら四派が有する六つの特別な法書に加えて，ムフティー〔イスラーム法解釈回答者〕が下す法学裁定〔ファトワー〕と個々の国家の法典〔カーヌーン〕があった。イスラーム世界の代表と言うべきは，オスマン帝国である。したがって，以下ではオスマン国家のみ論じたい。

国家と法　オスマン・トルコは，ヒジュラ暦7世紀〔1299年〕に，セルジューク・トルコ〔1038-1194年〕の廃墟たるヘドーシャで勃興した。オスマン

第1章　オリエント法

　帝国の制度は，カリフ制と洗練されたビザンツの諸制度をモデルに作られた。ビザンツの制度は，ヨーロッパのレーエン法を導入したものであった。諸侯への授封は，上級君主としてイスラーム支配者の権利と金曜礼拝の命令を留保した上で，スルタンの名のもとに行われた。授封の印として馬の尾が導入された。封建領主には，貨幣〔鋳造権〕，モスク建造〔権〕，イマーマ〔宗教指導者としての地位〕と裁判官の任命権が与えられた。のちに，レーエン制はまったく分権化作用の性格をもつ。オスマン・ベイ［オスマン1世］〔1258/59-1326〕の息子のオルハン*〔1326-1359〕ははじめて，大宰相〔サドラザム〕という位を設置して，すべての軍事的業務と文官業務とを統合した。彼はまた，ベイレルベイ〔州総督〕という位をもまた設置した。ムラト*〔2世（位1421-1452）〕は，はじめて国家基本法たるカーヌーン・ナーメ〔世俗法令集〕を賦与した。メフメット2世〔位1451-1481〕は行政令を定め，それをスレイマン*〔位1520-1566〕がさらに発展させた。

　帝国には「四つの柱」と四職が置かれた。すなわち，宰相〔ヴェズィール（ワズィール）〕，軍人の法官たるカザスケル〔司法長官〕，デフテルダルという財務長官〔15世紀前半に創設された国家財政と帝室財政を扱う財務局の長官〕，ニシャンジュという行政長官〔国璽尚書〕である。これは，ゲルマン諸国家の四つの初期職位をまねた制度であった。カザスケルは，国家のウラマー〔イスラム法学者〕の首長である。セリム2世〔位1566-1574〕のもとではじめて，スルタンの一層絶対的な権力が高まり，スルタンは，御前会議〔ディーヴァーヌ・ヒュマーユーン〕を構成する四つの柱」の認可なしに，命令を発することができるようになった。宰相たちの長が〔スルタンの「絶対的代理人」とされた〕大宰相であり，大宰相は，世俗的国家官僚の最高位であった。カザスケルの長がムフティーである。彼は最高位の宗教者であり，ファトワーという法学裁定を発することができる。彼に次ぐ位が，スルタンの教師たるコドシャ*であった。大宰相は，〔スルタンに伺いをたてることなく〕6,000アスペル*〔銀貨〕に満たない封土を授封することができた。大宰相は，〔スルタンの信任を示す〕印璽を預かった。御前会議は，至高なる門〔バーブ・アリー〕と呼ばれた大宰相府に，〔週〕4回招集された。——大宰相は，自己の権力のシンボルを没収されると，宮廷と首都から追放された。このことは，完全にオリエント的であった。

134

大宰相の下には，3大臣が置かれた。内務大臣たるキアヤ・ベイ，外務大臣たるレイシュル・エフェンディ，司法大臣たるタシャウシュ・パシャである。これらの大臣は，御前会議に列席する権利はもたなかった。しかし近年になって，最初の2者が報告をするために御前会議に加わっている。これゆえ，彼らは，ベイ，アガ，エフェンディと呼ばれる。
　御前会議とは何か。〔それはペルシア語で〕悪魔を意味する。この名の由来は，カリフの顧問たちが〔はじめて〕集められたとき，通り過ぎた人々が「これらの悪魔の輩たちを見よ」Inan divan end と言ったことにある。――御前会議は，命令により夜明けに招集された。御前会議の広間には，大宰相の右側に宰相たちが座り，左側にはデフテルダルが座った。壮大な儀礼がビザンツ帝国から継承され，とりわけ外国使節の接待のさいがそうであった。そのさい用いられた形式は，華麗さではインド，悟性ではフランス〔に匹敵し〕，しかし，権威はオスマンの息子たちのみ〔に帰す〕というものであった。

　市民社会　　市民社会の性格は，怠惰と名誉である。市民社会には嘘や盗みがない。

　家　族　　婚姻は，完全な一夫多妻制である。しかし，オスマン＝トルコではじめて妻の数に制限が設けられるようになった。一般貴族は，4人のカディシャ〔妻〕を娶ることができる。しかし，スルタンは7人の妻を娶ることができた。それは，スルタンがムハンマドの子孫であり，ムハンマドは大天使ガブリエルの子孫で，ガブリエルは天国からの急報によって，7人の妻を娶る許しを得ていたからである。こうした婚姻制度は，コーランで新たに作られたものではなく，アラビアの習俗を前提にしている。――第2ランクの妻の数は制限されていない。婚姻は実際には売買婚ではなく，両親が属するモスクのイマーム〔宗教指導者・礼拝導師〕によって締結される。婚姻契約は，アジア的なものではない。両親は，単独で婚姻を締結する。しかし，ペルシアのシーア派には，カビン〔ムトア婚＝借り妻と一時的な婚姻をする制度〕という借り妻婚があった。借り妻婚は，スペインのイスラーム教徒の間でもみられる。

　イスラーム社会にもまた，モルゲンガーベ〔夫から妻に渡す婚姻契約金，マフルという〕が存在した。すなわち，結婚式後の他日に支払われる処女性侵害への代償である。したがって，〔妻には〕既に独立性があったのである。妻が異教

徒からイスラーム教徒に改宗すると，イスラーム教徒は彼女にモルゲンガーベ〔マフル〕を与えねばならない。親等は，ユダヤ法にならって決められている。しかし，違う点もある。伯叔父は姪と結婚してはならず，嫉妬を呼びおこすので姉妹と結婚してもならない。偶像崇拝者と結婚してはならないが，〔啓典の民たる〕ユダヤ教徒やキリスト教徒とは結婚できる。

　女性は物としても個人としてもあつかわれず，女性という性としてあつかわれる。もちろん，女性はそれ自体としては男性よりあとに置かれる。しかし，女性としては，ハーレムで囲い込まれて，尊敬を受ける。ハーレムでは，女性としての名誉は，〔黒人〕宦官によって保護された。ハーレムでは，黒人がキリスト教徒と融合することにより，しだいにゆるやかになっていった。

　離婚は，イスラーム法では夫の任意に委ねられている。その場合，軽率な離婚は，神に反するとして軽蔑された。ある者が妻を２回追い出し，彼女がその間に別の男と結婚したならば，彼はその妻ともう一度だけ結婚することができる。妻を追い出す場合，夫はモルゲンガーベ〔マフル〕を取り戻すことはできず，妻をきちんと扱わねばならなかった。

　父権は新しいものではない。それは，家父長制的関係である。息子たちは，彼らに性的衝動があらわれるまで，そのかぎりにおいてのみ母のそばから離れた。長子としての出生は，イスラームではさほど重視されない。

　相続法　相続法についてごく簡単にふれておこう。相続法は，最も錯綜した法の一つである。ここでは既に，遺言の考え方が登場していた。イスラーム教徒なら誰でも，自己の財産の３分の１を自由に処分できる。なぜならば，イスラーム教徒は自由人であり，ほかのアジア人よりもはるかに大きな独立性を有するからである。先取り相続人と残留相続人が区別され，後者は事後に残余を取得する。

　刑事法と民事法　刑法。法学全体を司るのが，ウラマーである。ウラマーは，裁判官，カーディー〔イスラーム法官〕，ムフティー，宗教に仕える者，すなわち，イマーム，アミール〔太守・総督〕，預言者の血族〔アフル・アル＝バイト〕，デルヴィーシュ〔乞食僧〕を含む。〔イスタンブルの〕ムフティー〔シェイヒュル・イスラーム（イスラームの長老）〕は，ウラマーの長であり，オスマン帝国の教皇にあたる。カリフ時代には，ウラマーのトップにいたのはムフティーではなく，

第1地方裁判官〔ルメリのカザスケル〕であった。ムフティーは，国法上の問題について助言する。大モッラーおよび小モッラーがおり，ムフェッテイは，オスマン帝国に200名存在する。最末端が，カーディーである。

　刑法は，主としてスレイマンによって規定されている。刑罰は，罰金，死刑，去勢からなる。他人の妻あるいは娘にキスした者は，1アスペルを支払わねばならない。とっくみあいのケンカは厳しく罰せられた。足を失わせた場合には，100アスペルが科せられるべきものとされた。馬，ケッティ〔雄馬と雌ロバの雑種〕，ロバ，水牛を盗んだ者は，およそ100アスペルを支払うか，腕を失わねばならなかった。死刑は異常なほど簡単に科せられた。

　民事法。ここで，軍事封土制であるティマール制〔徴税権分与システム〕について語らねばならない。小さな封土たるティムリやゼアメトも存在した。封土は，男系で相続される。封土は男たちを置き，金銭を支払わねばならない。シパーヒーという〔在郷〕騎士が得る封土があった。どのサンジャク〔県〕もエヤーレト〔ベイレルベイリク＝州〕も，すなわちどの大封土もひとりのベイレルベイ〔軍司令官〕によって管理されている。というのは，どの土地もコーランによればカリフ〔の末裔たるスルタン〕に属したからである。──ウシュル地〔十分の一税対象の土地〕とハラージュ地〔地租税対象の土地〕がある。ウシュル地は，征服時にイスラーム教徒の手に落ちたものである。さらに，ハラージュ地は，税を支払うかわりに非イスラーム教徒の臣民に委ねられたものである。

　イスラーム教徒は，契約と言葉を聖なるものとみなしている。

　イスラームは，アジア的な生活と法の粋を示している。したがって，オリエントをここで終えることにしよう。

〔1〕　帝国の「内閣」として，和平，戦争，軍の指揮，高次の行政，財政に関するあらゆる問題を扱うほか，臣民が上告できる最高裁判所の役割を果たし，また，外交使節を接待する場。
〔2〕　原文では「週5回」だが，正しくは「週4回」。

第2章　ギリシア法[1]

史　料　ギリシア人の法については，イオニア人の法とドーリア人の法が区別できる。ドーリア法はギリシアにもともと存在したものであり，イオニア法はドーリア法が進化したものである。ドーリア法は，公の史料にはごく不十分な形でしか伝わらない。主要史料は弁論家〔の著作〕であるが，彼らは〔イオニア国家たる〕アテネにしか存在しなかったからである。ドーリア法に比べると，アテネ法についてはわかっているので，アテネ法について話したい。しかし，アテネ法には同時にギリシア法がすべて含まれている。アテネはギリシアの原型［プロトタイプ］πρωτότυπος であったからである。

一般的特徴　アテネ法の原理とは何か。アテネ法には，〔オリエント法とは〕全く本質的な違いがある。〔東アジアでは神が立法者であり，西アジアでは予言者が立法者であったのに対し，〕アテネには〔人間の〕立法者が現れた。立法者は，人間としての自己の陶冶から，法なるものを規定したのである。では，法は宗教から完全に分離していたのか。否である。法はなお宗教と関わりをもっていた。それでも，宗教，すなわち自然は後景に退いている。諸国家は英雄たる神々によって創設される。しかしその後は，神々はもはや何もしない。プラトンは，立法者をパラディオス・ノモテテス παραδιὸς νομοθέτης〔神に由来する立法者〕と呼んだ。それは，人間であるにもかかわらず，神の精神をもつ者を指す。しかしながら，法史の最初には，法は始原的な現象形態で現れる。すなわち，国法，普遍法として姿を現すのである。そこでは，個々の分野はまだ分けられていない。〔法の〕区別は，ローマ法になってようやく登場した。

こうした〔国法としての〕性格がとくに認められるのは，法律家ではなく，弁論家が法を創ったということである。ローマ法では，〔法は〕もっぱら私法であったが，当時〔のギリシアで〕は，法律家が国法を産み出した。本来の私法であるユース ius は，まだ存在しなかった。私法を表現する用語もギリシア語には存在しなかった。したがって，あらゆる訴訟は，法的根拠に基づいて行

137 われるのではなく，公的生活である国家との関係で扱われ，判決が下されたのである。アテネ法は訴訟〔法〕であり，アテネ法と訴訟法は一体となっていた。訴訟〔法〕は，法のなかで，私法から完全に分離される立場に置かれていた。ローマ法ではこうしたことがない。ローマ法のあらゆる規定は，訴訟にもまた依拠していたからである。しかし，アテネ法では〔実体〕法と訴訟〔法〕の区別が全くなかった。

ソロン以前の国家機構　アテネの国法は民主政治であり，専制政治の対極に位置付けられる。アテネ法は，ソロン〔前640頃-前560頃〕以前と以降の時代で区分されねばならない。ソロン以前は，いわゆる執行権は3人のアルコン〔執政官〕の手中にあったが，ソロン以後は，アルコンがもつのは名誉的な権力だけとなった。アルコンは法廷で裁判長を務めるのみになったのである。アルコンはまた，一つの会議体を構成しており，そこでは死刑のみについて決定された。代行者が代理をし，似たようにささいな事案は代理で済まされた。3人のアルコンたち〔の1人〕が，エポニュモスἐπώνυμος〔第1アルコン〕である。エポニュモスは，家族制度についての監督権を有した。家族制度に関する紛争は彼らのもとにもたらされた。〔また〕彼らにちなんで，その年の名が付けられた。第2のアルコンが，バシレウスβασιλεύς〔宗教行政担当官〕と呼ばれる。バシレウスは，神々に関することがらを差配し，供物や祭儀を取り仕切った。彼の妻は，バシリッサβασίλισσαと呼ばれた。第3のアルコンが，ポレマルコスπολέμαρχος〔軍司令官〕である。彼は将軍であり，右翼陣営を指揮する役目を負った。マラトンの戦い〔前490年〕がその例である。のちに，この栄誉は軍隊ごとに分かちもたれるようになり，民会が管轄するところとなる。

　これら3人のほかにも，6人のテスモタタイθεσμοθέται〔司法担当官〕がいた。テスモタタイは，法廷や行政，祝祭を担当した。彼らは毎年，最高納税者のなかから抽選で選ばれた。彼らを〔最高納税者に属する者，すなわち〕ペンタコシオメディムノス級（五百メディムノス級）πεντακοσιομέδιμνοςという。ペルシア戦争〔前492-前479年〕後にようやく，アリスティデス〔前530-前468〕の法律により誰にでも〔官職に就く〕道が開かれた。しかし，〔官職を果たすのに金がかかるため〕貧民は相変わらず官職につけなかった。おそらく，一定の年齢に達している必要もあったであろう。彼ら〔官職候補者〕は，3代前にさか

のぼって真のアテネ人の出自であることを証明しなければならなかった。さらに，彼らが証明しなければならなかったのは，祖国神たるアポロン神とゼウス神を敬っていることであった。これらは古い神々である。すなわち，無条件の〔宗教的〕寛容はなかった。さらに証明されねばならなかったのは，自分の両親を礼儀正しく扱っていること，軍役を終え，国家に対するその他の義務を果たしていることであった。アルコンになろうとすれば，法律を遵守し，賄賂を受け取らないこと，違反時には自分の体重と同じ重さの黄金像をデルフォイの神に捧げることを誓わなければならない。〔3名のうちの〕どのアルコンも自分が選出されたのちに2名の同僚の仲間になることができたのである。

ソロン以後の国家機構　では，ソロン以後，権力はいったいどこにあったのか。それは，組織化された個々の機関にあった。

1．ヘンデカ ἕνδεκα と呼ばれる十一人会。十一人会は，10部族の10名の代表と1名の書記から成る。十一人会は，国家監獄を監督し，判決を執行しなければならない。仮逮捕について判決を下し，法廷では裁判長を務める。

2．ストラテゴイ στρατηγοί たる将軍団。将軍団は，臨時民会を招集する。それは，戦争のためだけではなく，外交事項のための場合もある。将軍団は，劇場で神や死者に神酒を捧げ，公租について布告を発しなければならない。

3．ポレタイ*〔税務庁〕は，租税を徴集せねばならず，各部族から選ばれた10名のメンバーから成る。その長となるのが，プリタンである。プリタンは，斜面を賃貸に出し，動産の補強をはからねばならなかった。

4．シュンディコイ σύνδικοι〔財務庁役人〕は，人々が納めねばならないものについての記録をとる。彼らはもっぱら臨時の役職である。

5．アポストロイ ἀπόστολοι は，船団装備のための〔臨時〕委員会である。

6．アステュノモイ ἀστόνομοι は都市警察である。都市〔アテネ〕に5名，〔外港〕ピレウスに5名いた。

7．アゴーラノモイ ἀγορανόμοι〔市場警察〕とエピメレタイ・トゥ・エムポリウ ἐπιμεληταὶ τοῦ ἐμπορίου〔港湾監督〕。

　これらすべての機関は，同時に司法権も有する。〔ソロン以前の〕古い時代には彼らは単独で〔司法権を行使したが〕，のちには法廷に事案を送るようになる。彼らがもつのは予審権〔ἀνάκρισις アナクリシス〕のみとなる。しかし，一定範

囲までは彼らは独自の権限で判断できた。彼らは責任を負っていたのでありヒュペウテュノイ ὑπεύθυνοι，このことは本質的な進歩である。自由について語られることのないオリエントではこうしたことはありえない。エウテュノイ εὔθυνοι とロギスタイ λογισιαί は，職を退いてから30日以内に釈明を聴く。釈明ができなかった場合には，特別な訴訟（アロギウ・ディケ ἀλογίου δίχη）が行われた。こうして，国家行政全体が監督されたのである。

立法と司法　さて，立法機関について。立法の頂点にたつのは民会である。民衆によってのみ，立法上の変更が可能である。毎年最初のプリタニー〔年頭の35日間〕に，旧法を存続させるべきか否かが決定された。そのための市民委員会であるノモテタイ νομοθέται が任命された。民会はすべての裁判官を任命し，租税を決定し，国家の役人を選出し，戦争と和平や宗教的事項，貨幣制度や市民権附与について決定した。民会の長を務めたのが，プリュタネイス（当番評議員）とプロヘドロイ（幹事）である。18歳〔成人年齢〕以上の市民は誰でも民会員になることが許された。顧問会によって起草された決定は，プロブレウマ προβούλευμα と呼ばれた。それは，ケイロトニア χειροτονία すなわち挙手によって決定されることもあれば，ときにはプセポイ ψῆφοι と呼ばれる秘密投票によって決定されることもあった。

民会とならんで，アレス神の丘では評議会が開かれ，アレオパゴス評議会 *Areopagus* と呼ばれた。通常，アレオパゴス評議会はケクロプス〔アッティカの初代王といわれるケクロプスの子孫〕に任された。古い時代には，アレオパゴス評議会は重要な意味も有しており，国家の最高機関であった。ソロンが評議会に新制度をもたらし，それによって評議会の意義は失墜した。9名のアルコンは，行政に携わる期間に非難を受けることがなければ，アレオパゴス評議会の終身メンバーとなる。ソロンは，評議会が行政管理者かつ法律の番人であらねばならないと考えた。評議会は，人倫と教育について配慮し，民衆の決定を自分のものとなすことができ，違反を摘発すべきものとされた。評議会は，殺人，毒殺，放火について裁き，瀆神について裁かねばならなかった。しかし，微罪の場合には，アレオパレス評議会は登場しない。アレオパゴス評議会は，毎月はじめの2，3，4日めに召集され，しかも，山〔アクロポリス〕からほど遠くない丘〔アレス神の丘〕に集まった。評議会は，他の機関と同様，釈明義務

を負った。

　第3の会議が，五百人評議会である。五百人評議会は，外交事項，財政，穀物輸入の管理にあたった。三十人潜主時代には，五百人評議会は生死の判定を行った。

　では，司法権について見てみよう。法廷は，完全に民衆法廷であった。民衆法廷は，陪審法廷と等置されてきた。陪審員は良心の裁判官であり，被告人の代弁者である。裁判官の数は6,000人にものぼった。殺人についての裁判は，彼らから選抜された50歳以上で，道徳心がお墨付きの50人のアテネ人によって構成された。法廷は公開であった。

市民社会　市民社会はどうであろうか。市民社会は，じつに多様な人々から成る。カーストはないが，身分はある。まず市民がいて，そして，デモポイエトイ δημοποίητοι がいる。デモポイエトイは，新たに市民になった人々である。市民の特性は名誉，すなわち，ティマ τιμή〔名誉〕とアティミア ἀτιμία〔名誉喪失〕である。しかしアテネでは，その名誉は，まだ純粋に客観的にまったく国家的なものであり，人と人との関係における主観的なものではない。というのは，ギリシアではおそらく司法制度 iudicium は発達していたが，主観性はまだ十分には発達していなかったからである。名誉喪失者は，完全喪失者と一部喪失者に区別される。完全喪失者に入るのが，自己の財産を失った国家債務者である。一部喪失者に入るのが，盗みその他の罪を犯したり，アルコンを侮辱した者である。最後に，一定の階級から排除された人々がいた。

　多様な階級の住民は，次のように分けられた。市民とクセノイ ξένοι〔アテネ人以外のギリシア人〕と呼ばれる外人である。クセノイは市民よりも法的には劣位におかれた。クセノイには，プロクセノイ πρόξενοι とイソテレイス ἰσοτελεῖς がある。後者は，アッティカで財産と土地を得る権利はもったが，アテネの市民権はもてなかった。しかし，彼らは，エピガミー〔アテネ市民との通婚権〕をもっていたようである。さらに，メトイコイ μέτοικοι〔1カ月以上滞在して，居住デーモスに登録された男女の在留外人〕がいた。メトイコイは，人頭税〔メトイキオンといい，1年に男12，女6ドラクメが賦課される〕と軍役とひきかえに営業活動を認められた者たちである。戦士階級は，プロクセノイの権利を有した。さらに，ノトイ νόθοι と呼ばれる自然子がいた。自然子は，家族

の権利をもたなかったので，市民との関わりも一切なかった。さらに，同盟国出身者がいた。彼らは，アテネで権利を求める必要があった。このほか，ドゥロイ δοῦλοι〔奴隷〕がいた。アテネの世界には，美（と関係）の世界がある。したがって，奴隷との関係もまたゆるやかで美しい。奴隷たちは，市民社会〔の一員〕であることを主張し，最も見事な享楽にさえあずかる。主人は，生殺与奪権 ius vitae et necis をもたない。奴隷はペクリウム peculium〔特有財産〕をもち，主人の人格が傷つけられることもありえた。公的奴隷は，全く特別な特権を享受した。市民社会は本質的に商業社会であった。アテネはギリシア一の産業都市だったのである。

婚　姻　ギリシアの婚姻について。アテネの家族は，アテネの法全体と同じ特性を有する。すなわち，アテネの家族は美の家族であり，これにひきかえ，オリエントでは，家族は自然の家族である。アテネでは，抽象化の対象は露ほどもなく，単なる自然な関係もない。

まず第1の局面は，婚姻は，神が関与するものではなく，純粋に民事的なものであるということである。婚姻には制限があり，市民男性と市民女性との間にしか成立しない。非市民女性〔および非市民男性〕との婚姻は禁じられていた。こうした違法婚姻に対しては，国家訴訟が行われた。これをグラペ・クセニアス γράφη ξενίας と呼ぶ。非市民男性は，1,000ドラクマを支払わねばならなかった。こうした事態がもとに戻ったのは，後世になってからである。非市民女性を自分に属する市民女性と偽り，彼女と結婚した男性は，名誉喪失者となった。彼の財産は没収され，財産の3分の1は告発者のものとなり，〔同3分の1が都市国家のものとなった〕。

第2に，一夫一婦制は，当初から真正な一夫一婦制であったとはいえ，なお純粋なものとは言えない。というのは，〔2人の妻をもてなかったとはいえ〕，法律に基づいて，遊女〔ヘタイラ〕や内妻をもつことが許されたからである。内妻は，デモステネス〔の弁論〕によれば，嫁資 dos を持参しないという点で〔正妻と〕区別された。というのは，内妻は身の回りの世話をするのみで，正妻はアテネ市民を産むのみであったからである。

婚姻の第3の局面は，エンギュエ ἐγγύη〔婚姻の正式な約束〕，すなわち婚約〔スポンシオ sponsio〕である。それは〔夫への〕女性の引き渡しを意味し，キュ

リオス κύριος あるいはエンギュオス ἔγγυος と呼ばれる女性の最近血族によって行われる。同様のことがゲルマン法でも見られる。したがって，女性は，ミアン・アンテン〔唯一の人〕μίαν ἀντὴν かつ［カイ・］エンギュエテン〔婚約した女性〕［καί］ἐγγυητήν でなければならない。アテネでは，エンギュオスとはきまって女性に嫁資を与える者を指す。兄弟，父，父の兄弟，祖父そして彼ら以外の血族がこれにあたる。しかし，エンギュエテー ἐγγυετή〔婚約なしには婚姻は成立しないという婚姻原理〕には，一つ例外がある。それがエピディカステイサ ἐπιδικασθεῖσα〔裁定を受ける女性＝女性に血族がいない場合〕であり，裁判所による裁定を受けて婚姻が成立する。

婚姻は，売買でもなければ，宗教的でも神が関与するものでもない。これゆえ，アテネでは，妻はより気高く個人的にふるまうことができた。しかし，妻たちはなお家という背景をもつのであり，家のなかで妻は子や女奉公人たちを監督した。歴史の表にあらわれるのは，男性たちとせいぜいが遊女たちであった。遊女たちは，家内から出ないという女性としての特性を放棄していたからである。ギリシアの女性たちは，ローマの女性たちほどには歴史上に輝かしい名をとどめていない。アスパシア〔ペリクレスの内縁の妻となった高級遊女でミレトス生まれの在留外人〕のような遊女のみが知られるにとどまる。女性は，フラトリアへの登録によって法律上の妻としての権利を得た。しかし，それでも再三にわたって矛盾対立が見られる。妻は，遺言によって遺贈される場合があった。たとえば，デモステネスの父は，後見人アフォボスに自分の妻を80ムナで遺贈している。

しかし，アテネには嫁資 dos が存在する。個人的自由もまた嫁資において達成されたのであり，自由は嫁資のなかに具現されていた。アテネでは，嫁資はプロイクス προίξ，あるいはペルネ φερνή と呼ばれた。妻はアプロイコス ἄπροιχος，すなわち嫁資をもたない者 indotata であってはならなかったのである。

各々の最近血族は，貧しい相続人娘を嫁がせるか，嫁資をつけてやらねばならない。五百メディムノス級は500ドラクマの嫁資を与えねばならず，ヒッペウス級 ἵππευς は300ドラクマ，ゼウギタイ（労働者階級）は100ドラクマの嫁資を与えねばならなかった。複数の血族が比例配分で分担してもよかった。嫁資支払いの滞りをアルコンは阻止しなければならなかった。アルコンがそれを

しなければ，ヘラ神殿に1,000ドラクマの罰金を収めなければならなかった。嫁資は，キュリオス〔妻の最近血族〕に復帰する。嫁資が妻あるいはキュリオス〔妻の最近血族〕に復帰するよう，夫は担保，すなわちアポティメマ ἀποτίμημα〔嫁資の担保〕を提供しなければならない。担保を提供できなければ，夫は嫁資を支払い戻す必要はない。アポティメマやのちにアンティフェルネ ἀντιφέρνη と呼ばれたものから，ローマでは，「妻が夫のもとに持参した嫁資に対して夫が対価を支払うこと」donatio propter nuptias〔という原則〕が成立した。離婚は，二つの方法で成立しうる。一つはアポペムペー ἀποπέμπη であり，その場合，夫は妻を追い出す。もう一つは，妻が夫のもとにとどまる意思をもたず出て行くものであり，アポレイプシス ἀπολείψις と呼ばれる。妻が夫のもとを去るに際して為さねばならないことは，アルコンにアポレイプセオス・グラムマタ ἀπολείψεως γράματα〔離縁状〕をもって行き，自らの行為を明示するということである。これは単なる届出であって，離婚訴訟ではない。離婚訴訟はアテネ法ではローマ法と同様に発達していない。

　婚姻障害に関しては，女性は近親関係にある男性と結婚できた。姉妹 soror consanguinea との結婚が許されたのである。しかし，それは，単に性的な関係のゆえにであって，男性が父から遺された女性に嫁資を与える気がない場合に生じた。傍系でもまた近親婚タブーはなかったが，おそらく尊属と卑属の間にはタブーがあったと思われる。

　※　プルタルコス『ペリクレス』第37章参照。

父　権　　父権は，〔第1に〕婚姻によって成立する。婚姻から生まれた子は父権に服し，パイス・グネシオス παῖς γνήσιος〔嫡出子〕と呼ばれる。この対極に位置するのが，内妻から生まれたノトス νόθος〔非嫡出子〕である。彼らは家族に受け容れられることもなければ，市民になることもなかった。しかしおそらくは，エンギュエテ ἐγγυετή〔嫁資を持参した妻〕ではなくともアステ ἀστή〔アテネの女市民〕から生まれた子はノトス〔非嫡出子〕とはならなかった。[3]〔父権成立の第2の形態である〕養子縁組が認められたのは，実子をもたない者だけである。女性は養子をもつことはできなかった。養子縁組は，生前 inter vivos か，死因 mortis causa によって生じた。生前の養子縁組は，ある者が息子として受け入れられ，すなわちパイス・ポイエタス παῖς ποιητός ののち，父に

よってフラトリアに登録された場合すなわちコイナ・グラマティア χοινὰ γραμματεῖα〔名簿〕に登録された場合に成立した。もう一つの死後養子縁組とは，遺言による養子縁組のことである。ローマ人も一時期，こうした制度をもっていた。〔たとえば〕カエサルはアウグストゥス・オクタヴィアヌスを遺言によって養子に迎えている。——〔遺言により〕相続人指名された者はいずれも，養男子となる。こうして，相続人指定と無遺言相続の統一がはかられた。そののち，養男子は，親族を通すか自分自身でフラトリアに加入する。自分の後継に子を残さないかぎり，このような養子家族から誰も離脱することができなかった。父権成立の第3の形態が，準正である。これはしばしば否定された。ソロンは既に父権をかなり緩和していた。ソロン以前には，父権はオリエント的であった。〔たとえば，父は〕娘を売ることができたのである。アポケリュクシス ἀποκήρυξις，すなわち布告官による勘当 abdicatio は，家から追放せざるをえないような過ちを息子が犯したという宣言である。勘当に先だち，裁判官の前で認証手続 causae cognitio をしておかねばならなかった。

親が痴呆であると宣告される場合もあった。その場合，子は親から財産を取り上げ，家で親を養った。こうしたことは，ローマではありえない。ローマでは，父は，いかに弱くなろうと，本人が望む限りは，権力を保持した。

生まれて10日たつと名付けをする習慣があった。その後，フラトリアに加入する。18歳になると，父権から解放されて自由になった。しかるのち，フラトリアの独立メンバーとしてフラトリアに新規加入したのである。

相続法 ギリシアでは，無遺言相続〔血族相続〕と遺言相続とがみごとに調和していた。第1順位の相続人は，グネシオイ γνήσιοι〔嫡出男子〕である。ポイエトイ ποιητοί〔養男子〕が嫡出男子と同列に置かれたのは，彼らが早くに養子として迎えられ，第1子が生まれる前から家にいた場合である。その場合には，嫡出男子と養男子のすべてが均分相続したのであり，優先権はなかった。ノトイ νόθοι〔非嫡出子〕が相続することは決してない。娘は，男性卑属と競合した場合には，一切相続権をもたない。しかし，娘には嫁資が与えられねばならなかった。これをエピプロイコス ἐπιπροίκος という。男性卑属がいなければ，娘相続人，すなわちエピクレロス ἐπίκληρος〔男系相続で最終男子継承者の最近親女子〕の順番となる。しかし，娘相続人は相続したのではなく，相

続されたのである。というのも、財産は、彼女とともに最近血族によって相続されたからである。「エピクレロスと財産をエピティガシア〔裁定〕される」ἐπιδικάζεσθαι τὸν κλῆρον καὶ τὴν ἐπίκληρον。この場合には、近親婚もまた認められた。娘相続人は、息子をもうけると再び自立する。息子が財産を受けとり、母を扶養したのである。娘相続人が財産とともに〔誰かに〕譲られない場合には、彼女はノテ νόθη〔ノトイの女性形〕となる。〔これゆえに男系親族は〕貧しい娘相続人に嫁資を与えるか、彼女を娶らねばならなかった。複数の娘相続人がいる場合には、複数の男系親族が彼女たちを娶らねばならなかったのである。第3順位の卑属がいない場合の相続紛争問題について、ブンセン〔1791-1860〕は、インド法〔第3順位の卑属で相続権は終了する〕と似ていると論じた。しかし、彼の論拠は誤っている。いまでは一般的に、相続権は無制限に卑属に継承されると考えられている。*1

尊属には相続権は発生しない。なぜなら、家系を考慮する必要がない場合にのみ、こうしたことが生じたからである。そして、家系はもっぱら下方へと継承された。この点は、ドイツのレーエン法と同様である。*2*

傍系親族では、父系の兄弟、その子および孫という〔相続〕順位となる。その次に、姉妹とその子、さらに父系〔ブラウン版では母系〕の兄弟姉妹の子および彼らの子の〔相続〕順位となる。マイヤーとシェーンマンはそうは措定しなかったけれども、私ガンスは、叔母と叔父は相続しなかったと確信している。これらすべての誰も存在しない場合には、相続権は〔父系の〕最近血族に移った。

血族相続と並んで、遺言ディアテケ διαθήκη も生じた。遺言は、血族相続とみごとに結びついていた。相続人が養子となったからである。どの相続人指定も養子縁組ポイエシス ποίησις であった。したがって、相続人指定は、子がいないときのみ可能とされたのである。養子とされた者は、遺言者となることはできず、養家に嫡出男子グネシオイ γνήσιοι を残すことなく家を離れることは許されなかった。娘しかいない場合には、娘とともに遺言することができた。

遺言者は、精神的に異常をきたしていても、未成年であってもならず、陰謀によって遺言能力を賦与されてもならなかった。それ以外には、すべてのアテネ市民が、〔遺言をなす〕権利があった。無遺言相続では、小規模な遺贈をなすことができた。遺言はフラトリアに寄託することも、公開することもでき、マ

ギストラートに寄託することもできた。養子となった相続人が，子どもを残さずにフラトリアから出る場合には，血族相続人は事後的に相続請求権を行使することができた。

※1　欄外：Erbrecht Gans, Bd. I S. 344-360.
※2　欄外：イサイオス「ハゴニアスの財産をめぐって」（第11番弁論）：ed. Reiske, S. 270-286. キロの相続権については S. 216. Gans, Erb. S. 364-375. Meier und Schönmann — Att. Prozß. Zusatz .S.21.

刑事法と民事法　あらゆることがらは，民族出身の誰もが参入できる場合には公的であり，個々人が自己の権利を追求することができる場合には私的であった。暴力の性質を帯びる行為はいずれも公的性質をもった。したがって，刑事法は公法 ius publicum とされたのである。中間種とされたのは，私的決定のほかに，国家側で刑罰ティメマ τίμημα が追及されるような事項である。しかしながら，どの判決も一つ以上の刑罰を科すことはできなかった。複数の刑罰の競合 concursus poenarum は存在しなかったのである。

アテネ人は，もっぱら公的な手続と私的な訴訟ディカイ δίκαι を知っていた。したがって，私法の一面は国法から区別されていた。しかし，私法はつねに国法上の諸条件に取り囲まれていたのである。〔公的訴訟としての〕グラパイ γραφαί は，告発者により提起された。原告は，訴訟の最初に，少額の貨幣をだした。裁判官の5分の1を味方につけることができなければ，敗れた原告は，1,000ドラクマを支払〔うという罰を受けねばならなか〕った。

殺人については，偶然か，故意か，計画的かが区別されており，その意味で既に合理的段階に達していた。謀殺ポノス・エク・プロノイアス φόνος ἐκπρονοίας は，死刑に処せられた。しかし，死刑判決を受けた者は，自由意思で都市を出て行くことによって死刑を免れる自由を委ねられた。近親殺 parricida は例外とされ〔死刑と財産没収が科せられ〕た。自由意思で刑罰を免れることはアテネでは非常に一般的であり，その場合には恩恵は停止され，刑罰は偶然に委ねられたのである。当該者の財産は都市に没収された。とくに目立った種類が暗殺と毒殺である。〔特別なケースが〕故意ではない殺害すなわちポノス・アクシオス φόνος ἀχούσιος である。これについては，パラディオンの法廷が判決を下した。刑罰は，亡命か，親族による贖罪であった。親族は，

144 有責者の追放を解くことができたのだろうと推測される。次の二つのケースで生じたものは，合法的殺人とされた。〔第1のケースは〕戦闘訓練のときや，我々の言う決闘のときである。イングランドでは，弓の結果誰かが死んでも，相手方は処罰されない。第2のケースは，姦通者が名誉を傷つけられた夫によって殺害される場合である。

　このほかの公的訴訟グラパイ γραφαί として，グラペ・アセベイアス γραφὴ ἀσεβείας，すなわち，国家宗教に対する違反行為に関する訴訟があった。ソクラテスに対する訴訟はこれにあたる。グラペ・プロドセオス γραφὴ προδόσεως は，謀反である。謀反に対しては，死刑，財産没収，家屋破壊，子どもたちの名誉剝奪や公然たる烙印が科せられた。プロドシア προδοσία とは何か。これは，祖国への謀反が登場した最初である。これは，国家の存在という精神的現実があってはじめて成立しうる。野営地，居場所，船を敵に売った者は，謀反人となった。このように，謀反罪はアテネで国制を転覆させる大逆罪ではない。これは，我々のところと同様である。これと区別されるのが，カタリュシス・トゥ・デム κατάλυσις τοῦ δήμου〔国家転覆罪〕，すなわち，民族や国制の解体であり，我々の大逆罪に近い。それには，財産没収と追放刑が下される。没収された財産のうち，女神アテネに10分の1が属する。最後が，グラペ・パラプレスベイアス γραφὴ παραπρεσβείας，すなわち，越権行為をした使節に対する訴訟である。この場合，刑罰は任意とされた。グラペ・デカスム γραφὴ δεκασμοῦ，すなわち官吏の贈収賄に対する刑罰は，財産没収であった。〔このほか〕軍隊からの逃亡訴訟たるグラペ・デイリアス γραφὴ δειλίας，徴兵忌避たるグラペ・アストラテイアス γραφὴ ἀστρατείας があった。外国人を市民リストに紛れ込ませた場合には，グラペ・クセニアス γρ［αφὴ］ ξενίας とされた。さて，名誉毀損訴訟は，1,000ドラクマの罰金〔が科せられた〕。以上がグラパイ〔公的訴訟〕であり，パシス φάσις とは区別される。パシスとは，鉱山法，商業法，関税法に対する財政上の訴訟［である］。妊娠した寡婦と父のない孤児は特別な保護監督を受け，アテネ人ならだれでも筆頭アルコンに彼らについて届け出ることができた。［それと並んで］エンデイクシス ἔγδειξις〔禁治産宣告〕と〔緊急〕逮捕手続たるアパゴゲ ἀπαγωγή［があった］。前者は，除斥されているにもかかわらず，市民権が付与された者に

対する禁止手続である。これら〔パシス〕は，グラパイ〔公的訴訟〕とディカイ〔私的訴訟〕の中間形態である。

　〔最後に〕ディカイ〔私的訴訟〕は，実際の犯罪行為に対する訴訟たるディケ・アイキアス δίκη αίκίας〔で始まる〕。後者は，私的訴訟として，もっぱら〔私人を〕侵害する行為に妥当したのであり，原告がこれを提起することができた。最初の名誉毀損のみ，罰せられるべきとされた。これは我々のところではあてはまらず，全く誤っている。〔名誉毀損訴訟のランクは〕口頭の名誉毀損たるディケ・カケゴリアス δίκη κακηγορίας で始まる。しかし，ある者がそのとおりだと売春婦に漏らした場合には，真実の抗弁 exceptio veritatis が成立した。〔これと区別されるのが〕ディケ・ビアイオン δίκη βιαίων である。それは，**145** 不法損害 damnun injuria datum に該当する。ほかに，嫁資を返還要求する女性の訴訟であるディケ・シトゥ δίκη σίτου および〔ディケ・〕エピトロペス ὲπιτρόπης がある。これらは，全くの名誉毀損訴訟であった。所有物返還請求訴訟と属人的訴訟の違いはまだなく，すべてが属人的訴訟であった。

　※　親に対する子の義務違反たるグラペ・カコセオス γρ. κακώσεως と売春あっせんグラペ〔・ヘタイレセウス〕γρ.〔etaireseus〕が削除されている。

〔1〕ギリシア語については，大阪大学大学院文学研究科准教授栗原麻子氏からご教示を得た。記して感謝したい。
〔2〕各隊ごとに1名で全10名の将軍集団と1名の長〔ポレマルク〕を加えて計11名。
〔3〕ブラウン版では，「たとえアテネの女市民であっても，エンギュエテでない者は市民を産むことはできなかった」とある（B330）。
〔4〕C. K. J. von Bunsen, De jure hereditario Atheniensium, Göttingen 1813.
〔5〕Meier und Schönmann- Att.Prozess, Zusatz S. 21.
〔6〕ブラウン版では，「叔父と伯母もまた相続した」とある（B332）。

第3章　ロ ー マ 法

　一般的性格　　本章では，ローマ法の哲学に限定したい。ローマ法の性格は以下のとおりである。法はまず法そのものとして姿を現し，法は悟性に基づいて抽象化されている。というのも，ローマではじめて悟性が完全に立ち現れたとされているからである。これに対して，ギリシアでは悟性は美によって抑圧され，後景に退いたままであった。ローマでもやはり〔法は〕宗教と関わりをもつ。最古の時代には法はまだ神法 ius divinum であったが，有史時代をむかえてようやく民族の法史に諸時代が生まれた。

　十二表法〔前450年〕以前の王政期の法は，まだ宗教的慣用句と一体化している。古来より，大神官 pontifex maximus〔パピーリウス〕が最初の法律家とみなされてきた。しかし，まもなく法が公的生活へと入り込み，公法 *ius publicum* となった。ギリシアと同様，弁論家が訴訟を遂行するようになり，政治家が法律家になったのである。当時の史料としては，キケロ〔前106～前43〕の国法論文や政治論文しかない。帝政期に入ってはじめて，法が，私法 ius privatum として公法から分離する。ローマ法は純粋に形式的である限りにおいて，侵しがたく不滅なものとなったのであり，世界史上にのこるローマの遺産となった。ローマ法は，人倫的となるや否や，悪しきものとなったのであり，現代では無効となってしまった。しかし，所有権や契約に限っては，ローマ法は永遠である。

　ローマのあらゆるものと同じく，ローマ法のなかにも二元性が認められる。安定的で確固たる自然な原理と，均衡・可変および紛争解決の原理がせめぎあっているのである。この二元性は，ローマ史上の時期ごとに多様なすがたを見せる。原初は，ただ一つの原理しかなかった。王政期には，対比はまだ水面下にとどまっていた。共和政期に，対比が顕著となって拮抗し始めるが，帝政期に，ついにこの対比はしだいに調和を見せ始め，違いが消えて，ユスティニアヌス法典〔529-533年〕で形式的統一が実現した。個々の学説は以下のとおり

である。すなわち，ローマ法には2種がある。市民法 *ius civile* と万民法 *ius gentium* である。ギリシアには万民法はなかった。諸部族 *gentes* とは，蛮族〔異民族・非ギリシア人〕を指したからである。万民法は，異民族によっておのずからローマ法にもちこまれた。

法と国家　　国家にも同じような二元性がある。まず，ローマと属州を区別しなければならない。いくつかのものはローマで法務官によってのみ為されうる。それが合法訴訟 *legitimum iudicium* である。のちになると，国家の二元性は，ローマ帝国の東西分裂にも示された。二つの帝国が国土も制度も分離していたにもかかわらず，一体を為していたということは，歴史上ついぞない。コンスタンチノープルで認可された法律は，ローマに送られ，ローマ皇帝と元老院によって認可されねばならなかった。──二元性は，ローマ共和政の2コンスル〔執政官〕制にもまた示されているし，貴族と平民との身分闘争にもあらわれている。しかし，対比は，国家のこうした一般的局面で見られるだけではない。個別の局面でも見られた。

　諸身分もまた考察されねばならない。ラテン人 *latini* や外人 *perigrini* に対する市民 *cives*。しかし，そのような対比ならばアテネでも存在した。だが，アテネではその対比はさほど鮮明なものではない。さらに，生来自由人 *ingenui* と解放奴隷 *libertini* の対比がある。

　民会も同様である。民会は1種類ではなく，3種類存在した。ケントゥリア民会 *centuriata*〔兵員会〕，クーリア民会 *curiata*〔貴族会〕，トリブス民会 *tributa*〔平民会〕である。民会ごとに異なる特徴をもち，ローマ民衆はそれら三つの民会に分属した。

　さらに法律でも〔同様である〕。慣習法 *veteres leges* と平民会議決 *plebiscita* ないしは元老院議決 *senatus consulta* とがあった。最後に，市民法と法務官法とがある。両者は完全に対抗した。シュラーダー*は，1814年の法典論争のさい，このことを引き合いにだして，教授と政治家からなる委員会が設けられるべきである〔と主張した〕。そして，その委員会が，立法を修正するような法務官の告示をドイツのために出すべきであると〔唱えた〕。しかし，彼は現代を全く誤解していたのである。

婚姻　　家族法について。ここでも同じような二元性が認められる。かつ

146

て，婚姻には多様な形態があった。ローマ法には2種類の婚姻がある。使用 *usus* を用いた婚姻たる自由婚〔夫の手権を発生させない婚姻〕と，*in manum ornocutio* と呼ばれる厳格婚〔手権を伴う婚姻〕である。この場合，両者の違いは純粋に法的なものであり，原始的民族によくあるような宗教的違いではない。初期には，厳格婚しかなかった。自由婚はのちになって徐々に登場したからである。共和政期には2種類の婚姻が併存し，帝政期になると両者の婚姻の併存が薄れていき，自由婚が唯一の婚姻となった。家母 *mater familias* という表現も次のように変化する。初期には，夫の手権に帰入 *cum in manu conventia* した妻を指したにすぎないが，ユスティニアヌス時代には自由婚の妻を指すようになる。

父　権　父権〔家長権〕に2種類があったわけではないが，父権にも二元性があり，それは全く異なった二つの状態に二分される。すなわち，息子は父権のもとにいるか，父権から解放されているかである。ここでもまた，歴史上の時期が区別される。父権は，生殺与奪権 *vitae et necis* の放棄や特有財産を多く設定することによって，弱まっていく。同様に，解放された息子が家から離脱することもなくなっていく。家長権免除を受けた者 *emancipatus* は，無遺言相続人となり，新勅法第118条によれば，家息 *filius familias* と同一の権利をもつとされたのである。

147　**親　族**　親族関係にも全く同様の二元性が見られる。コグナーチオ *cognatio*〔血族〕とアグナーチオ *agnatio*〔宗族〕との対比である。ローマ法初期には，ローマの厳密な親族関係がもっぱら支配的であった。すなわち，十二表法は，コグナーチオについては何も語っていない。血縁関係については言及がないのである。ローマ法中期に争いが生じ，コグナーチオが新勅法第118条で勝利をおさめることとなる〔＝自由婚が一般化して血族関係が重要となる〕。

後見と保佐　後見は，ローマ法ではじめて重要な意味をもった。後見 *tutela*〔家長が死亡したときに自権者となる未成熟者や女性を保護するための制度〕と保佐 *cura*〔心神喪失者と浪費者が対象〕が対比される。扶養に異なった2種類があるなど，ほかのどこにも見られない。当初，保佐人 *curator* は存在しなかった。保佐人は，法務官法 *lex Praetoria* 以降はじめて出現する〔前190年〕。こうした対比はなくならず，後見制度の統一は我々の時代になってようやく実現す

る。しかしながら，後見のなかに，財産行為についての助成 auctoritas と事務管理 gestio〔後見人自らが財産に関する後見事務を執行する〕という二元性が存在した。後見人は，被後見人を補助する。その者がもはや未成熟者 infans でなくてもである。補助とは，財産行為についての助成であり，その場合，後見人は財産を管理する。

　奴隷関係について。自由人と奴隷との区別が，ローマほど極端だったところはない。自由人はさらに，被解放自由人 libertini と生来自由人 ingenui とに分けられた。

　相続法　〔2者の〕対比は，とくに相続法に顕著である。相続法にはすさまじいまでの二元性が見られた。無遺言相続と遺言相続である。「これらの関係の間には自然の矛盾が存在する。すなわち，遺言処分がある場合とない場合の間にである」Earumque rerum naturaliter inter se pugna est: testatus et intestatus。両者は全く歩み寄らない。「何人も一部については遺言で，一部については無遺言で死亡することはできない」pro parte testatus, pro parte intestatus nemo decedere potest*。こうした妥協の余地のなさは，家族の恣意と実態に由来する。ローマ法初期には争いはなかった。当時は民会遺言 testamenta relatis comitiis と軍隊遺言［testamenta］procinctu があり，人々は，ある者が相続人であるか否かを公正に従って決定したからである。十二表法以降，争いが強まり，ユスティニアヌス法典でそれらは遺留分法に統一せられ，新勅法第115条で義務分が認められた。

　道　徳　道徳について。ここでもまた対比がある。〔すなわち〕法 ius と衡平 aequitas〔との間の〕対比であり，これは，〔ローマで〕はじめて生じた。

　民事法と刑事法　民事法について。債権法では，誠意訴権 bona fidei〔消費貸借以外の要物契約，諾成契約，判決のさい一切の事情を考慮する〕と厳正訴権 strictu juris〔言語契約，文書契約，要物契約のなかの消費貸借，判決のさい当事者の意思表示のみを基礎とし，厳格な文字解釈が行われる〕の区別がある。若干の例外はあるものの，すべての個々の債権債務関係は，〔私〕ガンスが試みたとおり，誠意訴権と厳正訴権とに分類される*。

　契約に関しては，2者の対比がことのほか顕著である。契約〔contractus〕と無方式合意〔pactum〕である。2者の対比は，訴訟についても見られる。準訴

193

権 *utilis*〔本来訴権をまねして新たに作られた訴権〕と本来訴権 *directa* との区別であり，さらには直接訴権 *actio directa* と反対訴権 *contraria* との区別である。

　物権にもまたこうした〔2者の〕区別がある。手中物 *res mancipi*〔家族を支え農業にとって重要な財産〕と非手中物 *nec mancipi*〔その他の財産〕である。手中物とは，その性格上純粋にローマ的なものであり，非手中物は一般的性格をもつ。同様に所有権も財産中にあるもの〔法務官法の所有権〕かクィリーテス〔ローマ人の自称〕の権に基づく所有権〔市民法上の所有権〕かである。以上すべての違いにもかかわらず，上述したとおり，同様の発展がある。所有権に異なったタイプがあるのに対応して，用益権にも異なったタイプがある。自由な用益権と厳格な用益権である。

　刑事法にもまた対比がある。ローマ法に至るまでは，違反行為はまだ分化していなかった。〔共和政期ローマ法ではじめて〕犯罪 *crimen* と不法行為 *delictum* とが併存するようになった。犯罪は国家のまえに引き出されねばならない違反行為を指し，不法行為はむしろ民事法に関係する。

〔1〕「王政期には，息子はきわめて厳格に父権下に置かれており，父権からの解放は考えられなかった。共和政期には，父権は厳格であったが，他方で解放された息子が自立して，家族から離れるようになる。帝政期には，父権はしだいに弱体化する」（B342）。

第4章　中世の法

キリスト教　キリスト教は，法が生まれる大きな源泉となった。キリスト教は，法に対しては否定的な作用をもった。法は，現実的なもの〔外面的世界〕の発展である。これゆえ，〔内面性を追求する〕キリスト教は，国家の破壊者として，古代終焉期の原理たる法をも否定したのである。キリスト教は法を有するが，宗教が法の本質をなしていたオリエントとは異なり，法をもっぱら容認するにすぎなかった。キリスト教は，それが生まれたときどのような法をもっていたのか。それは，〔キリスト教〕共同体がその場をしのぐためのものであった。キリスト教がローマ法に対して及ぼした影響とは，〔ローマ〕法の人倫的要素を色あせさせ，個性を失わせたことである。すなわち，ローマ法はキリスト教の影響を受けて抑圧され，キリスト教に同化し，個性を全く失ってしまったのである。ローマ法に積極的な影響を与えたのは，恩寵論だけである。コンスタンティヌス大帝〔位307-337〕の母ヘレナが，キリスト教的恩寵論を最初に利用した。

教会法　キリスト教の第1の可視的世界が，教会である。したがって，教会は，制度として法をもたざるをえず，効果と実効性をもたざるをえなかった。これが，教会法すなわちカノン法である。教会法は，世俗世界に対する法ではなく，現実的なものに取り囲まれた教会に対してのみ妥当する最初の法であった。教会法は，普遍的であるために普遍的言語で語られざるをえなかったが，その言語がラテン語である。ラテン語を介して，教会法は古代の〔ローマ〕法につながったのであり，聖職者たちは自己の私的な関係においてもまたローマ法を利用した。

封建法　教会法の対極にあったのが，世俗法すなわち封建法である。ゲルマン諸民族が一円に広がったヨーロッパ全諸国では，封建法が支配的となった。ドイツ人の自由についてはよく語られる。ドイツ的自由は即自的存在の形態をとり，個別性，ひとの内面性，ひとの主観性のなかに存した。古代には人間の

内面には何もなく，人間に関わるあらゆることが普遍的であった。この自由は封建的自由であり，これゆえに中世国法は，個人の権利すなわち私権にすぎない。したがって，こうした依存性は相互融合的なものではなく，併存的なものにすぎない。封建的な私権は，世俗的なもののなかには存在しえない。というのは，まさにすべてが私権であり，私権に対応する内容を形式上もたないからである。このため，ゲルマン法の私権はさほど重要ではなく，ローマ法が借用された。したがって，ローマ法の継受は偶然ではなく，必然であった。

149 しかしながら，封建法は別の性格もあわせもつ。すなわち，封建法は誠実の法であり，心情の法であって，これゆえに封建法のあらゆる制度は人倫としての様相を帯びる。ただし，その人倫性は古代の人倫性とは全く別物である。したがって，封建法のなかには，ローマ法のなかにはない区別が存在する。たとえば，ローマ法では動産と不動産の区別はなく，いずれも何らかの物の所持を指す。封建法では，不動産所有は所有者に影響を及ぼし，不動産所有によって，〔土地所有者は〕ある土地の定住者として重要性を獲得する。不動産所有はこうして人倫的性格をもつのである。[1]

しかし，封建制の法は，ラテン，ゲルマン，スラブ諸民族では全く異なる。ラテン諸国では，なお克服されていない古代と封建制が合体している。ローマ法は決してないがしろにはされなかった。たとえば，ロンバルド封建法書はたしかに封建的形態をもつとはいえ，ローマ法的形態も残している。多くの規定がローマ法に由来する。ロンバルディアなど他のイタリア諸法典や諸都市法も同様である。スペインでは，西ゴート法典が成立した。たとえばポルトガルのように厳しく禁じられたにもかかわらず，ローマ法がその主要部分をなすような法典も存在する。フランスでは北部で封建法がより大きな影響力をもった。南部は純粋にローマ法的にとどまった。北部では慣習法 *pays coutumier*，すなわちゲルマン慣習法が保持されたが，南部では書かれた理性法〔成文法〕*pays du droit ecrit, raison ecrite* が保持された。しかし，北部ではローマ法はほとんど影響を及ぼさなかった。

ゲルマン諸国家では，はじめにドイツ固有法があった。それは，イングランドや北欧諸国で保持され，完成をみた。ドイツではしだいにローマ法が導入される。スラブ系諸民族にあっては，封建法は徐々に形成されたのではない。そ

れは，上から形成されたのであり，下からではなかった。第三身分が欠けていたことが，スラブ人の歴史にあらゆる災いをもたらした。スラブ民族はゲルマン法を借用したのである。

中世国法　さて，中世国法に移ろう。中世国法の根底には，キリスト教世界はその安寧が神と教皇に委ねられる一大国家であるとの観念がある。この大〔キリスト教〕国家の中心にいるのは，宗教的首長としての教皇と世俗的首長としての皇帝である。

ドイツ　神聖ローマ帝国〔962-1806年〕は，蛮族をはじめて統一したフランク王国〔481-987年〕に起源をもつ。しかし，神聖ローマ帝国の普遍性は，悪しき普遍性であった。なぜならば，普遍性が特殊性を凌駕していなかったからである。したがって，神聖ローマ帝国は，実質を伴ったものというよりも，むしろ名前だけのものであった。古代には，ガウ制度が存在した。各ガウには1人のグラーフが置かれ，グラーフは皇帝に服属した。ガウ制度が解体すると，それにかわって，聖俗諸侯の領邦高権が成立し，諸都市が独立した。ハインリヒ4世*〔ドイツ国王（位1056-1105)，神聖ローマ皇帝（位1083-1105)〕以来，皇帝は7名の選帝侯という特定の帝国等族によって選出されるようになる。皇帝側の高位世俗貴族も教皇側の高位聖職者も，選挙に参加した。皇帝は教会の保護代官にほかならず，これゆえに教会の臣民であった。皇帝が特別に有する諸権利は皇帝留保権[2]と呼ばれたが，これは特定の諸領邦における皇帝権の弱さを示している。皇帝はさらに立法権をもったが，この立法権は帝国議会と共同で，すなわち帝国等族と共同で保持するものとされた。皇帝は最高の封主であり，最高の裁判権をもち，特権付与の権利をもち，さらには，追放刑〔アハト〕宣告の権利をもった。ただし，追放刑宣告には直接の強制力が欠けていた。皇帝はライン・プファルツ選帝侯より劣位に置かれた。侯は自ら皇帝を裁くことができたからである。こうした事態は，マクシミリアン1世*〔位1493-1519〕によって変更される〔帝国改革〕。彼は，〔永久〕ラント平和令を発布し〔1495年〕，普遍的制度としての帝室裁判所に個々の事項に関する紛争を担当させた。彼は，ドイツを帝国クライス〔もと6個，のち10個となる〕に分けたけれども，これによって諸領邦の独立性が解体されることはなかった。

その他のゲルマン諸国　さて，個々のゲルマン諸国家を見ていこう。

イングランドについて。イングランドにはガウ制度があり，それは今日まで存続している。ウェセックス国王エグバート＊〔ウェセックス王（位802-839），イングランド王（位829-839）〕は，最初の諸ガウをアングロ＝サクソン王国に統一した。〔11世紀末に〕ノルマン人によって完全な封建制が登場したが，バロンが諸侯となるには至らず，独立の封臣にとどまった。王権は，エドワード１世＊〔位1272-1307〕とエドワード３世＊〔位1327-77〕治下で勢力を拡大する。諸身分は国王とともに貴族に対抗して，王国を保持した。薔薇戦争〔1455-85年〕以降，王権はますます強まり，テューダー朝〔1485-1603年〕のもとで強化され，ほとんど絶対的となる。しかし，中世的形態は近世に至るまで保持され，絶対王政はついぞ現れなかった。

　デンマークは，古くからゲルマン的自由の思想を有する。ここには王国議会たるダンネホーフが以前から存在した。ダンネホーフは，すべての自由人の集会であり，聖職者，貴族，市民，農民がそこに代表を送る。〔これにひきかえ〕，ラテン系諸国では農民は議会に代表を送れず，イングランドでは都市やグラーフシャフトごとに選挙が異なるという形をとっていた。王国議会とならんで元老院があり，国王を取り囲む25名の貴族で構成された。この25名の貴族は，王国商業の優先権をもち，王国の義務を促進し，貴族部会を主宰しなければならなかった。

　スウェーデンでは，高位聖職者の名望が国王の名望とほとんど等しく，通常は高位聖職者の名望が決定的な意味をもつ。13世紀以降ようやく，武器と税が必要な場合には，市民と農民が〔王国議会に〕招集されるようになった。グスタフ・ヴァーサ＊〔位1523-60〕治下で，都市と農民の権利が拡大された。カルマル同盟〔1397-1521年：デンマーク・ノルウェー・スェーデンの３国がデンマーク国王に服するという同盟〕の間ずっと，王国議会の諸権利は元老院に属したが，元老院は王国の最高官僚で構成された。今日もほとんど状況は同じで，国王は今もなお強い拘束を受けている。

ラテン系諸国　　ラテン系諸国では全く事情が異なる。スペインは，15世紀末以降ようやく一つの国になった〔1479年〕。カスティリアの王国等族は，多くの権利を有するものの，法律を制定した試しはない。この等族は，高位貴族，聖職者，聖ヤコブ，アルカンタラ，カラトラヴァの騎士たち，そして大都市か

らなる。アラゴンにはもっと大きな自由があり，等族には重要な下級貴族も含まれる。彼らは顧問団であるだけではなく，立法者でもある。しかしながら，カール5世〔スペイン王（位1516-56），神聖ローマ皇帝（位1519-56）〕以来，スペインでは等族は忘れられていった。

　ポルトガルはスペインとほとんど同じ国制をもつ。コルテス〔身分制議会〕のメンバーは，大司教や司教，大公，侯爵，伯爵，子爵や男爵である。さらに，都市も代表者として参加する。しかし，ポルトガルでは，1143年のロメゴのコルテスにより国法が制定された。それは全体としてはお粗末なもので，その内容は世襲ルールである。国法は，世襲を男系に定め，男系が絶えたときには，女系が続くとされた。その場合，女王はポルトガル男性としか結婚できないと定められた。ムーア人との戦争に勝ち，国王を解放した者は貴族になるとされた。それ以上のことはそこには何も記されていない。きわめて内容が乏しく，いつの時代にも法典から逸脱が生じた。ブラガンサ朝〔1640-1910年〕以降，コルテスは消滅する。

　イタリアについて。イタリアの国法は異なる。イタリアの国法は，共和国への分裂という特徴をもち，古代をまねている。

　フランスでは，王朝ごとに国法が異なる。メロヴィング朝〔481-751年〕では自由な共同体制度があり，カロリング朝〔751-987〕ではレーエン制があり，カペー朝〔987-1328年〕ではしだいにレーエンはカペー家に属するようになって王権を確固たるものにした。フランスの地方には自律的な等族がいた。アルトワ，ブルゴーニュ，ベアルン，ブルターニュ，ラングドックである。これらは，三部会保有地方 pays d'etat と呼ばれる。州等族は，税負担の責務を負った。全国三部会 états généraux は，フィリップ美王〔位1285-1314〕のときにはじめて現れ，当初から三身分が招集された〔1302年〕。聖職者，貴族，都市である。上級貴族は何ら特別な権利をもたず，もっぱら議会に議席をもったにすぎない。何かを決定するには，三身分のすべてが合意しなければならなかった。のちに諸身分の招集がまれになると，パルルマンが〔王令の〕登録権をもつようになる。今日の小さな議会 états à petits pieds である。都市はますます繁栄し，本質的に都市の助けを借りて王権は勢力を伸ばした。

スラブ諸国　　スラブ諸民族の国法について。スラブ諸民族とゲルマン的要

素との関係は，ローマ的要素とゲルマン諸民族との関係と同じである。スラブ人にあっては，普遍的なもののなかに個別的なものが溶けこんでいるのに対し，ゲルマン人は個別的なことから始め，個別的なものから普遍的なものを発展させていく。スラブ人の場合はこれが逆であった。すなわち，スラブ人は普遍的なものから出発し，上から下へと個別的なものに至るのである。

　ポーランド法は，早くからゲルマンの諸制度を受け入れた。〔たとえば〕ポーランドには，グラーフ法 *ius ducale* やドイツ人法 *ius teutonicum* と呼ばれる治外法権があった。それは，誰もを国家の司法権から解放するという特権である。しかし，この治外法権により，ポーランドは完全に細胞分裂してしまい，他のすべての諸国で実現した〔国家〕統一がポーランドでは達成されなかった。しかし，ポーランドにも，いくつかの注目すべき時代があった。〔たとえば〕カシミール大王〔位1333-1370〕の時代である。ポーランド法の特徴は，貴族の平等である。諸侯や伯等の称号は，後世になってドイツから持ち込まれた。ヤゲウォ朝〔1386-1572年〕の滅亡以来，ポーランドは選挙王制となり，強力な時代をほとんどもたない。ロシアは中世にはほとんど見るべきものがない。中世国法は以上のとおりである。

　家族　　さて，家族について。ゲルマンあるいは中世の家族は，人倫的な家族であった。〔オリエント的な〕自然な家族と区別されるのは，〔ヨーロッパ〕中世の家族はそれ自体が〔人倫上の〕目的とみなされ，対象とみなされたことである。したがって，本来の家族法は，キリスト教によってはじめてもたらされた。もちろん，古代ゲルマン人にもすでに婚姻や家族といった概念は存在した。それら〔のゲルマン的家族概念〕は，キリスト教的〔家族〕概念と一体化する傾向をもった。それは，とくに古代スカンジナビア法に顕著である。

　婚姻　　古代ゲルマン人の婚姻は，たしかに売買婚であり，それゆえに婚礼はブルートカウフ *brudkaug*〔嫁女売買〕と呼ばれた。婚姻の対価は当初は妻の父が，のちには妻自身が受け取った。まもなく，売買対価はモルゲンガーベ〔婚礼の翌朝の贈り物〕の性格を帯びるようになる。モルゲンガーベはイスラーム諸民族にはよく見られ，のちにはギリシアでも見られた。〔モルゲンガーベにおける〕売買は，売買というよりもむしろ女性の自立性の承認といえるものであった。既に最古に財産共同制が存在した。モルゲンガーベはのちに終身用益

権たるヴィットゥムへと移行する。娘は，彼女を娶る夫あるいは親族をもたねばならない。これをゴートマン *guotoman* と呼んだ。婚姻では，妻が家政を配慮した。これを鍵の権力と呼ぶが，この権力には子どもに対する懲戒権もまた含まれた。夫は，自己の婚姻権を他者に譲渡することができた。これはなお野蛮な風習である。夫は，妻のほかに妾をもつことができた。離婚は，単に離婚通告だけで成立した。キリスト教は，ゲルマン的婚姻にもっぱら実質的な方向を与えたにすぎず，本質は温存した。タキトゥス〔55頃～120頃〕は，『ゲルマーニア』第19章で次のように述べている。「さらに，よりうるわしくも，これらの諸族の習いとして，ただ処女ばかりが結婚し，妻となる望みと誓いは，ただ一度だけにかぎられる。こうして彼女たちは，ただひとりの夫を享（う）けること，あたかもおのれが，ただ一つの体，ただ一つの生を受けるがごとく，したがって埒を超える考えを起こさず，欲望を伸ばさず，いわば彼女たちの愛するものは，婚嫁〔とそれによる家母の位置，matorimonium〕よりも，まさにおのれの夫たるひとであるかのごとくである*。„melius quidam adhuc eae civitates, in quibus tantum virgines nubunt et cum spe votoque uxoris semel transigitur; sic unum accipiunt maritum, quomodo unum corpus unamque vitam, ne ulla cogitatio ultra, ne longior cupiditas, ne tamquam maritam, ne tamquam maritum, sed tamquam matrimonium ament"」。

　カトリック教会は，婚姻を秘蹟とし，聖別することによって，婚姻を外面的なものにした。聖別のさいにはもっぱら外的な絆だけが確定されたからである。異身分間結婚 *disparium matrimonium* という概念もまた成立した。それは，教会法上は，真 *verum* にして有効な *ratum* 婚姻であるにもかかわらず，世俗的には左手婚 *ad morganaticum*〔身分違いの婚姻〕とされた婚姻のことである。異身分間結婚では，ヴィットゥムを得ることはできず，モルゲンガーベしか得られないとされた。ゲルマン法には嫁資 *dos* はなく，アウスシュトイエル〔相続権相当の動産〕が本質的な意義をもった。

　父　権　　父権について。古くには父は子を遺棄し，一定条件のもとで売る権利を有していた。後世の法では，ムント権 *mundium* と親の懲戒権とが区別されるようになる。ムント権は人命金を受け取る権利と代理の権限を含む。それに対して，親の懲戒権には，全く新しい関係が登場した。すなわち，子の養

育は父母双方に帰属するとされたのである。父権からの解放は，家族を解体させることはない。それに対して，父権が停止されるのは，別の理由がある場合である。〔子が〕自分の家を構えて経営する場合と雇用される場合である。

相続権　相続権については，まず，物を使う人に関して，物の人倫性が重視された。たとえば，物は，男性がもつべき物〔武器など〕と女性がもつべき物〔装身具など〕とに区別されたのである。次に，もっぱらゲルマン法に見られる相続契約について述べておこう。相続契約では，相続人は必然的に相続人であり，相続する前に既に相続人であるということが起こる。こうしたことはローマ法ではありえない。ローマ法では，〔遺言の〕宣告後にはじめて相続が開始するからである。〔ゲルマンでは〕遺言は存在しない。遺言は真にローマ的制度である。遺言がないことは，既にタキトゥスが古ゲルマン人について記している。

刑事法と民事法　刑事法の本質的根拠は国家にはなく，被害者の人格にある。刑罰はなお復讐であり，加害者は被害者に対して人命金を支払う。ラテン系諸国では，人命金は早くからすたれた。国家が違反を取り締まったからである。ゲルマン〔諸国〕でも人命金は後退するが，拳闘〔決闘神判の一つ〕は，15世紀末まで存続する。都市のみが刑事法をもったが，その一部はローマ法であり，一部は教会法であった。中世末には，刑事裁判令があらわれ，〔制定者〕カール5世にちなんで，カロリナ刑事法典 *Constitutio Carolina*〔1532年〕と呼ばれた。カロリナは〔神聖ローマ帝国の〕共通法であったが，実務では全く用いられなかった。

　民事法は，主として所有権と契約に関して認められる。それらはすべて人倫化され，とりわけ所有権がそうであった。しかし，契約については，中世に商法が生まれた。新しい契約が生みだされ，とりわけ為替論が生まれた。こうしたことは，形式的な法に全く新しい場を与えた。商法は，絶えず動く生ける法[4]であり，したがって，中世ではもっぱら商法だけが必要とされた。

〔1〕　リーデル版では Er，ブラウン版では Das unbewegliche Eigenthum．ここではブラウン版に従う。

〔2〕　皇帝が単独で行使することができる皇帝専属の権限。帝国の対外代表権，帝国議会招集権，議案提案権，帝国議会の決議に対する拒否権，帝国制定法の裁可権，帝国最高裁判権，最高封主権，レーエン裁判権，帝国領所有権，帝国司教職叙任

権の場合の関与権など。
〔3〕　ガンスは，オリエントの家族を「自然」，ギリシアの家族を「美」，ローマの家族を「闘争と分裂」，ゲルマンの家族を「人倫」として対比している。ブラウン版を参照。
〔4〕　リーデル版では wenig，ブラウン版では ewig。ここではブラウン版に従う。

第5章　近　世

　国　家　国家は，私的所有権に基礎づけられると言われる。すなわち，普遍性の性格がいたるところであらわれ，絶対君主による統一国家が形成されるのである。皇帝の広範な普遍性は消え，個々の諸侯が領邦君主となる。一つのこのような抽象的統一体が登場してきた以上，抽象的統一体はそれ自体が編成され，それ自体特別で具体的な統一体になるはずであった。これを打ち砕いたのが，フランス革命である。

　家　族　16世紀になると，家族はそれまでとは違った原則をもつようになった。宗教改革以降，家族はもはや秘蹟や外的条件に基づくものではなく，深い内面的心情に帰せられるようになったのである。家族は，もはや解消不可能な軛ではなくなり，確固たる絆となる。父権は，父親による自然な保護に帰せられるようになり，私法的な契機が排除された。相続法ではローマ法が導入され，遺留分権法が認められるようになる。

　私　法　私法では，北欧諸国とイングランド以外〔のヨーロッパ諸国〕で，ローマ法が妥当するようになった。これは当然のことであった。しかしながら，私法はもはや単一の姿をもたないようになる。我々は，人倫にかなった多くの新しい国法思想をもつようになり，それによって法にいくつかの変化が生じた。したがって，多くの新しい法典がいたるところに成立したのである。＊これについては議論が分かれる。新しい法典は全く安定していないという見解もあれば，新しい法典で多くの変更がなされたことは，我々がその変更にいかに役立たずであったかを示しているという見解もある。しかしながら，新しい法典の成立には，現代の活力が示されている。

　以上で，普遍法史を終えたい。本講義には二つの対象があった。一つは，法と国家の理念の発展である。歴史的説明を加えなかったのは，法と国家の理念の発展はそれ自体で正当化されるからである。もう一つは，歴史的発展のなかで発見できるものの叙述である。ここから示されるべきは，法史学の内容は法

哲学と同一の内容をもつということである。これゆえに，最新の法史学は，哲学的考察の結論とほとんどが一致する。とすると，〔法史学と法哲学という〕この二面の結論は，立法の学〔学問〕である。それは両者の具体的な統一である。立法学は，一方では思想に，他方では歴史的素材の認知に由来する。立法者は双方の視点を統合する個人でなければならない。立法者は，法の造形家なのである。

立法の理念　　立法の理念とは何か？　国家におけるその原則は，以下のとおりである。国家は，一つの全体であり，普遍的存在である。国家は，理念として生命をもち，有機体であらねばならない。国家の多様な側面や方向性は，国制のなかで編成されねばならないであろう。これを立憲君主政と呼ぼうが，共和政と呼ぼうが，条件は同じである。市民社会では，闘争を避けることができない。市民社会の統一は国家のなかにある。すなわち，市民社会は，反省という観点からは競争とみなされる。競争は阻害されてはならず，促進されねばならない。家族についてもまた，決定的な原則がある。婚姻は神聖であり，自然と人倫にかなったものである。しかし，家族の実態があるべき姿に一致しなければ，家族を廃棄することができる。婚姻からは，夫と妻の統一，すなわち，財産共同制が生じる。財産共同制のみが婚姻の人倫性に合致する。父権が成立するのは，未成年者を保護する必要からという面が大きい。しかし，それは父の権限ではなく，家族の義務である。保護がもはや必要なくなれば，義務も終わる。相続法の根拠は，我々の時代では，家族が相続するということ，すなわち，遺言による任意処分の放棄にある。しかしながら，任意処分の可能な範囲は被相続人にも残されねばならない。任意処分範囲は，相続人廃除によって増大する。刑事法では，一定の原理がたてられる。刑罰は国家側による報復であるが，過剰なものであってはならず，適正なものでなければならない。したがって，死刑は絶対に廃止されるべきとは言えず，極悪犯罪がなくなる場合にのみ廃止することができるだろう。民事訴訟法では，二つの原理が競合している。審理と和解である。我々は，後者の和解の方を支持する。民事法では，我々は，所有権の自由を支持する。契約は内容に応じて分類される。これで講義のすべてを終わる。

　　1833年3月16日

〔三成　美保〕

補 遺
歴史法学派との論争

Anhang:
Der Streit mit der historischen Rechtsschule

1 「世界史的発展における相続法」(1824年) の序文[1]

　　　　　なぜなら，限られた視野のもとに，一つの民族の歴史に拠り所を求め，　**156**
　　　その民族の歴史からあらゆる些事を狭量に摘み取り，そしてその微細学に
　　　よってあれやこれやを論ずる一人の偉大な実務家の博士論文のようなもの
　　　は，命をよみがえらせる真の法史ではないからである。ヨーロッパの旅行者，
　　　つまり自己の精神が力強く揺り動かされたこと，そしてその最奥にあるも
　　　のが全く変えられてしまったことを知る運命にある者に対しては，ただヨー
　　　ロッパの外にその癒しを求めよという助言が与えられるべきであるが，同
　　　じく私たちの法史もまた真に実践的なものとなるためには，あらゆる他の
　　　新旧の民族の立法を把握すべきなのである。ペルシア人と中国人の法制に
　　　関する10回の才知に満ちた講義は，アウグストゥスからユスティニアヌス
　　　に至る法定相続を基礎づける凡百の仕事よりも，学生の間に法律家の真の
　　　感性を呼び覚ますことになるであろう。[2]

　　　　　　　　　　　　　　　　　　　　　　　　　　　ティボー

　序文の意味　　私は，これまで公表してきたどの著作においても，序文の必
要性を感じたことはない。つまり，伝統的な学問という広い車道からあえて外
れたところを行く必要があると感じたことはなかった。もし，思考が自己展開
する必然的な方法と，各々の規定内容がおのずと自身に付与する形態が同じで
あるとすれば，それは最良のものであり，たしかにそれは唯一正当化されるも
のである。そしてその内容について予め述べることがその具体的な意味を全く
獲得できないのであれば，他方では，その内容を自己のものとすべきもの，つ
まり読者にとっては，次の仮定が役に立つであろう。すなわち，完全なる正当
化，それは最後に来るものだが，それが認められる前に，読者が前もってその
内容に身を委ねるものだということである。したがって，序文というものは，　**157**
たとえばただその内において真の内容を補助すべきものではなく，全く主観的
な要求を満たすもの，つまりはその立脚点を抽象的に予示することによって，

内容が自己展開するにあたり寛容なる傍観へと導かなければならないものである。そのような予示には，しかし，今や必然的に三つの契機が内在し，それらの契機とは，第一は学問の従来の視点に対する本書の立場，第二は論述自体の手法，第三は最終的に著者の全く主観的な正当化である。

歴史法学派の業績　現在，法学において，当代の絶頂に立っていると言い立て，そうした頂点にあるものに相応しいもの，つまり無制限の至上権を獲得しようとしてきた，かの学派は，自らもそのように名乗ってきたのであるが，したがってここでも称されるべきは，歴史学派の名前をもってである。自らが確固たるものとなるために，そして自己が規定したものを達成するために，つまり［その学派が］正当にも反対の方法でのみ完遂するものと考えられるものを得るために，歴史学派は自分に反対するものを生み出してきた。すなわち，非歴史学派を生みだしたのである。非歴史学派は，哲学，自然法学，そして健全な人知 Menschenverstand によって構成されており，そうした歴史学派ではないということ以外には固有の原理を全くもたないものである。この歴史学派は，二つの全く異なった言説のなかで示されてきたが，その内の一方は，その学派から生み出されてきた諸業績であり，他方は，その学派がそれ自身とその思考の営みをいかにとらえてきたかという方法ないしはそうした歴史学派の哲学である。この二つの言説自体がたとえ相互にほとんど関わることがなく，そして同時にそれぞれが，他方が無くとも問題ないとしても，しかしながら，この学派の本質を語るには，両者の相違なったそれぞれの規定に踏み込むことが必要なのである。

まず，最初はかの歴史法学派の法律家に先行する手法，とりわけヴォルフ学派の法律家における法学とその状況についてである。この学派の自然法学は，その学派の形而上学がその時代の観念を改めて批判することもなく自然法の諸命題を受容しているように，それらの命題をその内的な必然性のもとに示すことなく，固定された，自身にとって既存の種々の真理として並べていた。しかし，実定法の関係では，これらの民族固有の諸観念を読み取るうえで，ローマ法にもまたゲルマン法にも関わるところがなかったのであり，予め見出されていたローマ的あるいはゲルマン的な素材を再びこの時代において支配的な諸観念の装いと形態に変えようとしたのである。こうした手法が生み出した学問的

成果はそれゆえにローマ法とゲルマン法を内包した自然法学であり、それは、それがその時代において実践的であったように、しかし再びローマ法とゲルマン法であり、その内容と形態によってヴォルフ学派の自然法学であった（50頁）。この手法がもつ真理は、理性的なものが現実的なものと対峙しているのではなく、実際において現実的であるという基本的思想に存していたが、しかし、その虚偽性は、この理性的なものが有限な悟性的抽象概念の鎖に縛り付けようとされているところである。

批判的哲学が法学に及ぼした影響は、実定法が今や完全に自然法と対立することになるというものであった。実定法学者たちは、自然法にそれ以上関わることもなく、目の前にある法の研究に携わったのである。そして、自然法は、自己の内容をつくりだした実定的なローマ的・ゲルマン的な法から漸次自己を浄化していった。自然法学の諸業績が理想的な国家の創設を目指していったのに対し、実定法学者たちの研究は、ますますローマ的かつゲルマン的な意味を正確に究明することにあてられていった。法源研究がより一般的にさらに強く薦められ、ことごとく表面的な素材を把握することに力が注がれたのである。

何ら新たな観点も無く眼前の法に関する研究に向かっていったそれらの仕事が、徐々に多少の才知をもって、また多かれ少なかれ一定の徹底性をもって現れてきた結果、その研究自体をある特別な種類の哲学と考えることはまだ彼らの念頭にはなかった。そうではなく、それら諸業績は、なお極めて素朴な態度で研究がなされたが、それは、あることに関し教示が予めあって、最初にそれを調べなかった場合には、そのことについて深遠な教えを受けることができないと考えていたからである。このなお本能的な営為を概念へと転換すること、そしてその業績と同じく研究者たちがしかしながら相互にかなりバラバラな状態にあるがゆえに、一つの呼称と名前や屋号のもとに彼らをまとめあげることが、いわゆる歴史学派の課題であり仕事であった。

　※　Zeitschrift für Geschichtl. Rechtswissenschaft I. S. 2.

歴史法学派の契機　　したがって、歴史学派はそれ自体二つの契機をもつ。第一に、歴史学派は、全く分散化している法源研究者たちにとっての公共集会ホールであり、そしてこの点で歴史学派はたしかに多大な貢献をなし、賞賛す

べきことを行ってきた。第二に，それはそうした営為一般の哲学であった。歴史学派がある種の階層的な体系性でもってその言葉を使うようになって以来，多くのすばらしい解釈学的，歴史的作品に光が当たるようになってきた。解釈，異文とその比較，新旧の法典に関してもまたその取扱いに問題があったわけでは決してなく，それらはむしろ，教義と歴史に対してすら時として優先され，ある種の偏愛をもって扱われたのである。その共同体は，ここでは依然として個々人の仕事に対して大きな影響をもっていることを示した。全く異なった状態にあるのが，この学派に関しては，その第二の契機においてであり，つまりその哲学的な言説においてである。そこでは独自なものが現れている。それは，この歴史的な哲学がその学派に属する者たちの種々の研究や論攷に対して何らかの影響を示すことはなく，彼らはまさにちょうどこれまでと同様に研究を続けてきたのであり，それどころか，非歴史家もまた何らかの歴史的研究をなす場合には彼らなりの手法で研究を進めており，歴史を歴史的に扱う者たちと彼らを区別することはできない。したがって，この哲学はその構築物の内部に存在すべきものの内容を提示しているというよりもむしろそれは一つのプレートであって，それには一枚の恣意的なレッテルが貼られている。しかしながら，私たちは，このプレートにさらに近づき，それがどのようになっているのかを確認する。その忌むべき教えとは，すなわちそこでは次のことを示しているのである。「時代はすべて，その定在を，つまりその世界を自由にそして恣意的に自ら現出させるが，それは巧妙にかつ幸運に，あるいは悪しくかつ不幸にも，その洞察力と力の程度に応じてである。つまり，真実の教え，すなわち歴史的教えは，しかし次のことを示す。時代のすべてが自己に対し，そして恣意的にその世界をもたらすのではなく，時代は全き過去との非解消的な共同性のもとでそれをなすということである。したがって，すべての時代は，何か所与のものを認めざるをえず，しかしそれは，必然的にかつ同時に自由なものである。なぜなら，それが現在の個別的恣意に依拠していない限りにおいて，必然的であり，また，（主人のその奴隷に対する命令のように）他人の個別的恣意にはとんど依存しておらず，むしろ，常に生成し発展する全体としての人民の高き本性によってもたらされるがゆえに，自由なのである」。これを法にあてはめると，種々の非歴史的なものは，したがって，次のことを仮定する。つまり，

1 「世界史的発展における相続法」(1824年) の序文

「法は、常に立法権力をもつ人間によって恣意的に与えられる、しかも、その瞬間にもたらされる信念に従うかぎりにおいてである」。しかし、種々の歴史的なもの、つまり「法の素材は、その国民の過去全体を通じて付与されているが、しかしながら恣意によって、つまり、法は偶然に恣意あるいはその他のものでありうる、ということではなく、当該国民自身とその歴史の奥底にある本質から現れてくるのである。すべての時代の思慮深い活動というものは、次のことに向けられなければならない。その内的な必然性を付与された素材の深奥にあるものを見抜き、若返らせ、そして新鮮さを維持することである」。既に他の箇所において、この中途半端な真実を含んだ、全く深みを欠いており、そしてきわめて非哲学的に描かれる見解に対しては、その必要なるものが適切な方法で語られており、それ故、ここでは、ただ次のことだけを言えばよい。ある時代あるいはある民族において、それはその洞察力と力の度合いに応じてではあるけれども、自分たちの世界を自由にまた恣意的に生み出すことができないものがいかに考えられうるかは、私にとって、そしておそらく大部分の読者にとって何か全く不可解なものである。ある時代と民族において生み出されたことすべてが、その洞察力とその力によってもたらされたものである。もしそれがその洞察力と力を、過去の種々の年代記と、あるいは歴史学派の諸法典と取り替えるつもりであったならば、それは、本当に粗悪な代用品であろう。もし、それ故に前者が、現在がそれを生み出したものを過去全体との解消できない共同性のもとで生み出したと語るならば、むしろ、まさに過去が現在に対し変わらないままであり、不可逆的に死滅していることが、現在の権利であり、現在の意義である。つまり、過去は妥当することを止め、そして現在が、妥当するものなのである。それ故に、この自由な、過去との結びつきがない動きは、非理性的な恣意の仕事ではない。その理性によってこそ、すべての時代とすべての民族において、その運動の偉業が成し遂げられるのであり、そして民族の洞察力と力を、そうしたことを遂行する機能をもった諸器官へと変えるのである。それぞれの過去は、現在に対しほとんど死に体であるが、しかし、過去と同じく現在において実体を形成するもの、つまり神的な理性が消え去っているわけではない。個々の民族精神において、そうした理性は段階的な発展のもとで顕在化しており、そして、その理性を認識し、尊重し、理解するのが、主観

160

的精神が為すべきことである。そして，そのようにして，かの歴史学派の，それ自身から生まれ出でて，哲学しようとする際に生じる，基本的誤解の主要な箇所に私たちはたどりつくことになるであろう。歴史家たちにおいてもまた，自由と必然性の同一性については，何がしかのことが言われており，それに関し，一定の事情に対してもともともっているものを知ることなく，歴史家たちは，その命題をその体系の頂点にすえることをはばかることはなかった。そこから，今や，以下の結果が導き出される。歴史家たちにとっては，自由とは，成長してきたものであり，それは強い意思，つまりその時代に当該時代が生みだしたものではなく，それは後退であり，過去の死せる文字の解読であり，一つの必然性であるが，しかしその必然性は理解されうる理性ではなく，それぞれの民族精神が，そこから，その原理である正当性を得るような，その時代における必然性が示されたものでもなく，一つの隠れた必然性であり，すべての頂点にあるものとしてのそれに結びつけられる，顕在化している因果連鎖の表層なのである。この学派は，それ故，完全なものであり，そしてそれ以上のものを必要としないということではないが，そのように特徴づけられる。たとえ，その種々の哲学的な演繹において，理性に関し何も語られていないということについて，ただ一言するとしても，である。理性は，たしかに，それが位置付けられているように，必然性とは関わりをもっていないのである。

　※　v. Henning, neue Berliner Monatsschrift S. 89 u. fg.

歴史法学の成果　さてこれまで，この歴史学派の哲学が，それから直接生み出されてくる諸業績に対し，全く影響を与えていないことを述べてきたが，それでもなお，きわめて実践的だが明確な，次の二つの結果がそれ自身からは生まれてこないとすれば，また当然に，その哲学について語る必要もないであろう。その一つは，明らかに，立法者の行為との関係において，時代を軽侮することである。立法に適した者などは存在せず，その者は，自ら欲し，生み出すのではなく，その時代を学び，読み解かなければならないのである。歴史学は，すべての散逸した神の四肢を再び苦労して拾い集めることにはたしかに成功するかもしれないが，どの怪物によって食われてしまったかを示すのは，まさにそれを証明する手足なのである。そのようにして，時代からその生産能力

が奪われ，その時代が高齢者の部類に入れられることによって，当然にローマ法の命題が適用され，養子制度が認められるのである。そして，本当のところ，自然の父子関係に対する養子制度の優位性が雄弁に擁護されているわけでは決してない。もう一つの結果は，信念と洞察力に対し一層影響を与えるものである。歴史学派からは，哲学に対する，そして事実を探し出そうとするものではない思考に対する，かの心底からの憎悪をもった法律家のもとで，一つの憎悪が生み出された。それは，この領域の外では哲学的法学に対する憎悪として現れ，その結果，哲学的法学については，ただ軽視と侮蔑をもって語られるだけであり，歴史学派の法律家は，たとえ自然法について語るとしても，無垢なる歴史性を持ち合わせているとは信じていないのである。かの歴史学派からは，さらに絶対的なものとしての外面的なことへの崇拝が現れてきている。あらゆるメモとあらゆる外面的な注記に，全く限りなき重要性を置こうとし，そしてかように，このような礼拝の騒々しい響きのもとで，固有なるもの，つまり概念が完全に失われていくのである。

学問について　かように法学が大部分単に外面的なものだけに沈潜していた一方で，学問は，その時に総じて一つの転換期を向かえねばならなかったのであり，その転機については，とりたてて実証的な学問分野に対して影響力をもっていたことが認められるものではない。実証的な諸学問，自然科学の，また精神科学の内容をもつもの，あるいは歴史的な諸学問は，いずれにしても種々の無内容な抽象物に由来している哲学により一層近づき，そしてそれらの学問の間では一種の講和条約の締結が実現している。もはや現実に敵対的に対置することなく，抽象的な理想を追い求めるその哲学は，それらの実証的諸学問に内容を付与し，それをその思考において，またその考えを通じて措定する。それに対し，実証的諸学問によって次のことが付加された。それらにおいて具体的な真実とされるものは，その思考以外のまさに何ものでもないということである。そうした講和条約の締結に続く，今や次の一歩は，あらゆる実証的諸学問において比較をしようとする旺盛な努力であった。その比較とそれに対する必要のもとに，しかし既に次のような認識が存している。あらゆる明確性はその真理を自己の内に保持しておらず，むしろ他のものの内に有していること，そして個々の抽象概念には真理が内在しておらず，真理はむしろただ全体性に

おいてのみ存在し，その全体性における，その個々のもの（抽象概念）はただ一つの契機にすぎないのである。個々の抽象概念に今や比較が，そしてそれに関する，実証諸科学における唯一正しい方向として，その洞察が内包されれば，次のことは，ほとんど事物の概念に関しては全く同様に現れうるものである。つまりそのような方法で明らかになってきた個々の仕事がまさにその概念の形態を選び取ることを良しとしたかどうか，あるいは比較によってますます反省ないし熟慮の無制約な形態が，あるいは直接的に語られる叙述の他の形態が前面に出てきたかどうか，ということである。概念はもはや概念の形態で現出する必要はなくなるが，それにもかかわらず予感を抱かせ，最高のものとみなされるために現れるのである。

　モンテスキュー　　現在法律学において一般的に比較に対する他の歴史学諸分野の試みが未だに全く受け入れられていないとしても，依然として次のことに言及しないわけにはいかないであろう。そこではまずきわめて早い時点で始められていたが，同時にまたきわめて有能な人々から，その学問に対し，比較の学問に高めるという要請が近年なされたことである。モンテスキューに注意を向けるといったことは，たしかに最初は必要のないことである。この偉大なる人物においては，法史の要請が，法の精神に対する要請とは異なるものとは描かれていなかった。モンテスキューにとって，ある民族の立法は，それ自身のために存在する絶対的なものではなく，当該民族一般の生活から把握された一つの契機にすぎないものであった。さらに，彼にとっては，ある民族と時代にそのように狭く限定することは満足できるものではなく，ただ，歴史の全体性においてのみ，その根拠を，そしてすべての個々の民族と時代の必然性を見出していたのである。もし今，後継者達がその様に，たしかに発展した実証科学という補助手段を，ならびに全く作りかえられた哲学という補助手段を用いるとすれば，しかし，進むべき道は，モンテスキューが進んだ道以外の何ものでもなく，そして彼は，常に法学における普遍的な議論の創造者とみなされるにちがいないであろう。次のような時代がやってくればいいが，そこではモンテスキューと彼の著作について，ある名高い文献史における最も才気に溢れた人物が下した判断とは異なった評価をすることが用意されているのだが，その人物は，次の点に自己を限定している。つまり，モンテスキューが，「自己の

1 「世界史的発展における相続法」（1824年）の序文

書物の中では，英語版を，そこでは彼の祖国と状況に対して考慮することが何とか許されているがゆえに高く称揚したこと，そして，ドイツでは，その書物が当初はほとんど学ばれていないことを十分わかっており，それ故に，高等法院法官であるゴゲの法の起源に関する書物が選ばれたことである」。『法の精神』について，この文献史は何も語らない。しかし，最近でも，法史に対する要請については，それが普遍的なものになること，そしてそれ自身を全体性へと昇華することが，既に述べたように，しばしば明言されているのである。3人の人物，単に法学上，ドイツが長らくその権威者として挙げていただけではない，グロールマン，フォイエルバッハ，ティボーの3人が多くの他の功績とともになしえたのは，さしあたりは法学が論じるものを拡張することを強く迫ったことであり，グロールマンについては，ある雑誌のもともとの構想では，哲学が嘲笑され，排除されることもなく，また，ローマ法とゲルマン法の分野に歴史が金縛りにされているわけでもなかった。しかし，後の2人は，そのことを明言している。ティボーの考えは，この論攷の冒頭にモットーとして述べられている。彼の真に根本的な洞察によれば，当然のように，歴史学派は，彼らの活動原理に関して攻撃されていると感じており，それに対し全力で立ち向かわなければならないと信じている。なぜなら，比較法史，それは全体と精神へとつながるものであり，またすべての民族精神をとらえるものであり，それはもはや民族精神の無制約な重要性を，個々の概念に至ることのない部分性に置き換えることはできないのである。歴史学派がそれに対し持ち出してきたもの，それは以下のことに存する。

163

※　Unterholzners juristischen Abhandlungen に対するフォイエルバッハの序言を参照。Munchen 1810. S. XI-XVII.

微細学　「微細学 Mikrologie は，すべての者があまり評価していないにちがいないものであるが，正確で厳密な詳細知識とは換えることができないものである」。我々は，そのことを進んで認めるだけでなく，信じており，歴史学派が詳細知識に関して多くの成果を得たことを心から認めてもいるのである。しかし，それはすなわちさらに，「詳細知識は，すべての歴史において，それ無くしてはやっていけないのであるが，それは，詳細知識がむしろ歴史に対しその価値を確かなものとしうる唯一のものだからである」。こうした全く独特

な表現において、かようにみ見事に詳細知識に換えられた微細学は、再び微細学に至るその起源に立ち返ることになる。なぜなら、詳細知識は、歴史に対しその価値を確かなものとしうる唯一のものであり、その結果、詳細知識は、精神へと高揚するための手段ではなく、詳細知識として、ただそれ自身において価値をもつものであり、それは、詳細知識に移し換えられた微細学であり、そうした置き換えによってその名前がもっている悪意性をそれから取り除くことができると思っているそれ以外の何ものでもないからである。それはすなわち、真に無限なるものを有限なるものに、実質を実体の無い見せかけのものに、神を空虚な外観にしてしまうものである。普遍法史が戦いを挑まれてきたさらなる理由は、それもまた外面的なことである。「何か有用な歴史的資料がすべて欠けている」ということである。そうした断定的な対応に対しては、もちろん、次のこと以外には反論として提示されうることはない。すなわち、ヴェーダとマヌ法典はその多くの注釈者とともに、モーセが与えし律法、そしてタルムードの63章、ジンギスカンと中国人のモンゴル法典、また同じくイスラーム法学、その内容の豊かさについて、私は、若干の説明をしようとしたことがある。そして最後に、アテネの雄弁家とその他のギリシアの著述家のコレクション、それらが有用な歴史的資料であるか否かについて、それら自身で弁明をしなくてはならないということである。第三の理由、それは普遍法史に対し持ち出されてきたものであるが、その理由は、つまるところ次のこと、つまり、「すべての民族の法史が等しく興味深く教訓的なわけではないということ」である。それは、その他の事柄において、諸民族の卓越した技量というものにそれぞれ大きな違いがあるのと同様である。ギリシアの芸術作品を見ると、中国のそれ以上に芸術センスが発展しているが、しかし、なおその他の違いも全く決定的な意味をもっているのである。すなわち、ここでもまた、(歴史学派が教えているように) ある民族とともに生まれた法、またはその民族が受容した外的なものが、それ自身の存在の一部になっているかどうか、あるいは、(非歴史学派が教えているように) 次の瞬間にはどの法が妥当すべきなのかをあらゆる瞬間が問うことができるかどうかは根本問題に関わることであるということであり、その結果、そのような考えでは、すべての時代と民族の法典が、バランスのとれた自由な選択のために、編纂されて我々の面前にあるのである。当初の立場

からすると，それ故に，種々の民族の法史の重要性はきわめて不平等なものとなるであろう。最も重要なものは，ゲルマン法，ローマ法，そしてカノン法であり，また依然としてあり続けるのであろうが，しかし，外国諸民族の法については，当該民族の状況が私たちの状況と多少なりとも類似性をもつかどうかによって，多かれ少なかれ私たちの関心をひくものである。かようにして，たとえば，すべてのキリスト教的ヨーロッパの諸民族の法，すなわち非ゲルマン的な一族の法（したがってスラブ的な法）よりも一層私たちに関わりがあるのは，「東洋諸民族の法」であり，「知識を，もしそれがほんとうの知識であれば，それをもたぬことが低く評価されるべきものであることは，ちなみにその場合自明のことである」。すべての説得力の弱い根拠のなかで，私たちがそれが広まっていくなかで伝えてきた最後のものは明らかに最も根拠の弱いものである。それは，それ自身の中に以下のような，錯誤の二重性を孕んでいる。

　※　サヴィニーの Zeitschrft für geschichtl. Rechtswissenschaft III. S. 5. u. fg.

法と民族　　1　法に関し，他の諸民族よりも優れた技量を獲得した諸民族が存在する。その場合の結論は，それ故に法的センスがその民族の場合より満足しうるものであるということであり，それは，芸術的センスが，たとえば，ギリシアの芸術作品においては，中国のものよりも満足できるものであるというようなことである。さらなる推論と最後の結論は，結局以下のことである。つまり，これらの卓越した技量をもった諸民族の法史は，卓越したものをもたない諸民族の法史よりも重要であるということである。この命題の基礎になっているのは，次のようなとり違えである。（センスという）主観的な関心と学問の客観性とのとり違えである。芸術家の芸術的センスにとっては，たしかにベルヴェデーレのアポロンは，何か多肢的なインドの神よりも適切な形姿をしている。なぜなら，芸術家は，若きアポロンにのみ完全なる美を探求し，それを見出しているからである。しかし，芸術学にとっては，その両方ともが等しく重要であり，芸術の不可避な発展において同じく注目すべき要素なのである。というのは，芸術は，直接的で感覚的な直観から解放されており，そして，常にその傍らに芸術の愛と直観の喜びをもって，インドの仏塔に，そしてジュピターの神殿に，あるいはゴシックのドームに存在するからである。もし，今，

同様に，法的センスと何か芸術的センスとがかけ離れているが故に，その両者をあえて比較することが許されるのであれば，しかし，昨今の法律家が，その時代の法律のもとで生きつつ，そしてそれに没頭しつつ，その時代の法に緊密な関係にある同種の法学識に，したがってローマ法あるいはゲルマン法に一層引き寄せられるのを感じていると言えるであろう。しかし，法の学問は，魅力ある，好印象の，興味をひくような形態をとらず，それは，そのような主観性を軽侮する。そして，すべての段階が概念の必然的な階梯であるが故に，まさにその必然性に，あらゆる重要性が存しているのである。しかし，もしたとえばローマ民族に暗黙のうちにそうした絶対の法的卓越性が付加されるべきであるとしたら，私としては，その卓越性を否定したい。ローマ人が最高のものを獲得したのは，ただ，抽象的な法が問題となっていない，人と物が家族とその財産の倫理的な実体を自己の内に保持していない場所においてだけなのである。つまり，所有と諸契約の理論においてである。ローマの家族法に関しては，より高度な精神が，いくつかのオリエントの法に，しかしたしかにギリシアの法に，そしてゲルマン法については言うまでもなく，満ちあふれていると言えるであろう。

普遍法史について　　2　普遍法史に対しては次のことが言われている。つまり「ある法がある民族の固有なる本質の一部と成っていたか，あるいはいずれの法が妥当すべきかが常に問われうるかどうかということは基本問題に関わることであり，その結果，そのような考えでは，すべての時代と民族の法典が，一様で任意な選択のもとに，私たちの面前に広がっているのである。最初の立場から見れば，ローマ・ゲルマン・カノン法が最も重要なものであり，しかし，次にはスラブ民族の法が重要なものであり，そしてオリエントの法は最も重要なものでないことになるであろう」。私たちが正しいものとみなしているその立場については，既に先に述べた。すなわち，ただいかなる時にも，どの法がその時に妥当すべきかを問うことができる darf だけでなく，その時がまさしくその時であるとすれば，その時が自身に対しその質問を提起するにちがいない muß ということである。もちろん，次のことは真実である。いかなる時代でも，すべての過去が生き続けており，それはある他の瞬間に変換された過去であるということである。ある時代の間近にある現在の生活は，しかしその過

去を意識してはならない。その生は死を，つまり死から生が生まれたと感じてはならないのである。しかし，このような恣意的な，歴史学派によって考え出された立場は度外視して，あれやこれやの見解が普遍法史を避けるということにどのような影響を与えたのであろうか。どの民族にとって，その民族の法がそれ自身の存在の一部とならなかったのであろうか。このような全く中味のない思考欠如の返答は，結局，次のような見解になる。つまり，すべての学問からは，その学問との関係において，以前から最も不名誉で屈辱的なこととみなされていた見解，ただ不自然な覆いがかけられているように見えるだけで，しかし，結局，必要な場合にはその姿を現すことになる見解，その学問がそれ以外の何か別のものであるという，すなわちその学問自身がその目的ではなく，それは，他のもの，したがってそのより高度なものにとって有益で重要であるという見解である。法学は，その意味において，一定の人々，つまり法律家と呼ばれる者，そしてその知識を利用し，適用しなければならない人々のための知識と考えられている。しかし，現在起こっていることは，法律家と呼ばれるこれらの人々がローマ・カノン・ゲルマン法をただ利用し，適用できるだけではないということである。というのは，彼らは，それらの法をただ利用するためだけに選び出したわけではなく，それは，ただそれらの法が彼らにとって重要であったからにすぎないである。しかし，法学には，他の学問とは異なり，一定の既に熟練した人々，つまり法学があてがわれるべき人々がほとんどおらず，法学はまた自身が重要で有益なものとみなされているかいないかも全く気にかけていないのである。あるいは言い換えれば，法学は，法律家にとって全くもって学問ではないのである。ただただ歴史学派だけが法学を学問と考えていたが，その歴史学派は，ここでは，彼らが歴史的な資料を用いているにもかかわらず，ますますパンのための学問の一学派であると自称することになるかもしれないのである。

166

法知学・法識学・法学　私が普遍法史に対抗してきた見解を批判するに際し，かように詳しく述べた後では，私ができるのは，法学に関して次のような意見を二つの命題の形で述べることであろう。それらの命題は，先述のことによれば問題なく明らかであろう。私は，徹頭徹尾，そして最も正確に，法知学ないし法識学 Rechtskunde oder Rechtsgelehrsamkeit と法学 Rechtswissenschaft

を区別しており，そして読者達が法学を次のように私と同じく区別していることを望むものである。

A．法知学ないし法識学は，ある特定の国家に妥当している法に関する知識をもっている。その学問は，それゆえ法の内容をその対象とする。したがって，当該学問の内容が現行のものに限定されている限りにおいて，それは必然的に有限の学問分野であり，あるいはそれが自らを学問と称している限りにおいては，それは悟性の学問である。その学問が，国家の職務において用いるため，ただ国家目的のためだけに学ばれうるがゆえに，それはまた芸術的な技芸という性質も有しており，そして，それに身を捧げた者はある特別な身分，すなわち法律家身分になるのである。こうしたその有限な完結性において，法知学は，必然的に自立しており，そして，法知学を最も明確に他のすべてのものから区別させる固有の形態，用語そして様式に応じた自立性を備えている。この法知学に関しては，次には，ただし，その重要性ないしは非重要性，有用性ないしは非有用性が問題となりうる。なぜなら，法知学はその外部に一定の目的をもっており，それは法律家のために存在し，そしてそれらの熟練した人々に合わせなければならないからである。したがって，ラント法ないし普通法が存在しているか，あるいは，しかし部分的に普通法から由来している法が存在するところでは，その法が法知学の内容をなすのであるが，それは一部には，実質的なことそれ自体としてであり，一部には理解するうえで不可欠な補助手段としてである。ついで，法知学のこの領域では，既に以前にドイツでは，しかしとくに歴史学派によって，次のようなバビロニアの混乱が引き起こされていた。つまり，法知学は，様々な歴史上の特別な富をもたらしたのであり，その富は，法知学の目的，すなわち法知学だけがもっぱら奉仕すべき目的には，ただ害をもたらすだけであったということである。なぜなら，学問的な法学に関しては，今や，非学問的な法学との対比において語られはじめ，そして前者において種々の歴史的資料で飾りつけられた法知学を理解したが故に，それによって以下のような奇妙な葛藤が生じたのである。つまり，一方では，法学識が国家に対して際立った明確性をもっており，国家に対して以外には何もないということが，誤って歴史的な学問と思われた霧の中へと消え去り，そしてそれ故にその明確性に関して後退したということ，しかし他方で，即かつ対自的存在の絶

対的な要請をなし，何かある国家目的に依存していない学問は，ある目的と有用性との，それにもかかわらず有限の関係によって，神聖さを汚され，辱めを受けたのであり，そしてその全く不名誉のためだけに呼び寄せられたように思っていたということである。フランス人とイギリス人は，はるかに明確に法知学の概念と本質 Wesenheit を把握していたのであるが，それは，外的な歴史的知識をという全く意味のない負担をすることなく，法知学が単に国家目的との関わりだけで，技芸として習得されていることによってなのである。

　B．しかし，法学は，法知学と法識学とは決して代替しえないものである。法学が関わりをもっているのは，熟練した人々である法律家ではなく，全く別なもの，つまり思想である。法学は学問として必然的に哲学の一部である。しかし，部分的には，法学は先述のことに対し，一定の不可欠な立場を占めている。法の概念は，それ故にその生成の後，法の学問の外部へと至る。法学それ自身は，それ故，法知学が備えているような有限なる自立性と独立性をもっていない。むしろ，法学は，この一つの学問の次のような契機にすぎない。つまり，そこでは，理性的存在が必然的に，自由な倫理性をもつ現実世界へと展開しているのである。その理性的存在がそれを契機に法と国家になるように，その存在を把握することが，あるいはその哲学がまさにそのときに法と国家の学問になるのである。重要性ないしは非重要性，有用性ないしは非有用性，法学に関しそれらの基準を歴史学派が定立したが，しかし本来同時に法知学も想定していたそれらについては，ここでは論じることはできない。なぜなら，有用さを持ち合わせていないことが，まさにその学問の概念であり誇りであるからである。法の概念は，しかし，二重の観点のもとで次のようにとらえることができる。まず第一に，現実的な現在として，それは，思考において把握された，人倫の法と国家の法の現在世界としてであり，あるいはまた，その時代の形態における，必然的な生成と展開，つまり，そうした現在世界の生成としてである。第一の手法は，法の哲学であり，第二は法史学である。ここで述べるべきは，ただ後者についてである。

　※　ヘーゲルの Philosophie des Rechts S.4.

法史学　　法史学は，それが単に抽象概念だけを内容とすることを意図しな

い限りにおいて，必然的にその時代における法概念の発展の全体性を自己の内にとらえており，法史学は，それ故に同じく必然的に普遍法史学なのである。なぜなら，法史学は，いかなる民族にも，そしていかなる時代にも，唯一の重要性を認めるものではなく，すべての民族は，現在，概念から帰結する発展段階にある限りにおいて考慮されるにすぎないからである。しかし，法は，それ自体は絶対的なものではなく，そしてそのようなものとして受け取られれば，再びきわめて抽象的に取り扱われることになるであろうがゆえに，むしろ法がただ一つの契機を，民族の全体性においてもたらすがゆえに，法史学は，ある民族の歴史的な原則と法との常に生き生きとした繋がりを維持し，明示しなければならないのである。その叙述に関しては，それは，その概念を否定することなく，直接的に叙事的な叙述でありうる。その概念の進展は，それゆえにますます，その概念自身の形態が結びついてはいない，一つの想定された進行である。あるいは，その叙述をその関心においてだけでなく，概念の形態においても行うという明白な課題があるに違いない。

　このように詳細に学問の立場について述べた後，次に，序文で第二の契機として挙げたことが問題となる。それは，本書の有り様について論じなければならないことである。以下の論考では，普遍法史学一般は扱わず，そのほんの一部，つまり相続法についてだけ論じる。対象は，世界史的発展における相続法である。ここで生じる問題は，したがって以下のようなことである。相続法が法一般とどのような関係にあるのか，そしてその時代におけるその相続法の発展がここではどのように理解されるのであろうか。

　相続法について　　相続法は，家族が解体する際に登場し，そしてその概念は，財産領域における家族の解体の表明であるとされる。家族関係における最終的な行為として，相続法では，家族関係のあらゆる契機が現れてくるが，それは，それまでなお抽象的な共同体にあった家族成員たちが，そこでは，継承順位の遠近において一定の区別を受け入れているがゆえにである。婚姻，親子関係，そして親族関係は，相続法において，それらの正当性を妥当させ，相続法との関係において一定の地位を得る。しかし，被相続人がその財産，つまり，被相続人の生存中，当該財産に対する家族の権利から完全に独立しているという外観をもっている財産に対する権利を保持している限り，当然，そうした外

観は，死との関わりにおいても妥当しようとし，そして，そのようにして，家族の実質的な要求と個人との対立が生じる。相続法の歴史は，それゆえに，同じく以下のことを考慮しなければならないのである。家族関係の様々な契機が，各民族において，その相続法にどのように関係しているのか。同じくまた，個人的な恣意の要求が，このような正当化に対してどのように関わっていくのか，ということである。

　それゆえに，相続法とともに家族の様々な契機の展開が，その生成において，そのうえさらに求められていないとすれば，ただ相続法のきわめて抽象的で一面的な叙述ができるにすぎないと考えられるところである。家族の解体として，いずれにせよ相続法には，それらの契機が自身を貫きうる以外の自立性は認められるべきではない。ある民族の相続法は，それゆえに，ただ家族法全体との繋がりにおいて把握されるのである。次に家族法自身が自己のもとに各民族の歴史的原理を保持しなければならない限りにおいて，本論考の課題は，相続法の領域内において，世界精神の必然的な動きを示すことである。しかし，たえず動き続けるという本性上，動くものはいかなる契機においても一つの新たな形姿をとる。その際，現象の多様性における統一性は，それ自身にとどまっている精神だけである。この本性は，しばしば，その課題のために比較を行ったいくつもの研究において見過ごされてきた。その課題を充足させようと考え，そして，すべての努力がそこに向けられたが，それは，様々な民族におけるある制度の同一性と類似性を証明することができる場合であった。なぜなら，むしろ，その課題は，必然的な多様性を示すという，相対立することであるかもしれないからである。インド，エジプト，そしてギリシアについて，このような方法でそれらの違いをなくそうとする者が，また，それらの民族すべてから，当該民族にのみ付与されている原理を奪いさり，その悪平等を通して，歴史のもつ豊かさを完全に貧弱なものに換えてしまった。単調というこの悪しき同一性は，たとえば，マヌ法典において，ソロン的な意味を，ソロンの命令自身よりも明瞭に意識させるものである。より完全な同一性が存するのは，次の点においてである。互いにかけ離れていること，すなわち両者の差異，しかし，その差異の必然性を示すことにである。

　しかし，本論考には，なお釈明が必要である。つまり，本論考を公表したの

は，単に世界史的展開における相続法の研究としてだけではなく，またローマ以前・ローマ以後の相続法と対比したローマ相続法の研究としてでもある。後者の手法が際だっているのは，そのためである。次のような二重の取り扱いは可能であろう。すなわち，その歴史のはじめから出発し，同時に，その時に相続法的関係が現れるように始めるという取り扱いであり，しかし次に，さらにその関係を発展させ，あるいはまた，歴史のなかにおいて一つの立場を選び出すという取り扱いであるが，その観点からは，そうした発展が考察されるのであり，そしてそれは，ただ選択された立場のための，そしてその立場との関わりにおける発展にすぎないのである。この最後の方法を，私は選択し，そしてローマを私の立脚点としたのである。次のことは，私には，重要でないとは思えなかった。つまり，相続法が論じられているさいに，たいていの場合，ローマ相続法を念頭におくという通常の考え方を引き合いに出し，かようにして，新たな検討方法を，旧き手法を基礎にして始めることである。ローマ法に対し，ここで特別な重要性を与えることは，その検討方法が，基本的に何も変わらずに同じものであり続けただけに，なおさら問題のないことでありえた。しかし，ローマは，歴史全体の中間点とみなされうる。ローマは，実質的な自然必然性と古代の自由，つまりそれは有限なるものと無限なるものであり，ギリシア世界が美しき統一性のもとに保持していたものをそれぞれに引き裂いたのであり，そして一方を他方に対し概念的に対置したのである。それらの概念の一体性は，純粋な解消であり，皇帝世界の否定であった。しかし，その否定から，より新たな歴史のより深い原理が生まれてきた（3頁以下を参照）。以上のように，また相続法について私が叙述するためにも，カピトリヌス丘の頂上で私の立場を選び，そして，ヤヌスの顔をもって，ローマ以前の古代とローマ以後の世界に目を向けることが私にはできるのである。

　ローマ法　以下の論考は，それゆえ，ローマ史とローマ法の概念について述べようとする序文で始まる。その概念に従ってローマ相続法を検討する前に，ローマ以前の相続法に関する研究が行われる。しかし，その全体は，ローマ以後の相続法の叙述で終わる。その内容自体については，私は，ここではさらに長々と述べることはできない。それは，つまり，既に述べられているように，概念的な予言による内容の自己発展にとって助けになることであった。ただ，

その形式を考慮してのみ，なお以下のことがここでは成り立つ。たとえ，全体においては，その素材を概念の形式に高める努力がなされているとしても，私は，その素材自体が未知のものか，あるいは認知されていないものである場合には，素材の表面的な加工と叙述をすることを試みた。さらに先に行くことを拒むものは，そのような表面的な叙述に，しかし，それ自身は概念との関わりのもとで行われているものであるが，その叙述において，充足感を得るかもしれない。

オリエント法とギリシア法　オリエント法とギリシア法に関して本論考が利用することができる補助手段と準備作業については，とりわけ，ウイリアム・ジョーンズ卿があげた業績を，最大の感謝の気持ちをもって語らずにはいられない。東洋の言語と文学，そしてアジア法についてそれほどに多様な知識をもちつつ，彼は，ギリシア法とローマ法において完全な学識をもち，そして彼の祖国の法に関してもそれに劣らぬ学識を備えていた。彼が，より哲学的な深みを，あるいはモンテスキューのような精神を備えていたならば，現在あるものよりもはるかに多くのことを彼から得ることができたであろう。モーセの法に関して，ミヒャエリスは，彼の時代に責任がある皮相なところを除外するならば，今もなおきわめて有能で才気あふれた文筆家である。タルムード法に関しては，ゼルデンの冗長な他人の書いたものの寄せ集めは，重要な補助資料とみなすことはほとんどできない。少なくとも，ゼルデンもまたブルトルフも一時たりとも史料研究を不必要なものとしていない。ギリシア法に関して，ベック，フッドヴァルカー，ブンゼン，マイアー，ショエーマンの優れた業績が，しかし全く新たに，プラットナー，ヘフターそしてティットマンの業績がしかるべき賞賛のもとに受け入れられている。しかし，アテネ法のために弁論家たちが施した加工は，レプティネアにおけるヴォルフの優れた試みによって，既にそのモデルが作り上げられていたのであれば，なおのこと悲しいかなそれがないのが残念である。本論考との関係では，なお，ブンゼンの論考がとくに感謝の辞に値するものであり，彼は，私と彼とがかなり異なっているにちがいないとしても，それにもかかわらず相続法の理論にはじめて包括的な叙述を充てている。

ヘーゲルの体系　次になお残っているのは，ただ，既に先に述べた第三の

点，すなわち筆者の主観的な正当化根拠について語ることだけである。私は，ここでは，前の時の場合よりは簡単にすますことができるであろう。近年，私は，一層の熱意をもって，哲学の研究に，そしてとくにヘーゲルの体系における最新の，深遠なる，そして時代に則した哲学の形姿に取り組み，その形姿に，私の実証的学問に対する正当化根拠を見出そうとしてきた。それ以来，私には，次のような完全な意識のことが理解できた。つまり，究極のことである概念に至らない歴史的な営みは，ただ虚ろな外面性と空虚で無内容な遊びであり続けるという意識である。ヘーゲルと彼の著作には，私は，それらに対し，ジレンマのなかで，つまり私の概念的思考と学問の狭間にあったが，私の学問とのより完全な宥和をはかることができたのは，それらのお陰であった。すなわち，私はただ暗闇のなかで手探り状態にあったが，私にとっては，法哲学が世に現れてはじめて晴れた日がやってきたのである。それ以前，個々の柱やアーチとして，たしかに確固としたものと，私には思えていたものを，私は，深い基礎工事がなされた建築物の単純で壮大な建築様式においては，きわめて強い刺激がなければ，再認識することができなかった。そのように，したがってそうした研究は以下の論考に対しただ最も直接的な影響を与えただけでなく，もしかすると一定の意義があるかもしれないものすべてが私によるものではなくその研究によるものなのである。しかし，その深遠できわめて力強い思想家，ヘーゲルを私はまさにそのように呼んだのであるが，その思想家は，彼がたとえ私の賞賛を超える存在であったとしても，私の感謝の念と，押さえることができないそうした無意識的な表現を私には許してくれるであろう。

　たしかに，最近，宗教歴史学がその十字団を，そして地理学がその騎士をかかえなければならなくなってからは，今や，比較歴史学の分野に登場することは大胆なことと思われるかもしれない。しかし，学問には，弱きものもまた関わることができる。私は，努力して，誰よりも私が十分に感じている，本論考の不十分さについては，同様の他の諸論考において改善しようと思う。また，法史学全体を包括する，大きな事業を，私は比較的長きにわたる研究を通じて準備をしてきたが，しかし，それを完成させるために必要なのは，これまで私が享受しなければならなかったものとは異なる文献的な補助史料であり，これまで幸運によって私が関わることができたこととは別の外見上の関係，とりわ

1 「世界史的発展における相続法」(1824年)の序文

け，さもなければ様々な困難のために全く行き詰まっていたに違いないであろう，そうした事業を促進することに好意的な政府の傾向である。それ故に，その事業は，本書が幸運にも，力のある若き才知に，法史学の領域に存在するのと同様な目的の追究と，そしてまた同様の課題の解決を要請したとすれば，何よりもまず最も望ましいことであろう。現在，若い人達にとってほとんど慣行となっている，まだ利用されていない異文の宝庫に目を向けるという作業がたとえいかに賞賛に値することであっても，そして，古写本の数枚の新たな紙葉を発見することがたとえいかに至福なことに違いないとしても，年を重ねた法制度という未だ解明されていない財宝に向かえるのは，より深い洞察によるものであり，概念の必然性を自覚していることは，さらに高次の喜びなのである。

　　1823年3月23日　ベルリンにて

エドゥアルド・ガンス

〔1〕 Eduard Gans, Das Erbrecht in weltgeschichtlicher Entwicklung. Eine Abhandlung der Universalrechtsgeschichte , Bd. 1, Berlin 1824から序言 Vorrede を抜粋したものである。
〔2〕 Anton Friedrich Justus Thibaut, Civilistische Abhandlungen, Heidelberg 1814, S433.

2　カール・フリードリヒ・フォン・サヴィニーの『中世ローマ法史』(1827年) の批評

　11年前に公刊されたある著書，それに対しては，既に他のところで有名となっている執筆者の名前によって，一定の名誉ある接遇が保障されているのであるが，今やその続きを示そうとすることは，展開の仕方と考え方において，ものの見方と整理の仕方において，当該著書のその第4巻が直接の先駆的業績と何も違っていないだけに，ますます目的に適わないものと思えることだろう。しかし，その著書における特別な関心は，一般的な学問的関心とはあまりに乖離しているので，それらの分析は諸雑誌に多くを委ねても良いであろうし，それらの雑誌は，もっぱら個々の厳密な仕事に，学問の外塁との関わりにおいて専念してきたものである。しかし，一部には，著者のまさに賞賛されるその名前は，その名前に由来する何ものも無視されたままではないことを強く求め，一部には，その第4巻では，さらに第5巻と第6巻でなされうることの方向性がはっきりと与えられているので，その著書に関しては，ある完成したもののように，またそのプランと精神については，一つの完全に教示されたことのように語ることが許されるのである。したがって，サヴィニー氏の著作に対するこの批評がとる立場は変わるのであるが，それは，今や課題は，学問的な法史学の諸要求に対して本書をもってなされていることを評価することであるからである。

173　　**中世ローマ法史の魅力**　　中世ローマ法史よりも魅力的な法史の素材は存在しえないということは，認めなければならない。中世に関して言えることは，そこでは，その歴史は，最初から始めるとすれば，非歴史的な自然状態から発展し，そして確かに，単に一つの新しい世界が，アメリカのようにその時代の概念的な結果から駆り立てられて生まれるだけではなくて，その世界自身が新たに始まるということである。しかし，三つの接続状態が，依然として，たしかに同一ではない価値と異なる意義をもっているが，しかしそれは古代の遺産

を総括するものとして，新世界と旧世界との間に残っている。まず最初に，諸
民族は，その宗教を古代の人々から受け取るが，しかし，その宗教は，ただ外
面的にのみ古代に属し，古代自身を貫徹しうるものではなく，それゆえに古代
自身を解消するものなのである。諸民族は即座にその宗教を受け取る。なぜな
ら，宗教が歴史の始まりとなり，そして歴史の基礎であるからである。それに
対し，依然として，学問と市民法はただ不十分にしか認識されていない，なお
ざりにされている宝物である。なぜなら，それらに対しては，最初にまずそれ
らを探し求めようとする必要が同時に起こってくるに違いないからである。し
かし，学問と私的生活に対し求める声がほとんど同じ時代に大きくなってきた
とき，その両者は，とうの昔から存在したもの，つまり，ただ受容し，享受し
なければならないものとして現れる。中世ローマ法史は，精神的にそしてその
真の意味において理解されているが，それは，5，6 世紀における絶対的な高
みと独裁の状態から，他の利害の力に抗しての漸次的な弱体化と衰退に至るま
での私法学を扱わなければならず，さらにしかし，いかにして私法学に対し歩
み寄りがなされ，それが受け入れられ，それが既存のものとして享受されるか，
そしていかにして私法学がまさに再びそのかつての重要性を，たとえ再びその
独裁的な状態ということではないにしても，担うことになるのかを示さなけれ
ばならない。したがって，そのような歴史は，必然的に西〔ローマ〕帝国の終
焉時における法状態を示すことから始まる。

私法学と公法学　私法学と公法学は，それらの実際の関係と状況において
論じられなければならず，私法学の優越的支配が基礎づけられなければならな
い。示されなければならないのは，なぜ古代の最後のあがきが，私的生活のそ
れなのか，なぜ私法学がその最後の著作なのかということである。さらに，ゲ
ルマン諸民族の状態へと移され，そしてその状態は，ローマの諸状況に対する
それら民族の親和性と受容力の点から評価されうる。その場合，国家法と私法
との違いのなさが大きければ大きいほど，その私法的なことが，私法的なもの
自体を超越した，誠実という特徴に依存するものであればあるほど，ローマ私
法あるいは固有の私法は一層凝縮されたものとなり，そしてそれはただなお痕
跡のように，たいていは上述のようにたしかに古代と直接的な繋がりを形成し
ている聖職者において維持されるにすぎない。しかし，国家が生まれ，都市に

174 おける市民的生活が活発となり、したがって、私法を、つまり封建的な内容をもった私法とは異なったものとしてのそれを必要とすることがまた生じてくる。だが、そうした私法は、つくられるものではなく、見出されるものである。そして、ローマ法に対し抵抗がなされるとすれば、それは、ローマ法にのみ満足を得ることができた個人的感性一般に対する一つの抵抗である。ここでは、ローマ法に関する研究の発展、その研究の最盛期、等々について述べなければならないが、まさに以下のことを示すべき場所であろう。つまり、なぜ、所与のゲルマン的要素から、固有の、あらゆる点で系統的に体系化された私法が発展しえたのではなく、ここでもまた、補充的に、既存世界が生み出したものへ逃避しなければならなかったのか、ということである。この点において、まさに、本来のローマ私法（我々は、そのなかに家族法を入れて考えていない）の、つまりあらゆる時代の私法としての意義が現れているのであり、たしかにローマ私法は、多くの変更や修正を被っているが、しかし、それは、ただ、ローマ私法がより高次の要請に従わなければならない場合においてだけである。このような意義を認識することを、中世ローマ法史もまた、その外面的な立場に関わり、やめてしまっている。その課題は、以下のような他の課題へと変わってしまっている。それは、ローマ法の個々の学説を詳細に検討するという課題に、その時代にとってのそれら学説の意義、つまりローマ法に関して支配的な諸見解を明らかにするという課題に、要するに言いかえれば教義史と呼ばれているものに変わってしまっているのである。この教義史が、結局、15世紀の終わり頃まで引き継がれたとすれば、さらに現在成立しているヨーロッパ諸国のそれぞれの法律に関わらざるをえなくなるであろうし、そしてローマ法を民法の基礎として性格づけられうることになるであろう。ローマ法が総じて補充的で、それゆえに自立的な法の性格をもっていたドイツにおけるよりも重要なことは、多くのイタリア都市の条例法、フランスにおける書かれた法の地、最後は、裁判法 Fuero juzgo、実体法 Fuero real から、第7項目 siete Partidas と裁判所法 leyes del Foro から最新選集 Nuevissima Recopilacion に至るまで加工されたスペインの立法に対する、そうした研究であろう。しかし、さらにそのような著作の結びでは、なお、次のような国々に目が向けられるであろう。つまり、イングランドやスカンジナヴィアの国々のように、ローマ法が全く根本的な影

響を与えなかった諸国である。

　否定し難いのは，それが，中世ローマ法史が辿らなければならない，もっぱら内的な道筋であるということである。その遂行が，哲学的ないし哲学的な意味に従って，その知識，研究に応じて，その説明能力によって，いかに多様なものでありえるとしても，その立場は，自らはその立場に立つ気がしない者たちにとってすら，依然として異論のないところであろう。サヴィニー氏のような，かように大きな功績のある人物に対し，正しく真の正しき立場が期待されねばならないことが多くなればなるほど，後に続く研究は，ますますはっきりとこの著作の進行に組み込まれることになるであろうし，そしていわば彼の後を追う努力をしなければならないであろう。

　外面的な叙述　サヴィニー氏は彼の著作を，先にそれについては必然的なこととして述べているように，5世紀の法状態の歴史から始めている。残念ながら，そこでは，ローマ法の内的な特徴描写やその内容がもつ諸原理の説明についてよりも，ユスティニアヌスの彙纂に至るまでの法源の外面的なつながりについて多くのことが述べられている。もちろん，以下では，この単に外面的な始まりの首尾一貫性を正当化する機会があるであろう。しかし，彼は，依然として，それに関しては少なからず皮相的なままであり，中世ローマ法のさらなる考察のための準備作業的な基礎がないままですまされている。たとえば，ローマ法に関する考え，つまりローマ法が帝政期の他とは隔絶した卓越したものであったとする考えについては，私は既にある他の場所で争わなければならなかった。もし，ユスティニアヌスの彙纂を，その編者がそれへの批判者に対して，正しく弁護するとすれば，次のような主張がなされうるであろう。つまり，そうした弁護は，その事業が「愛と意思」をもって行われ，それが野蛮人の先行している様々な試みよりも優れている，と語られることをもっては，まだ決着がついてはいないのであり，その弁護は，編者がユスティニアヌスの彙纂を，より以前の法状態に対するその内的な意義において明確にしようとしたとすれば，そのときにはじめて，その真の完遂を見出したであろう。法源をそのようにまとめることに続いて，ローマ裁判制度に関する論考がおかれている。それは，たしかにその作品の最も優れかつ最も賞賛に値するところの一つである。その編者は，彼に固有の，わかりやすくかつ受け入れやすく叙述する才能

175

をもって，その基本制度の概観を与えており，その制度は古代イタリアと属州の諸都市において，多様な形で形成されていた。悔やまれるのは，ただまたも，その論考とそこで手を加えられた対象があまりにも自立した完結性という特徴をもっていることと，課題全部の継続と繋がりがエピソード的な個々の事柄に対する関心ほどには見えていない，ということである。ローマの状態についてのそうした考察から，その編者は，そうしたことが既にまた不可欠なことであるとされているように，ゲルマン法とゲルマンの裁判制度へと移るのである。

ローマ法とゲルマン法 先にローマ法のところで明確になった欠陥が，たとえ表題と問題の論述において再び見出されるとしても，というのは，ゲルマン法の特徴の説明ではなく，ゲルマン的となって間もない国々における法源について述べられているからであるが，そこでは，サヴィニー氏は，しかしながら少なくとも外的な原理を求めて努力し，そしてしかもその原理をその論考の先頭に置いたのである。サヴィニー氏は，第1巻90頁で次のように述べている。「ゴート人，ブルグンド人，フランク人，そしてロンバルド人が新しい国家を創設したとき，そこでは，ローマ人はもはや支配権を行使できなかったのであるが，諸部族は，ローマ人を異なった計画に従って取り扱うことができた。彼らは，民族を根絶することができたが，それは彼らがすべての自由人を一掃するか，あるいは奴隷にすることによってであった。彼ら諸部族は，自身の部族の数を増やすために，その習俗，基本制度そして立法をローマ人たちに押しつけることができたのであり，もしそうなればそのローマ人たちはそのとき，ゲルマン人にされていたであろう。その両方のどちらも起こらなかった。なぜなら，たとえ数知れぬローマ人が殺され，追放され，あるいは奴隷にされたとしても，しかしながら，そのような籤を引いたのは，ただ個々人だけであって，決して大衆としての民族ではなく，ある同様の原則に従ってである。むしろ，両民族は，たしかに地域的には混在していたが，しかし，習俗と法においては異なった形で共生しており，そしてそのことから，市民法の状態が生まれてきたのである。その状態を，我々は，領域法との対照において個人的権利ないしは私的法律という言葉で表している。」たしかに，サヴィニー氏が我々に野蛮人が行うことができたかもしれないような可能性を数え上げることは，ほとんど実りがないように思われる。なぜなら，そのような可能性は，彼らのやり方

の実際を示すなかで排除されると同時にまたうまく受容されているかもしれないからである。しかしながら、それにもかかわらず、指導的な原理、すなわちすべての被征服者をその権利に応じて評価させる原理が示されている。その原理には、説明が必要である。たとえばモンテスキューは、これまでゲルマン人の自由崇拝のなかにその説明を見出そうとした。サヴィニー氏は、自由崇拝がそこでは一つの基礎となっていることを信じようとしない。個人的権利の容認は、よそ者に対する、野蛮人には期待できない人間性にすぎない。その事実の説明は、違った形でとらえられるに違いない。当該事実は、比較的大きなゲルマン国家が求めるところにあった。なぜなら、そうした事実は、総じて、ただ次のような場所にだけ、つまり、かなり多くの人々が互いに交じり合っている場所、したがって、勝利した部族とローマ人の間に存在できたからである。編者が私たちが示す事実の原因を勝利した国家の必要や状況に求め、編者が言うように、一つの説明を内的な原因から（Ⅰ, 94頁）行ったと考えているが故に、明らかに、そのために実際は、問題となっている国家の一定の状況や必要を論じるなかではじめて行われるであろう説明は何もなされていないのである。一方、私たちは、今はただ状況、必要という言葉で納得させられているにすぎない。個人的権利の基礎に関して説明をするかわりに、今はむしろ、その仮定、つまり勝利した部族とローマ人との間においてだけ、そうした状況が存在したという仮定を修正することが主張されている。ローマ人が、しかしそのような支援を行ったのは、元々は、その規模の大きさによるものである。なぜなら、後に、多くの部族は互いに自身の法を個人的権利として主張したのであり、それ以前には、ゲルマン民族もまた被征服者であった。サヴィニー氏がそのような組み立てによって獲得した基盤は、そのように小さなものである。ローマ人が、蛮族にも自身のローマ法を維持したことは、既に久しく知られていた事実である。なぜなら、「ローマ人が多数存在したので」、とサヴィニー氏は補足しているからである。しかし、ローマ法をそのような特別な形で維持することについては、実際には、より適切な理由が見出せないとされているのであろうか。次のようなことは想定できないであろうか。つまり、それぞれのゲルマン部族が、根絶されなかったローマ人よりも絶えず容易に、同系部族の、欠乏、規則、そして精神に関し類似した法に満足することができたということ、そしてその

ローマ人に対しては，彼らが従前より有しているものとともに，問題なく彼らの私法が与えられたに違いなかったし，また，その私法を彼らは，同じような容易さでゲルマンの私法にかえることは決してできなかったのである。もし，サヴィニー氏がその私法を蛮族が獲得した状態そのものとして理解したとすれば，さらに，ここで，その論考が別の基本制度を考えていたとすれば，そしてローマ法がそこでも常に続いていたことを示すとともに，それをすれば，そのような持続の意味について語るという要請がまた生じていたであろう。しかしさように，本章の内容は，西ゴート，ブルグンドそしてフランク，同じくロンバルドの国々においては，ローマ法が維持されていたという，たしかに正しい論述のもとで進められている。ルピの見解に対し多くの補足が伝えられているイタリアにおける，重要でまた表面上うまく叙述されている専門職に関する理論においてすら，その意図するところは，決して，どのような繋がりのもとで，その多様な自由が，妥当するべき法との関係において，法状態全体に対し存在したのかを明らかにしようというところにまでは至っていない。我々は，それに関して，対象の哲学的な貫徹を，つまり必然的に不可欠であるわけではないことを求めているわけではなく，事物自体がその内的なものに従ってそのようにあまりに誇示されすぎて描かれており，その結果，我々がその専門職の事実とともに，また，その制度が基本的にゲルマン諸民族に帰属するものであることについて気がついたことである。東洋においても同時に妥当していた様々な法に関わるそうした専門職は，古代ローマで認められていたものと，どのようにして区別されるのであろうか。それらがまさに，いつもは中味の貧弱な，不毛な対象に世界史上の魅力を与え，そしてそれを一般的関心の領域へと導いた議論であったであろう。個人的権利から領域法への移行に際しては，その両者の本質をそれらの違いにおいて示すという，それ自身の要求がはっきりと現れるために，表面上の解決を試みることは何にもまして不満足な結果になりうるのである。個人的権利から領域法への移行は，民族大移動のゲルマン国家への移行にほかならない。ローマ法は，個人的権利の支配のもとで普遍的かつ国家的な法の性格をもち，そしてローマ法が最近に至るまで保持されたのはそうした性格に負っているのであるが，そのローマ法は，領域法と有機的な諸関係へと成長したゲルマン的状態に対しては，単に外国の法にすぎなくなり，今やそ

2 カール・フリードリヒ・フォン・サヴィニーの『中世ローマ法史』（1827年）の批評

の内容に従い外国法として自己を主張するという困難な課題を担っている。 **178**
ローマ法とゲルマン法の闘争は、たしかに国家と教会の闘争に比べれば、それほど明白ではなく、目立たないものだが、しかし、決して、その時代にとってそれほど重要ではなくそしてあまり特徴的なものではなかったというわけではない。その闘争は、イタリアでは、ゲルマン法が敗北し、ローマ法が正式に新たな条例に取り入れられるという結果になり、スペインでは、その闘争によって、長きにわたる憎しみとタブーを経て、ローマ法の勝利が決定づけられ、フランスでは、しかし、二つの法地域に分裂してしまう。そうした闘争が、中世ローマ法史の本来の対象であったのである。しかるにサヴィニー氏は、彼の著作のその最も重要な部分をわずかなページ数で片付けてしまっている。なぜなら、彼をとらえていたのは、それ以外の関心とその他の研究であったからである。たとえば、部族共同体の家臣団への変遷を伴った個人的権利の領域法への移行過程については言及されているが、ほとんど説明されていない。南北フランスの法的な違い、それはフランス民族の歴史に深く関わることであるが、つまりそれは一つの対立であり、その対立はあらゆる他の関係によって、宗教的な関係によってさえ貫徹され、革命によっても完全には調整されなかったのであるが、それがそこでは表面的に次のように説明されている。つまり、北部では、移民が大規模に起こり、それがとくに富裕者と上級階級にとってはかなり圧迫となり、壊滅的なものであったが、南部では、そこに移民が後に入り込むのであるが、新住民の数と旧住民に対する負担の両方ともが比較的少なくなっていた。しかし、我々が、ここで、その本質に従ってそれ以後の巻の対象であるにちがいないものを、そして以下のような確約に従ってもあるべきものを求めることは、おそらく、あまりに性急である。著者は、154頁で次のように述べている。「しかし、ローマ法は、単によくわからない形で存続したのではなく、新たな盛期を迎えたということは、新たに繁栄してきた諸都市の生活から説明されるが、それらの都市は、内部的な需要とその状態の類似性によって、ローマ法に関わることになったのである。それらの都市において、またそれらの都市に対し、ローマ法は若返った形姿で再び活性化する。それゆえに、最初に都市が強大な力をもったイタリアで復活が始まり、そしてそこから、同じような需要のもとで、フランスやドイツに移っていったことは、偶然ではなく、

内的な必然性によって規定されていた。ローマ法のこのような再生，その影響は今日まで続いているのであるが，それは，本書の後のところで叙述されることになっている。」

ゲルマンの裁判制度　　著者は，ゲルマン諸国家におけるローマ法の存続についてかように述べた後，本来のゲルマンの裁判制度に移る。本書（第一部の155-246頁）は，たとえ多くの個々の事柄について再び異論が唱えられうるとしても，本書が扱う対象の外面的な知識に対し貴重な寄与をなすものではあるが，本書つまり中世ローマ法史の主たる対象との関係においては，比較的低い価値しかもたない。その説明を行う本書のゲルマン法の研究は，たとえその研究が目的に適ったものとなるとしても，決して，ただ曲折し続けるローマ的原理の対比としてのみ存在するというその性格を隠すことはできないであろう。しかしそれゆえに，その研究は独立した重要性を求め，そしてたとえ当該研究に対して，その研究成果を認めるとしても，しかし，ただ役に立っているとみなされうるだけの成果がその研究を完全に準備することといっしょに示されることは決してあるべきではない。その成果は，ここではたとえば（157頁），ゲルマンの諸民族が自由な男子の総体から成り立っており，その彼らから，すべての権力とあらゆる法が由来しているということである。各々のガウの長には伯が置かれており，その伯は，民族戦争において指揮を執り，裁判所の長を務めた。しかし，裁判所における判決は，カール大帝の時代にようやく特別な判決人へと変化した自由人に任されていたとされる。その成果は，研究のさらなる推移においては，ゲルマン支配以後のローマ人の裁判制度を扱った以下の章において論じられていること以外にはどこにも使われていない。ゲルマンの伯は，長官や座長に取って代わった。そうした職を得るうえで，伯についての冗長なエピソードは必要なかった。なぜなら，総じて伯であった者については，事前にも疑義を抱かれることはなかったからである。そのような非難が何か重要なことではないと思われるならば，次のことが付言されなければならない。つまり，エピソード的な叙述と本書の主要な対象との連関がそのように抜けていることが，まさにサヴィニー的な論じ方一般がもつ根本的欠陥であるということである。もし素材の意味というものが本書の主題をなすとすれば，エピソードが過度な独立性をもちうることはおのずと除外されている。それに対して，もしあ

2 カール・フリードリヒ・フォン・サヴィニーの『中世ローマ法史』(1827年) の批評

る書物がある素材をきっかけにして執筆されるとすれば，その素材の周辺をめぐって楽しむことは，比較的差し支えのないことのように思われる。なぜなら，先に進めることは急を要することではないからであり，またあるいは進行することは付随的なことだからである。以下では，次のことが明らかになるであろう。ここでただ最初にだけそうした不均衡な性格をもっているものが，最後に，そして我々が認めるように，首尾一貫した方法によって行き着く先は，その著者が自身の素材を完全に放棄することになり，そして，彼は 2 巻にわたり，おそらく一つの目的を追求した後で，明らかに付随目的に向きを変えることになるので，さらなる進展においてその付随目的をなお維持するのである。既に述べられているように，その著者は第 1 巻の終わりのところでゲルマン支配以後のローマ人の裁判制度を考察する。通例の見解に対し，彼はその裁判制度が存続したことをどこでも明らかにできると信じており (248頁)，そしてすなわちそれは，一部は合理的な根拠から，また一部は歴史的根拠からである。合理的根拠とは，ローマ人にはその土地所有が一部許されていたこと，ラテン語がかように多くのローマ的要素を含んでいたこと，まさにローマ法がローマ的裁判制度の関わりなしには維持されえなかったこと，最後に，ローマ人の都市裁判管轄権が容易にゲルマン的国制に組み込まれえたこと，である。それ自身，たしかに，何かが容易であったという，そのような根拠の形である。後者は前者無くしては考えられない，等々，そのことは，歴史家はそのようなコンパスをもって研究という公海上へと思いきって出て行くのであるが，そのようにあまりに曖昧で抽象的である。そしてさらに，もちろん，サヴィニー氏は，そのローマ裁判制度を，どこでも示すことができると信じていた。しかし，彼が論じている第一帝国，つまりブルグンドの国においてすでに，彼は，そうした証明を断念することを余儀なくされている (256頁)。なぜなら，西ゴートに関して，テオドシウス法典抜粋本に対する解釈が，その証明であるべきものとされているからであり，その際，その法典の実際の有り様，それについては当該解釈によって論じられるのであるが，それはさらなる証明に委ねられているようである。フランクでは，明々白々な痕跡が見出されるとされている。しかし，ヴィエンナの元老院 (267頁)，セネムリウムの兵営，都市国家，そして元老院議員についてさえ言及されていることが示しているのは，ただ一般的には都市

180

制度についてであり，ローマ国制に関することではない。そして，ラテン語で書かれている場合に，しかるべきローマ的な名称が存在することは，ここでは全く乏しい証明といえる。なぜなら，その意義は一つの全く別様の意義でありうるからである。東ゴートでは，また再び，庇護官，監督官などの名前だけが存在し，それらは，それらが存続したことを証明するものである。ロンバルドでは，これまで様々な事実をもって根拠づけられていた，ルピ，フマガッリ *Fumagalli*，ムラトーリ *Muratori* とすべての比較的最近の歴史家たちの見解は，旧き都市制度はロンバルド人によって破壊され，オット1世のもとでようやく再生したということであった。サヴィニー氏が主張しているのは，反対のことである。都市制度の存続については，まず最初に（356頁），ブルグンド，西ゴートそしてフランクの類推によって語られるべきである。しかし，256頁で，サヴィニー氏は，都市制度に関し，ブルグンドの法律には何ら痕跡が見出せないことを認めていた。いかにすれば，その100頁後に，つまり356頁にブルグンドが持ち出され，ロンバルドとの類推を行うことになるのであろうか。西ゴートとフランクにおけるそれらの事実がいかに疑わしいものであるかは，先ほど付言したとおりである。ローマ諸国制が存続したその他の理由は，次の点にあると言うべきであろう。つまり，後期の共和政，それらはローマ諸都市と類似したものであったが，それ以前の時期と歴史的な関わりもなく，全く新たに，刷新されて作り出されたというのは信じがたいということである。このことは，本来，歴史学派の性格に存する，根拠のない懸念であり，そのような共和政か何かある他のものが即興的に生まれてきて，他方でしかしながらそれが何かと関わっていたに違いないということを仮定することは，誰かが思いつくことかもしれない。ここで一つの因果関係が存在したことは確かなことである。それは，ただその関係を示すという課題にすぎなかったであろうが，しかし，それは単に，連関が必然的なものであったがゆえに，それはまたそうした確かな連関，つまりローマ都市制度の存続であったということを受け入れるという課題ではなかったであろう。著者が総督（330頁，357頁）ところでは，都市制度の主要部分，つまり彼自身が述べているように，つまり自己補充される当局のもとでの固有の裁判所が数百年前から完全に消滅してしまっていたことについては冷静であった一方で，ランゴバルドの箇所では，その冷静さを失っており，

2 カール・フリードリヒ・フォン・サヴィニーの『中世ローマ法史』(1827年)の批評

あらゆることを，5世紀の間，都市制度がなくてはやってこれなかったであろうということから導き出そうとするのである。しかし，都市制度まがいのもの，つまり主要部分を欠いており，まさにそれ故にその名にほとんど値しないものがそこでは存続しえなかったのであろうか。合理的な理由とともに，しかし，サヴィニー氏は，歴史的な直接的証拠を提示しており，たしかにそれらの証拠はまず第一に大聖グレゴリウスの書簡である。大聖グレゴリウスは，ペルージア，メヴァニア，ネペト，オルトナ，メッサナそしてタディナの各都市にあてて手紙を書いている。その表題は，聖職者と大衆に対し *ordini et plebi* である。著者は，まさにそれらの都市について，それらがあたかもロンバルドの都市であるかのように語るが，しかし，比較的新規の著作家であるベレッタが挙げている証拠による以外，他にはその前提条件を証明していないのである。だが，当該書簡のさらに詳しい考察によって，その表題を除いては，それらの都市が実際，彼が言及しているその時代にロンバルドの都市であったかどうかについて疑念を抱かせるに違いないであろう。まさに，たとえば，ペルージアに関しては，たしかに，591年，グレゴリウスが書簡を認めたその年には，ペルージアは再びローマの都市になっていた。なぜなら，ランゴバルド人がアギルルフ Agilulph のもとでようやく再びその地を征服していたからである。その書簡には，その都市に対し一人のカトリック司教を選出するようにとの要請が含まれている。しかし，ロンバルド人は，カトリック聖職者に対して明らかな戦争状態にあった。なぜなら，ロンバルド人は，インジ Insi 司教職を配することを妨害していたからであり (lib. IX, ep. 90.)，そして，ただ彼らが追放されたときにはじめて，グレゴリウス側からのそうした要請は可能になったかもしれない。しかし，ペルージアと同じくほとんどありえないのは，ネピが当時ロンバルド都市であったことだが，そのことは第2巻の第11書簡から証明されうることであり，その中でグレゴリウスは，公共益 *utilitas reipublicae* について語っているが，それは彼においては，常にローマ帝国という意味を有しているのである。またその他の都市についても，ロンバルドの支配はその頃については決して明らかにできないのであり，そして，かように次のことが受け入れられるに違いないのである。つまり，グレゴリウスは，以前に追放され，再び戻ってきたまさに10人組長達に手紙を書こうとしたのであるが，しかし，ロンバルド

の都市官庁宛には書くつもりはなかったということである。361頁で挙げられているプラケンティア文書 Placentinische Urkunde が，サヴィニー氏が目的とすることについていかにほとんど証明していないかは，既に他のところで明らかにされている（Leo, Entwickelung der Verfassung der Lombardischen Städte im Mittelalter, S. 39を参照）。しかし，サヴィニー氏に対してきわめて明白な形で反論しているのは，次のような状況である。ロンバルド都市であることが確実にわかっているような都市，つまりミラノに宛てて書いたグレゴリウスの表題は次のとおりである。メディオーラーヌムの司祭，助祭そして聖職者に対し *Presbyteris, diaconis et clero Mediolanensi*。しかし，これらの都市が，他の都市がそれぞれ一人の聖職者を保持していたのに，なぜ，それを欠いていたとされるのかは理解しえない。ローマ都市に対する表題が，*ordini et plebi*，つまり聖職者と大衆に対し，という意味をもつことは，たしかにそれ自体ありえないことではない。挙げられた証拠のようには都合が良くないと我々が思えるのは，その証拠，つまりウティヌム法典 *Utinensis* には9世紀末ないしは10世紀はじめのロンバルドにおけるローマ人の国法と私法が含まれていたということである。

第1巻と第2巻の構成　本書の第1巻は，ローマ法とローマ裁判制度が10世紀に至るまで中断することなく存続し続けてきたという事実を見つけ出すことにあてられている。第2巻は，さらに，その存続のあり様を明らかにすることに傾注している。それ故に第2巻は，その内容においてその著作の最も重要なものとなる。なぜなら，ブルグンド，西ゴート，フランクの各王国においてローマ法が見出されることがこれまでに立証されているが，次に，ローマ法のゲルマン法に対する関係，つまり本書の真に内的な面を明確にするという，さらに困難な課題が生じているからである。著者は，第2巻7頁の序文で正しく次のように述べている。「すなわち，ローマ法が中世の間も常に世の中にあり続けたということは，多くの者が認識したところである。たしかに，そのことは，近年では通説となっている。ただ，このような一般的な確信だけでは，ほとんど生産的とはいえない。すべては，史料観察を通じて，我々の文献のどの部分が，そしてどの程度それぞれが使われていたか，を知ることが肝要である。こうして具体的に知識を得ることが，現在の法状態からさらに後の法状態の発

2 カール・フリードリヒ・フォン・サヴィニーの『中世ローマ法史』(1827年)の批評

展に関しては，きわめて重要なのである。」この意見に示されていることが全く正しいとしても，それにも関わらず，同時に，著者が第2巻でも立脚している，その問題のある立場についても述べないでいるわけではない。著者が正しく語るところでは，ローマ法が世の中に存続し続けたという確信は一般的に受け入れられたものであり，そしてそうした一般性においてはあまり有益ではない，ということである。なぜなら，ここで肝心なのは，そのような慣行のあり様なのである。しかし，もし著者が，そうしたあり様を，史料観察を通じて文献のどの部分がそしてどの程度それぞれが使われていたかを知らなければならないというところでさらに詳しく説明すれば，それによってただきわめて表面的なことだけが成し遂げられているにすぎないということ，そして，真の課題，つまり，当時そうであったようにローマ法の内的な性格を，対峙しているゲルマン法との関係においてそれぞれの理論の性格を明確にするという課題については，それによってはまだ全く言及されていないことが，想起されるかもしれないのである。それ故，たしかに著者に対しては，不公平なしに次のような証言をするのを拒絶することは許されない。つまり，著者は，たった今引用した序文においては，彼が実際に果たすものと考えている以上のことを約束していないが，しかし，彼は，その約束についてもその成果についても，最も本質的な要素が欠けていることを付言せざるをえないのである。先に挙げた巻の大部分は，ローマ法文献とゲルマン法文献の表面的な批評にあてられており，その批評は著者がきわめて丹念な綿密さをもって行ったものである。サヴィニー氏が，ブルグンドの法典に関し，パピアヌスの祖国，時代，系譜について，著者とその肩書きについて述べていることは，彼の流儀で見事になされていると言いうるものである。不十分な賞賛にそぐわないのは，その後に続く抜粋本に関する批評である。しかし，ブルグンドと同じく西ゴートにおいては，著者がパピアヌスとブルグンドとの関係について，同じく抜粋本の西ゴート法典との関係について何も伝えていないことに気づく。なぜなら，著者がブルグンド法典の中に，ローマ法から採用されたか，あるいはローマ法の知識をもって作成されたと思われる若干の命令 Verordnung を示していること，西ゴート法典に存在する，ローマ的な内容をもった比較的多くの箇所が列挙されていることは，求められているものにはまだ足りないので，我々は，一層，それら二つの

183

法の真の位置と特色を，専門用語の単なる枠を超えて知ることの必要性を感じている。たしかに，著者は西ゴート法典について，次のように述べている。「その法典の性格は，その他のゲルマン法文献のそれとは本質的に異なっている。ただその法典においては，教養，雄弁を，そして哲学さえも求めていることは明らかであり，同時に実用法にもっぱら習熟していることも要求している」が，しかし，本書には，個々の理論に立ち入ることによって，そうした短い理論的なコメントの代わりに事物自身に語らせることがまさに相応しかったであろう。フランクにおいてもまた，著者は，バイエルン，リプアリア，アレマンの諸法典における，また同じくカピトゥラリアにおけるローマ的な箇所を挙げることで，そして，ローマ法との関わりを前提としている個々の文書について述べることでしかたなく満足している。同様のことが，研究や著作の一節を通じて，とくに第2巻においてきわめて詳細に利用されている著作，つまり，ペトラの法律の抗弁 Petri exceptiones legum によって示されている。同様に，イングランドにおける若干の痕跡，西ゴート，ギリシア支配，そしてロンバルドについて述べられている。今もし，本書においてその本性に従い行われていること，そしてその内容を成していることを総合して考えると，基本的に再びそこには，ローマ法が存続したことが，ただより詳細に，より精確に示されているだけである。その内容によれば，したがって，全く第1巻におけるのと変わらず，そして，本書において指摘されているとされるその存続のあり方は，質的な性格ではなく，ただ量的な性格を，既に伝えられていることとの関係において，受け取っていたのである。しかし，著者が序言でまたさらには，ローマ法文献のどの部分が，そしてそれらがどの程度に利用されたかを示すこと以上には何も予示していなかったので，彼は，基本的に彼の約束を果たしているのであり，そして，先ほど表明された非難は，その意味において同様に正当化とみなされる。

第3巻と第4巻の構成　これまで私たちがただ素材のあまりに表面的すぎる扱いに対して想起しなければならない，さもなければいずれにせよ付け加えられなければならないのは，サヴィニー氏が弛まぬ熱心さで収集し，類いまれな如才なさをもって彼が対象とするものに対する形式的な批評を見出し，総じてその対象物の枠内で，どのような傾向にあるかは関係なく仕事をしてきたこ

2 カール・フリードリヒ・フォン・サヴィニーの『中世ローマ法史』(1827年)の批評

とであるとすれば，つまり私たち自身が，現在の形における本書に取り組むなかで，十分な喜びと教訓を見出したとすれば，私たちが第3巻，第4巻における当該著作のさらなる進行について報告を求められると，きわめて困った状況に陥ることを認めざるをえない。著者は，そこで，自身のいつも通りの緻密さと明晰さを隠すふりをしているのではなく，あるいはさもなければ，また別の隔たりが存在していたわけでもない。なぜなら次のことを認めざるをえないからである。つまり，我々が突然に場面転換を行ったように，我々が批評することになったものとは異なった著作を見ているということである。サヴィニー氏は，その第3巻の序言を次のように始めている。「本書の第二の主要部分は，12世紀から中世末に至るローマ法の運命を描くことにあてられる。その時代全体にわたり，ローマ法においては学問的な性格が優勢となり，そして現在の法史学は，それ故に今から，一つの文献学史の形姿をとることになる」。文献学史のもとで，周知のように，ある学問の外面的な歴史と諸関係が理解されることになる。そして，ローマ法が12世紀に学問的な性格をもったがゆえに，すなわち研究されたことによって，今や，ローマ法の歴史研究はローマ法に関する研究の単なる歴史学に変容したとされる。しかし，今や，ローマ法は真によようやく確固としたものとなり，強力になり始めた。ドイツ，フランス，イタリアそしてスペインでは，ローマ法は影響力を獲得している。都市の条例において，国家の立法において，ローマ法は止まることなくますます前へと押し進み，今や次のことを示すのに十分な時といえる。ローマ法が，イタリアの条例，スペインの立法，ドイツにおいては補充法として，フランスでは書かれた理性として世に現れつつ，いかにしてそれぞれの国で異なった形姿をとったのか，ということである。つまり，バイエルン部族法典の中で著者が苦労して探し出したお粗末な種々の事柄が，豊かな計り知れないほどの収穫物へと変わったということであろうか。しかし，サヴィニー氏は，そうした収穫物をすげなく拒否し，それに続く中世ローマ法の全史は文献学史であると主張する。まるで，誰かある者がある素材を，その素材がまさしく不毛で粗末なものであるところでは苦労して大切に扱ってきたが，その素材が完全で重要なものとなった瞬間から，喜びをもたらすはずのその豊かさに困惑し，むしろ好んで，その素材を扱ってきた者たちの考察に向きを変えて，その者たちの歴史を彼が対象とするものの

歴史としようとしたかのようである。たしかに否定しえないのは，その研究の歴史と学問としてのローマ法の歴史がここではそれまでに起こった以上に重要なものとして現れているが，そのことがしかし同様に無条件に受け入れられうるものではなく，解釈されうるものであるということである。しかし，いったい学問としてのローマ法とはそこでは何を意味しているであろうか。たとえば，イルネリウス Irnerius と言う名前に対しては，どのような綴方が正しいのか。Warnerius, Wernerius, Guarnerius, Gernerius あるいは Hyrnerius は正しい形なのかどうか。いずれのものが，注釈の表記なのか。その歴史は，贈られた馬にどのように関わったのか，等々。あるいは，この研究の真に内在する歴史が意味しているのは，むしろ，注釈学派がローマ法をその様々な学説に従って考察するような研究ではないということであろうか。それらの学説の各々がその時代においてどのような態度をとったのであろうか。要するに，注釈，つまりローマ法に関するあらゆるその他の著作の分析ないしは解釈学史なのか。

解釈学史と文献学史　　ここで，我々は，一つの要点に行き着いたが，それについては，既にはじめの段階で注意を促しておいた。つまり，ある特定された時代に，ローマ法の歴史が解釈学史へと転換したということである。もし，サヴィニー氏が自身の著作の続編を出すつもりであったのであれば，彼は今そうした解釈学史を提供したに違いなかった。大学，注釈学派，注釈に関する表面的な注解をまた付け加えることは，たしかに彼にはできたであろう。しかし，そうした解釈学史を無視し，そして残った著作全体から一つの文献学史を作り上げることは，もし，サヴィニー氏が，彼のそれまでの仕事を第3巻で持ち出すという突然の決心をしなかったならば，できなかったものである。

徹底的な批判によって，それ故に今やたしかに，次のことが検討されなければならないのかもしれない。つまり，この著者が実際に第3巻と第4巻をもって自身の仕事を続行させるという考えなのかどうか。あるいは，彼はただ第2巻においてだけ新しいことを始めたつもりだったのかどうか，ということである。この二つの見解に関して，重要な根拠が提示されうるかもしれない。その最初の見解について，それは第3巻における序言の上述の箇所であるが，そこで，サヴィニー氏は，まるで事物が異なった形で振る舞うことは全くありえないように，その事物に即していると簡単にそして正しく思いながら，「現在の

法史学は，それ故に今から，一つの文献学史の形姿をとることになる」と主張する。この見解は，とくに既に本書の第1巻の序文によって補強されるに違いない。そこでは次のように述べられている。「中世法史，その概念はここで根拠づけられたが，それは今や二つの異なった種類の主要部分から成り立っており，それらの各々がさらに一つの独立した全体として考察されうるものである。その第一の部分はイルネリウス以前の600年間を扱っており，その時代にはたしかにローマ法が存続していたことが完全に証明されうるが，しかし，学問的な活動に関しては，ただわずかな痕跡しか現れていない。第二の主要部分にはイルネリウス以後の400年間が含まれており，そこでは教育と著作物を通じた学問的理解がまさに優勢であり，その結果，我々の法史学のこの部分は，とくに文献学史において存続することになるであろう。第一の主要部分，すなわちイルネリウス以前の時代は，本著作の2冊中の第1巻において論じられており，そのために，両巻はそれ自体で一つの全体を成し，そして全く同一の時代を対象としているのである」。注目すべき分裂（シスマ），それを我々はしたがってまさに2冊中の第1巻と2冊中の第2巻の間で示したのであるが，その分裂はここで前もって予告されていた。中世ローマ法史は二つの部分に分かれ，しかしその各々が一つの独立した全体をなしている，ということである。その全体が重要なことを意味しているとされるが，それはこの命題を説明するためには何も付け加えられなかったがゆえにである。それらの部分の各々は独立しており，いずれも他方には関わらない。いずれもがそれ自身一つの全体である。しかし，それらの独立した一体が単なる部分とするようなより高次の全体は存在しない。さらに，サヴィニー氏は，たしかに常に自身では，我々が先ほど引き合いにだしたことを認めているようである。しかし，彼は，同時にまた別の見解に移るが，その見解は，彼の計画から得ることができるものであり，つまりは，彼がもともと二つずつの異なった著作を書くことを決めていたということである。その第1部と第2部は，さらにそれ自体が一つの全体のようである。同様に，第3部と第4部，そしてその共通する，しかし今またその部分を得るに違いない全体は，依然としてその著作「中世ローマ法史」の共通した表題をもち続けるのであろう。様々な見解，それらはしたがってサヴィニー氏の考えに関してもちうるものであるようだが，そうした見解は，それ故に，彼自身が

186

もっている種類の異なる見解である。それらの見解は，その部分が相互に関わらない全体に関する彼の見解において根拠づけられており，その全体が結びついていないとすれば，それらの部分は根拠のない意見によって分離されたままであるという彼の見解においてである。しかし，我々は，ここで本書の主要規準に達したが，本書は矛盾以外の何ものでもなく，そうした矛盾が，最初から，本書が中世ローマ法史であるか，あるいは文献学史であるかどうかを覆っているのである。先を急いで「魚に終わる」desinit in piscem[1] という結果になろうとした者が述べることは間違いとされるに違いないであろう。それは，その者に対し，既にその第1巻において，明らかであるが，しかし残りの部分おいてようやく首尾一貫したものとなるようであり，最も内面的な素材をも文献学史的に取り扱おうとする傾向を示すことができるであろうということからである。そして，ここでは2冊の全く異なった著作が問題となっていると主張しようとした者に対しては，第1巻の，上述のまたたしかに約束の地として伝えられている次の言葉を引き合いにだすことができるであろう。「ローマ法のこのような再生，その影響は今日まで続いているのであるが，それは，その著書の後のところで叙述されることになっている」。ここで，それらの言葉において，著者は，それらの部分がただ文献学史だけから成り立つものとされているという意味において，不可能なことを通例のこととすることもできる。サヴィニー氏に対して，それにもかかわらず決して次のことの正しさを拒むことはできない。つまり，彼が自身の著作によって陥った矛盾を第4巻においてかなり感じていたのであり，それはそうした気持ちから考えられうるように，彼がその第4巻に対し，学識史に関する独自の導入的な弁明を与える気になったが故であった。

187 **学識史** このような学識史がその著作の自然で適切な成り行きであるとすれば弁護は余分であろうし，あるいはローマ法一般の弁護であれば話は別であるに違いないであろう。ここで意図的に弁護されていること，それはおそらくただ単に，著者が取り扱うことを約束したものとは何か違うものを論じている，という陰鬱な気持ちを前提としているにすぎない。既に序言の4頁のところで，著者は次のように述べている。「おそらく，ある者は本書に関するこのような研究や主張に対し不快の念を抱くであろうが，その中身は否定的なものにすぎない（たとえば，教えられるところのない著作家の意見，同じくブルガルス

2 カール・フリードリヒ・フォン・サヴィニーの『中世ローマ法史』(1827年)の批評

Bulgarus の助任司祭の位階に関する研究)。このような非難にも幾ばくかのもっともらしさがあるようであるが、それは読者が正しくその仕事の成果を得ることを求め、その仕事自体は見ようとしないからである。歴史研究の叙述は、しかし単に、研究の結果が流布され、利用されうるということだけを目的とするものではなく、その叙述が同時に他のことに対し、進歩的な研究を根拠づけ、促進するために役立つべきものなのである。しかし、それらの他のことに対し、そうした否定的な見解が大きなアドバンテージを与えることは、おのずと理解できる。たとえ今はそうした目的のために書物を使う者の数が、単なる読者数と比べてきわめて少ないとしても、しかしながら、前者は学問の進歩のために重要であり、前者に対する特別な配慮が、弁解を求めるかわりに、むしろいずれの歴史学的な著作においても望まれうることであろう」。しかし、サヴィニー氏は、たしかに言い訳をすることを不必要なこととみなしつつも、ここで、自身の読者を——なぜなら、彼らに対し、サヴィニー氏はたしかに自身の中世ローマ法史を最初に示したからである——見捨て、その性向から文献学史に関心をもっている若干の者たちに注目してきたことを認めているのである。彼は、彼の読者をこれまで引きつけてきたもの、つまりその発展の意図された客観的な進行というものを放棄したが、それはそのかわりに、若干の者には比較的大きな有益性がありうるであろうもの、すなわち、その専門に関わる人々に対し、彼らがここではただ内容のない、取るに足らない成果しか獲得しないであろうが故に、一定の研究を放棄することを教えるものである一つの道標を置くためにであった。しかし、サヴィニー氏は、先ほど挙げた弁護をもっては、まだすべての義務を果たしたわけではないと考えている。とくに前の方に置かれた弁明的な内容をもった序章では、次のように述べられている。「今、この著作は長きにわたる一連の文献史研究を自身に取り込まなければならないところまで進んできたが故に、そのような仕事の性格と目的についての若干の考察を先に行う時である。なぜなら、そのような仕事に専念している人たちは、次のことを隠さないのは当然だからである。つまり、それらの仕事に対しては全体としてほとんど信望がないこと、実際、彼らはしばしば歴史研究の仲間からさえ低い評価をもって扱われているということである。とくに、我々の法学において、幾人かのいつもは勤勉な研究者が考えていることは、他の者の見解を参照する

188

ことはたとえ無駄でないとしても,しかしながら史料への直接的な取り組みはきわめて重要なことであり,少なくとも学識史のより精緻な研究は自己の研究に対する略奪行為とみなされねばならないほどのものであるということである。彼らは,それ故にたしかに何か書誌学のようなものは認めるかもしれないが,しかし学識史は,彼らの考えによれば,我々の学問の固有の課題とは違ったものであり,実際,支障になるものである」。研究発表者としては,著者が示した学識史の敵対者の部類に属することを認めざるをえない。そして,著者は,自身について,彼が法学のあらゆるより包括的でより多面的な解釈のために,同様に法学をそのあらゆる分野において把握するために仕事をするよう以前から努めてきたことに言及してもかまわないにもかかわらず,しかし,彼は学識史を常に学問の最も意味のない外部の作品とみており,それに至るにはいまだになお早すぎ,そしてそれはたいていの場合,内部の作品を扱うような職も気質ももたない人たちに委ねられているに違いないであろうものである。ファルンハーゲン氏が最近提供したような,芸術作品としても通用する才気にあふれた伝記,それらは感謝と喜びをもって受け入れることができる。文献学史的注記,一覧表,蔵書,——概要等々もまた,重要な助力に対し多大な感謝の念を抱きつつ好意的に取り入れられるべきである。しかし,学識史が高級な衣服をまとい,名誉にかけて次のことを断言する場合,つまり,今や学識史の出番がきており,今や学識史が主導権をとるべきものだということであるが,その場合には,好意的な者たちさえもが,感謝の念をもつ者たちさえもが,そのような学識史がより高級な学問分野を排除することがない場合ですら,全力をもって抵抗し,学識史をそれが止まるべき戸棚に入るように指示するに違いない。それ故に,無頓着に眺めていてはならないのは,サヴィニー氏のようなとくに尊敬を集めている人物が学識史の特別な重要性を称揚していることであり,彼が挙げる根拠は,それが彼自身のものであるが故に,まさに二重の意味で注意すべきものである。サヴィニー氏が言うには,「学識史はしたがって,その学問的価値が,法学自体とそれとの関係が今や確定されるべきものである。まず最初に,法学に属する重要な課題が解釈学史を組み立てることにあり,その解釈学史によって我々自身の財産がその歴史的な要素に区分けされるべきなのである。そして,なるほどそのような解釈学史は,たしかに他の諸学問にも妥当

2 カール・フリードリヒ・フォン・サヴィニーの『中世ローマ法史』(1827年) の批評

する一般的な根拠からして重要であるが，それは我々自身の知識のそうした遺伝学的な扱い方がその知識に対する徹底的な批判へとつながるが故である。しかし，それに関わってくるのは，なお我々の法学に特有の特別な根拠である。つまり，法学の持続的な発展において実定法自身が発展し，改革されているので，とくに最近の数百年の間に解釈学史が同時に法史の最も充実した分野となっているのである。学識史は今や解釈学史ですらなく，実際，眼前の著作は決して次のことを要求していない。つまりそのような立場を代表することである」。しかし，学識史は，「あらゆる解釈学史の必要不可欠な基礎であり，学識史が解釈学史を可能ならしめていることによって，法学に対し重要な役割を果たしている」。サヴィニー氏は，ここでは学識史を称揚しようという意図をもっている。学識史を彼は紹介しているが，それは，彼が解釈学史の衆目が認める利点と有益性を示し，弁護の必要のない解釈学史の長々とした弁護の最後に，僅かな言葉を付け足すという方法によってである。そこで彼が述べているのは次のこと以上のものではない。「しかし，学識史は，あらゆる解釈学史の必要不可欠な基礎であり，学識史が解釈学史を可能ならしめていることによって，法学に対し重要な役割を果たしている」ということである。しかし，このことは，学説史がそのような基礎であるということであるが，そのことが単に主張されえただけでなく，証明されえたのである。なぜ解釈学史が学識史を前提にしているかということが，まさに示されえたのある。もちろん，ローマ法の注釈に関する考えが発展することによって，注釈学派のその注釈に対する外見上の対応についての知識が求められることになるであろうが，しかし，それについて，文献学史のかなり広範な，些事にわたる詳細が必要とされるかどうかは，我々としては疑いたいところである。たしかに，クヤキウスの著作物や意見は，彼のあるいはましておそらく彼の妹の運命を知らなくとも受け入れられる。それについては，文献学史は取り組むことを拒否すらしなかったのであるが。ところで著者が自身の著作が解釈学史の立場を代表することを要求しているわけではない，と語るとき，たしかにそうした謙虚さの適正さが容易に認められるに違いないが，しかし，当該著作の本来の欠陥とみなされうるのは，その著作がそうした要求はせずに，それがその表題，その始まりそしてその目的に従ってもともとそうであったであろうものへ自身を高めようとしないこと

189

である。

報告者の課題　研究報告者に求められていること，それは中世ローマ法史を紹介し，評価することを目指したものであったが，それは次の時点で終わる。つまり，その歴史が文献学史へと移りかわり，付随的目的にしっかりと根を下ろし，そして事物の本来の発展を放棄する時である。いずれにしても，研究報告者は，文献学史に特別に関わることを専門分野とする人たちに属するのではなく，むしろ，残念ながらその最終巻においてそのように無責任に冷遇された読者に属する。今や，そのような通知が掲載されることが決められている雑誌もまた一般にその読者に対し配慮するために，そしてただそもそも学問的に関わりうるものだけを引き受けるべきものであるがゆえに，ここでは，本稿の冒頭で既に述べたこと，つまり第3巻と第4巻における個別的な関心の分析は現在のものとは異なったフォーラムでなされるべきであるということを繰り返さなければならない。我々はそのように自ら全く能力がないと言明しつつも，しかしながら我々は本巻で述べられていることをありのままに知らしめるのを止めることはできない。第3巻には，「そのような文献学的研究から，一般的な事柄すべて，すなわち個々の事柄の年代順の叙述には居場所が見出せない事柄のすべてが含まれる」べきものとされている。その第3巻が扱っているのは，ローマ法の文献学史というよりも，文献学史一般についてであり，したがって文献学史の史料，つまり文献学史に関わる著作家について，そして法学復興と12世紀以後のロンバルド諸都市に関するエピソードに従って，ボローニア，パトゥア，ピサ，ヴィツェンツァ Vicenza，ヴェルツェリ Vercelli，アレッゾ Arezzo，フェララ Ferrara，ローマ，ナポリ，パリ，モンペリエ，オルレアン等々の諸大学について，注釈学派の法源について，教師と著作家としての注釈学派について，そして対外的な出版制度について，である。第4巻がもっぱら扱っているのは，注釈学派の個々の人々，つまりイルネリウス，四博士，ロゲリウス，アルベリクス，アルドリクス，ヴィルヘルムス・ド・カブリアーノ，オデリクス，プラケンティヌス，ヘンリクス・デ・バイラ，ヨハネス・バッシアヌス・ピリウス，クリピアヌス，ガルゴシウス，オット，そしてその同時代人であるブルグンディオとヴァカリウスである。

評　価　我々は，現在，自覚できるほどに，そしてサヴィニー氏の著作に

関する評価を下して良いほどに十分に理由をもっているといえるかもしれない。ここで，単に法源の外観上の歴史と，同じくそれと結びついている単なる文献学史を目の前にしているということから始めるとすると，もし何倍もの学識，叙述の軽妙さ，骨の折れる研究，そしてしかし研究結果を披露するさいの平易さを賛美するつもりがないとすれば，それは極端に不公平なやり方であろう。サヴィニー氏がドイツ人の著作家の中で最も優れたデザイナーとされ，常にすべての法学の著作家の中で最良のデザイナーであるとするにしては，あまり多くのことが言われているわけではない。注目すべきは，サヴィニー氏が，どのような信じ難い綿密さと軽妙さをもって，無味乾燥な対象物をも取り扱い，そしてその対象物からしばらくの間，対象物に特有である退屈さを取り去ることを心得ているかということである。しかし，ここで中世ローマ法史を眼前にあるものとして始めるのならば，他方で，歴史家に提供されうる最も精神的で最も奥底にある素材がいかにして，その素材の意義が完全に失われそしてその中のどこにも姿を現すことがない方法で表面化されているかに驚くに違いない。ローマ的世界とゲルマン的世界をそれぞれに分かち，そしてさらに再び近づけさせるもの，つまりローマの永遠なる私法，それはその国家よりも生きながらえつつ，あらゆる時代にもたらされているように見え，そしてローマを，教会がその世界においてそうであるように，他での最も現実的たる生活においても現させるものである。ローマ法の素材が提起し，それだけが答えるそうした奥深い質問を，私たちはこの著作の中に探すことになるであろうが，それは無駄である。我々は，その著作の叙述のどこにも，本来問題となっているのがきわめて高い世界史的な関心がもたれている対象物であるということを読み取ることはできない。至る処で，全体が個別的なものと部分的なものの犠牲になっており，一定の明解さが称えられうるとしても，その明解さの価値は，思想を欠きそして制度の内的な意義を聡明に際だたせることもないために，比較的低いものなのである。その土地が形づくっている高地と低地から，その研究は，全く満足を与えない変化の乏しい地平へと移されてしまっている。そして，ローマ法の内的な歴史は，サヴィニー氏の大変な努力の後もまだなお書き続けられなければならないのである。

〔1〕 ホラティウスが女性の不調和と不一致について述べた言葉である「ある時点までは非

常に美しい女だったが，くすんだ魚に終わった」から来ている。一般的に品質の落ちた状態，もしくは約束された始まりより結果として悪い状態で結末を迎えたことを表現しているとされる。(http://www003.upp.so-net.ne.jp/architettura/latino/amore.html)

〔2〕 イルネリウス Irnerius の生徒，1166年に没，Savigny 28章。

[三成　賢次]

3 「ローマ法の研究およびその体系」(1827年)

客観的難解さ　何を書くにせよ，対象テーマが難解だという言い訳を前置きする者がいる。しかしそうしたやり方をサヴィニーが占有に関する議論を始めるにあたって真似なかったことは正当であろう。執筆者は叙述を終えた後に，自身が扱った対象テーマとまだ齟齬をきたしていると気づくことがあるが，この齟齬を通しておのずとその対象テーマの難解さに関する省察が呼び覚まされる。しかしこのような場合，徹頭徹尾控えめであろうとするのなら，執筆完成後に内容のない言い訳をするよりは執筆をやめるべきであろう。したがって私が同じように対象テーマが難解であるということから始めるのは，まさしく前置きをするということとは別に，対象テーマにはもう一つ別の事情があると言わなければならないからである。

　ここで私が話題とする難解さとは，事物それ自体の客観的難解さである。この客観的難解さとは，人間の才能や能力の程度に応じて，ある人間には取り除けるが別の人間には取り除けないという難解さのことではない。ここで話題となっている難解さは，この難解さが克服されたときでも，その絶大な力をもって存在し続ける。それに対してこの難解さを乗り越えた者の方はこの難解さに全く気づかなかった。言い方を違えれば，私の対象テーマの難解さは，私が取り組む課題そのものである。

ローマ法　過去が後世に伝えることはみな，自立しているという特色を捨て去っているのが常である，つまり，制度，慣用，創意，あるいは今まさに存在していそうなものはその時代の他の諸条件がそれらに割り当てた地位に就いているという意味で，その特色を捨て去っている。そのようなときにのみ，真に生きた歴史について語ることができる。そのようなときにのみ，嘘いつわりなく我々のなかに過去全体が生きている。古代というものは世界史教養の大部分を完結し完成させた。我々の下で古代は教材として古典著述家たちのなかに生きている。古代は我々を教育する手助けをしてくれる一方で，我々はとうに

古代を乗り越え我々の教師よりも高みに立っている。しかし古代は我々にとって意味をもつにふさわしい居場所を見つけた。古代がひとりよがりにも単独で存在できると主張しようとしても，こうした要求を認めることはできない。死に絶え遠く隔たった過去のいくつかの部分が，数百年という時を経つつ遺物でありながらも自然に備わった抵抗力をもつこともままあろう。しかしそうした過去も結局は，その時代のより強靭な構造に打ち負かされ，しばしば耐えがたい苦痛に見舞われ朽ち果ててしまうのが常である。

　古代や過ぎ去ったものが伝承してきたものの一つに市民法を数え入れてもよかろう。ローマが〔その舞台を〕祖国生活から私的生活へ，そして征服することから没落することへと移したとき，市民法はその法本来の生誕地を，しかし同時に自らの完成された教え方を見出した。中世は市民法に驚嘆し，そっぽを向こうとしたが徒労に終わる他なかった。しかし時代が進むにつれてさらに自由さが増してくると，あらゆる市民法一般の基盤としてローマ法が継受されざるをえなかった。〔さもなければ〕我々は民族が作り上げてきた諸要素から新しい市民法を呼び出せなかったであろうし，芸術に対してこれほど十分な洞察力をもつにもかかわらず，様々な時期のギリシア芸術を甦らせることにも成功しなかったであろう。それゆえに歴史家たちのなかには，ゲルマン法の有機的な成長を十分に見守ることができなかった，外国法が早くに導入されすぎた，と言って残念がる者もいる。彼らはゲルマン的な生活原理を誤解しただけではなく，賞賛と名誉としか解されないことをも不名誉と屈辱と捉えた。未熟な段階にある諸民族は自分たちが単独で存在していると信じ，自分たち以外には何も存在しないと認識する。進歩した民族は他民族を排除し他民族を蛮族と呼ぶ。教養が高くなるにつれ，蛮族は交流の対象たる異民族に，つまりもはや断じて無関係とは認められない異民族になる。しかし完成の域に達した文化をもつ場合，彼ら異民族は自分たちと同等であると解され，異なる教養の成果を身につけ吸収することが名誉となる。ローマ法を頑として拒絶し続けたイングランドは，レベルの低い私法教育の域を出ることは決してなかった。

　二つのローマ法：ローマ民族の法と今日のローマ法　　市民法としてのローマ法の意義はいまさら言うまでもないが，ローマ法をいかに位置づけるべきかを話題とする際の課題は少々厄介であると思われる。我々の下で市民法はその絶

3 「ローマ法の研究およびその体系」(1827年)

対的な意義を失ってしまった。つまり市民法は〔我々に〕順応・適応した。そうして市民法はより高次の利害を有する権力に屈し,かような従属にふさわしい外形や色彩を帯びざるをえない。しかしローマ帝国時代には市民法自体が最高のものであった。すなわち,ローマ法のなかにローマ国家の色彩全体が反映されており,ローマ法はローマ国家のもつあらゆる特徴を自らのなかに有し,ローマ国家を解釈するに最も適した素材ですらあった。それゆえにローマ法を話題にするとき,ローマ民族の精神のなかで民族的なものとして現れるローマ民族の法と,そのローマの民族性を払拭したローマ法を現行法とする我々の法という二つのローマ法が考えられる。これら双方の立場がともに正当であるのは,ローマ法が二重の位置づけと意義を有するためである。その法が,市民法一般の基盤としてローマ法から我々の状況や諸制度のなかに継承された法であるのか,ローマの民族的な色彩を依然として纏い続けローマ精神が刻印された法であるのかは,たしかに区別されねばならない。とはいえ今日の我々の法の外面的な起源や注釈はローマ精神を有する者の著書や作品に見出されるがゆえに,このような外面的な評価をすることで我々の法の内なる根拠を探求しようとする一面的な歴史的見解がやすやすと展開することになろう。この非実用的な見解は大それた幻想を抱く。その幻想とは,今日あるローマの制度がローマ時代とは全く異なる制度に曲解されていても,十二表法からユスティニアヌス法典に至るまでにその制度が有した真のコンテクストが史料研究を通じて最終的に突き止められたならば,我々の時代はこの歴史研究の成果に対して,曲解された制度を先人の指導を仰ぎながらローマ化してくれたと敬意を表するであろう,という幻想である。それはあたかも我々の法の下では全く別物となったローマの諸制度に関する知識が欠如しているかのようであり,あたかも精神の相違が最も重要な違いを表すのではないかのようである。この法史学の歓喜の叫びは,何年もの間絶え間なく空を切り裂き,法史学なくしては何も治めることができないし法について語ることができない,史料研究なくしては安全に道路を渡ることができないと主張した。しかしこの種の叫びが往々にしてそうであるように,法史学のこの歓喜の叫びも比較的短期間のうちに小さくなってしまった。そうして法史学は学問的名誉を喪失しパンの学問になり下がったが,その間に,既に私が一度他のところで明示したことだが,現行法から明確さが

193

奪い去られた。というのも現行法の妥当性が度外視され，現行法が法史学上の起源という靄のなかに引き戻されたからである。したがってこの見解には，私が本論の冒頭で言及した難解さなど存在しない。すなわちこの見解は今日のローマ法を少しも知らなかったり，それどころか全力で今日のローマ法に抵抗したり，今日に対しても有効な学問的のみならず実用的な治癒はすべて，正真正銘のローマ法を知りそれを説明すれば手に入ると期待したりする。そうしてこの見解は，我々の現状や要求を無視しながら，問題となっている難解さを克服したのである。我々はローマに直行し，そこローマで今日の我々の市民法を学び知らなければならない，つまりローマ的な特性を復活させるというのであれば，我々の特性は，ローマから借用した限りは否定しなければならないであろう。

194

　我々は，今日のローマ法とローマ民族の法とを厳密に区別する，区別しようとするが，この課題が困難であると認めることにやぶさかではない。我々にとってローマ法一般は市民法の基礎でしかないが，この法は我々に適合し従うべきであり，したがって我々の精神や国家制度のなかで我々の概念や見解に即して定立され論じられるべきである。なおしかしながらこの法の起源は他のところにある。つまり，我々の時代に外面的に継受されたとはいえ顧慮せねばならない学説の多くはおよそ我々の時代に定着したり根づいたりしておらず，その起源と密接に結びつき常にそこから生命力を得ている。したがって，とうの昔に死に絶えた精神と結びついたこれらの異質なものを今日の市民法の学問体系に従属させることは既にそもそも，学問的なるもののなかにおける非学問的な原理である。しかしそれでもこの原理を奉ずるというなら，何らかの類似の手続を用いて，つまり我々の体系における類似学説の箇所に特殊ローマ的な制度を位置づける方法を採る以外にない。ユスティニアヌス法典に属すプブリキウス訴権 actio publiciana について，あるいは金銭弁済約束 constituta pecunia や不名誉 infamia について今日の法体系のなかで論じなければならないとしても，これらの学説はローマ国家とは堅く結びついているが，我々の時代とはもはや結びついていない。つまりこれらの学説が存在することを許される場所とは，それらが今日の法体系のなかで少なくとも障害とならない場所であり，それらを黙認する一種の法史学的なニッチが作られている場所である。

しかしこれが、私が冒頭で論じた対象テーマの客観的難解さである。ここでこの難解さはある体系を構築しなければならないという要請として登場する。その体系とは、一部では今日の精神が理性的に要求するものを充足し、同様に一部では外部にある素材に立ち入りを許す体系である。自分に対して厳格であろうとする者は、そのような外部で必然的に起こることに苦しめられ、せめて弁明の一つでもして対策を講じようとするであろう。私もここでそうするように。

ローマ法研究における三つの方法論　ローマ法が研究の対象となって以来、ローマ研究の動向は三つの形で現れてきた。私は『概説』の第2節においてこれら三つの方法を、注釈学的方法、教義学的方法、体系的方法と名づけた。これらの方法論の次に歴史学派について論じる以上、ここで『概説』の第2節を詳述しておく必要がある。こうしておけば、私がこそこそと事実に基づかない論争を行おうとしているとは思われまい。

注釈学的方法　古代の遺物としてのローマ法が研究対象となったとき、何よりもまずローマ法を説明せねばならないという必要性が呼び覚まされずにはいられなかった。ただしそれは、まずローマ法の内容のコンテクストを説明するというのではなく、個々の部分そのものを説明するという必要性であった。一方で市民法のための基盤を求める声がローマ法研究に向けられれば向けられるほど、他方では市民法を解する感性が鈍った。その結果、ローマ法もこの基準に従って判断され扱われるようになったのであろう。そればかりか、ローマ法はあたかも古典であるかのようにみなされる、つまり、その意義や価値ゆえにその名が知られるのに先立ち、それ自体が調査や精査の対象とされてきた古典のように。しかし以前の文献学も、古代のコンテクストよりも著述家の個々の知識や彼らの注釈学的見方を考察の対象とした。したがってこの方法ではローマ法が部分に分けて考察される。この方法ではまた、資料を考慮することは二次的で付随的なことでありローマ法の個所を説明するための手段にすぎないと考えられ、資料が考慮されるのもこれらの個所と関係づけられてのことであろう。つまりこの方法は、ローマ法が受けるべき最初の扱いである。この注釈学的方法は後に開花し、クヤキウスで終焉を迎えると言ってもよかろう。このクヤキウスはまさに注釈学の大天才であったが、その代わりに彼には教義学的に完遂する力が、またこう主張しても構わないであろうが、教義学的に思考

する力が完全に欠けていた。というのも，彼はしばしば個所を説明しようとして反対のこと，つまり問題となっている内容について別の個所で説明したときに述べたこととは反対のことを述べたからである。注釈者に対して公然と ex professo これ以上の批判がなされることはあるまい，彼は一種の一夫多妻状態にある，と。その注釈者が一夫多妻状態に生きる限り，しかしまたその限りにおいてのみだが，彼は関心のすべてをどの個所に対しても払わなければならない。

教義学的方法　しかしこの注釈学的な方法はまもなくより内容豊かな方法へと高められることになる。前の段階〔注釈学的方法〕では個所を説明するものとしてしか役立っていなかった内容が今やむしろ主要なものと化し，個所はその主要なものを説明するものとして役立てられることになる。したがって教義学的方法は注釈学的方法とは逆の方法である。テクストは，関心が向けられる主要な対象という従前の特性を失い，証拠個所に，つまりそれ自身に価値が宿る内容のしもべになり下がる。今や前面に登場するのは学説と原理 Institute である。それらを徹底的に区分し個々の面に導入するよう促す原理が探求され，その原理を意味すると見られる個所は証拠としてしか引用されない。法は正しきものとして関心の対象となり，その内容はもはや以前の〔注釈学的方法においての〕ように関心が払われないものではない。この教義学的方法はさっそく，クヤキウスの向こうをはるドネッルスによって，徹底的で才気に満ちたやり方で堅持された。後に教義学的方法は必然的に卓越した方法になり，まもなくして唯一の方法になるべくしてなった。たとえテクストと個所がまだ検討の対象とされているとしても，それは典雅かつ欺瞞でしかない。この方法ではそもそも，ある個所に主たる根拠をもつ内容のみが求められ，その内容が主要な関心事とされる。そしてその内容が適当にうまく章の表題を作り上げていくであろう。この意味においてオランダ人たちはそもそも一つの法内容を論じる場合でも，テクストに関して多くのことを著した。我々の博士論文では，一つの学説全体が想定されている場合でも，一つの個所の名をつけることがしばしばある。文献学者とみなされたいという法学者たちの虚栄心がかような欺瞞を引き起こす。しかしそもそも注釈学的方法を我々が取り入れることができないのは，そうすることが後退であるからであろう。

3 「ローマ法の研究およびその体系」(1827年)

体系的方法 とはいえ，この内容豊かな教義学的方法をもってしても，最後の学問的関心は依然として掴み取れない。個々の学説がその内容に従って厳密に吟味されそれらの教義が確立されたとしても，学問にとってはなお不十分である。つまり学問とは本質的に，これらの学説が関係づけられるなかでしか満たされないものである。言い換えれば，真の学問とは一つの体系でなければならない。教義学はその内容を述べようとするだけであるのに対し，教義学の体系の方はこの体系に属す内容を適切に位置づけようと努める。その場合，この位置は一面では単なる形式としか見られない。その結果この形式が内容的に何も変化させないため，最初はどうでもよいものだと錯覚される。しかしより深く考察すれば，内容はむろん内容と化した形式と位置によって変化させられ，まさしくこの形式によって内容に内的な意味が付与されるということがわかる。たしかに，体系がなくても所有権や契約，婚姻，相続権について語ることはできるし，それらに付随する諸現象を分析し表現することもできる。しかし，所有権や契約，婚姻，相続権が何かということは，それらが相互に占め合う位置においてでしか理解できない。それぞれの位置づけが誤っていれば，その誤りは即座にその内容自体に及び，その内容が誤ったものとなる。

ローマ法の諸体系を樹立しなければならないという要請が現れ始める時期は，学問とは何かということが再び哲学を通して学ばれ始める時期に対応している。しかしこの要請もまず最初は，何らかの体系をもたねばならない，つまり，人が書き，読み，話す際に従う何らかの配列をもたねばならないという程度のものにすぎず，その体系自体がいかなる類のものであるかはどうでもよい。ある者の体系は別の者の体系とは異なりうるということ，つまり，体系は各々の趣向に左右されるということ，そして誰もが自分好みの居間を整えるように，一般的に居間が居心地のよいように整えられるということが前提であるならば，体系も単に一定数の部類があればよく，その部類の下に特定の内容が，まるでそこがちょうど居場所であるがごとくに置かれるということは明らかである。それゆえ教科書の執筆者は，自分がそのなかで行動する体系を自らの仕事にとっては無意味で二義的なものであるとみなす。これに対し概説の執筆者はどうかと言えば，彼らはその概説のなかで学問的な仕事をしようなどとはまるで考えないのが常である。それゆえにむしろ彼らはいつも，「私の講義は主観的

な欲求に基づいている」という言い訳を前置きする。こうするのは，講義の際に学問的な仕事のことを考えていたのではないかという一切の疑惑から逃れるためである。とはいえ，これが学問のなすべき仕事だと考えることなく体系を打ち立てる者に対してもいくばくかの功績は認められるべきであるし，同様に，ローマの民事法には体系的な諸規範が備わっておりこの規範のなかで執筆者たちが体系に学問的注意を払ってきたということをそれほど隠し立てすることもない。ここで，ティボー，ハイゼ，ミューレンブルフの業績を他のどの業績よりも強調してもよかろう。なぜなら彼らの業績には十分に考え抜かれた配列が一貫して登場するからである。そして彼らの配列を，たとえばブルハルディの体系といった最近の諸体系と対置してもよかろう。ブルハルディは，法学説の内容が従う体系を構築するに際して常に，法学説自体の内容に関するこの上なく不明瞭かつ独善的な見解をその体系の基盤に据えている。

歴史学派の思想：過去への憧憬と現在の忘却　　ローマ法が研究対象として展開する過程から生じた三つの方法がこのように論じ終えられると無視すると，いう過ちが犯され，ある流派に目を向けようとはされなくなるであろう。それは，時流にかない法学にふさわしい流派，いやそれどころか法学にのみふさわしい流派として最近登場してきた流派，すなわち歴史学派である。歴史学派が本当に法学の本性から生じたというのであれば，前述した三つの方法に対する自らの立場を明示し，自らがそれらとどのような関係に立つのかを明らかにすべきであろう。しかしこのことが不可能なのは次に示すとおりである。

　歴史学派の思想ならびに歴史学派が総じて基盤に据えることはいずれも法学に特有のことではなく，他の一般的な状況の受け売りであり，それを法学に転用しただけである。前世紀半ばから今世紀初頭頃に至るまで現在は多数の実体的に形成されてきたものを原子に粉砕し，鋭敏な悟性でもって幅をきかせているあらゆる現行制度を打倒し，究極的には，新しいものを生み出すことに心を砕くのではなく破壊することにのみ専念し，事物を分解して手にした原料に専心しようと懸命に努力してきた。なぜなら，直接現在と関わる能力も志向もたない者たちは，過去という心地のよい詩的な広がりに対して密かな憧れを抱くからであり，現在が〔過去とは〕全く異なってしまったという無為の絶望と，現在が抱える強烈で明白な諸矛盾に対する恐怖にさいなまれた彼らは，それほ

3 「ローマ法の研究およびその体系」（1827年）

ど厳しくなく十分な心地よさを手に入れられるあの過去へ逃避しようとしたからである。しかし何よりもドイツ祖国とこの国の博識者たちは，昔から非実用的で非現実的なことだが，フランスの亡命者たちの例に従い，中世へ移住したいという欲望に駆られた。しかし射殺されたり旅券を拒否されたりというほどの危険をともなわない移住はより一層進められた。ドイツ人たちは中世に移り住んだ。彼らは中世において結婚し子どもをもうけ，彼ら自身がそこで生まれたかのようにその土地に馴染みを覚えた。しかし厚い本の形で頻繁に故郷に送った便りのなかで彼らは，自己を捨て，自らの財産を売却し，中世で友人たちと手を取り合おうとまで，現在に対して提案した。ルターと宗教改革が流血の闘争のなかで勝ち取り我々が手に入れた最高の宝は，詩的な幻想と引き換えにいとも簡単に捨て去られた。この詩的な幻想は，宗教改革者に対抗して教皇ヒルデブラントを崇拝する形で創り上げられた。深遠で内省的なことを表現することを好む昨今のドイツ語は，より素朴で内容豊かだがぎこちなく雑でもあるゴート人の方言形式に屈する運命にあった。我々の詩人たちは見捨てられ，それとともにニーベルンゲンが居場所を確保し民衆本となった。要するに，衣装や態度，挨拶，習俗そして生活様式に至るまで一切のものがあの崇高な時代，すなわち，皇帝ハインリヒが支配者となったという不行跡ゆえにカノッサの雪のなかで凍えねばならなかったあの時代に辿り着くことになったのである。

　現在の内容すべてを忘却し，表象と思考でもって過去に遡りたいという憧憬は宗教，芸術，学問に対して多大な影響を及ぼし，まさに市民社会の外郭にまでその前線を押し拡げた。そして同様にその憧憬は法をも捉えた。しかしこの憧憬もここでは，法の本質と法の対象がそのような表象に対して直接突きつける反論と激しく衝突せざるをえなかった。彼岸に関わる宗教と，此岸にあるが身近な現実の外にある造形物に関わる芸術の耳にはおそらく，現在のなかに自分たちにふさわしい地位を見つけられない，それゆえ自分たちが絶対的であることを人が決して疑わない場所に戻るべきだ，という言葉がもっともらしく聞こえる。しかし法は現在に居所をもつというより，法は現在それ自体である。このような法にしてみれば，自身に対してかような不当要求がなされることは自身の存在が脅かされることに他ならない。したがって，法を過去に引き戻す，言い換えれば法自体を廃棄するということに対して反論がなされるのは必然的

199 である。しかし歴史学派がどんな学派かといえば、他の領域ではありふれた表象を借用し、これらの表象を法に適用しながらこの不当要求を行う学派である。まさにこの不当要求をもって歴史学派の全本質を説明できる。

法学と歴史学派　しかし、法のように実際に存在するものにとってみれば、不当要求をなす者の態度は一層ゆゆしきものであり、自らの存在を脅かされる法が上げる悲鳴はまさしく鬨の声となる。それゆえに歴史を用いて攻撃する者たちはこう法を説き伏せる策を講じざるをえなかった。法が現在に根づいていると信じたり、法がまさしく現在そのものであると信じたりするのは思い違いであり、むしろ法が真であるのはその生成とその過去においてのみである、法は未来に向かって若々しい生命力をもって発展する必要はなく、在りし日の文書や死者の納骨堂から逆に甦るべきである、と。宗教、芸術、言語の世界では、一種の絶望を感じたときしか人は過去に手を伸ばさないとされた。しかし法の場合には、法の起源にまで遡りそこから再び歴史的に下ってくることこそ、すべての法の原理であるとされた。

これまでは歴史は現在のために用いられ、歴史は現在にとっての例もしくは現在を説明する存在だとみなされてきた。しかし今や、現在のもつ力と意義が今度は歴史のために用いられるようになった。法は歴史であると言われ、そうして法学の一方法が歴史学派を自称するようになった。

「史料を研究しなさい」　法学における歴史学派はそれゆえに、他の人文諸領域におけるのと同じような状況から形成された。つまりこの学派もそれらと同じ憧憬を、すなわち、否定されるだけの現在が提供する実際の素材よりもさらに実定的な素材を求めるという憧憬を呼び覚ました。歴史学派は、ただ抽象的で破壊的に熟慮することから実際の状況を静観することへ転換する、つまり、既に存在する真の状態に固執するように見えた。したがってこの学派は、その当時の不安定な諸制度をあまり快く思っていなかった比類なき教養人やエリートたちの賛同を逃すことなく取りつけた。過去に遡ることは過去を調べることでなければならず、歴史に傾注し精通する者は過去において耕すべき広い土地を見つけることになり、その結果としてその理論的原理は、誰もが否定しない強い実学的関心によって支えられることになった。歴史学派の存在根拠が現在を否定する理論にあるのか、過去を編纂する実践にあるのかは、今ではもう定

3 「ローマ法の研究およびその体系」(1827年)

かではない。そして現在を敵視する歴史学派の姿勢が歴史を研究するきっかけとなったということがたとえ疑われなくなったとしても，人は結局，基本的歴史研究の理論的原理とその原理に従属して生じる結果との間の必然的な連関を理解できないということに気づかざるをえなかった，いやそれどころかその歴史研究が歴史自体に危険な影響を及ぼすとわかる最初の衝撃が起こってようやくそのことに気づいたのである。歴史学派は原理一切は別として，歴史研究に大いに励んだ，つまり歴史を論ずるためにはその起源にあたる他ないと信じていた。それゆえ，いかにして歴史学派の最たるものが存在しうるのか，いかにして彼らが自分たちの永代小作地だと言って歴史を返還するよう請求できるのかを理解することはもはや完全に不可能であった。人は，歴史学派が用いる特別なルールや特別な技術，そして彼ら独特の技芸や技巧について尋ねた。というのも，歴史学派は必ず彼ら独自の方法で歴史的に作業しているに違いないと思われたからである。これらのどの問いに対しても，業績をもってしても言葉をもってしても回答は与えられなかった。人が耳にしたのは，一切の詳細な内容に代わって，およそ中身の乏しい教え，すなわち「史料を研究しなさい」という教えのみであった。そして人がこの教えの難解な意味全体を何とか理解しさらなる指導を仰ぐと，再びこう言われる，「史料を研究しなさい」と。歴史学派は，重要な歴史作品を自ら世に送り出すことで研究を促進する代わりに，「史料を研究しなさい」という抽象的でやる気をそぐ訓戒をなすことを促進と称し，短い命題を永久的に繰り返すことを刺激と称した。この命題の永久的な反復にはみなうんざりしていたが，この反復を疑う者はもはやいなかった。それゆえ，実学的有用性が歴史学派の理論から生み出されるという理由でこの理論は放置され，今や一切の価値は基本命題を実践的に用いることではなく，その命題を繰り返すことに見出されるようになった。その結果ほどなくして，多くの尊敬を集めていた歴史学派も全く取るに足らない存在に堕ちるしかなかった。長い時間をかけて一層重要な歴史教義学的な歴史学派の作品が一つ一つ追加されていったが，それらの作品が出版されたのは，それらの執筆者が歴史学派の著名な仲間たちを恭しく扱ったときであった。しかしこのことが明白で紛れもない〔歴史学派の〕特徴であろうか。人が抱く敬意によって成り立つのは果たして歴史学派だけなのだろうか。しかし実のところ〔この学派には〕これ

200

以外の特徴など何一つない。なぜ，我々の時代で最も優秀なミューレンブルフとツィマールンの二人が歴史学派に属さないのか，そしてなぜ，はるかに劣ると言われるハッセとシュラーダーの二人が歴史学派に属すのかを私に説明してほしい。これらの人物の著作を読破しようとしたところで，真の歴史家と非歴史家とを区別するための内なる基準はなかなか見つけられないであろう。

歴史学派の実体 さて，歴史学派の成り立ちとかつての意義の他に，今日この学派について何を述べるべきかと問われれば，彼らの実体についてである。彼らの実体は，学問に関して同じ外見，つまり友情，信条，心情などといった外見をもってまとまり，互いに結びつき，援助し合い，究極的には歴史学派を自称する者たちの結合に他ならない。今日では何らかの他の団体を指す際にも，それがどんな類の団体であるかを問わず，この名前が全く同じ正当性をもって使用され，その団体が歴史学派と呼ばれることもある。歴史学派は否定的なものを背負い込んでいるが，本来何かが存在するところではそのような否定的なものはたしかに存在する。この場合は，法の諸原理や法における教義学的なもの，体系的なものを高慢に見下すことであり，歴史的なものを扱うときですら内容の乏しい一素材に限定したり一つあるいは二つ，三つの時代に限定したりするということである。この見解は頼りになる立派な後ろだてをもっているとまずは表明し，同時に自らが唯一実証的な見解であると称し，自身が作り上げた敵対する見解を非歴史的な見解という荒っぽい名で呼ぶということをやってのけた（『歴史法学雑誌』第1部，2頁）。今やそのやり方を歴史学派にお返しし彼らに対してこう断言できる，歴史の研究に関して他の学派もあなたたちと同様に歴史的に仕事をしているがゆえに，さらに言えば，卓越した生産性を自慢しようにもあなたたちにはそれがないがゆえに，あなたたちは非哲学的な学派という名でしか呼ばれないだろう，と。こうして，現在という否定的なものを前にして肯定的な努力を懸命になした自分たちが「歴史研究をしなさい」という抽象的な刺激をひたすら与え現在ならびに思考の一切をただ否定することに限定されてしまったというこのこと自体が彼らは不思議でならない。

歴史学派の創始者サヴィニー このような事実に基づく考察は不可欠のものであり，これらの考察をなすにあたって法学における歴史学派というきわめて重要な流派は無視されてはならない。それに加えて，私の個人的な事情につ

3 「ローマ法の研究およびその体系」(1827年)

いて付言しなければならない。我々の時代では、あらゆるものが主観性というこの上なく緻密なレースへと織り変えられてしまったため、最も神聖なもの、すなわち学問も、学問に携わる人間の関心や仕事のなかのものとしか考えられない。どうすれば事実に基づいた論争[2]をなすことができるのかということを人は考えようとしない。学問上の良心はたいてい学問の外にある諸関係に左右される。それゆえ個人的な敵意があらゆる闘争の下地となって否応なく闘争を引き起こす。そうだとすれば、誰が思想のためだけに力を振り絞り敢然と闘う愚か者たろうとするであろうか。それだけになおさら逆に私は誠実な武器を手に誠実に闘ってきたが、これを最後に今一度このような反論に立ち向かうことにする。鋭い洞察力をもつ者でさえ、私が歴史学派の創始者に対して個人的な感情から論争をふっかけていると信じた。というのは、事物や思想はかような要求をなす力などもはやもたないと考えられ、多くの者は学問の世界においても所有権の世界においても、侵害された人格しか見ないからである。歴史学派について語るのであれば、たしかにサヴィニー氏について考えなければならない。なぜならまさに彼サヴィニー氏がこの学派における唯一の神髄、力、そして要たる人物であると思われるからである。それゆえ、この学派の考察方法の欠陥について語ったり、かつては有益であったこの学派の見解も今や骨董品でしかないと語ったりする際、私は必ずこの歴史学派の見解を最も明確明敏に表現した人物のことを念頭に置かずにはおれない。そうはいっても、私が敵対する男の偉業をそれゆえに誤解しようとしたりわざと見落とそうとしたりするとなおも信じる者がいるならば、説明しておかなければならない。彼の数々の業績を私ほど喜んで認める者は他にはいないであろう。しかし、私が彼の業績に一層の敬意を払うのは、彼の業績を確認ししかるべき場所に配置したからであって、彼の業績を賛美することにしか意味を見出せない者たちが見せる慇懃無礼な態度に私が屈したからではない、ということを。法学界において法学史の重要な一段階を思い出すときにサヴィニーの名が出てこない時代が来ることなど決してありえないであろう。彼は法学殖 Rechtsgelahrtheit をあらゆる他分野からおよそ引き離し、言語の点でも法学殖をほぼ意図的に区別し、それを歴史や古事学と積極的に結びつけた。もっとも彼ははじめて古典ドイツ語で著された歴史教義学的な作品を法学者たちに披露し、彼らはただそれに驚くばかりであっ

202

た。それに劣らず，今日往々にして抽象的な態度をとる立法者に対して孤軍奮闘したこと自体は高く評価されるべきであり，この立場に立つサヴィニー氏が浅薄で非学問的なものと闘ったことは学問にとってきわめて有益であった。しかし彼自身はある否定的なこと，すなわち法的形成物というアプリオリなものに対抗して時代の哲学的潮流という流行りの潮流と協同することに固執した，そして歴史的な起源に回帰するというこの見解の一見肯定的なものも，内面まで堅固に構成された教えというより個々人に推奨された逃げ道であったことが証明された。それゆえに，いわゆる歴史学派の創始者は，否定的な真理一切の運命を背負わなければならず，結果としてそれらの歴史は歴史学派自身とともに終焉を迎えることになる。既に述べたようにこのような否定的なものは比較的大きな意義をもちうるし，この否定的なものを言明する者はすばらしいとみなされる。しかしこの否定的なもの自体には存続する可能性が備わっていないという点で，この否定的なものの学派には生来的に無であるという特質が現れるであろう。そして神が唯一のものであるということ以外にコーランが何も含まないように，ここ〔歴史学派〕で最初は才気にあふれ正鵠を射ていた格言も，常に反復を繰り返すだけの退屈な命題へと膨れ上がる。事情によっては，神や宗教と闘うことを考え出した男が感嘆と賞賛の対象になるに違いない。しかし彼の弟子や彼の追従者にぴったりなのは，才気のない形容語句のみであろう。なぜなら彼らは，まさしく無自体にエネルギーをもつ無を肯定的に承認することによって，その無を何らかのものに昇格させようと欲するからである。まさにそうして彼らは哲学に反抗し哲学を拒絶するのである。哲学も宗教も，否定的なものがもたらした破滅を克服するだけではなく，否定的なものを一種の新しい武器として収集する，つまり，否定的なもの自体に独自の仕事を割り当て，否定的なものを有用な武器として利用するに至る。そうであるならば，否定的なものが存続できる唯一の道とは，敵の隊列のなかにあって自分自身と闘うことである。カント哲学を批判的に否定することになった今日の哲学がそのカント哲学を利用するように，反動は革命の武器を用いて革命と戦い，その諸原理を通して一層内容豊かで強力なものとなった。そして私がここで歴史学派と対決しなければならないとすれば，むろん歴史学派独特の理解，研究そして業績が問題となる。サヴィニー氏の業績は彼自身の業績という点に限って言えば高

3 「ローマ法の研究およびその体系」(1827年)

く評価されるが，彼の学派という点では全く評価されない。したがってこの点でサヴィニーはヤコービの運命を辿ることになる。ヤコービは，哲学諸学問の趨勢に対して大きな影響を及ぼした重要な人物であった。しかし彼の教義はただ否定的なものでしかなかったために，彼の輝きを失った弟子たちによってこの上なく空虚で無内容なものに化すまで消耗された。

※　対象物に批判的に取り組み，対立する者の見解を自発的に動揺させるという方法を，歴史学派が用いる方法と一瞬でも比較してみれば，彼ら歴史学派が，嘲罵，個人攻撃，密かな憎悪，歪んだ憤り以外の武器をもたず，最も主観的な際限のない虚栄心という彼らの領域へと闘いの舞台を移すことで，熾烈な議論の基盤をいつでも捨て去るということがわかるであろう。彼らの個人攻撃に答えるために，私の論争や拙論の文言を汚そうとは思わない。脚注が一つあるだけでも，かような紋切り型のやり方を片づけるのには十分すぎるくらいである。
　　私は，拙著『相続法』の第2巻で，ボンのハッセ氏の説，つまり婚姻はそもそも単なる事実でありそれゆえに性的結合に他ならないという説が実際に正当であるか否かを問うべきだったのか。私には，学問的にこの問いかけを行う義務があっただけではなく，ごく普通に人倫的な観点からもそうする義務があった。ハッセ氏は今のところ，彼の婚姻法と性的結合に関する法との違いを説明するという親切心をもちあわせていない。しかし他方で彼は，この上なく冗漫で冗長であるというもう一つの批判に対しては，はるかに真剣に向き合ってきたように思われる。キンキア Cincia 法に関する論文（『ライン博物館』第1巻，第3号，188頁）のなかで彼はこう述べている，「我々はまず，キンキア法において示唆（？）されている各論や個々の事例をできるかぎり完全に明示し，その法自体を具体的に説明することに取り組まねばならない。そうすれば，我々は何が話題とされているのかを精確に認識でき，既にしでかしたように，新しい理論を構築するにあたって重要な事例を完全に見落としてしまうということはなくなる。だがそれに加えて多少の詳細な説明は不可欠であろう。この機会に私はあえてこう述べたい。どんなことでも全く容易に理解できるという驚くばかりの理解力をもつと言われる偉人が最近，冗漫であるとかひどく冗長であるとかとそれほど頻繁に話題にするのはなぜなのかが，私にはわからない。嫉妬深く狭量な人間がこれ以外の欠点を指摘できないときに冗長という言葉を口にするというのは，常套手段である。もちろん，知識も思想もほとんどなくあまり話さない者には，驚嘆すべき能力など必要ない。たくさんのことを簡潔に話すことは当然ながら見事ではあるが，理解されることは稀である。一つの季節を費やしてある事柄を熟考した者が，15分だけ熟考した者よりも語るべきことをはるかに多く知っているというのは，おかしなことではない。ある者がガイウスの『法学提要』を注釈するために3年の月日を費やしたとしたら，おそらく彼は4週間でその作業を終えた者よりも『法学提要』に関してはるかに分別ある発言ができるだろう。これもおかしなことではない。たしかに，8分の1また8分の1と短くなり何巻にも分かれるほどの厚みをもたないという理由でその書物が執筆者からきわめて簡潔で的確だとみなされることがあるということも，事実であるが」と。ハッセ氏がいかに機知に富み雄弁に，そしてい

補遺　歴史法学派との論争

かに簡潔で手短に，冗漫で恐ろしいほど冗長であるという批判をかわそうとしているかがここから推測できよう。彼はホメオパシーに格別の信頼をおいているようである。なぜなら彼は冗長さを冗長さで駆除しようとしているからである。ここで私が言与すべきは，とくに賢明な戦術，つまり，根拠と理念が現れるとすぐに立派な装甲防弾室に隠れるが，敵と対峙せずこっそりと発砲できる場所では，見事な発砲の腕前を披露する準備を嬉々として行うという戦術のみである。言い換えればハッセ氏は，今しがた言及された彼の論争は本質を求める衝動から生み出されるものだとみなす。彼自身はそのなかで，理念ではなく自己を貫き通そうとする虚栄心が傷つけられたということにしか気づかないだろう。歴史学派が一定期間であっても十分に通用する力をもっていれば，学問的独裁制や貴族制をしこうとしただろうが，彼らが学問的独裁制や貴族制をしいたというイメージはほとんど湧かない。私は，歴史学派が歴史的発展のなかで不可欠だという立場を示そうとすることで，敵ながら常に彼らに敬意を払ってきたと信じている。歴史学派はたしかにそのような敬意が払われていることをわかっていない。というのも，彼らは誉められようとはするが，どの程度誉められるのか，誰から誉められるのかには無関心だからである。しかし，自分の敵に対して表明しうる最高の敬意はそれでも残しておくべきである。すなわち，個人的感情を露にしないということくらいは保証されるべきである。『ライン博物館』の187頁でハッセ氏は，若いオランダ人クリンクハマーKlinkhamer氏がサヴィニー氏を論破したことを告白するが，同時に「これは表彰に値するほどの有益なやり方ではない」と付言しており，これについては何ともコメントのしようがない。我々の学問がすっかり落ちぶれ，サヴィニー氏のような卓越した人物を論破することがもはや有益ではないというのであれば，すなわち，真実の愛と独自の研究を求める声が月並みな形式と偽りの権威を前にして鳴り止むことが有益であると何の恥ずかしさも感じず公言されるのであれば，人がこのような信念の際立つ学問に対して嫌悪感を抱き，その学問に背を向けようとするのは当然である。いずれにせよ個人的な事由にこの脚注を費やしてしまったので，少し別のことに立ち戻らねばならない。エアランゲンのプフタなる人物が，私の『相続法』に関する記事を載せた『エアランゲン法学年報』を刊行した。それに対して私は目下のところ返答できていない。というのは，それが内容的にこの上なく不十分な抜粋しか提供しておらず，しかしそうかといって他に何かあるわけでもないという理由だけでなく，こんな批評家に注意を払うことが立派な人間にふさわしい行為ではないと思われるという理由もあるからである。つまりこの批評家は，一度も取り組んだことがないのであろうが，批評する対象の大部分について何の知識ももっていないと厚顔無恥にも告白し（7頁），さらに彼は愚直にも，批評家が対象を理解していないことはよくあることだと付け加えている。さてこのプフタ氏は『ライン博物館』の最新号で，サヴィニー氏の『中世ローマ法史』に関する私の書評に対して反論を行っている。その反論は，ある別の理由から批判の余地がない。なぜなら，そのなかで見受けられる賎民のような言葉遣いと非学問的な論法は，これまた私がこれまで研究したことのないものだからである。もっとも私は，対象として扱うものについて知識ももたずに何らかの判断を下すような人間の仲間ではない。ハッセ氏の論説は，サヴィニー氏に感謝の念を抱く弟子の作品であると述べることから始まっている。サヴィニー氏はこのことに対して感謝しなければならないというのだろうか。

3 「ローマ法の研究およびその体系」(1827年)

法の体系化　さて，法学における研究と研究方法を考察することから，現行の体系を議論・説明することに移ろう。まず私は，特殊なものを展開する前に総則を置かないという点で，従来の体系とは一線を画さねばならないと考えた。普遍的なもの一般と特殊なものとの関係そのものについては既によく知られているが，普遍的なものが特殊性を，特殊なものが普遍性を含まないしそのなかに見出さないというそんな配列はおよそありえないと言ってもよかろう。それにもかかわらず，ほとんどすべての民事法の教科書や概説にはこのような総則がある。この部分で扱われるものがおよそ法学の始まりに位置づけられる学説ばかりであるならば，ただそれをどう呼ぶのかを議論することなどきわめて瑣末なことであろう。というのは，この始めの部分を総則と呼ぼうとするのか第1部と呼ぼうとするのかは実に取るに足らないことだからである。しかしこれらのどの総則をとっても明らかなのは，完璧に完成されているとはいえないとしても次のような思想が総則の基盤に置かれていることである，つまり，後でようやく扱われる各論の学説のための原理が予め総則において説明され，そうして既にこの部分で法全体が展開されるという思想である。さてこのことから我々はむき出しで裸の普遍性に至ることになるが，この普遍性を理解できる者などいない。なぜならこの普遍性には特殊なものを想像する力が備わっていないからである。続いて我々は原理をもたない特殊性に至ることになるが，この特殊性の頭脳はそれ自身の内ではなく他の場所にある。一体いつ学問は，学問自身の普遍的諸原理が学問そのものでなくなるというほど自己矛盾の状況に陥ったのか，一体いつ学問は，長時間控えの間で待たない者は特殊性という聖域に辿り着かせてやらないというほど傲慢なものになったのか。たいていの場合学問は学問それ自身から始まり，したがって学問はその実際の姿を論じてくれるよう要求しなければならない。ところが，理解しやすくするためであれば，講義では学問それ自体が何なのかという問いを避けてもよい，つまり，理解しやすくするためであれば，ある学問に関する講義が非学問的になってもよいと信じられているとすれば，それは全くの思い違いである。というのは，学問をその学問独自の形式や形姿という形で習得する方が，学問を習得しながらその学問の経過と内容の違いに取り組むよりもはるかに楽であるからである。この総則は思考を怠けさせるにはもってこいである。思考の鈍った者は，体系

の外には何もないと主張する決心もできず，体系ももちつつ同時に，その体系のなかでは決して居場所を与えられず廃棄される教義を一種の控えの間や物置部屋に押し込んでおく自由を手にしたいと欲する。少なからぬ概説では，その総則を一瞥するだけで，何が述べられているのかを事実それほど苦労せずに理解できる。ブルハルディ（『ローマ法体系』ボン，1823年）は総則にあたる第1章で贈与を論じ，各則を自力救済から始めていると誰が考えたいであろうか。また総則を占有から始める者もいるが，ほとんどすべての者は親族から始める。親族は，私法の最たる各則であり最後の部分でもある家族の前提であるだけではなく，家族の一部分でもある。簡単に言えば，何を総則に置くのかということに関しては無限に自由なのである。自分の家財を扱うかのように，学説が扱われる。たとえば，概説の著者たちが吝嗇家なのか浪費家なのかは，彼らのやり方を見ればすぐわかる。後者の気前のいい著者は早速にきわめて貴重な学説から始め，それらの学説を早々と控えの間に陳列する。他方，この上なくけちな著者は比較的簡単な学説から始め，内容豊かな学説については徐々にしか公開しない。占有の分類を論じた際のサヴィニーの正鵠を射た言葉（『占有論』第4版，33頁）ほど，総則をうまく言い表しているものは他にないだろう。それは，「近年多くの者は占有を体系中の総則において論ずることで切り抜けてきたが，占有は所有権や他の各権利に比べれば少しも普遍的なものではない。総則が必要だと考える者に向かって，総則で占有を挙げることに対して異議の申し立てようがない。なぜならば，このような総則は他人に心中を打ち明けたいという主観的な欲求のためだけに存するきらいがあり，総則は学問的に何の概念も内容も示しえないからである。この軽薄化を乗り越えて，占有と各則，すなわち占有と法体系自体との本来的な関係を認識し表現するのを忘れないことこそ，唯一本質的で不可欠なことである」という論述である。

客観的な法・権利　法学の体系は必ず，何が法・権利であるのかを論ずることから始められねばならない。法学の体系はまた，その体系内ではほぼすべてのことが齟齬をきたさない唯一の体系である。どのようにしてこの体系からさらなる変動が生み出されるのかということのみが議論の対象となりうるであろう。ここで即座に現れるのが，法を哲学的に省察することに取り組むのか，もしくは実定法に，どんな実定法でも同じだが，取り組むのかという違いである。

3 「ローマ法の研究およびその体系」(1827年)

　この違いはとくに法概念と法律概念との関係において顕現する。法を哲学的に扱えば，私法の内容はすべて法概念と法律概念との間に位置する。なぜならば，法律は必ず法を前提とし，法が法律を定立するからである。立法がなされる際，既に所有権，契約，家族は存在する。それに対して実定法では，あるいは同じことだが法律（慣習法も一つの法律である）では，法律が定められない限り所有権，契約，家族は存在せず，この点において法律概念が法律内容に先行する。それゆえに実定法を扱う際にはまず法と法律との間を媒介する概念が省かれ，いかにして法が法律となるのかが示される。さらに詳細に見ればこの点からローマ法に関して興味深いことが判明する。それは，ローマ人がたとえ法の民族と呼ばれていようとも，彼ら自身が法とは何かを意識するにはほとんど至っていなかったと指摘できることである。ローマ人は，法は善と衡平との術なり *jus est ars boni et aequi* と述べた。一方ではたしかに，法ではなくまさしく技術について論ずることが話題とされているという点にずれがある。しかし他方で，法は衡平と善として登場する。たしかにローマ法では衡平に関する規定と善に関する規定とは全く異質なものではなく，それらは本来の法に対応する規定である。法という意識が欠如しているため，法学は神事と人事に関する知識であり，正と不正に関する学である *divinarum atque humanarum rerum notitia, justi atque injusti scientia* と説明される。この説明はたしかに我々の諸概念に従えば正当性をもたないが，ローマ人の目から見れば至極正当なものである。かなり広い活動の場を法学に認める権限をウルピアヌスがもつことについては，実に様々なことが語られたり推測されたりしてきたが，昨今では，先ほど挙げた定義のおかげで少々冗漫な神秘主義が法学のなかに入り込むようになってさえいる。ここでいう神秘主義とは，それが深遠であるためではなくそれが不明瞭であるためにこう称されるものである。今挙げた節でウルピアヌスが言わんとしたのは神事に関する知識 *notitia rerum divinarum* に正 *justum* が存し，人事に関する知識 *notitia rerum humanarum* に不正 *injustum* が存するということだと聞き知ろうとする者は，ウルピアヌスのテクストがいくぶん聖書的に解釈されるのを目の当たりにする。このような解釈は，ローマ法・教会法博士 *utriusque juris Doctor* であるプレラーの『ローマ帝国とローマ法』(21-22頁) やそれ以外の機知に富んだ注釈に散見できる。ローマ人の視点でこ

の定義を見さえすれば，これを説明することは実は簡単である。ローマは法の世界であり，ローマでは法が最高のものである，このことをローマの精神は発見し認識した。神に関することは神法の範疇で，人間に関することは人法の範疇で考察されなければならない。これらの事物それぞれに関してここで述べた法以外に何があるというのか。したがってウルピアヌスが，法学は神事と人事に関する知識であり，正と不正に関する学であると語るとき，彼は自身の民族の精神をもってその真の概念と立場を表明している。

客観的な法：法律　実定法の体系において法はすなわち法律と表現されてきたが，ここからは法律を構成する諸形式について説明することにしよう。法律それ自体に最もふさわしい形式（これは法律にのみふさわしい形式と言えるが）は普遍性形式，すなわち告示形式 *Edictalform* である。法律は最も確固とした普遍性すなわち国家に由来するとともに，国家に従うすべての者を普遍的に拘束する。しかし時として法律が自らにふさわしい形状を放棄することもある。これは，特殊性 *Besonderheit* という形式に法律が順応するためである。このとき法律はもはや普遍性をもたず国家にも由来せず，特殊な利害によって突き動かされ作用する。つまりそれらの特殊な利害は，この特殊性に配慮させることによって国家から法律を手に入れるのである。この法律は勅答形式 *Rescriptform* という形で表され，この形式はそれゆえ全く普遍的でもなければ拘束力をもつわけでもないが制約は被る。それは，一方でかような法律は国家の福祉に反するものを何一つ含むことは許されないということ，しかし他方では，変動する根拠が正当であるという前提がなお既存の法律に従って働き続けるということである。

法律の解釈　普遍性形式もしくは告示形式，そして特殊性形式もしくは勅答形式（たしかに指令，デクレなどをここで挙げることもできるが，これらは概念区別とは無関係である）は各器官をなしており，これらの器官のなかで立法全般が変動する。法律の生涯に関する詳細な諸規定はこれら二つの形式に共通する。どちらの形式も法律ならびに普遍的なもの一般として意識されねばならないがゆえに，まずそれが周知されることが最初である。ある法律が周知されていないとすれば，まさにそうであるがゆえに，それは法律たることをやめることになるだろう。しかし同様に，法律が周知されるなかで法律が遡及的な効果をもち

えないということが起こる。したがって遡及効に関して考究すべきことはすべて，何が起こると認め，何が起こらないと認めるかという情状にしかない。しかしそうかといって法律は全く抽象的なものでも死んだものでもなく，法律は生き永らえている。法律は必ず自らを表現するための言語をもつ。それゆえに，法律は生来その意味と表現との違いを背負い込んでいる。意味と表現の二面が一致していれば，その違いは多かれ少なかれ適切な法律言語として現れるだけである。しかしそれに対して，言語の意味と表現とが齟齬をきたすこともある。そこで〔この齟齬を〕治癒すること，すなわち解釈が必要となる。解釈は二面のいずれか片方を，つまり意味と表現のいずれかを選びとる。解釈が意味を選べば表現はなおざりにされ，法律から立法の源へと遡って解釈がなされる。これが法規解釈である。法規解釈とはすなわち，法律の意味の観点から法律を新たに生み出すことである。あるいは，解釈が所与の確実な事柄を選びとることがある，つまり解釈が表現のなかで意味を認識しようとする場合である。こうして説明の舞台は立法から学問へと移る，すなわち学理解釈である。学理が補助手段を用いると，解釈はさらに細分化されることになる。しかし他方でこの学理的な立場からしても解釈は創造である。それゆえに，いかなる解釈をなすべきか，つまり解釈は拡張するよう作用すべきか縮小するよう作用すべきかという問いに答えることができるのは法律のしかるべき内容であって，もはや法律の形式的な意味ではなかろう。

　解釈は，解釈が法律の源に遡るのであろうと法律の表現をその起点と捉えるのであろうと，所与のものとしての法律に関わる。ここで問題となるのは，法律を維持することであって法律を拡張することではない。しかし法律は本質的に普遍性を，つまり様々な特殊な事柄から成り立つ世界全体に対して普遍性をもつ。その普遍性にこれらの特殊な事柄が添加される，一部では普遍性を分解した部分部分という形で，一部ではただ単なる例示という形で。後者のケースでは，扱われていない無数の他の特殊な事柄がさらに添加され，普遍性は同じようにこれらの特殊な事柄にまでも及ぶ。法律はこれらの事例すべてを表現するよう，またそれらの事例を法律に格上げするよう要求するのではない。むしろこれらの事例は自らが法律の一部として法律の下で把握されるものであることを明示し，そうして法律の適用を受ける。いわゆる法律の類推適用はした

がって，一部では名前をもたない数々の特殊な事柄を真の普遍性のなかで把握する働きをなし，一部では法の諸原理にはじめて個々の事柄を想像させる働きをなす。類推適用は法律を生き永らえさせることであり，そうすることで法律が抽象的に硬直化することも避けられる。すべての事例に名前を付ければ司法・学問教育から法律を除去できる，という意見がある。最近ではこの意見のせいで，すばらしい法典からそれに不可欠な活力が奪われている。たしかに法律と無関係ではないが法律が規律していなかった特殊な事柄のところへと法律をつれて来る類推適用はそれゆえに，拡張解釈とは異なる。なぜなら拡張解釈はたしかに法律の拡張が起こることを認めはするが，〔あくまでも〕既存の諸事実のなかで法律自体を拡張する可能性を追求するからである。〔それに対して〕法律の類推適用ではその法律の根拠が拡大・拡張し，法律の内容や法律に含まれる法がその拡大・拡張したもののなかで脈打っていることは明らかである。しかしこのとき，法律の根拠がなくなれば法律もおのずとなくなってしまうのかという問いが出てくる。この問いにイエスと答えるなら，法律の本質的な要素，つまり法律の形式がもつ絶対性は否定され，その法律が妥当するかどうかは法律の内容次第ということになる。この問いにノーと答えるなら，法律の内容が今度は正当性をもたないように見える，とくにその法律の動機が一緒に述べられるときは。しかし，このような理由で法律の内容と根拠が作用し続けるということを認めざるをえないとしても，その法律の根拠は自立的に法律に対抗できるわけではない。というのは，法律は概して立法権力によって生み出され，立法権力だけが法律を廃止できるからである。

特殊な法律：慣習法・裁判慣行　しかし，法律のなかで根拠が作用し続けるのかというこれらの議論はさておき，法律はある自然な経過を辿る。まずは法律が適用される。そして法律同士が衝突する際には，この衝突を解決するためのルールが作られなければならない。最後に，それらの法律が廃止されることで終止符が打たれる。このことは告示に関しても勅答に関しても当てはまる。というのは，勅答と告示はその根拠において異なるにすぎないため，法律の作用について言えることはすべて勅答にも告示にも共通するからである。しかし特殊な形の法律としての勅答に関する学説の仲間に，慣習法あるいは不文法 jus non scriptum に関する学説が入るのは当然である。立法者の一般的な知か

3 「ローマ法の研究およびその体系」(1827年)

らではなくそもそも内在している必要性から法律が生まれるというふうにして勅答は作られ，慣習法は法律を一層特殊化した形で生まれる。すなわちここでは必要性それ自体が法律を生み出すのであって，立法権力を頼ってようやく法律が生み出されるというわけではない。しかしそれゆえに慣習法が普遍的な法律へと昇格することは決してなく，慣習法は十分に意識されることもあれば意識されないこともある。したがって，慣習法はつまるところ生来的に妥当するものとして作られていないことがまず明らかであるという点に，〔普遍的な法律と慣習法の〕主要な違いがある。慣習法ではまさに必要性という特殊性が法律を創造するため，普遍性は特殊な事柄を知覚し収集するなかでようやく見出される。慣習は法律に対抗する力をもつのか，あるいは法律それ自体に素材を提供し準備するにすぎないのかは，概して慣習の位置づけと同様に，その民族がどの程度進歩しているのかに対応している。慣習法がおよそその意義をすべて失い慣習をもはや流布させないよう立法しようという動きが性急に進む昨今では，つまり，普遍的なものの権力が個人に対してきわめて強く作用するようになったため個人が自己立法の余地をもはやもてない時代では往々にして，慣習はすばらしいが立法はどうしようもないと語られてきたことは注目に値する。このことは，慣習に押し潰され，立法という措置を講じて災いを防ぐことが今やほとんど不可能な状態にあるイギリスの例とは対照的である。

　慣習法は我々の時代と立場にふさわしくない。それよりもふさわしいのが，一面においてしか慣習法とはみなされない裁判慣行である。なぜなら，法律や法典がすでにこの慣習の基盤として役立てられているからであり，必要性という特殊性ではなく，むしろ逆に普遍的なものが特殊なものを想像することがこの慣行の源，出発点とされるからである。裁判慣行は立法それ自体と同様にその出自を学問にもつ。裁判慣行は永久に改正を求め続けるだけで進歩をすることがない法律に対して，一定の進歩を保障する安定性を有している。一方で，イギリスにおいてそうであるように，もっぱら判決からしか立法されない場合には安定性が全くない。しかし他方で，判決を全く参照しようとしない立法は，永久にデクレを出し続け新しい諸規定を作ることにその救済を見出さざるをえず，結局は有機的に完成させる手段がない以上，新たな寄せ集めを行わざるをえない。

特　権　ここまで我々は法を法律と表現し展開させてきた。告示と勅答という二つの主要な形式に加えて慣習と裁判慣行を考察した。これらのどの形式においても問題となるのは普遍的諸規定，つまり，いかなるもののためにもいかなるものに対しても妥当する普遍的な諸規定である。それらの規定が特殊な必要性から生み出されたものであろうとも，普遍的な理性にその出自が求められるものであろうともである。告示も勅答も，慣習も裁判慣行も，すべてのものからすべてのものに対して呼びかけられる。しかし立法が法律に従う多様なものを対象とするからには，そこに見られる違いは立法においても現れざるをえない。この多様な内容を吸収することで，立法はその普遍的な立場を脱する。そのような立法に直面した個々人は法律の前においてもはや完全に平等ではなくなる。法律はある者には権限を与えある者には与えない。このような優劣はまた，性別や身分のような普遍的な属性に応じてつけられたり（特殊の法 jus singulare），個々の人間に関係づけられたり（・特・権）する。ここでは法律の起点が何であるかは全く重要ではない。告示や勅答が特権を生み出すことも可能である。つまり特権は個人のために設定されるという点に，その特徴がある。ところが，法律たるためには普遍性という面が欠けてはならず，すべての者がそれを法律とみなさねばならない。この普遍性という面は，・す・べ・て・の者に対してそれが真の法律であるという点に見出される。しかし特権の内容が個人にとって都合がよいか悪いかは全く瑣末な問題である。つまり法律が個人に関係しているということのみが重要なのであって，この特権が忌むべきものであるのか歓迎されるべきものであるのかはどうでもよい。

主観的な権利・法　法がその客観的な形式・形姿から特権に移行し，個人のために彼の権利として措定されたということを他面から見れば，法はすっかり普遍的な法律形式を捨て，個人の権限であることが明らかになった。つまり法は個人の権利に，権利を備えた個人に，同じことだが・人・格になる。しかし通常，人格の権利・法は総則で扱われる。だがなぜ法や法律の諸形式から人格に移行することになるのかについては，何の正当な説明もなされていない。人格は諸権利の主体と定義され，疑う余地もなくそうである。だが人格が全く別のもの，すなわち逆のもの，主体としての権利であるということは通常これらの定義で看過されている。真の体系が定立されていれば，もちろん人格は権利・

法の諸形式から生み出されるはずである。そうであれば，諸権利の主体であると人格について語ることでかように単純に人格に移行するというのでは不十分である。しかし権利・法の諸形式から人格へと移行させるのが特権である，つまり特権は，個別性の要素が法律に入り込む場所でありその法律を人格たるものへと上昇させる場所である。当然のことながら，現在の法状態においてのようにいかなる人間も人格であるところでは，人格たることは再び完全に普遍的なものになっている。しかしローマでは人格自体がなお外見上は特権のすぐ隣に位置し，いかなる場合もこの特権が法律を人格に上昇させうる唯一の階段である。

人　格　人格は本質的に生きている，つまり肉体をもつ存在である。ここでは人格の誕生，性別，肉体的精神的健全さ，年齢，存在・不存在が考察の対象となる。しかし人格自体は，権利がある者とみなされねばならない。すなわち人格は人格として認められなければならない。この承認は人格の名誉，すなわち影であり，人格はこれなしでは生きていけない。したがって名誉 existimatio や名誉の失墜，名誉の完全なる喪失に関する学説は，名誉喪失の事由，名誉喪失の諸効果などに関する学説と同様に一括してここで論じられるべきである。ローマの不名誉 infamia は今日の法体系のなかでもなお語られるべきであり，「これは法史学でも古美術品でもなく普通法である」と言って聴衆たちを何とか説得しなければならないという考え方もある。不名誉はこれに反して，形式的効力と実質的効力のコントラストが最も生彩に表れる学説の一つであり，ユスティニアヌス法典の大部分の箇所でいかにそうであるのかを教えてくれるのはやはり，常に法史学だけである。

　多くの教科書では人格を語る箇所で身分 status や親族に関する学説も論じられる。抽象的な人格を話題にする箇所で，どうすれば家族法の一部を，間違いなくそれは親族のことであるが，論じることができるのかはよく理解できない。この箇所で婚姻や父権，後見を語ることは至極正当であるとされる。まさかとは思うが，親族であることは，配偶者や父，被後見人であるということよりも抽象的な人格であるというのか。多数の者がそのように感じ人格に関する箇所で家族法全体を一括して論じるのは，彼らがローマの「人」の法 jus personarum の意味にくみするからである。しかしこの結果として明らかにな

るのは，彼らが法を真に体系的に把握していないということである。というのも家族法は間違いなく私法一般の最末尾に位置するからである。家族法は所有権と債権を前提として成り立つ。なぜなら家族法は嫁資 dos や特有財産 peculium などでは媒介するものとして〔所有権と債権という〕二つの側面をその内部に含んでいるからである。したがって，家族が用いる財産権は絶対的に家族に先んじて論じられるのが本来の形である。このことが顕現するのは嫁資をおいて他にはないだろう。なぜなら最も重要な所有関係・債権債務関係が問題となる嫁資の箇所では，嫁資を単独で話題とするのに先立って所有関係・債権債務関係がそもそも論じられておかねばならないからである。したがって，家族法から親族を引き離す根拠がない以上なおさらのことだが，抽象的な人格の箇所で家族法を論じることは一切の体系的発展を放棄するということを意味する。ローマの「人」の法の根拠は粗雑な表象のなかにしかなく，その結果として人格はたいてい家族の箇所に現れるが，だからと言ってこの意味でその法全体が「人」の法であるというわけではない。

法　人　上述のように，人格は必ず肉体をもつものとして表現されてきた。したがって人格の法学上の終焉はその死である。死は法学的な関係を終了させるため，死自体に関する一定の知識が必要とされる。したがってある者が死んでいるのか，生きているのかという問題は法学の規定内でなお論じられるであろう。そのため生存期間の推定は欠かせない。人格は本質的に肉体をもつものであるが，生命をもたない普遍的なものに人格性を与え法人という抽象的な概念を創造することは想像に任される。だが，内容的に言えば親族も法人もここにはふさわしくない。というのも，法人が存立するためには市民社会とコルポラティオーンが必要とされるからである。しかしそもそも市民社会は私法に全く属さないため，法人に関する学説が扱われるのは抽象的な意味での人格が話題にされる場所に限られる。というのも，人格の特定の内容というより人格としての妥当性がここで考察の対象とされるので一層そうである。加えてここで国庫が語られるときも，国家の諸権利やその内容が論じられることは決してない。抽象的な人格とみなされる場合に限り，国庫は登場する。

　法・権利はこれまで多様な法律形式をとるものと表現されたが，主観的な形態では人格と表現された。これら二つの表現は，一方で法・権利が効力をもつ

ためには人格に認識されねばならず，他方で人格は法・権利のなかにあらねばならない，すなわち人格は法・権利を認識しなければならないというほどに密接に関係している。法の不知（ignorantia juris）はそれゆえに，客観的な法との断絶，法に対して抽象的な人格がなす絶対的な不法である。法の根拠となる事実の不知（ignorantia facti）は一方で法の不知と同じ意味をもつとみなされるが，他方では，法の不知とは反対に不法ではないとみなされ，その限りにおいて無害なものと考えられる。

法の不知という状態にある場合，人格は客観的な法と齟齬をきたす。この齟齬は回復されねばならず，回復は訴訟のなかでなされる。したがって訴訟とは，法・権利を実現すること，客観的形態における法と主観的形態における権利を一致させることである。

法・権利の実現：訴え　法・権利を手に入れそれを実現するための，第一の直接的な方法は自力救済である。しかし法・権利の実現には紛争当事者以外の第三者が必要である。それゆえ，このように直接的に法・権利を手に入れる方法は同時に不法でもある。不法はその目的を達成することを許されず，そればかりか罰も科されねばならない。紛争は裁判官に仲介を依頼することでしか沈静化できない。このように裁判官に仲介を求めることは訴えにおいて行われる。しかし訴えは，その形式や訴訟手続に応じて，訴えを生み出す原因に応じて，その基盤になる権利内容に応じて多様である。ローマ法で訴えが多様に細分化されているのは，これら三つの理由に応じてのことである。最後の理由に従えば訴えは権利内容と一致する。それゆえに，具体的な権利内容をもつ訴えであってもそのうちのいくつかは，このような抽象的に表現される訴訟手続一般に属さざるをえないだろう。たとえば厳正訴権 actio stricti juris や誠意訴権 actio bonae fidei はこのような権利内容を余すところなく表示しているため，全権利内容がこれらの訴えのなかに含まれていると言える。しかしこれに関する論述はこの程度にとどめ，さらに詳しい説明は債権法に譲ることにする。訴えは様々な理由から起こる。それゆえ複数の理由が重なりあうこともある。いわゆる訴えの競合である。一体どの程度ある訴えの理由が他の理由を排斥するのか，どの程度複数の理由が並列するのかといった問題は，ここでは一貫した一連の諸規定に従う。次に，訴えが徹頭徹尾人格にしか縛られないのか，訴え

が積極的ならびに消極的移転に適しているのかはその訴えの性質による。他方ここで訴えが代表する権利の性質が登場するが，これは，訴えがこの権利を表現するものとして記録され移転するかしないかは訴えによって言明されるからにすぎない。最後に，訴えを申し出ることのできる期間が定められており，その期間を過ぎると訴えることができなくなる。いわゆる消滅時効である。

抗弁 訴えとは，拒絶された権利を付与してもらうため，裁判官に仲介を求めることに他ならない。同じようにその訴えに対しても否認，つまり抗弁，なされた請求に対する否定が行われるが，それは事実上の根拠に基づく場合もあれば，法的な根拠に基づく場合もある。この否定が内包する実定的な契機とは，否定をするにも裁判官の仲介を求めなければならないということである。この実定的な否定のなかで，抗弁それ自身が再び否定されることになる。再抗弁とその終わりなき反復，すなわち再々抗弁，再々再抗弁というように，弁論と反論の永久的な反復である。この反復がとぎれることは決してない。それゆえこの反復には相応の限界が設定されなければならない。

争点決定 訴え，抗弁などは，互いに歩みよることのない別個の面でしかなく，したがって全体を成すものではない。それらは，個々人が自分の権利に関して主張することを表現したものにすぎない。紛争のなかで訴えや抗弁などは契機として登場するものの，その紛争は依然として統合されず全体すら成してはいない。この統合を成し遂げるのが争点決定における訴訟手続，つまり衝突している権利に代わって訴訟それ自体を登場させ，それまでの関係に代わって新しい関係を構築するという行為である。こうしてはじめて，それ自体が自立して全体を成す訴訟について語ることができる。

証明手続 争点決定で訴訟が全体として統合されたことでまずは，手続が問題となる。ここで登場するのが証明手続である。この証明手続によって今や訴訟は普遍的な訴訟から個別的な決定に成熟する。争点決定では紛争それ自体が承認され確定されるだけである。それに対して証明手続では，紛争は再びそれが生じた理由にまで立ち返り，そこから当事者のいずれかに勝ちが導き出される。ここで論ずべきことは，何を証明すべきか，誰が証明すべきか，どうすれば証明できるのかということである。しかし一般的にそうであるようにここでも訴訟は形式的な枠や規格のなかで展開するのではなく，訴訟はただ私法の

本来の内容へと続く道として展開せねばならない。証明手段に関する学説と並んで，推定に関する学説も登場する。推定は，事物それ自体に内在する証明に他ならない。事物の外部においてはじめてその事物に関する確信が得られねばならないというように，事物から導出されたり事物を用いて定立されたりすることを推定は待つ必要はない。そうではなく，事物が存在することによって同時に確信も確認されるところに推定は存する。推定は，それがどれくらい強い力をもつかに応じて分類される。すなわち，推論に対していわば反論ができない場合，推論が反証を許容する場合，推論が証明自体を支えるにすぎない場合というふうに分類される。

判決　訴訟は，それに対して判断が下されることで完了する。ここでは，誰が判断するのかを決定する，すなわち裁判権 jurisdicto に関する学説が，そしてその判断，すなわち判決 res judicata の効力に関する学説も問題となる。判決の効力を考えるにあたって欠かせないのが，人格に関する考察である。判決の効力は絶対的に，事物の場合はそう要求されるが，判断されるわけではなく，主観的な理由によって判決の執行が変更されることがある，すなわち生活資保留の利益 beneficium competentiae である。ハイゼのように義務の履行の箇所でも利益 beneficium を持ち出す者がいるが，利益は債権債務関係とは全く無関係であり，判決執行の際にどの程度まで執行するべきかという問題に関わるにすぎない。つまり利益が考慮されるのは執行に際してのみであり，債権債務関係の履行に際しては考慮されない。それゆえ利益は判決の効力の箇所で扱われる。ミューレンブルフもそこに利益を配列することで利益をきわめて精確に認識している。

　判決はたしかに，それが正しいか正しくないかは別として，訴訟に対して判断を下し訴訟を終了させる。しかし判決は同時に現実的な側面を有しているわけではなく，現実には判決では不十分な場合もあろう。したがって判決は実現，つまり執行されねばならない。しかしこのとき他方で，十分な数の対象物に対して判決を執行しうる保証が同時には存在しないという欠陥に直面する。それゆえに判決が出ればことたりるわけではなく，判決が執行されることも保証されなければならない。この保証は判決が下ってはじめてしかるべき場所と意味をもつことになろう。しかしこの保証はたいていまだ執行される必要がなくと

も不可欠であるが，そもそもは判決の執行のために存在すべきであるがゆえに，判決に先立って執行は保証される。

　訴訟での決定は，裁判官の判断と決定のみでも執行が保証される場合がある。たしかに裁判官は，事前に当事者の一方の財産を他方の当事者の手に入れさせる占有付与 *missio in possessionem* を行ったり，占有者による処分のみを阻止する仮差押を行ったりする。しかし，判決の執行が当事者によって保証される場合もある。つまり彼ら当事者が，確実に〔判決を〕執行するために担保，あるいは係争物を保全する係争物受託という手段を講じる。

217　原状回復　　判決のなかで権利・法は，人格と断絶・衝突していた状態から回復される。何が正しいのかが明言されたとき，人格はそれに納得しなければならない。しかし一定の状況や状態，境遇が整えば，人格は法・権利に対して際限なく反応し，明示された正しさそれ自体に対して自らを回復させる力をもつ。これこそ，法に基づいて喪失した以前の状態を，それがあたかも喪失されていないかのように再興し，新しい状態を遡及的に作り出す権利，つまり原状回復 *restitutio in integrum* である。体系主義者たちがこの学説にこの上ない困惑を覚えるのは明らかである。この学説を最後に，つまり他のことすべてを準備してしまってから論じる者が多い。たとえばハイゼもその一人であるが，原状回復を権利一般の裏面であるかのように論じる。ある程度はこのことを認めざるをえないとしても，それは形式的な部分においてのみである。つまり原状回復ではその内容，すなわち何に対して原状回復するのかということは些細な問題である。一定の条件が整えば，売買，賃貸借，婚姻などいかなる法律行為の内容に対しても原状回復はなされる。それゆえ原状回復は法律行為の内容と全く無関係になされるべきものであり，したがって原状回復は形式的なものとして法律行為の内容の後に，つまり全体系の最後にようやく登場するものではない。そうではなく原状回復は権利一般が論じられる場所に存するのであって，特定の権利内容が論じられる場所に存するのではない。原状回復は訴訟手続一般の裏面である。したがって原状回復は法・権利の実現一般を論じる学説の最後に位置づけられるべきである。私はかつてハウボルトとともに（拙著『債権法[3]』168頁），原状回復に関する学説を債権法の最後で扱ったことがある。しかし今では，その時に持ち出した浅薄な理由が全く価値のないものであった

3 「ローマ法の研究およびその体系」(1827年)

と認めざるをえない。いつものことながら，これに対してミューレンブルフは完璧な正解に到達していた。原状回復によって人格は再び権利一般の形式的な変動から人格の諸権利へと回帰した。形式的な訴訟手続は原状回復のなかでその力と意味を喪失した，あるいは別言すれば，原状回復が可能なところでは人格と彼の諸権利の内容のみが重要である。つまり原状回復はこの内容を失くしたりはしない。つまり同じことは，この内容が権利の形式的な変動のなかに埋没する危険にさらされていない場合についても言える。いわゆる総則もしくは権利一般から各則もしくは権利内容へと移行することはたしかに最も難しい。法を哲学的に考察すれば，訴訟はそのなかで追求される権利内容よりも後で登場するが，実定法体系においては，前述したように，まさに権利とその実現から出発しなければならないがゆえに，ある困難が立ちふさがる。それは，一方で権利を追求するに際しては既にある権利内容が前提とされ，他方で権利内容は権利の実現から導かれることになるという困難である。原状回復はそういうわけで，この移行が唯一可能な場所なのである。原状回復では権利内容が権利の実現よりも優先されることが明らかなため，ここではいわば権利内容が権利の実現に取って代わる。原状回復はもっぱら権利内容が重要とされる場所である。つまり，形式的な権利は姿を消し人格のみが諸権利に向かいあう。

218

物　形式的な訴訟手続から解放された人格の前にまず現れるのは，外在的なもの，それ自体は自由も権利ももたない自然である。人格は自然のなかで自らを具現化し自然をわがものとするというように，自然は人格に支配されている。物のなかで人格を具現化するというのは，物のなかで人格を表現することである。この具現化を示す名として，きわめて奇妙なことであるがカント以降は *dingliche Rechte*〔物的権利〕という名が，あるいはローマ法の分類にきわめて厳格に従えば *Sachenrechte*〔物権〕という名が用いられてきた。しかし Ding も Sache も権利をもたない。ところが，dingliche Rechte〔物的権利〕や Sachen〔物権〕と呼ぶのであれば，Ding や Sache が実際に権利をもつということになってしまう。私は，人格と物との多様な関係すべてを示すものとして所有権という総称を用い，これらの関係の基盤に人格の意思を据える。いわゆる物に関する権利はすべて所有権である。これらの権利は所有権の全側面がその権利に見出されるのか，いくつかの側面しかその権利に見出されないのかと

いう点で異なるだけである。しかしどのようにして人格が所有権に至るのかの道筋については，以下で示すことにしよう。

　まず人格は外在的なもの，つまり物を知覚する。物それ自体はたしかに自然史分野では多様に考察される対象でありうるが，法体系には一度も登場しない。それどころか，どんな概要書や概説を見ても物に関する章は厄介なことになっている。私とてこの厄介さを克服できていない。つまり法体系において純然たる物を話題にできるのは，その物が既に所有されているという前提がある場合に他ならない。物の分類すべての基盤にあるのは，それが誰のものなのか，融通物 res in commercio なのか，不融通物 res extra commercium なのか，無主物 res nullius なのか等々といった純粋に所有に関する範疇か，あるいは，物がいかなる方法で所有されるようになったのか，物が代替物であるのか否か，主物であるのか従物であるのかということである。したがって厳密に言えば物に関する学説は皆無であるが，それでもなお物は抽象化される。物を抽象化するということは，物を所有権から再び切り分けることであり，他から切り分けられ独立した物を考察することであるが，それでも必ず所有権の色がついた物を考察することになる。当然ながら物とみなされるのは，そこから所有権が切り分けられたものに他ならず，結果的には，その後に残されたものが物の範疇に在るものとして現れる。神法上の物 res divini juris，共通物 res communis，公有物 res publica について言えば，一方でこれらは物の一範疇とみなされるが，他方でこれらを区別するものはその外部に在り，その物に誰が意思を植えつけたのかということに関係する。

219　以上のことを踏まえて考究しなければならないことは，果たして物は各人の所有物とみなされそれゆえ常に各人の特別な物として把握されるべきか，あるいは，普遍物としての物は，いったん誰かの手元に置かれるとそれを手元に置いた者の所有物と呼ばれるのかということである。代替物はすべて，たいていは貨幣であるが，普遍物である。なぜなら代替物の場合，個別化することにはもはや意味はないからである。しかし同時に貨幣は他のすべての物の魂，それらのうちで最も普遍的なもの，それらの価値である。したがって貨幣のなかで物はそもそも止揚されている。なぜなら貨幣はさらに定義しなくとも所有という刻印が既に押されている物だからである。

3 「ローマ法の研究およびその体系」(1827年)

　物それ自体を考察した場合，その物が一つ一つ独立した物なのか，あるいは，集まって全体を形作る物であるのかという相違しか現れない。しかし，所有諸関係の生み出す多様性が精彩を放たないのであれば，この考察も全く空虚なものである。

　しかし最終的に物は物同士で関係を構築する。それは，ある物が主物や決定物であるならば，それ以外の物はすべてそれらとの関係においては附属物，その限りにおいては従物となるという関係である。ここでも所有関係が人目につかないながらも相違を生む。というのは，もし所有権が存在しなければ，主物も従物も存在しないからである。ただし附属物には『概説』で挙げたように次の三つがある。すなわち，第一に，主物そのものが有機的に展開して附属物になるという果実 Früchte に関する学説，第二に，物から附属物が出現するのとは全く逆に，附属物が物のなかに埋没し消滅しているという費用に関する学説，第三に，附属物が機械的に外在的なものでありその点で主物から分離可能であるという従物に関する学説である。

　占　　有　　法体系のなかで物は元来，何ら位置づけられてこなかった。しかしここまでのところで我々は物と所有権とを抽象的に分離しながらも，物を所有権の範疇にひきつけながら考察してきた。したがってここからは，物と人格との本来の関係を考察することに移っていかねばならない。人格と物との最初の関係はむろん占有である。

　サヴィニー氏の占有論　　法体系のなかでの占有の位置づけは絶対的に，そしてローマ法においては特に，あまりにも重要である。それゆえにここで占有の位置づけを詳細に精査しないわけにはいかない。しかも占有に関するサヴィニー氏のかの佳作では，まさに占有の概念が，同じことだが体系のなかでの占有の位置づけが全く満足できない代物であっただけに一層精査せずにはおれない。サヴィニー氏の叙述を検討しその欠陥を少しばかり明らかにすることにしよう。その際，私自身も以前くみしていた誤った見解（拙著『債権法』，167頁を見よ）を批判的に検討せねばならないだけに，私は一層公正でありえる。

　占有や所持はそもそも何ら法学的なものではなく，自然状態にすぎない，そしてこの状態に対応するのが所有という法的状態であるという主張をもって，サヴィニー氏が占有理論の基礎づけを始めることは周知のとおりである。それ

220

ゆえこのことに関して法学的に規定すべきことはすべて，基本的には次の文章にまとめられると言う。「所有者は占有する権利をもつ。所有者から占有を許可された者は占有する権利をもつが，それ以外は誰もその権利をもたない」（『占有論』，第４版，２，３頁）。しかしローマ法は占有する権利を語るだけではなく，占有に諸権利を結びつけそうすることで占有の諸権利を論じるという。したがってローマ法では，占有の諸権利が論じられることで占有自体が法的状態とみなされる。サヴィニー氏が占有を単なる自然状態，単なる事実とみなすというなら，彼は要するにローマ法に対して，単なる自然状態を法的状態化したと非難をすることになる。したがってそうであれば，ここには別様に作用するもう一つ別の立法があって，この立法が法体系のなかで占有に与える位置づけは，それが所有権の効果であるというものに他ならない，という見解が出てくるように見えるのも当然であろう。

　自然なるものと法的なるもの，法における事実なるものと法学的なるものという対置を前にすれば，これは全く不適切な区別であるという声が即座に上がるように思われる。というのは，法的関係はすべて事実に依拠しているため，法の世界ではもっぱら事実なるものが基盤に置かれるが，他方また，法のなかに現れる事実はいずれも法・権利でもあるため，事実なるものは何一つ存在しないという反論がそもそも成り立つからである。婚姻は事実であるというのは言い得て妙であり，ハッセ氏はもこのことを述べようと彼なりに実直に取り組んだ。しかしそれと同時に，この事実なるものが法的な類のものであると補足しなければ全く意味がない。インド人はこの上なく奇妙な事実を法関係に列している。なぜこのようなことが起こりうるのかは法の精神から説明されるべきである。だが，それらの法関係を単なる事実であると言おうというのであれば，これはあまり奨励できないであろう。

　しかしサヴィニー氏も，ローマ法にとって占有が単に実定的なものであると位置づけようなどとはまるで考えていない。むしろ，いかにして占有が諸権利の基盤たりうるのかを説明し発見しようと努める。次の叙述はそのことを示している。「物を占有するだけの者はたしかにそうするだけでは依然として何の権利ももたない。しかし彼は誰に対してもこう要求する権利をもっている，何人も私に対して絶対に力を振るえないと。それにもかかわらず，ある者が占有

者に対して力を振るったとすれば，占有者は特示命令で保護される。これが占有のもつ法的性質である。不法に力が振るわれることによって，占有を権利たらしめるために欠けていたものが手に入る」。占有のこの基礎づけ理論は雑な考察がなされるときにしか成立しない。しかし，聡明な著者が著作の版を重ねてもこの雑な考察を続けたことは何とも不思議である。ここからは彼の占有理論に対してささやかな批判を展開していこう。

サヴィニー氏の占有論への批判　〔サヴィニー氏の占有論は次のとおりである。〕占有それ自体は権利ではない。それゆえに占有者は物に対して何の権利ももたない。それでは単なる占有と権利を結びつける立法はどのようにしてなされるのか。力それ自体は不法である。よってその力が占有者を排除することはない。したがって占有の権利は，それ自体が不法である力に抗ってなされる保護に起因する他ない。以上のことから，占有者がもつ権利は彼自身に対して不法が行われてはじめて成立する。

　ここにサヴィニー流の展開方法の弱点がある。というのは，権利が存在しない限りそもそも不法も起こりえないからである。権利が不法によって基礎づけられることなど決してない。なぜならば，不法が権利を否定するものである以上，不法には権利という実定的な前提が内在しているからである。私が侵害されたときには，侵害されるのを許さない私の権利が先行しているはずであり，私に力が振るわれたときには，その力によって私の権利が侵害されているはずである。サヴィニー氏の本質的な誤謬は，力の対象が何かを考えることなく力を思考した点にある。何の権利ももたない占有者に対して力が振るわれるというが，こんなことがどうすれば可能だというのか。誰の権利も設定されていない物を私が手にしたとき，誰に対して力が振るわれるというのか。あるいは，偶然に占有している人格に対して振るわれる力はこのように理解されるのか。この場合は人格が毀損される，つまり名誉毀損の訴えの根拠となるという。しかし，権利ではない占有に対して力を振るうことは絶対に不可能であるのに，なぜ占有が保護手段，すなわち占有特示命令を手に入れるというのか。不法に遭遇してはじめて占有が権利になるというなら，占有者はみな，力を振るった者たちにお礼を述べねばならないだろう。あなたたちのおかげで今まで権利でなかったものがこうして権利に昇格しました，と。

ついにサヴィニー氏も，この演繹法が根拠不十分であることに気づいたのだろう。ところがなんと彼は，自分の見解と対立する見解とを折衷しようとした。しかし結局のところその折衷もより一層根拠不十分である。彼自身の言葉を挙げることにしよう（『占有論』，8頁）。「この見方からは完全にそれて，多くの者は，占有に対してなされるどんな侵害も実質的な権利侵害とみなし，それゆえに占有自体を権利そのもの，すなわち推定的な所有権，占有に関する訴えを暫定的な所有物取戻訴権とみなす。この見解の最後の部分は実務に関わるものであるため，この部分については後に仔細に論駁することにしよう。しかしここでは，見解全体から見て何が真であるかを示すことにする。そうすればもしかすると折衷が実現するかもしれないからである。敷衍すれば，法学的な性質を備えるとされる力から占有特示命令が必然的に生まれこの命令が自明のものであるかのごとくに，上述の形式的な不法は決して理解されてはならない。そうではなく力は，占有を取り上げられた者が物に対して権利をもつかどうかを問わず，再び彼に占有を与えるという結果をもたらし，この力のもたらす結果は実定的なものである。なぜ力に抗ってこの種の保護がなされるのか，なぜ占有を取り上げられた者が喪失した（場合によっては全く不法な）占有をも再び獲得するのかと問われれば，占有者はたしかに所有者でもありうるという一般的な推定にその根拠があると回答される。その限りにおいて占有はたしかに所有権の陰，推定的な所有権と捉えられるが，このことは権利制度一般の基礎づけに妥当するにすぎず，具体的な占有の権原には全く妥当しない。それに対して具体的な占有の権原は形式的な侵害に対する保護に見出せる。したがって占有特示命令は完全に債権債務的な性質のものに他ならず，決して暫定的な所有物取戻訴権とはみなせない」。このサヴィニー氏の見解の対極にあるのが，占有自体を権利そのもの，推定的な所有権とみなす者たちの見解である。この対立が実際にきわめて熾烈であることを疑う者はいないだろう。しかしサヴィニー氏はこの対立する意見を完全に斥けようとはしない。彼がその見解全体から見て何が真であるのかを示したがるのは，そうすることで折衷を成立させるためである。敷衍すれば，サヴィニー氏が主張する形式的不法は不法，つまり不法という性質がありさえすれば占有の原状回復がなされるというように理解されるべきではなく，力は，占有を取り上げられた者が物に対して権利をもつ

3 「ローマ法の研究およびその体系」(1827年)

かどうかを問わず、再び彼に占有を与えるという結果をもたらし、この力のもたらす結果は全く実定的なものであるというのである。我々は率直に言ってこのことを理解できない。特示命令によって占有が保護されるというこのローマ法の実定的な命題こそまさしく解釈されるべきところである。それは、力それ自体に備わる不法が占有を権利へと高めるという解釈であった。しかしこの解釈は解釈ではなく、むしろ実定的な性質のものですらある。したがって、なぜこの解釈が実定的になったのかということを再び解釈する作業がなお残されている。ここでなされる解釈が再び実定的なものに硬直化すると、いよいよローマ法は完全に非理性的な法に堕ちることになろう。あらためて問われるべきは、全く不法なただの占有者がなぜ諸権利をもつのかということである。なぜ力に抗ってこの種の保護がなされるのかの根拠を問われると、サヴィニー氏は「この根拠は、占有者はたしかに所有者でもありうるという一般的な推定にある」と答える。しかしこれは今までとは異なる解釈であり、サヴィニー氏はこの解釈に鞍替えした。つまり彼は対極に位置する見解を採るために、従前の見解を放棄したのである。しかし、どうすればサヴィニー氏がこの断念を折衷と呼ぶことができたのかは、当然ながら理解不能である。「このことは権利制度一般の基礎づけに妥当するにすぎず、具体的な占有の権原には全く妥当しない」と最後に反論したところで、かような折衷の実現はやはり不可能である。なぜならば、もともと権利制度一般の基礎づけのみが話題とされていたからであり、なぜ具体的な占有の権原は形式的な侵害に対する保護にあるのに、占有一般の権原は推定的な所有権にあるのかについてなど全く考える必要はないからである。ここで、具体的な占有の基礎と占有一般の基礎との相違はどこに見出せるのか。具体的占有もしくは特定の占有はむろん多種多様な起源や権原をもちうるが、具体的占有もしくは特定の占有が占有一般とは異なる権原をもつことなどありえないということはたしかである。サヴィニー氏は、不法という迂回路を通って占有の権利に到達するという彼自身の見解と、占有を推定的な所有権とみなす対立見解とを折衷しようとするが、結局のところそれは折衷ではない。サヴィニー氏は対立する見解に鞍替えするために自らの従前の見解を放棄したにすぎない。

推定的な所有権としての占有論　　しかし、占有は推定的な所有権であると

いう対立見解の方が果たして正当で支持される見解かどうかは、ここで議論してみる必要があろう。推定的な所有権という名称の根拠となっているのは、占有者が所有者であるという推定が成立する、それゆえもしこの推定が成立しないなら占有は何の権原ももたないということである。とはいえ、誰もが占有するのと全く同様に泥棒も占有する、ただし泥棒が占有する物は彼が盗んだ物であることは明らかではあるが。したがって所有権の推定はおのずと姿を消し、推定的な所有権ではない法学的な占有が姿を現わす。それにしても一体どうすれば他者が占有についてなす推定が占有を権利へと昇格させるのかは、およそ理解できない。不法が占有を権利となすことができないのと同様に、占有は所有権であるという推定もまた占有を権利となすことはできない。あるものについての評価がそのものを権利に高めることはやはり不可能なのである。そうではなく、このもの自体が、そこでは占有のことだが、権利をもっている他ないのである。

私〔ガンス〕の占有論　占有の権原は占有に関する推定にあるのでも、不法な力という迂回路にあるのでもない。そうではなく占有の権原は唯一それ自身のなかに、すなわち物に対して人格が占める地位にある。すべての所有権は、人格が物のなかでしか自らを具現化しないということにある。物を所持する際に人格が表明する意思は彼の特殊意思にすぎないときもあれば、承認された普遍意思であるときもある。人が物を所持できるのは、所持することが認められるかどうかは気にせず彼が物を所持したいと欲するからである。あるいは、所持することが普遍的に認められたことをうけて所持したいと欲するからである。特殊意思に基づいてしか所持はなされない。したがってこの所持という行為こそ起源とされる直接的な所有権もしくは占有である。それに対し、この占有が普遍性、すなわち正当性を備えれば、それは真の所有権になる。しかし、たとえ不法であってもこのように特殊意思が保護されるのは、意思自体が既に実体的なもの、つまり保護されるべきものであるからであり、この特殊意思はより高次の普遍的なるものにしか服す必要がないからである。占有の権原は占有に振るわれる力にあるのでも、占有に関してなされる推定にあるのでもない。人格の特殊意思が物のなかに現れたときその特殊意思は既に一つの権利でありそのような権利として扱われねばならないということに、占有の権原はある。

3 「ローマ法の研究およびその体系」(1827年)

ローマ人たちも素朴な表現方法ではあったが，まさしくこの観念を有していた。しかし不思議なのは，なぜサヴィニー氏がこのことを無視できたのかということである。『学説彙纂』第41巻第2章第1法文第1項では，「物の所有は自然的占有から始まったと息子ネルウァは述べるが，そのことの痕跡は陸地，海そして空で捕獲されるこれらの物のなかに持続されている。なぜならそれらの物は，最初にそれらの占有を占取した者の物となるからである。同様に，戦争で捕獲された物，海に生成した島および海底で発見された宝石・宝玉・真珠も，最初にそれらの占有を手に入れた者の物となる。*Dominiumque rerum ex naturali possessione coepisse Nerva filius ait, ejusque rei vestigium remanere de his quae terra mari coeloque capiuntur, nam haec protinus eorum fiunt, qui primi possessionem eorum adprehenderint. Item bello capta et insula in mari enata, et gemmae, lapilli, margaritae in litoribus inventae, ejus fiunt, qui primus eorum possessionem nanctus est.*」とされる。ここでは，占有の所有権的な性質が完璧に表現されている。所有権は占有から始まる，同じことだが，占有は所有権の始まりであるということである。対象物がいまだ取引関係におかれていないとき，占有と所有権は必然的に同一であるという（そのことの痕跡は陸地，海そして空で捕獲されるこれらの物のなかに続く。なぜならそれらの物は，最初にそれらの占有を占取した者の物となるからである。ejusque rei vestigium manere de his, quae terra mari, coeloque capiuntur, nam haec protinus eorum fiunt, qui primi possessionem eorum adprehenderint.)。また，占有取得が所有権と同一視される状態が今なお存在するのは，自然状態がもつ始原性がこの状態にいわば見出されるからだと言われる（同様に，戦争で捕獲された物，海に生成した島および海底で発見された宝石・宝玉・真珠も，最初にそれらの占有を手に入れた者の物となる。Item bello capta et insula in mari enata, et gemmae, lapilli, margaritae in litoribus inventae, ejus fiunt, qui primus eorum possessionem nanctus est.)。したがって，占有と所有権は自然で直接的なものと媒介された法的なものという対比に従って位置づけられるが，注意しておくべきことは，たとえば拾得や他の先取の類のように，この自然で直接的なものを帯びた状態が今なお存在し（そのことの痕跡が永続する。ejusque rei vestigium permanere.），ここでは占有と所有権が同一視されるということである。特殊意思にしか基づいていないという占有，

所有権のこの特徴を一層厳密に表現するのは，次の言葉である。「結局占有の全体においてある者が正当に占有するのか，不当に占有するのかということは大差ないからである。*In summa possessionis non multum interest, juste quis an injuste possideat.*」『学説彙纂』第41巻第2章第3法文第5項。占有の場合，その占有が正当なのか不当なのかということは全く問題にされないということで同時に，特殊意思からしか構成されないという占有の所有権的性質がきわめて明確に表現されている。

225　サヴィニー氏は占有の効果について語ることで，特示命令と使用取得以外のすべての結論を，至極もっともらしく占有の本質に対する深い見識をもちながら，排斥した。私があえて補足したいのは，これらの効果以外はありえないという結論がなぜ占有の性質から必然的に導かれるのかということである。所有権の始まりとして占有は何の効果ももちえない。なぜなら占有の効果は，所有権が承認されることを前提とし，まさにこの承認に由来するからである。占有の効果は，その始まりを保護する特示命令と，所有権が承認されるようになる可能性を占有に見出す使用取得ということにしかありえない。この始まりの保護と単なる始まりを拡充させる可能性を除く他の効果はいずれも占有を所有権に変えるだろう。しかし通常引き合いに出される占有の効果に関して言えば，これらの効果は，抽象的に導き出されるものとして，たった今挙げた主な効果と一致する。

法体系における占有の位置づけ　我々はここで占有の性質について，もしかするとこの場所にふさわしいと考えられる以上に詳細に考察してきた。しかし占有概念を考究することは法体系のなかで占有が占める位置ときわめて深く関係している。それゆえ我々は占有概念を考究しないわけにはいかない。占有は債権法に属するとサヴィニー氏は主張するが（『占有論』，27頁），前述のように，私はこの見解にくみしていた自分自身を弾劾した。つまりサヴィニー氏によれば，占有は自身に対して振るわれた力にのみ存在根拠をもつが，この力は不法行為であるため占有は不法行為に基づく債権債務関係 obligationes ex delicto に属する。こう分類することでサヴィニー氏は彼独自の見解をいわば徹底的に突き詰めたが，それとともに自分で自分の見解を否定することになった。それゆえこの上なく低俗な意識の持ち主であってもかような分類に対して

は当然ながら異論を唱えるであろう。我々は、占有を所有権の始まり、つまり特殊意思に基づく所有権とみなし、ミューレンブルフとともに占有を物権 jura in re のはじめに据える。この分類に対抗するべく、サヴィニー氏がローマの法文、「占有と所有権とを混同してはならない nec possessio et proprietas misceri debent、あるいは所有権と占有は何ら共通点を有しない nihil commune habet proprietas cum possessione」を引き合いに出せると考えたところで、この法文は占有と所有権とは事実異なると述べているにすぎない。そして我々とて、このことを一瞬たりとて否定しようとしたことはない。

所有権 占有は使用取得によって単なる特殊意思の所有権から普遍的に承認されたいわゆる完全な所有権、すなわち「私」の意思と普遍意思とが一致した完全な所有権となる。それゆえ所有権概念は人格の自由の外にある世界一般であると表現される。したがって人格は所有権をもつことができるだけではなく、所有権をもたねばならない。つまり所有権をもたない人格など考えられないのである。ローマ法において所有の対象は有形物のみであるが、私は第113節において、その対象が拡張してきたことについても語らねばならないと考えた。昨今このような拡張が所有権概念において起こっているのは、知的財産権という可能性も登場したからである。所有権はその本性上排他的であるため、所有権の違いはすべて所有権の内部にある。つまり所有権が時として多種多様でありうるのは、所有権がいくつかの面に切り分けられたからにすぎず、それら各面が自立しているとされるからである。したがって所有権 dominium と善意占有 bonae fidei possessio との区別は絶対的なものではなく、問題となるのは実際に所有されているのか、所有に近い状態でしかないのかということのみである。本来所有権 dominium directum と用益所有権 dominium utile という区分は所有権のもつ多様な面に関係する。しかし、複数の所有権が併存することは決してない。

所有権の取得方法 体系主義者が通常直面する最大の困難は、所有権の取得方法である。彼らは所有権の取得方法を位置づけ分類しようとして、最大の困難に直面したのである。たとえばハイゼによる区別、つまり所有権が一方的な行為によって取得されるか、相互的な行為によって取得されるか、偶然に取得されるかという区別は所有権を取得せしめる根拠そのものにはあたらない。

所有権の取得が一方的な行為によるのか，相互的な行為によるのか，あるいは全くの偶然によるのかは実にどうでもよいことである。この分類に基づく個々の取得方法も全く恣意的なものである。なぜ先占が一方的な行為で，善意占有である果実取得が偶然であるのかはおよそ見当がつかない。取得方法を正しく分類しようというなら，実際のところ現に存在する既存の区分以外の区分などありえない。所有権は，人が物とまずは直接的な関係に立つことによって取得される。これが先占による取得であり，埋蔵物，狩猟，漁労などといった拾得のように無主物を先占するのであっても，無主物だとみなされる物を先占するのであってもかまわない。さらにこの直接的な取得は，先占とは正反対の附合によっても起こる。なぜなら附合の場合には物が「私」の所有物に対してこの直接的な関係そのものを成り立たせるからである。第二に，「私」の意思が物を変化させ，物を別の物に変えるという形成によっても所有権は取得される。形成がなされると，形成された物は，形成前の自立性を保持し続けたり，本来の姿に戻ったり，あるいは完全に新しい物になったりするが，この最後のものが正真正銘の加工である。第三に，所有権は前の所有者の意思や裁定者たる裁判官の意思を媒介にして取得される。この取得方法には引渡，裁定付与，取得時効がある。なぜなら取得時効の根拠は，取得時効の対象物の持ち主がそのことを黙認したりそういうものとして承認したりすることであるからである。これらの三つの主要な所有権取得方法は所有権の核心を見事に掴んでいる。〔第一の取得方法のように〕意思と物との関係が直接的である場合，意思は従前の関係に配慮することなく物に向かってくる。〔第二の取得方法のように〕物が他の物に姿を変えるという場合には，その物は従前の姿を放棄しなければならない。最後に〔第三の取得方法のように〕所有権の変動が別の意思を媒介にしてなされた場合，物は受動的な性格，すなわち引渡される，裁定される，取得時効されるという性格を帯びる。これに対し，一方的，相互的，偶然的というカテゴリーは単に外面的なカテゴリーにすぎず，この区分は物の本質を掴んだ区分ではなく，物に引きずられた区分である。この取得方法の見出しの下で挙げられるものがもういくつかあるが，それらの方法自体，決して妥当しうるものではない。たとえばハイゼは偶然の状況による取得方法に属すものとして，善意占有者による果実の取得，遅滞されていた関税の納付，遅滞されていた修繕費の

3 「ローマ法の研究およびその体系」(1827年)

弁済、そして再婚を挙げる。偶然の状況についてこう分類することが妥当だと言う者などおよそいない。再婚自体は取得者にとっては拾得よりも偶然だというのか、あるいは、ここで偶然という分類は取得者側の自発的な行動が欠けていることを表すに他ならないのか。しかし、遅滞されていた関税の納付も再婚も取得方法と言うべきではなく取得の根拠でしかないと言うべきである。なぜならば、たとえ「公課の名目で没収される物は相続人にも移転する。それは没収される物が直ちに犯罪を犯した者の物ではなくなり、その物の所有権は公課のために取得されるからである。*Commissa vectigalium nomine etiam ad heredem transmittuntur, nam quod commissum est statim desinit ejus esse, qui crimen contraxit; dominiumque rei vectigali adquiritur.*」(『学説彙纂』第39巻第4章第14法文)としても、こうした事例すべてにおいてそうであるように、裁判官に代わり法律がなす暗黙の裁定のみがこの場合には想定される。刑罰による没収はいずれも、どんな特定の事例にも先立ち法律によって予め確定されている裁定である。

私は、所有権が保証する保護手段の箇所で、分離を請求する提示訴権 actio ad exhibendum、梁木組立訴権 actio de tigno juncto をも扱う。たとえこれらの訴権が外面的な特徴からすれば債権法に属するとしても、である。というのは、一方で所有物取戻訴権 rei vindicatio を準備し他方で所有物取戻訴権を補充する訴えは、自らにふさわしい居所が所有物取戻訴権ではなく債権法にあると主張できるほど自立性を備えてはいないからである。

用益権と役権　所有権においてその所有権の多様な面はみな、それらが特殊なものとしてはほとんど通用しないほどに止揚されてしまっている。所有者はたしかに所有物の用益権をもつが、同時に用益者ではない。用益者というものが考えられるのは、用益権が所有権から切り分けられ特殊な権利として成立している場合に限ってのことである。用益権 ususfructus は分割用益権 ususfructus separatus に他ならない。なぜ所有者が自分の所有権を切り分けていってもなお所有者であり続けるのかと言えば、所有権が抽象的な状態に保たれているからである。そして切り分けられた諸権利はそれぞれ自立し、所有権に対峙する。また別の者が他人の所有物に対して実質的な権利をもちうることを根拠づけるのが、役権の学説である。この役権は通常、いわゆる人役権と

地役権であると解される。私はこの配列にはくみせず,用益権を本来の役権と区別する。私はこの用益権を使用権,住居権 habitatio,利用権 operae とする。ローマ人たちは無雑作に「役権は人役権あるいは地役権から成り,人役権は使用権と用益権,地役権は農耕用地の役権と住宅地の役権から成る。*Servitutes aut personarum sunt ut usus et ususfructus, aut rerum, ut servitutes rusticorum praediorum, et urbanorum.*」と語った。しかし『法学提要』や『学説彙纂』が十分に示すように,彼らローマ人は外面的にも内容的にも用益権と役権とを徹底的に区別していた。私はとりわけ用益権と役権を論ずるが,ここで役権はいわゆる地役権のことしか意味しない。なにしろこう区分するのには十分な根拠がある。人役権と地役権の共通点は,これらが他者の所有物に付属する権利であるということのみである。しかしこれはきわめて些細な共通点でしかない。なぜならば,この共通点は質権にもあてはまり,そうなると質権を役権と呼んでもいいことになるからである。それに対し,用益権と役権の相違点はすぐに目に付く。使用権などの用益権においては,所有権から切り分けられたものは,もはや所有者のものとは言えない自立した権利とされるからである。それに対して地役権においては,所有権から切り分けられたものは何一つ自立して存在することはなく,所有権の排他性(in patiendo)や絶対的な力(in non faciendo)に抗する権利が与えられるにとどまる。用益権,使用権などは主観性原則に従うがゆえに個人的なものと化すが,役権は所有の対象物に内在している。これも用益権と役権の相違の帰結である。というのは,〔用益権のように〕収益したり使用したりすることはまさに所有権の最も主観的な面であり,この面は人格と例外なく結びついているのに対し,〔役権のように〕所有権を非排他的な形や制限された形でしか行使できないというのは,所有権自体と関係を断ち切れない不都合な状態に他ならない。

質権 役権において所有者は排他的に使用することを断念し,絶対的な地位をもつ所有権は制限を被ることになった。しかし所有者は用益権や役権に対抗してなおも所有権をもつ。観念的な悟性に従えば,このように所有権が保持されているのは所有権の一契機,所有権の一面であると解され,その限りにおいてそれらは自立しているとされる。所有者は所有権を保証されている。しかし所有者はこの保証自体を別の者に委ねることができるが,この委ねられた

者は所有者ではない。しかしながら彼に対して担保と保証が別の所有権を授ける。しかしこの担保・保証には何らかの前提が必要である。つまり，その前提があるがために担保・保証が与えられるということである。したがって質権は必ずある債権を前提とする。他人の所有物を有形的に保持することが担保そのものである場合もあれば，その担保が有形的な保持という特徴をもたない権利にすぎない場合もある。これが質 pignus と抵当 hypotheca の違いである。質権は随意の約定や法律に基づいて取得される。質権は個別の物に及ぶ場合もあれば，物全体に，もっともこのときには財産全体に及ぶ場合もある。質が生み出す権利関係は二つの面から考察されねばならない。つまり，権利関係が質権者と所有者の間で生じる場合と，共同質権者同士の間で生じる場合である。質権者は質権の持ち主である。それゆえ彼は第三者に対抗して質権を設定した物を追求し，質権をさらに質に入れ，最終的には，担保の最終目的が質権者の請求を実現することである以上，質を譲渡することができる。しかし共同債権者がいる場合には，誰がこれらのことをなしうるのかが問題となる。この問題は優先権に関する学説を，特権のもつ公的性質や期間といった多様な優先権に関する学説を生み出すことになる。[4] しかし質権者は自分の請求以外は何も実現すべきでないがゆえに，後順位質権者でも主債務を弁済すれば先の質権者に代位できる，いわゆる弁済権 jus offerendi である。だが質権は目的物の滅失や混同といった直接的な事情で消滅する場合もあれば，債務免除が実現すること（自由の使用取得 usucapio libertatis）によって消滅する場合も，〔債務〕関係全体の履行や主債務の弁済，質の売却によって消滅する場合もある。

永借権と地上権　所有権は用益権において収益を喪失し，役権において排他性と自身に対する絶対的な力を喪失し，ついに質権においては保持と保証を喪失する。それにもかかわらず観念的な悟性は，所有権はなくなっていないと主張する。このような形で残存する所有権は，剥き出しで裸の，中身のない所有権である。というのは，この裸の所有権を処分する権利は無を支配する力としかみなされないであろうからである。切り分けられた諸権利はこの裸の所有権に比べればいくぶん実体的であると認められるし，ある程度は裸の所有権に依存しているとしてもこれらの権利の方が完全な内容を備えている。裸の所有権に対して，切り分けられたものは不完全な所有権としてではあるが奮闘する。

この不完全な所有権はローマ法では永借権と地上権という二つの形をとる。永借権の歴史的起源は土地の開墾に対する報酬にある。それゆえに，開墾していない所有者は抽象的上級支配権をもちその支配権がもたらす若干の利益（借料 canon，貢租 laudemium）を手にする。開墾した永小作者は収益や所有権のその他の諸権利を完全に自分のものにする。それに対して地上権は，土地と地上物の所有関係が一致しないことに起因する。本来は，地上に工作された物はすべてその土地の所有者のものになるという意味で，土地と一切の地上物は密接に絡み合っている。しかしこの場合に成立するものはたしかに所有権とは言えないが，それでも所有権がもつ多くの権限を備えた不完全な所有権である。

所有権から債権法へ　だが所有者は，所有権のいくつかの面を切り分けそれらを自立したものとして解放できるだけではない。所有者は物から完全に手を引き，物を手放すこともできる。こうしてはじめて，所有者が物から解放されたということが明らかになる。物がこの先どういう運命を辿るのかを気にかけることなく物を放棄したり，物に別の所有者を探す，つまり譲渡したりすることで，所有者は物から直接的に解放されうる。譲渡された場合，所有権は絶対的で直接的な立場から二つの意思の間に立つよう追いやられ，これらの意思の間を媒介するものを成立させる。所有権に関する意思を媒介するのは，所有権に代わって登場するもの，すなわち債権法である。

債権法　意思の媒介（契約）も意思の侵害（不法行為）も包摂する諸規定の総体が債権法であるという概念は，ローマ法特有のものである。我々の理解に従えばこの概念はもはや正当性をもたない。なぜならば，不法行為一般はもはや私法に属さないし属すべきではないからである。ローマの債権法の概念は人格が人格に対して行う抽象的な請求であり，これらの請求が契約に基づくのか不法行為に基づくのかはどうでもよい。それに対して我々の分類に基づけば，何らかのある請求を抽象化したものよりこの請求の内容の方が前面に出てこなければならないであろう。我々の下では契約と不法行為が内容的に全く異なることは明らかだが，ローマ法では契約と不法行為が債権法という共通の天蓋の下に位置づけられる。プロイセン一般ラント法は偉大な功績を，つまり債権法というこの抽象概念を廃し気にも留めなかったが，ナポレオン法典はこれを復活をさせた。しかしローマ法の講義を聴く際は，債権債務という一般概念の下

で契約も不法行為も表現されるということを実に辛抱強く受け容れねばならない。この概念は今日の我々の市民法にはおよそ馴染まないが、ローマ法の神髄とは堅く結びついている。これに反して、外見上は適切なものがある。これは今日の我々の法におよそ馴染まなくとも歴史的なつながりがあるため除去できないものである。

　かつて私は、訴えとその効果に従ってローマの債権債務を分類しようと試みたことがある。この分類はローマ法に関しては可能であるとしても、現在の市民法の性格からすれば徹底的に拒絶されるであろう。なぜなら我々の下で訴えはその私権的な性格を次第に放棄し訴訟へと移行したからである。我々は全く、訴えを権利そのものとはみなさない。今日、訴えは別に存在する権利を保護する手段という性格をもつものでしかない。それゆえ私はいわば雑な前置きという形でしか（第191節）このローマの体系について説明しなかったが、この体系を詳述した箇所では、何が我々の観念に適合するのかを検討した。「債権債務の本質は、それが何らかの物を我々の物にしたり、ある地役権を我々の地役権にしたりするということにあるのではない。そうではなく、我々にある他のことを、つまり何かを与える、なす、給付するといった義務を負わせることにある。*Obligationum substantia non in eo consistit, ut aliquod corpus nostrum, aut servitutem nostram faciat, sed ut alium nobis adstringat ad dandum aliquid, vel faciendum, vel praestandum.*」というローマ法の法文から出発するにあたって、まずは、債権債務の抽象的な主体と客体について論じる必要がある。債権者・債務者という主体は補強されるということに加えて客体も多種多様であるという点で、共同債権債務と選択債権債務 obligatio alternativa に関する学説がここに登場することになる。しかしこれが債権法の総則を形成する唯一のものである。つまり他の学説はいずれも、契約や不法行為に関するものであったり、特定の債権債務関係が論じられた後でないと説明できない債権法における変動に関するものであったりするからである。所有権と債権債務の違いは次の点にも見られる。所有権のグループに属するものはみな、ことのほか所有権を固持したものばかりであるのに対し、債権債務は並立する複数の債権債務に分かれるという点である。この点において債権債務の方が観念的な財産権であることが明らかになるが、これは、〔債権債務の方は〕物との関係にお

231

いて多様な変動と多面的な関係が成立するのに対して，所有権ではもっぱら人格が物へと一方的に埋没しているからである。

契約とその分類　意思の媒介に基づく債権債務関係は契約である。この意思の媒介の前提には，契約がまさに錯誤や強迫，詐欺，虚偽表示の影響の下で成立するということがある。したがって契約に対してそれらが与える影響について議論しなければならない。しかし契約の内容が語られる以前に，契約がおのずと外部に在る出来事と結びついたり他のものによって補強されたりすることもある。前者が条件に関する学説であり，後者が手付 arrha，違約罰，宣誓に関する学説である。条件に関する学説は契約を論じるに先立って，総則一般でよく扱われる。しかし条件それ自体は決して法学の考察対象ではない。条件を法学の考察対象とするためには，条件を契約や相続法の箇所で登場させる他ない。なぜ条件をこれら二つの箇所で扱おうとしないのかは全く理解できない。というのは，ここでしか条件は現実に即した居所をもたないからである。

ローマ法の分類とカント・ヘーゲルの分類　さて契約の分類に関して実に不思議に思われてならないのは，要物契約，言語契約，文書契約，諾成契約というローマの分類は空虚で形式ばっており窮屈だという理由によってロマニステンからでさえ懐疑的な目で見られたにもかかわらず，カントが真に合理的な分類を提示した後においても，このカントの分類が先のローマの分類に取って代わっていないということである。片務と双務という不適切な分類や，返還，給付と履行，作為と不作為という債務に基づく不適切な分類が今なお普及しているということが，カントによる区分が示された後のことであるのには（『法理論の形而上学的原基盤』120頁），驚愕するばかりである。これに対し，最近ではヘーゲルがカントの区分をより明敏かつ的確な形で受容している（『法哲学要綱』84, 85頁）。契約の本性に内在するこの分類は『概説』で私が行った修正の基盤でもあり，この修正は実定的なローマ法の性質に由来する。契約の二側面の一面が一方の当事者によって代表されもう一面が他方の当事者によって代表されるように割り振られているのか，もしくは当事者それぞれに契約の二側面が同時に現れる，つまりローマ人はおそらくこう呼んだのだろうが，契約が相互的 ultro citroque であるのかということが契約の主な区分とされる。契約当事者それぞれが契約の二つの面を表すという後者の契約はより純粋に実質的な

契約であるのに対し，前者の契約は形式的な性格を有する。形式的な契約では，一方の者がある物を失えばもう一方の者がその物を獲得する。それに対して実質的な契約では，契約当事者それぞれがある物を失い獲得する，つまり，契約当事者双方の側にそれぞれ契約のもつ表裏が現れているのである。他の言葉を使えば，つまるところ形式的契約は贈与契約，実質的契約は交換契約と称される（ヘーゲル，前掲書，79頁）。ところで，契約の対象は物，物の使用，義務の履行のいずれかであるがゆえに，この三区分に基づき贈与契約と交換契約はさらに区分される。つまり贈与契約は，物の贈与（donatio 贈与），物の使用の贈与（commodatum 使用貸借，precarium 容仮占有，mutuum 消費貸借），そして義務の履行の贈与（depositum 寄託，mandatum 委任）に分かれる。他方，交換契約は次のように分かれる。1〕ある物を別の物と交換する。これには，特殊物を特殊物と交換する場合（permutatio 交換），要求同士を交換する場合（transactio 協約），期待を交換する場合（賭博・賭事），特殊物を普遍物と交換する場合（売買）がある。2〕ある物の使用をそれに見合う価値と交換する。特殊物の使用を賃借料と交換したり（locatio conductio 賃貸借），普遍物の使用を利子と交換したり（利子を伴う消費貸借）する。その際，消費貸借の学説は贈与契約の箇所で論じられるのに対して，利子や利子に関係すること（中間利息，foenus nauticum 海上冒険賃借）についての学説に限ってはここ交換契約の箇所で扱われる。3〕義務の履行をそれに見合う価値と交換する（locatio operarum 雇用契約）。

　契約の本性をうまく捉えたこの簡潔な区分で大部分の契約はカバーされるが，カバーされないまま残される契約以外の債権債務関係が数多くある。これらの債権債務関係は契約ではないが，契約関係とほぼ同じである（準契約 quasi ex contractu），もしくは契約の効果が備わっていると解される点で契約に準ずる。それゆえこの債権債務関係はそのすぐ隣に位置する契約に位置づけようとされるに違いない。学問上の配列を見ればこの試みにお墨付きは与えられていない。なぜなら債権債務関係はそれに関わる契約から生じる場合もあれば，追認 ratihabitio によって契約に移行する場合もあるからである。それゆえに私は，たとえば，消費貸借のところで不当利得返還請求訴権を，委任のところで negotiorum gestio 事務管理を，雇用契約のところで actio exercitoria 船主訴権，

actio institoria 支配人訴権，lex Rhodia de jactu 投荷に関するロードス法，contractus aestimatorius 委託販売契約，suffragium 推薦契約を論じる。無名契約という分類を行う者はこの箇所で最後の二つを論じる。同じように私は売買の箇所で，追奪の履行に関する学説，按察官告示に関する学説，pacta de retrovendendo 買戻しについての合意，jus protimiseos 先買権，in diem addictio 競売の約款，lex commissoria 解除の約款を論じる。たしかにこれらの債権債務関係は売買のみに特有の関係というわけではないが，売買の箇所に登場することが最も多いことは確実であり，売買に関連づけて位置づけるのが適切である。これらの債権債務関係はいずれにせよ付加的合意 pacta adjecta として契約に付随するという意味を生来もっており，もっとも本来の形では契約に属するものである。

　贈与契約と交換契約の他に，しかしながら第三の契約の分類が存在する。これはカントによれば保証契約，ヘーゲルによれば完全化契約と呼ばれる契約である。この第三の分類はまず最初，先の二つの分類とは外面的で非学問的な関係にあるように見える。これについてはしかし，事情は以下のとおりである。どんな契約もその契約が履行される契機を，可能性としてではあるが，有している。この履行の契機がそもそも契約に植えつけられているため，この契機は既に最初から契約に実効性をもたせるのである。そうして契約自体が既に実効性を備えたものとなる。つまり契約自体にその履行を担保するものが内在しているのである。質や保証は，他の契約では可能性があるにすぎなかったことに実効性をもたせる。この点において，このように完全化された契約を第三の分類とみなしてよかろう。完全化契約はしかし一部では主体に関わる類の契約である。なぜなら契約の主体が補強され完全なものになるからである。いわゆる組合である。組合をいかに分類すべきかについては若干の熟考を要する。すなわち組合とは，複数の人間が容認した目的を達成するために共同することである。組合に関してはどんな内容も想定されうるという限りにおいて，要するに組合は特定の内容に対して成立するものではない。どんなもののための組合も考えられるということである。つまり組合は売買も賃貸もでき，すべてのものやいくつかのものを共有できる。したがって組合はいかなる内容に対しても形式的に成立可能なものである。組合の特徴はそれゆえ，不特定の内容のために

3 「ローマ法の研究およびその体系」(1827年)

複数の人間が共同するということ以外にはない。そこで組合はこのように共同すること，つまり契約一般の主体を完全化することであると規定される。それゆえ，はじめに連帯債務が扱われるときには，組合は正当に論じられるであろう，そこで組合は自分が契約であると言って契約の仲間に入りたいと要求したりはしないからである。しかし組合を契約として扱う場合には，完全化契約一般が登場する箇所で組合を取り上げる以外にない。ところが，契約の客体内部でその客体が完全なものとなる完全化契約も存在する。ローマ法でこれに属するのは，あらためて確認することで完全化される自己の債務の弁済約束 constitutum debiti proprii である。そして債務引受もその全範囲ならびにそれに付随するすべての学説を含めてこの仲間に属する。そして最後にこの仲間に入るのが質契約である。

　不　法　　契約は契約当事者の意思を媒介することにある。各々の契約当事者は相手の意思を自分のものとしてもつ。しかしある対象物に対して共同意思が表明されたがこの対象物が偶然の出来事やその変動にさらされたときには，たしかに次のような問題が発生せざるをえない。それは，契約当事者のうちの誰がこの偶然の出来事に対して，つまり危険 periculum と利益 commodum という二つの面に関して責任を負うべきかという問題である。同様に契約では，共同意思が成立していても各当事者の特殊意思もまた保持されている。この特殊意思が契約で示し合わされた意思に対峙する限りにおいて，この特殊意思は契約を不法に侵害することになる。遅滞 mora，過失 culpa あるいは故意 dolus のどの形をとろうともである。

　通常ローマ法の諸体系において過失は，最初の総則か，債権法の総則かのいずれかで扱われる。しかし過失は本質的に契約関係における侵害である。したがって過失が契約〔一般〕に関する学説のみならず特殊な契約に関する学説をも前提とするのは，過失は自らの基準を契約に即してもつからである。契約に先立って過失を論じるということは法に先立って不法を語るということであり，何が侵害かを明らかにする前に侵害を語ることになってしまう。そうなれば，契約から不法行為への架橋がすべて欠落してしまうことになる。しかしこの問題も，さらに変動することを重要視しなかったり弁証法的に考えるのをやめて表題をつけたりすれば，簡単に克服されるのであろう。

過失と故意はいわば契約を侵害するものであると同時に，それらは他の債権債務関係，すなわち不法行為を根拠づけるものである。したがって過失と故意は契約と不法行為との蝶番として存在し，契約から不法行為への移行段階に位置する。契約は過失と故意によって侵害され，そこから不法行為が成立する。それゆえ契約の箇所では過失は後から考察されるが，不法行為の箇所ではまず過失が考察される。

235　しかし債権債務を生む原因である不法も最初は単なる可能性としての不法にすぎない。したがってこの不法から成立する債権債務は予防ポリツァイ的な性質をもつ。ある侵害が急迫したとき，この侵害の急迫に債権債務が対抗する。これに属するものに，未発生損害担保契約 cautio damni infecti，新築工事の禁止通知 operis novi nunc〔t〕iatio，雨水防禦訴権 actio aquae pluviae arcendae，禁止特示命令，据置吊下物訴権 actio de positis et suspensis，船主 nauta や旅館の主人 caupo，厩の主人 stabularius が負う〔引受〕義務がある。それに対して実際の不法とは債権債務を生み出す原因となる実際の侵害である。この実際の侵害には，まずはまさしく直接的な形で人格を侵害すること（人格権侵害 injuria）があり，次に財産を侵害することで人格を侵害すること（不法損害 damnum injuria datum），家畜による損害発生，裁判官が訴訟を自己のものにする si judex litem suam fecerit という裁判官による損害発生，流出投下物訴権 actio de effusis et ejectis，そして窃盗があり，しかし最終的には財産とともに人格を侵害することがあるが，この侵害は第282節から第284節で挙げているように，多様に細分化される。

　債権債務関係の消滅　　我々はここまで，契約と不法行為という二つの形式に従い債権債務関係を考察してきた。どちらの形式も変動するという目的をもつ点，つまりその変動を完遂するという点で合致する。さて債権債務の変動に関していえば，その主体，客体あるいはその両方が変更しうる。主体たる債権者の変更を示すのが譲渡に関する学説であり，主体たる債務者の変更を示すのが債務引受 expromissio と債務の転付 delegatio に関する学説である。次に，債権債務の客体が変更すれば，上記の学説に代わって更改 Novation に関する学説が登場する。最後に，主体と客体が変動すれば，その債権債務関係は消滅する。

3 「ローマ法の研究およびその体系」(1827年)

　債権債務関係が消滅しうるのは，それが中断されることによって，それが解消されることによって，最終的にはそれが履行されることによってである。債権債務関係の中断はその関係を取り巻く状況によって起こる。つまり周囲の状況が債権債務の対象物に影響を与えるということである。たとえば，目的物の滅失，混同などである（第292節と第293節）。次に債権債務関係の解消はこの関係を設定した意思によって起こる（相殺，免除契約，第295節，第296節）。最後に債権債務関係の履行は中断の契機も解消の契機も内包する。というのは，弁済や弁済に等しいことによって債権債務関係はおのずから中断され，同様にこの行為によって債権債務関係は解消されるからである。

　債権法から家族法へ　債権法から家族法への移行について，実定法のなかで学問的に論述することはできない。なぜならば，それら二つを結びつける部分には哲学的な考察がさしはさまっており，この部分は法学的な性質のものではないからである。婚姻において人倫的に振舞いまた解放されるためには人格がどの程度まで主体として深まらなければならないのかということについて，私法の内部で論じることはできない。私法のなかで家族はむしろ外部にある法規定に服するものであるとしか表現されえない。債権法において人格と人格との関係は財産によって関係づけられる，つまり何らかのものを通して人格は人格に対して義務を負う。それに対して家族法において人格は人格に対して直接的に責任を負う。家族や父権，親族という人倫的共同体では，抽象的な人格自体が人倫性を備えた個人に移行する。人格や所有関係，債権債務関係はたしかに家族法に登場するが，それらは家族法のために役立てられるにすぎない。嫁資の学説は債権債務的な性質のものであるが，嫁資は婚姻それ自体の条件である。嫁資は何とも関わりをもたずに存在するのではない，嫁資は婚姻のためにのみ存在する。

　家族法　ここで私は家族法の配列についてさらに弁護する必要はない。この配列は一般的になされる配列と一致する部分もある。そして，それらの諸区分は拙著『相続法』から取り出した部分もある。『相続法』で私はそれらの区分についてより詳細に説明している。親族を抽象的な人格の箇所でなく家族の箇所で扱うよう努めてきたことは，上述のとおりである。

　相続法に関しては，私が拙著のなかで示した道筋を逸脱する要因を発見して

はいない。その結果として相続法の概説がより一層歴史的な形状を帯び、その点においてそれ以前の部分との一貫性がなくなったように見えるかもしれない。これに対する言い訳はもしかすると、「私の講義は主観的な欲求に基づいている」ということに、そして相続法自体が歴史的に論じられねばならないという必要性をもっているということに、見出されてもよかろう。

〔1〕 Grundriß は、ガンスの著作、System des römischen Civilrechts im Grundrisse nebst einer Abhandlung über Studium und System des römischen Rechts. を指す。以下では『概説』と略記し、ここでは、System des römischen Civilrechts im Grundrisse nebst einer Abhandlung über Studium und System des römischen Rechts, Goldbach, 1999. を用いる。

〔2〕 本文では sächlich とあるが、sachlich の誤りと考えられる。したがって sachlich、つまり「事実に基づいた」という訳出を行った。

〔3〕 ガンスの『債権法』Obligationenrecht〔obligationrecht と綴られている箇所もある〕と、Über Römisches Obligationenrecht insbesondere über die Lehre von den Innominatcontracten und dem jus poenitendi: drei civilistische Abhandlungen, Heidelberg, 1819. を指す。以下では、とくに断りがない限り、この著作を『債権法』と略記する。

〔4〕 第165節で Priorität が、第167節で öffentliche Pfandrecht が、そして第168節で Zeit がそれぞれ論じられている。System, S. 53. u. 55.

[的場 かおり]

編者注

〔注番号は本文頁を指し，たとえば注の文章の中に「注1,
4」と出てくる場合は，1頁の注の中の4番目という意味で
ある。〕

自然法と普遍法史

27 フーゴー Hugo, Gustav (1764-1844)：法学者，歴史法学派の先駆者。ガンスは彼の著作, Lehrbuch des Naturrechts als einer Philosophie des positiven Rechts (1789, ^{4}1819) を暗に指している。

27 この引用の原文は以下のとおりである。「Es erben sich Gesetz' und Rechte wie eine ew'ge Krankheit fort.（永遠の病と同じように遺伝するのは法律と法である。)」(Goethe, Faust I, Schülerszene.)

序：自然法の歴史

31 タレス Thales v. Milet の様々な格言：fragmentarische Sinnsprüche，これは次のように復刻されている。H. Diels u. W. Kranz: Die Fragmente der Vorsokratiker, Bd. I, ^{12}1966.

32 セリフォイ人 Seriphier：Kykladen 島セリフォイ Seriphos の住民を指す。

34ff. ガンスはアリストテレスに関して説明をする際, „Nikomachische Ethik" と „Politik" を引き合いに出している。

36ff. „De l'esprit des lois"(1748) におけるモンテスキュー Montesquieu のこと。

39 バーコ・フォン・ヴェルラム Baco von Verulam あるいはフランシス・ベーコン Francis Bacon (1561-1626)：イングランドの哲学者であり，主要著作には，Instauratio Magna（未完）があり，この一部をベーコン自身が出版した, De dignitate et augmentis scientiarum, 1623, Novum Organum, 1620 がある。

39f. マキャヴェリ Niccolò Machiavelli (1468-1527)：彼の作品には，Discorsi sopra la prima decade di Tito Livio, 1531, Il Principe, 1532, ならびに Istorie Fiorentine, 1532がある。

40 ガンスは，1739年 Den Haag において匿名で刊行された，フリードリヒ大王 Friedrich des Großen の „Antimachiavell" を引き合いに出している。

40 トマス・モア Thomas Morus（1478-1535）：イングランドの大法官であり哲学者。主な著作は，De optimo rei publicae statu deque nova insula Utopia（1516）である。

41 ボダン Jean Bodin（1529-1596頃）：ガンスは彼の主要作品 Les six livres de la République（1576）を引き合いに出している。

41 フーゴー・グロティウス Hugo Grotius: De iure belli ac pacis（1625）；Mare Liberum（1609）.

41 ガンスは，1637年に公刊された René Descartes の „Discours de la méthode" を引き合いに出している。

42 ホトー Hotho は，ヘーゲル Hegel のもとで1826年，„De philosophia cartesiana" で博士号を取得した。

42 シャルル8世 Karl VIII.（在位1483-1498）：フランス国王であったが，ナポリ王国の相続請求権を有効なものとするために，1494年イタリアに移った。

42 ガンスは，1677年に公刊された Baruch de Spinoza（1632-1677）の遺作 „Ethica, ordine geometrico demonstrata' の第1部を引用している。

43 Spinoza: Tractatus Theologico-Politicus（1670）.

43 Spinoza: Politische Abhandlung（1677）は，君主支配ならびに貴族支配の下で国制はどのような性状をもつのかを描写した。また，国制は専制政治の下で堕落することはなく，平和や市民の自由は侵害されることなく保たれ続けるとされる。

45 クロムウェル Cromwell, Oliver（1599-1658）：イングランドの政治家。1649年のチャールズ1世処刑の後，クロムウェルは1653年から彼が没するまでの間，護国卿としてイングランドを独裁的に支配した。

45 チャールズ2世 Karl II.（在位1660-1685）：イングランド国王。

46 ミルトン Milton, John（1608-1674）：イングランドの詩人・哲学者。

46 ランゲ Languet, Hubert（1518-1581）：Julius Brutus indiciae contra tyrannos sive de principis in populum, populi in principem potestate loquitum が公刊されたのは1579年のことであり，ガンスが挙げる1577年ではない。

47 Heinrich v. Cocceji: Grotius illustratus, 4 Bde., 1744-1752.

47 Samuel v. Cocceji: De principio juris naturalis unico vero et adaequato, 1699.

47 トマジウス Thomasius, Christian：法学者であり哲学者。著作に，Fundamenta juris naturae et gentium 1705, [4]1718 がある。

48 Montesquieu: De l'esprit des lois, 1748.

49 アンシヨン Ancillon, Jean Pierre Friedrich（1767-1837）：プロイセンの外務大臣。

49 ルイ14世 Ludwig XIV.：フランス国王（在位1643-1715）。

編 者 注

49　ルイ15世 Ludwig XV.：フランス国王（在位1715-1774）。
53　フランス革命暦Ⅱ年テルミドール9日（1794年7月27日），ロベスピエール Robespierre は失脚した。
53　ルイ16世 Ludwig XVI.：フランス国王（在位1774-1792）。
53　ケネー Quesnay, Francois（1694-1774）：フランスの経済学者。
53　シュマルツ Schmalz, Theodor（1760-1831）：国法学者，リンテルン，ケーニヒスベルク，ハレ，ベルリン大学の教授。
53　シェイエス Sieyès, Emanuel Joseph（1748-1836）：フランスの革命家。
53　ミラボー Mirabeau, Honoré Gabriel des Riqueti, Graf von（1749-1791）：フランスの革命家。
53　クルーク Krug, Wilhelm Traugott（1770-1842）：フランクフルト，ケーニヒスベルク，ライプツィヒ大学の哲学教授。著作に，System der praktischen Philosophie（1817-19）がある。
53　フーフェラント Hufeland, Gottlieb（1760-1817）：法学者であり，イエナ，ランツフート，ハレ大学の教授。
53　ホフバウアー Hoffbauer, Johann Christoph（1766-1827）：法哲学者であり，ハレ大学の教授。„Naturrecht" を1793年に著している。
53　マース Maaß, Johann Gebhard Ehrenreich（1766-1823）：ハレ大学の哲学教授。彼の著作，„Grundriß des Naturrechts"（1808）をガンスは引き合いに出している。
53　ハイデンライヒ Heydenreich, Karl-Heinrich（1764-1801）：ライプツィヒ大学の哲学教授。著作に，Das Naturrecht nach den Grundsätzen der Vernunft, 2 Bde.（1794/95）がある。
53　ラインホルト Reinhold, Karl Leonhard（1758-1823）：哲学者であり，イエナ，キール大学の教授。
53　フォイエルバッハ Anselm Ritter v. Feuerbach（1775-1833）：イエナ，キール，ランツフート大学の教授。著名な刑法学者であり，代表的な法治国家思想家。
54　フィヒテ Johann Gottlieb Fichte（1762-1814）：彼の著作には，Grundlage des Naturrechts nach den Prinzipien der Wissenschaftslehre 1794; 1796; 1802 や Der geschlossene Handelsstaat 1800 がある。
55　Gaité de france（フランスの陽気さ）：1789〜1831年の，教権主義者たちが信条を欠いた様子をあてこすった表現。
55　ボナール Bonald, Louis Gabriel Ambroise Vicomte de（1754-1840）：フランスの国家論者ならびに哲学者。La Législation primitive, Paris 1802. Essai analytique

sur les lois naturelles de l'ordre social, Paris 1800.
55 ドゥ・メーストル Maistre, Joseph Marie Comte de（1753-1821）：著述家であり，アンシャン・レジームの信奉者。Les soirées de St. Petersbourg, ou le gouvernement temporel de la Providence, 2 Bde., Paris 1821.
55 フス Huß, Johannes（1370-1415）：宗教改革の先駆者。
55 ウィクリフ John Wycliffe（1320-1384）：宗教改革の先駆者。
56 ミュラー Adam Müller（1779-1829）：王政復古期の政治著述家。主な作品は，Elemente der Staatskunst, 1809 である。
56 シュレーゲル Friedrich v. Schlegel（1772-1829）：文化・芸術哲学者。文学史家。1820〜23 年，カトリック主義に基づく王政復古的潮流に追従する雑誌 Concordia を発行した。
56 ハラー Haller, Carl Ludwig v.（1768-1854）：王政復古期の政治著述家。主要作品は，Restauration der Staatswissenschaft, 6 Bde., 1816-1834である。
57 バンジャマン・コンスタン Benjamin Constant（1767-1830）：フランスの著述家・政治家。彼の著作には，De l'Esprit de Conquête et de l'Usurpation, Paris 1814[3]がある。
57 ロワイエ＝コラール Royer-Collard（1763-1845）：フランスの政治家・哲学者。
57 シャトーブリアン Chateaubriand, François René（1768-1848）：フランスの作家。
57 ベンタム Bentham, Jeremy（1748-1832年）：イングランドの哲学者であり，功利主義の代表的人物。彼は，An Introduction to the Principles of Morals and Legislation, London 1789, Deontology or the Science of Morality, London-Edinburgh 1834（J. Bowring によって出版された）などを執筆した。
57 エルヴェシウス Helvetius, Claude Arien（1715-1771）：フランスの啓蒙哲学者。著作には，De l'Esprit, Paris 1754 がある。
57 サン＝シモン Saint-Simon（1760-1825）：フランスの社会理論家であり，主要作品には，L'Industrie, ou Discussions Politiques, Morales et Philosophiques, Paris 1817, Doctrine de Saint-Simon, Bruxelles 1831 がある。
58 「*Il faut rehabiliter de matière*（マティエール〔物体〕の復権が必要である）」はサン＝シモン主義の原則であるが，ドイツでは „Rehabilitierung des Fleisches"（肉体の復権）と誤って理解された。
59 アンファンタン Enfantin, Barthélemy-Prosper（1796-1864）：フランスの社会主義者。Économie politique et Politique, Paris 1831 を著している。

第Ⅰ部　自然法

71　サヴィニー Savigny, Friedrich Carl v.（1779-1861）：歴史学派の創始者であり，ガンスがここで，また「占有の基礎について，一つの再々抗弁」(1839年) において徹底的に取り組んだ論文「占有法」(1803年) の執筆者である。

71　ハッセ Hasse, Johann Christian (1779-1830)：キール，イエーナ，ケーニヒスベルクそしてベルリン大学の法学教授。ガンスは Hasse, "Beiträge zur Revision der bisherigen Theorie von der ehelichen Gütergemeinschaft,〔夫婦間の夫婦共産制の従来の理論の修正論集〕(1808年) を援用している。

73　フーゴー Hugo, Gustav: ゲッティンゲン大学の教授。彼の主要著書は „Lehrbuch eines civilistischen Cursus", Bd. 2, 4. Aufl. Berlin 1819.

74　教皇アレクサンダー4世の仲裁裁決によって，1494年に，スペインとポルトガルはトルデシアの契約において，新しく発見されたアメリカ領土に関して和解した。

74　コカルデ Kocarde：持っている人の政治的態度を表明する個人的に身につけているシンボル。

74　プロイセン一般ラント法：1794年に発効した法典でありプロイセンで通用していた法の集成である。その原文の箇所は，1794年版の第一部第2章第109節以下に見出される。Hans Hallauer, Frankfurt/M./Berlin 1970による新版の60頁。

77　Kant, Metaphysik der Sitten, I. Teil: Metaphysische Anfangsgründe der Rechtslehre (1797), §31.

78　ゲルトナー Gärtner, Karl Christian (1712-1791)：ブラウンシュヴァイクのカロリヌム大学の教授。言及されている条項は，ガンスによって編集された „Beiträgen zur Revision der Preußischen Gesetzgebung" 1830-32に現れる。

81　クラインシュロート Kleinschrodt, Gallus Aloys Kaspar (1762-1824)：法学者。ガンスはクラインシュロートの „Systematische Entwicklung der Grundbegriffe und Grundwahrheiten des peinlichen Rechts", 3 Bde., 1793-1796を援用している。

81　グロールマン Grolmann, Wilhelm Friedrich (1781-1809)：プロイセンの国務大臣。

81　ヘンケ Henke, Hermann Wilhelm Eduard (1783-1869)：刑法学者，エアランゲン大学・ランツフート大学・ベルン大学・ハレ大学の教授，そしてヴォルフェンビュッテルの上級控訴審裁判官。ガンスはヘンケの „Lehrbuch der Strafrechtswissenschaft" と „Handbuch des Criminalrechts und der Criminalpolitik", 4 Bde., 1823-38を援用している。

81　フォイエルバッハ Anselm Ritter v. Feuerbach. 注53, 13を見よ。ガンスは彼の „Lehrbuch des peinlichen Rechts", 1801を引き合いに出している。

82　プラトン Plato, Gorgias, 476d-478e.

83　ベッカリーア Beccaria, Cesare（1738-1794）は，彼の „Dei delitti e delle pene"（1764）において，苛酷すぎる刑法に反対している。

83　ゾンネンフェルス Sonnenfels, Joseph v.（1733-1717〔1817の誤りか〕）オーストリアの法学者，ウィーン大学の教授。ガンスは，彼の „Über die Abschaffung der Tortur", 1775を引用している。

84　シャトーブリアン Chateaubriand, Francois René（1768-1848）：フランスの作家。ガンスは，1830年のパリ滞在の間に，ルカミエ夫人のサロン Kreis で，彼に会っている。

87　アリストテレス『ニコマコス倫理学』III 1, 1110a1-1110b17。

89　ベンタム：注57, 4を見よ。

89　アリスティップス Aristipps: 西暦紀元前435年頃生まれ，キレーネ Kyrene 出身のギリシアの哲学者。

89　エピクロス Epikur（紀元前341-271）：ギリシアの哲学者。

89　ハチスン Hutcheson, Francis（1694-1746）：イギリスの哲学者，彼の著作 „Inquiry into the Original of our Ideas of Beauty and Virtue", London 1725 参照。

89　シャフツベリ Shaftsbury, Anthony Ashley Cooper Eearl of（1671-1713）：イギリスの哲学者，彼の著作 „Characteristic of Men, Manners, Opinions, Times", London 1711参照。

90　ウォラストン Wollaston, William（1659-1724）：イギリスの道徳哲学者，彼の著作 „The Religion of Nature", London 1722参照。

90　ファガーソン Ferguson, Adam（1723-1816）：スコットランドの歴史作家であり哲学者。ガンスは „Institutes of Moral Philosophy", Edinburgh 1769を援用している。

92　ヤコービ Jacobi, Friedrich Heinrich（1743-1819）：文筆家であり哲学者，彼の倫理的見解はとくに長編小説 „Woldemar", Königsberg 1794で詳述されている。

92　ザント Sand, Karl Ludwig：1795年生まれ1820年に死刑を執行される。ザントは，コッツェブー Kotzebue への暗殺の企てを1819年に開始している。

92　ドゥ・ヴェッテ De Wette, Wilhelm Martin Leberecht（1780-1849）：新教神学者，1819年に，コッツェブー暗殺者ザントの母への思いやりに満ちた手紙のせいでベルリン大学の教授職を失った。

92　ティエック Ludwig Tieck（1773-1853）：ヘーゲル学派の哲学者から闘いを挑まれたロマン派の代表的詩人。イロニーの理論は，August Wilhelm v. Schlegel（1767-1845）と Friedrich v. Schlegel（1772-1829）とによって発展させられた。

99　ペスタロッチ Pestalozzi, Johann Heinrich（1746-1827）：教育者，1805年から

1825年までイヴェルドンの教育施設を経営する。

100 新勅法 Novellen: ユスティニアヌス帝の下での法典編纂後の法律の記録文書。新勅法115は，6世紀からの法律収集，いわゆる168新勅法による。

104 コルベール Colbert, Jean Baptiste（1619-1683）：ルイ14世下のフランスの財務総監，重商主義の代表的人物。

104 アダム・スミス Adam Smith（1723-1790）：イギリスの道徳哲学者であり国民経済学者。主要業績，An Inquiry into the Nature and Causes of the Wealth of Nations 2巻 1776年。

104 ケネー Quesnay, François（1694-1774）：フランスの国民経済学者。主要著作，La physiocratie，2巻，1767/68年。

105 土地台帳 Kataster。土地の公的目録。

105 リカードゥ Ricard, David（1772-1823）：On the Principles of Political Economy and Taxation, 1817.

105 セー Say, Jean Baptiste（1767-1832）：Traité d'Économie Politique，T.1—2 パリ，1817年。

107 ルイ14世 Ludwig XIV：フランス国王（在位1643-1715）。

107 ルツィンデ Lucinde: Friedrich von Schlegel の小説，1799年刊行。

108 サヴィニーの著書 „Vom Beruf unserer Zeit für Gesetzgebung und Rechtswissenschaft (1814)" に対する皮肉。

109 Le plus grand...：善の最大の敵は，より善いものである。

111 フォイエルバッハ注81，4参照。ガンスはここで，フォイエルバッハの Betrachtungen uber das Geschworenengericht，1812年を，引きあいに出している。

113 Ordale（中世ラテン語的）：神判。

114 州議会。1823年以来，プロイセンの州における領邦等族の代表。

115 ハスキッソン Hukisson, William（1770-1830）：イギリスの大臣，„Board of Trade" の長官。代表著作，Depreciation of Currency，1810年。

115 Contrebande: 禁制品

116 サン＝シモン主義者：最初のフランス社会主義学派，サン＝シモン Saint-Simon の継承者バザール S.-A. Bazard（1791-1832）と，アンファンタン B. P. Enfantin（1796-1864）によって設立された。

118 シュマルツ Schmalz, Theodor Anton Heinrich（1760-1831）：法律家であり官房学者，そしてリンテルン大学，ケーニスベルグ大学，ハレ大学，ベルリン大学の教授。

118 ガンスはここで，6巻からなるハラー Carl v. Ludwig Haller の著作集 „

Restauration der Staatswissenschaften", Winterthur, 1816-1834の第1巻を引き合いに出している。

119　ボナール Bonald, Louis Gabriel Ambroise, Vicomte de〔フランスの子爵〕：注55, 2を見よ。

119　ラムネ Lamennais, Hugues-Feéicité Robert（1782-1854）。神学，哲学，そして政治に関する文筆家。

119　ハラー Haller, Carl Ludwig v.（1768-1854）：王制復古に関する政治作家。代表作は "Restauration der Staatswissenschaft, 6 Bde., 1816-1834である。

122　バンジャマン・コンスタン Benjamin Constant 注57, 1を見よ。

122　フリードリッヒ1世（1688-1713）：1701年からプロシア王であった。

122　ルイ・フィリップ Louis Philipp: フランス王（治世1830-1848）。

122　ピョートル大帝 Peter I.：ロシアのツァーであり皇帝（治世1682-1725）である。

122　フリードリヒ2世（フリードリッヒ大王）：プロシア王（治世1740-1786）。

123　議会制度の改革のためにイングランドに1832年に導入された法案。

124　カラカラ Caracalla: ローマ皇帝（治世211-217）。

124　コモドス Commodus: ローマ皇帝（治世180-192）。

124　ジェームズ1世 Jacob I.：イングランド王（治世1603-1625）。

124　ルイ14世 Ludwig XIV.：フランス王（治世1643-1715）。

124　ルイ18世 Ludwig XVIII.：フランス王（治世1814-1824）。

124　カール10世 Karl X.：フランス王（治世1824-1830）。

125　Abolition〔免訴〕，これはラテン語の abolere，すなわちドイツ語の abschaffen, aufheben, tilgen, に由来し，領邦君主の起訴免除および刑罰の廃止である。

125　Aggratiation〔恩赦〕，これはラテン語の aggratiae すなわちドイツ語の begnadigen〔恩赦に与らせること〕, die Begnadigung〔恩赦〕に由来する。

125　それについては，1794年のプロイセン一般ラント法，第2部30節「国家の権利および義務一般」，前掲の Hans Hattenhauer による本文だけの版 Textausgabe 589頁および次頁参照。

126　省 Ministerien：ガンスは，1808年に実行された内閣統治システムから省統治への移行をほのめかしている。もっとも，彼の省の区分は全く適切というわけではないが。1808年に，ドーナ・アルテンシュタイン Dohna-Altenstein 内閣の下に五つの独立の省が誕生した。すなわち，内務，外務，財務，司法，防衛の五つである。財務省は，1808年の改革後，内務省に組み入れらなかったが，（暫定的に）文部省は組み入れられた。第3次ハルデンベルク内閣（1817/18年）において，アルテンシュタインの下

編 者 注

に独立の文部省がはじめて誕生した。それについては, Huber, Ernst Rudolf, Deutsche Verfassungsgeschichte Bd. 1, Stuttgart 1957, S. 145-161を参照せよ。

127　アーノルド・ミューラーは,プロイセン王フリードリッヒ2世の治下で,王がミューラーのために介入した過程を通して,有名になった。フリードリッヒ2世は,平凡な男と貴族の間の争いにおいては,司法官は法に従わず,貴族に味方するであろうと推測していたのである。

128　ピット Pitt, William d. j. (1755-1806)：英国の政治家である。

132　カニング Canning, George (1770-1827)：外務次官。

132　カンポ・フォルミオの和平。1797年にオーストリアとフランスの間で締結された。

132　カッスルレー Lord Castlereagh (1769-1822)〔原書では,本文中の綴は Castleoreagh となっている〕：1812年以来,外務大臣として,イギリス外交のリーダーであった。

133　隣保同盟 Amphiktyonen：〔相互防衛と〕共同の聖地の〔維持の〕義務のために結ばれたギリシアの部族 Stämm と都市。

133　仲裁処 Austrägalinstanz：ドイツ連邦の支州の間の法律上の争いに対する仲裁処。

第Ⅱ部　普遍法史

139　モンテスキューとアンクティル・デュペロンの論争は, Erb.I, 59-61, Anm. 7 でもとりあげている。

139　Anquetil du Perron: Legislation orientale, Amsterdam 1778.

139　Anquetil du Perron: Zend-Avesta,3 Bde.1769-1771（フランス語）。翻訳は, Johann Friedrich Kleuker, 3Bde., Riga 1776/77.

140　George Thomas Staunton（訳）, Ta-Tsing-Leu-Lee, London 1810.

140　Du Halde, J. B. Description geographique, historique, chronologique, politique et physique de l'empire de la Chine et de la Tartarie Chinoise, 4 Bde., Haye 1736, ドイツ語訳として, Rostock 1747-49/1756.

140　Barrow, John: Travels in China, 2 Bde., London 1804(ドイツ語訳1804/05). バローは,マカートニー使節団とともに中国を横断旅行した。

141　Grosier, M.L'Abbe: Discription générale de la Chine, 2 Bde., Paris 1785（ドイツ語訳は Frankfurt/Leipzig 1789）。

141　Du Halde II, S.27によれば, Leou-pouとされねばならない。

141　Du Halde II, S.27によれば, Lij-pouとされねばならない。

141　Du Halde II, S.28によれば, Li-pouとされねばならない。

141　Du Halde II, S.29によれば, Ping-pouとされねばならない。

141 Du Halde II, S.29によれば，Hing-pou とされねばならない。
141 Du Halde II, S.29によれば，Cong-pou とされねばならない。
142 Du Halde II, S.30によれば，Co-tao とされねばならない。
143 Jant-sin：聞き間違いだろう。おそらくは，清朝の雍正帝 Yung-tscheng（1723-1735）と思われる。
143 訳142-144頁については，内容も文言も E.Gans, Erbrecht I, S. 101-105にほとんど一致する。
144 これについて詳しくは，Erbrecht I, S.107f. を参照。
145 これについて詳しくは，Erbrecht I, S.112-114を参照。
145 Tochang は，おそらく聞き間違いであり，正しくは Tschang でなければならない。これについては，Erbrecht I, S. 115 および Du Halde III, S. 160を参照。
147 Sir William Jones, Gesetse Menu's, Kalkutta 1794, ドイツ語訳は，Johann Christian Hüttner, Hindu-Gesetzbuch oder Menu's Verordnungen. Mit Glossen und Anmerkungen, Weimar 1797. 英語版の原著が再版されている。W. J., The Works with the Life of the Auther, London 1807, 13 Bde., Bd. VII, S.73ff.: "Institus of Hindu law or the Ordinarus of Menu"（London 1807）。次のような引用（W. J. VII William Jones, The Works, Vol. VII, MG=Menu's Gesetze）をしているところをみると，ガンスはおそらくこの英語版を用いている。
147 Colebrooke, Henry-Thomas（訳），Code of Gentoo Laws. A Digest of Hindu Law on Contract and Succesions, 4 Bde., Kalkutta 1798.
148 Code of Gentoo Laws, Nathaniel Brassey（訳），Halhed 1776.
148 Daya Crama Syngraha, Kalkutta 1818（Gans, Erbrecht I, S. 247注を参照）.
148 Hitopadesa, or Salutary Instruction. In the Original Sanskrit, Henry-Thomas Colebrooke（編），Serampore 1804.
148 原著の英訳第3版 Quedlinburg und Leipzig, 1839/40（6 Bde.）によれば，想定されているのは明らかに，James Mill, History of British India, 3 Bde. であろう。
148 William Jones, VII, S.155ff.,『マヌ法典』第2章29節以下および87節以下「各種カーストの成立と義務について」。
148 W.J. VII, S.115,『マヌ法典』第2章24節。
149 W.J. VII, S.116,『マヌ法典』第2章31節以下「各カーストに属するものの第1と第2の名前について」。
149 W.J. VII, S.117,『マヌ法典』第2章36節以下「ガヤトリについて」。
149 W.J. VII, S.123,『マヌ法典』第2章76〔正しくは75〕節「聖音オームを唱えたこと

編 者 注

について」。

149 この箇所は，再生したマヌに関わっている。Jones, Works VII, S.124,『マヌ法典』第2章79節を参照。「再生族（日々）これらの三を（あるいは，オームとバヤリット，ガヤトリ），（村の）外に於て千度繰り返すときは，1ヶ月の後には，あたかも蛇の脱皮するが如くに，大罪を脱すべし」。
149 W.J. VII, S.130,『マヌ法典』第2章116節「ヴェーダの知識」。
149 W.J. VII, S.133,『マヌ法典』第2章135節「バラモンへの崇敬」。
149 ヘーゲルは，Chandala ではなく，Tschandala と書いている。
149 W.J. VII, S.136,『マヌ法典』第2章157節「学識なきバラモンと象との比較について」。
149 W.J. VII, S.138 f.,『マヌ法典』第2章168節「ヴェーダを学ぶ必要性について」，同172節「人間が3度生まれ変わることについて」。
149 W.J. VII,『マヌ法典』第2章239節「バラモンは，食事時にチャンダーラなどから姿を見られてはならないことについて」。
150 W.J. VII, S.156 f.,『マヌ法典』第3章20節以下「婚姻の諸形態と婚姻の善悪への分類について」。
150 W.J. VII, S.154,『マヌ法典』第3章8節「妻選びの助言について」。
150 ヘーゲルは，Brahmane ではなく，Bramine および Brahmine と書いている。
150 W.J. VII, S.155,『マヌ法典』第3章9，12-14節「カースト相互の婚姻について」。
(151 Gans, Erbrecht I., S.84参照。)
151 Gans, Erbrecht I, S.75参照。
151 W.J. VIII, S.22 ff.,『マヌ法典』第9章127-140節「指定で設けた息子について」。
151 W.J. VII, S.254,『マヌ法典』第5章60節「親族，すなわちサピンダ親とサマーノーダカ親について」。
151 W.J. VII, S.164,『マヌ法典』第3章69節以下「五大供儀とその供物について」。
152 W.J. VII, S.189,『マヌ法典』第3章216節以下「供物で分けられる人びとについて」。
152 W.J. VII, S.18ff.,『マヌ法典』第9章5-114節「相続時の最年長兄弟の役割。相続法については，ebd., S.18-39,『マヌ法典』第9章，103-220節を参照。
152 家族ではなく，兄弟と書かれるべきである。Gans, Erbrecht I, S.83参照。
152 Christianus Carolus Bunsen, De jure hereditario Athenensium disquisitio philologica, Göttingen 1813.
153 W.J. VII, S.330f.,『マヌ法典』第8章3-7節「法の18項目について」。
154 W.J. VII, S.331f.,『マヌ法典』第8章8-11節「裁判官としての王と審理のさいの王の代理人について」。

154　W.J. VII, S.332,『マヌ法典』第 8 章12節「法の侵害について」。
154　W.J. VII, S.322,『マヌ法典』第 8 章16節「牡牛としての正義について」。
154　ebd., S.333,『マヌ法典』第 8 章18節「不正義の量的分割について」。
154　ebd., S.334 f.,『マヌ法典』第 8 章30節「持ち主不明の財産の保管と没収について」。
154　W.J. VII, S.292,『マヌ法典』第 7 章 3 節「神は人びとから恐れをなくすために王を創った」。
154　ebd., S.293,〔『マヌ法典』第 7 章〕8 節「王は現人神である」。
154　ebd., S.293,〔『マヌ法典』第 7 章〕13節「正義の守護者として」。
154　ebd., S.294,〔『マヌ法典』第 7 章〕17節「 4 身分の君主としての刑罰」。
154　ebd.,S.296,〔『マヌ法典』第 7 章〕32節「激情の沈静化とバラモンに対する王の寛大さ」。
154　ebd., S.298,〔『マヌ法典』第 7 章〕42節「ヴィシュバ・ミトラ」。
154　聞き間違いだろう。Viswamitra と思われる。Sir William Jones, Tha Works. Bd. VII, S.298,〔『マヌ法典』第 7 章〕42節を参照。
155　ebd., S.298f.,〔『マヌ法典』第 7 章〕45-47節「18の悪徳について」。
155　ebd., S.303,〔『マヌ法典』第 7 章〕70節「王の住まう場所について」。
155　ebd.,〔マヌ法典』第 7 章〕77節「配偶者選択」。
155　ebd., S.305,〔『マヌ法典』第 7 章〕85節「バラモンへの贈り物」。
155　Jones, Works VII, S. 313,『マヌ法典』第 7 章133節を参照。原著の該当箇所と比較すると，ここでは省略のために意味がゆがめられていることがわかる。「王は，欠乏のために死のうとも，ヴェーダを学んでいるバラモンから税を取り立ててはならず，自国の領内に住まうバラモンが飢えのために苦しむことを許してはならない」。
155　W.J. VIII, S.55 f.,『マヌ法典』第 9 章326-328節「ヴァイシャの務めについて」。
155　W.J. VIII, S.56,『マヌ法典』第 9 章334節「シュードラの最高の義務について」。
155　W.J. VII, S.335 f.,『マヌ法典』第 8 章37節以下「発見された財宝の分割について」。
155　ebd., S.339 ff.,〔『マヌ法典』第 8 章〕61-69節「さまざまな証人について」。
155　ebd., S.343,〔『マヌ法典』第 8 章〕81節以下「真実の証人と偽証者について」。
155　ebd., S.349,〔『マヌ法典』第 8 章〕111節「不必要な宣誓」。
155　聞き間違い。Palas ではなく，Panas であろう。Jones, VII, S.350,〔『マヌ法典』第 8 章〕120節以下参照。
155　ebd., S.350,〔『マヌ法典』〕120節以下「偽証の罰」。
156　ebd., S.353f.,〔『マヌ法典』〕140節以下「利子について」。
156　ebd., S.383,〔『マヌ法典』〕322-325節「窃盗」。

156　ebd., S.387,〔『マヌ法典』〕349節以下「正当防衛」。
156　ebd., S.398,〔『マヌ法典』〕416節以下「女性，息子，奴隷の財産について」。
156　Jacob Grimm, Von der Poesie im Recht, in:Zeitschrift für geschichtliche Rechtswissenschaft 2 (1816), S.25-99.
157　Anquetil-Duperron, Abraham Hyacinthe (1731-1805), Zend-Avesta, 3 Bde., 1767-1771（フランス語），Johann Friedrich Kleuker がドイツ語に訳した（3 Bde., Riga 1776/77）。
157　おそらくは聴講者の聞き間違いであろう。Gustasp のほうがよい（G. W. F. Hegel, Philosophie der Geschichte, Stuttgart 1961, S.265）。
158　神官カーストの序列について：ヘールベド，モベド，ダストゥール級神官である。
159　Desturan-Destur でなければならない。
159　聖なる婚姻は，Kethuda あるいは Kheschi という。Gans, Erbrecht I, S.262を参照。ここでは明らかにいくつかの聞き間違いがある。さまざまな婚姻形態についての正しい表記は，Gans[Erbrecht] にもとづいた以下〔の注〕を参照。
159　Gans, Erbrecht I., S.263参照。「婚姻から生まれた第一子が，妻の父あるいは兄弟で子を持たない者の子とされる場合に Jogzan……」。
160　Gans, Erbrecht I, S.264参照。
160　Gans, Erbrecht I, S.265参照。「妻を夫に従順にさせるため……」。
160　Gans, Erbrecht I, S.265f. 参照。「これらはよく使われた願掛けの決まり文句」。
164　Bocchoris (=Bakenranef) でなけれなならない。
165　Johann David Michaelis（ノルトシュタイン騎士団の騎士），Mosaisches Recht, Frankfurt/Main 1775ff.
168　「訴え出たツェロフハドの娘たち」でなければならない。Gans, Erbrecht I, S.147f. 参照。
172　Ebubekr でなければならない。Gans, Erbrecht I, S.183を参照。
172　以下の固有名詞は，〔Gans,〕Erbrecht I, S.183f. にしたがって訂正してある。
172　サハーバ Sahabah でなければならない。Erbrecht I, ebd. を参照。
173　オルハ（1326-1359）：オスマン・ベイ（おそらくオスマン 1 世［1288-1326］）の息子。
173　おそらく，ムラト 2 世（1421-1452）とメフメット 2 世（1451-1481）。
173　スレイマン 2 世（1520-1566）。
173　おそらく，テトワ〔正しくはファトワー〕という法学鑑定意見のことであろう。
173　以下の表記は，Joseph von Hammer, Des osmanischen Reichs Staatsverfassung

und Staatsverwaltung, 2 Bde., Wien 1815に従って，正しい表記に変えた。．

173　Chodscha. スルタンの教師。

173　Asperのことであろう（v. Hammerを参照）。

174　Kiaja-Beg, Reis Efendi, Tschauschbaschi。

174　Divanの成立について。Inan divan end.(v. Hammer II, S.412).

174　Kabinでなければならない。

176　Mefetiのかわりに，おそらくMuffetisch。さらにMolla。

176　イスラーム刑法については，v. Hammer I, S.143-162「第3節：スルタン・シュレイマンの刑法・行政法」を参照。

176　取っ組み合いKatzbalgerey：おそらく，Katzbalger（特殊な形のサーベル）を使った殴り合いのことであろう。

176　足の切断：当該の法文は，v. Hammer I, S.145f. によれば，以下の通りである。（侮辱および殴り合いについて）「他人の頭を血が出るまで殴った者は，10アスペル支払う。足を切断せねばならないような方法で傷つけた場合には，この方法で他人の頭を割った者と同様に，財産を持っているときには100アスペルを，中産層であれば50アスペルを，貧しければ30アスペルを支払う」。

176　小封土とはTimarティマールをさし，封主の大Siamet, Timarli（v. Hammer I, S.45, 338 u.ö. 参照)。

176　SandschakあるいはEjaletでなければならない。

176　Beglerbegでなければならない。

177　「イオニア人とドーリア人」。以下では，Moritz Hermann Eduar Meier/Georg Friedrich Schönmann, Der attische Prozess, 4 Bücher, Halle 1824にしたがって，表記を修正してある。

178　この箇所は明らかに，故殺についての法律中の規定に関するものである（ポノス・エク・プロノイアス φόνς ἐχ προνίοας あるいはエコイシアス ἐχούσιος）。それは，かつてのアルコンからなっていたアレオパゴス評議会によって裁かれた。この規定は（アリストテレス，T．Ⅲ，S.15）では以下のとおりである。「だれかある者が逃亡中の（自由意志により亡命中の）殺人者を殺したならば，あるいは彼が彼の死の張本人であるならば，同人が市場や国境，競技，アンフィクティオニア〔隣保同盟〕の祭儀の現場で取り押さえられなかった場合でも，犯人は，アテネ人の殺害者がエペタイにより犯行について下されるのと同様の刑罰を科せられねばならない」。August Wilhelm Heffter, Die athenäische Gerichtsverfassung. Ein Beytrag zur Geschichte des Rechts. Cöln 1822, S.134f. による引用（傍点は筆者による。ここで現

場で取り押さえられるとは,「現行犯で逮捕される」という意味である)。
179　第3の機関がポレタイである。
183　Erbrecht I, S.297に基づいて訂正。
183　Erbrecht I, S.301に基づいて訂正。後見人アフォボスの名前。嫁資の額は,50ムナではなく,80ムナである。
186　欄外注。Meier/Schönmann, 180-1 を参照。
188　親に対する子の義務違反による訴えは,グラペ・カコセオス γραφὴ κακώσεως γονέων という。売春斡旋による訴えは,グラペ・ヘタイレセウス γραφὴ ἑταιρήσεως といい,情事仲立ちによる訴えは,グラペ・プロアグリアス γραφὴ προαγωρείας という。Heffter, a. a. O., S.170ff. および Meier/Schönmann, S.286ff. および S.332ff. 参照。
191　Schrader Ludwig Albrecht Gottfried (1779-1815):法律家で,1789年以降キール大学教授。プロイセン一般ラント法の編纂協力者。
192　これについて詳しくは,Erbrecht IV, 第3章を参照。婚姻,父権,親族関係および奴隷関係への家族法の組み入れは,第3章の組み立てと同じである。これについては,とくに〔Erbrecht IV〕S.243を見よ。
192　「新勅法彙纂」118条,いわゆる「168新勅法の集成」から。これは,おそらく575年にまとめられたティベリウス帝治下の皇帝勅令集である。
193　これについては,Gans, Erbrecht IV, S.451を参照。
193　「新勅法彙纂」115条,本書260頁から始まる編者注(※)を見よ。
193　詳しくは,Gans, Römische Obligationenrecht, Heidelberg 1810, 第1論文,1頁以下を見よ。
197　ハインリヒ4世 (1056-1106)。
197　皇帝マクシミリアン1世 (1493-1519)。
198　ウェセックス国王エグバート (位802-839)。デーン人大侵入 (865) 以前の最強のアングロサクソン王。ウェセックスとサセックス,エセックス,ケントを統一した。
198　国王エドワード1世 (位1272-1307)。
198　国王エドワード3世 (位1327-1377)。
198　国王グスタフ1世,ヴァーサ (1523-1560)。
199　神聖ローマ皇帝カール5世。1516-1556年カスティリア・アラゴン王カール1世。
199　国王フィリップ4世,美王 (位1285-1314)。
200　カシミール3世,大帝 (位1333-1370)。
201　さらに,よりうるわしくも,これらの諸族の習いとして,ただ処女ばかりが結婚し,妻となる望みと誓いは,ただ一度だけに限られる。こうして彼女たちは,ひとりの

夫を享(う)けること,あたかもおのれば,ただ一つの体,ただ一つの生を受けるがごとく,したがって埒を超える考えを起こさず,欲望を伸ばさず,いわば彼女たちの愛するものは,婚嫁[とそれによる家母の位置]よりも,まさにおのれの夫たるひとであるかのごとくである[タキトゥス,泉井久之助訳注『ゲルマーニア』岩波文庫,1979年,92頁]。
204 カール・フリードリヒ・フォン・サヴィニーの書物『現代の立法と法学の使命について』ハイデルベルク,1814年に関する議論への当てこすり。

> 補遺　歴史法学派との論争

1 出典：Das Erbrecht in weltgeschichtlicher Entwicklung. Eine Abhandlung der Universalrechtsgeschichte. Berlin 1824, p. IV—XLI.
2 出典：Jahrbücher für wissenschaftliche Kritik. Jg. 1827, Nr. 41/42, Sp. 321 bis 336, Nr. 43/44, Sp. 337-344.
3 出典：System des römischen Rechts im Grundrisse nebst einer Abhandlung über Studium und System des römischen Rechts. Berlin 1827, S. 141-238.

ガンス研究に関する文献

I. ガンスの著作

Urteil eines Unparteiischen über das Benehmen der Juristenfakultät zu Berlin in der Habilitationsangelegenheit des Dr. Karl Witte, Belrin/Frankfurt/O.1817

Über römisches Obligationenrecht, insbesondere über die fabelhafte Lehre von den Innominatkontrakten und dem jus poenitendi, Heidelberg 1819

Scholien zum Gajus, Berlin 1821

Das Erbrecht in weltgeschichtlicher Entwicklung. Bd.1-2 Berlin 1824/1825; Bd.3-4, Stuttgart/Tübingen 1829-1835

System des Römischen Zivilrechts im Grundriß nebst einer Abhandlung über Studium und System des Römischen Rechts, Berlin 1827

Beiträge zur Revision der Preußischen Gesetzgebung, Berlin 1830-1832

Notwendige Glossen zu besserem Verständnis des Hegelschen Nekrologs, Berlin 1831

Vorlesungen über die Geschichte der letzten fünfzig Jahre. In: Historisches Taschenbuch von Friedrich Raumer, 4. Jahrgang, Leipzig 1833, S. 283-326; 5. Jahrgang, Leipzig 1834, S. 409-453

Vermischte Schriften, Juristischen, Historischen, Staatswissenschaftlichen und Ästhetischen Inhalts, Bd. 1-2, Berlin 1834

Rückblicke auf Personen und Zustände, Berlin 1836

Über die Grundlage des Besitzes, Berlin 1839

Philosophische Schriften, hrsg. von H. Schröder, Berlin 1971

II. ガンスに関する研究文献

Marheineke Philipp, Rede am Grabe des Prof. Gans, Berlin 1839

F. A. Märker, Worte am Grabe Eduard Gans'. In: Zeitung für die elegante Welt, Nr. 98 (1839), S. 391-392

Beilage zur Allgemeinen Zeitung, Nr. 132, 1839, S. 123-124

Leipziger Allgemeine Zeitung Nr. 128, 1839, S. 1473-1474

Morgenblatt für gebildete Leser, Nr. 142, 1839, S. 568

Saint-Marc-Girardin, Erinnerungen von Eduard Gans. In: Zeitung für die elegante Welt, Nr. 14-16, 1840, S. 53-64

Laube, Heinrich, Gans und Immermann. In: Deutsche Pandora. Gedenkbuch zeitgenössischer Zustände und Schriftsteller, Bd. 4, Stuttgart 1841, S. 3-52

Über Eduard Gans. In: Hallische Jahrbücher für deutsche Wissenschaft und Kunst, hersg. von Th. Echternex/A. Ruge, Bd.3 (1840), Nr. 113, S. 900-904

Geiger, Ludwig, Aus Eduard Gans' Frühzeit. In: Zeitschrift für die Geschichte der Juden in Deutschland, Bd. V (1892), S. 91-99

Sange, W. Eduard Gans. In: Archiv für Rechts-und Wirtschaftsphilosophie, Bd. VII (1913-1914), S. 580-585

Doering, Heinrich, Eduard Gans. In: Allgemeine Enzyklopädie der Wissenschaften und Künste, 1. Section, Bd. 53

Beyer, Wilhelm, R., Gans' Vorrede zur Hegelschen Rechtsphilosophie. In: Archiv für Rechts-und Sozialphilosophie, Bd. XLV (1959), S. 257 bis 273

Schröder, Horst, Zum Gedenken an Eduard Gans. In: Wissenschaftliche Zeitschrift der Humboldt-Universität zu Berlin, 1964, Heft 4, S. 515 bis 516

Reissner, Hans Günther, Eduard Gans. Ein Leben im Vormärz, Tübingen 1965

Riedel, Manfred, Hegel und Gans. In: Natur und Geschichte. Karl Löwith zum 70. Geburtstag. Stuttgart/Berlin/Köln/Mainz 1967, S. 257 bis 273

Schröder, Horst, Einleitung zu: E. Gans, Philosophische Schriften, Berlin 1971, p. XIII-LXXXI

Braun, Johann, „Schwan und Gans". Zur Geschichte des Zerwürfnisses zwischen Friedrich Carl von Savigny und Eduard Gans. In: Juristenzeitung 34 (1979), S. 769-775

Meist, K. R., Altenstein und Gans. Eine frühe politische Option für Hegels Rechtsphilosophie. In: Hegel-Studien, Bd. 14 (1980)

編者あとがき

　ここに公刊された手稿は，ハイデルベルク大学の法学研究室図書館に，カタログ番号 RPh2053のもとに保管されているエドゥアルド・ガンスのある講義筆記録の束の蔵書であり，その講義はガンスが1832年から1833年にかけての夏・冬学期にベルリン大学で行ったものである。重要なのは四つ折判の一冊のノートであり，それには，「自然法と普遍法史に関する講義，ガンスに従い1832年から1833年の冬学期，ベルリンにおいて，イマヌエル・ヘーゲルによって筆記されたもの」という表題が付けられている。この手稿は215頁あり，二つの部分から成っている。つまり，1）ヘーゲルの『法哲学要綱』にならった自然法に関する講義（140頁）と2）実定法の普遍史というガンス独自の構想に従った普遍法史に関する講義（75頁），である。その二つの部分は，ある一体性を形づくっている。それらが含んでいるのは，ヘーゲル門下生の主要講義の一つの構想であり，それは，自然法の具現化という，ヘーゲルが提起した問題に関するものである。そのテーマには，法と歴史が妥当する。この束には，さらに次のような筆記録（表題付）が含まれている。II．歴史哲学に関する講義，ガンスによる，1832年から1833年の冬ベルリン，イマヌエル・ヘーゲルにより筆記されたもの，そして，III．ヨーロッパととくにドイツの国法に関する講義，ガンス教授による，ベルリン，1832年の夏に，イマヌエル・ヘーゲルにより筆記され，校閲されたもの。

　筆記者は，1814年にニュルンベルクで生まれた，G. W. F. ヘーゲルの次男であり，彼は父の死後（1831年），法律学の勉学を始めた。筆記の時に——このことは，この講義の言葉遣いの形式に関し考慮されねばならない——その筆記者はちょうど18歳の初学者であった。それ故に，筆記の質にばらつきがあることは，無理もないことである。流暢な一節，それは修辞的にまた思考において常に絶賛されたエドゥアルドの講義様式にほぼ相応したものといえるが，それと並んでぎこちないところも多々見られ，様々な事実（名前，題名，年数）が誤っていたり不正確であり，またしばしば考えが変わっていたり，思考が短縮され

247

て示されていたりする。このようなテキストを見栄え良くすることが編集の仕事であろうはずがないことは，明らかである。なぜなら，この手稿は，a）その筆記者という人物によって，b）講義をしている人物によって，c）講義の対象によって，そしてd）その時期によって，かなり重要な歴史資料であるからである。その資料では，ヘーゲルの息子という観点のもとで，ヘーゲルの最も優れた弟子の一人による法哲学の受容とヘーゲル死後1年後における，弟子達による批判的な継続的形成への試みが示されている。

この手稿が求めている実用的な関心に即して，編者は講義筆記のオリジナルをできる限り正確に再現することが義務づけられていた。それ故に，書き方の近代化はテキストの削減と同じく放棄された。この講義スタイルに特徴的な繰り返しと思考過程を簡略化するその筆記の独自性を，読者は，このテキストの信頼性のために，進んで甘受するであろう。当該聴講者の観点が，時として，話し手の観点よりも一層際だつことは避けがたい。そこに内在する問題点は，次のことによって調整されるであろう。つまり，それとともに，比較的若いその筆記者が逐語的に筆記できたこともまた，それをもって，当該手稿が本物の資料であることが証明されているのである。

上記のことは，残念ながらこの講義の，ガンス本来の優れた部分，つまり普遍法史には妥当しない。筆記者にとって，彼の父親の作品を通じ精通している自然法とは異なり，普遍法史の箇所は，そこではほとんど何らの知識をもたらすものではなく，それはたいていの場合，ある思想の素っ気ない輪郭をもって満足するしかないか，あるいは，オリエント法，ギリシア法，そしてローマ法のようなとくに特別な領域では，しばしばそうである場合が多いが，諸事実の記述に止まっているのである。

他方，ガンスの普遍法史は，実際のところ（すなわち，言語的に，法史的・制度史的に，そして文化史的に）高度な知性を求めるものであり，それには上級者でも対応が難しいものであった。それ故，直ぐに思いつくのは，イマヌエル・ヘーゲルが筆記したこの部分と他の講義筆記録とを比較し，そしてここで，たとえば，ヘーゲルの歴史哲学と哲学史に関する講義のG・ラッソン版とJ・ホーフマイスター版における編集上の原則に従って，読みやすいテキストを復元することである。私が利用可能であったのは次のものであった。1．ガンス

の自然法論。1828年冬から1829年復活祭まで。シェーネベックのテオドール・シュッツェ筆記録。Ms. germ. Quart. 1708. ベルリンの旧プロイセン国立図書館所蔵。２．普遍法史と関連した自然法学，1837年，Cod. jur. fol. 268，シュトゥットガルトのヴュルテンベルク州立図書館所蔵（著者不明）。３．ガンスの自然法学，1837年から1838年の冬学期，ヨハヒム筆記録，Ms. germ. oct. 1069, ベルリンのドイツ国家図書館所蔵。これらの手稿とイマヌエル・ヘーゲル版との比較によって明らかになったように，その手稿においてもその素材は筆記者の手に負えるものではなかったのである。

　さらに，困難を増したのは，最初の手稿と３番目の手稿の間に，ほぼ10年間の開きがあり，その間にガンスの見解が一部においてかなり変わっていることであった。そうした理由から，ガンスの構想を正当に評価した，改善されたテキストを復元することは，放棄されなければならなかった。編者として，より適切なことと考えたのは，一つのテキストを提示することであり，それはベルリン大学でヘーゲル哲学を学んでいるある批判的な段階で，ガンス自身に話をさせているのである。

　この問題の解決に決断を下すのは，私には容易だったが，それは，ガンスの全体構想がこれまでまだ一度も完全には明らかにされてはいなかったからである。エドゥアルド・ガンスの「哲学著作集」の編集，それはホルスト・シュレーダーが1971年にドイツ民主共和国の科学アカデミーによる一連の「哲学研究原典」という枠のなかで発表したものであり，その編集には，たしかに1828年から1829年にかけての自然法論に関する講義筆記録の第１章が含まれているが，しかし，注意すべきことには，普遍法史に関する第２章が抜けている。シュレーダーは次のことを指摘している。その章節があまりに歴史的で法学的な細かな疑問や問題に立ち入っており，そのために，彼がその複合物（「その複合物はガンスが最も多く手を加えた対象であり，誇張なしに言えば，まさにその部分に最もガンスらしい成果が見出されるにもかかわらず」）を除外しなければならなかった。すなわちそのことは，その手稿の状態からすれば理解できる決断であり，わけても私自身にとって，普遍法史に関するヘーゲル筆記録の編集は，多大な労苦をかけたものであり，私の教え子たちの協力なくしてはほとんど不可能であったと思われる。私がただ望みうるのは，このテキストをはじめて完全な形

で提示することによって，その努力が正当なものであったことがいくらかでも明らかになることである。

　この版に関する編集上の原則がアカデミー発行の簡約版とどの程度異なるものであるかは，読者がシュレーダー的な序文から推測するところであろう。シュレーダーは現代風にしているので，彼の版では，一連の誤り，つまり私がここで記述しなかったことが含まれている。しかし，次のことを指摘することができるであろう。もし，シュレーダーが，1828年から1829年の自然法講義の筆記者の名前が1933年以後の時代にファシズムの権力者の指示に従って「抹消」された，と推測しているとすれば，それは誤解である。安全な場所に保管されていたその手稿が，1966年から1967年にかけてマールブルク大学でヘーゲル研究を始めた頃，私に提示されたとき，当時，私が他のところでも言及していた学生テオドール・シュッツェ，シェーネベックの名が付けられていた。[※2]

　テキスト作成に関しては，筆記者が通例好んで付ける記号が印刷において消されたしまったことを補足することが残っている。最も重要な略語のリストを巻末においている〔本翻訳では割愛した〕。名前，タイトル，引用，そして専門用語は，点検のうえ，多くは特別な注記をつけず訂正した。訂正に関わるさらに膨大な注記が，普遍法史に関する章節で必要となったが，それらの注記はここでは本巻の最後の注釈資料のもとに収録しなければならなかった。当該注記〔編者注〕は，手稿の縁に記載されている頁数に従い整序され，原典の当該行に関係づけられている。なぜなら，それら注記は，事項説明に限られているからである。さらに，数詞における数，句読法，語形変化，動詞変化，単数と複数，等々における比較的些細な誤りは，規則に合った文法に変えている。テキストにおける欠落は，3点をもってそれを表した。編者の補足は，角形括弧をつけ，丸括弧は原典の中にある括弧に対応しており，鋭角括弧〔本翻訳では割愛した〕は，筆記者が誤って線で消した言葉や文に対して使った。削除箇所ならびに書き方の奇妙なところ，手稿縁の注意書き，等々は，概ねテキストの中に示している。筆記録における正書法上の特異な箇所は，本巻の最後に記載しており，そこには，人名・事項索引の他に，エドゥアルド・ガンスの著作目録が含まれている。

※1　Eduard Gans, Philosophische Schriften, herausgegeben und eingeleitet von Horst Schröder, Berlin 1971, Vorwort, p. IX.
※2　Hegel und Gans, in: Natur und Geschichte. Festschrift für Karl Löwith zum 70. Geburtstag, Stuttgart/Berlin/Köln/Mainz 1967. S. 271を参照。

訳者解説

エドゥアルト・ガンスをめぐって

エドゥアルト・ガンスの生涯については，本書の編者であるリーデルが「序文」で述べているところであるが，時代の動きと絡ませながらさらに詳しく年譜として整理したものが，別表のガンス略年譜（次頁）である。この年譜からもわかるように，ガンスについて語るには，いくつかの観点からみる必要がある。第一はヘーゲルの弟子としてのガンスであり，第二はユダヤ人としてのガンス，そして第三は法学者としてのガンスである。

ヘーゲルの弟子としてのガンス

ガンスは，ヘーゲル哲学の忠実な継承者として，とくにその法哲学の理論を若きマルクスへと結びつけていく転轍機の役割を果たしたとして評価されてきた。その意味で，自然法と普遍法史に関わる講義について，その内容をリーデルのようにヘーゲルの亜流と位置づけることもできよう。しかし，ガンスは，ヘーゲル哲学を基礎にしつつも，サン＝シモン主義への傾倒を示し，さらに救貧問題などに対しヘーゲルとは異なった，急進的な立場をとるようになっていった。ガンスは，ヘーゲル法哲学における伝統的な職業団体の枠組みからしだいに離れ，初期社会主義的な結社理論へと自己展開をとげる。ヘーゲルから初期マルクスへの架橋を行ったのである。とくに「普遍法史」の部分は，ヘーゲル哲学をガンスが独自の視点から発展させたものであり，ガンスがヘーゲルとは異なった新たな歴史観と世界観を示したものといえるであろう。

ガンスとヘーゲルとの関係は，理論的な点で一定の距離が生まれていただけでなく，個人的な関係，つまり師弟としても最後まで良好な関係であったわけではなかったことが指摘されている。ヘーゲルとの思想的，理論的な乖離は，師弟としての信頼関係にも陰を落としていく。1826年に着任以来，ベルリン大学法学部におけるガンスの講義は，その急進さゆえに時代の新たな潮流を体現するものとして学生の人気を集めることになる。その一方で，ヘーゲルの講義

ガンス略年譜

年	ガンスに関する出来事	時代の動き・ガンスをとりまく状況
1797	3.22 北ドイツのユダヤ人宮廷仲買人 Hoffaktor 一族出身であり、ハルデンベルクの財政顧問をして重用されていたユダヤ人銀行家 Abraham Isaak Gans の息子(第1子)としてベルリンで生まれる	
1806		ライン同盟の成立／神聖ローマ帝国の消滅／イエナ・アウエルシュテットの戦い／ベルリン無血開城へ
1807		ティルジット和約／プロイセン改革の開始(シュタイン・ハルデンベルク)
1812		プロイセン・ユダヤ人解放勅令(公職には就けず)
1814		法典論争(ティボー・サヴィニー)
1815		ドイツ同盟の成立／ブルシェンシャフト運動の展開
1816	ベルリン大学、ゲッティンゲン大学で法学、哲学、歴史学を学ぶ	
1817	ゲッティンゲン大学に移り、法学、哲学、歴史学を学ぶ	
1818-19	ハイデルベルク大学でティボーとヘーゲルに師事	
1819	ハイデルベルク大学において法学博士の学位(「ローマ債権法」に関する研究)summa cum laude を取得／「ドイツ同盟国におけるユダヤ人の状態改善のための協会」の創設／ヘーゲルとともにベルリンへ	カールスバードの決議 — 自由主義の弾圧
1820	ヘーゲルの推薦でベルリン大学の私講師に	
1821		「ユダヤ人の状態改善のための協会」から「ユダヤ人文化学術協会」へ 特別な能力を有するユダヤ人に公職就任を認めた特別措置がプロイセン国王閣令によって取り消される
1822	「ユダヤ人文化学術協会」へのハイネの加入／正教授の職に応募	
1824	『世界史的発展における相続法』第1巻の公刊	
1825	プロイセン政府の奨学金を得てパリへ(職探しのため)／キリスト教(新教)に改宗	
1826	ベルリン大学の員外教授に任じられる／ヘーゲルとともに「学的批評協会」を組織し、事務局長に就任／「総法学文献年報」におけるプフタによる批判	
1826-27	講義担当 1826/27冬学期：1. パンデクテン、2. 解釈学の演習／1827夏学期：1. パンデクテン、2. 陪審裁判の理論、3. 相続法	
1827-28	冬学期にヘーゲルに代わり「法哲学」の講義を担当 「自然法ないし法哲学、普遍法史との連接のもとに」 その他、1. ローマ法の歴史と制度、2. 歴史的発展におけるイギリス国家法を講義を行う	
1828	ベルリン大学の正教授に任じられる 講義担当 夏学期：1. パンデクテン、2. 相続法、3. 1789年以降の近代史、公法とのとくに特別な関連において	

1828-29	講義担当 1828/29 冬学期：1. 自然法ないし法哲学等々(先の冬学期と同じ), 2. 1814年までの近世史等々 1829 夏学期：1. パンデクテン, 2. 相続法, 3. 1814年以降の現代史, とくに公法を考慮しつつ	
1829-30	講義担当 1829/30 冬学期：1. 自然法ないし法哲学等々, 2. ローマ法の制度, 3. プロイセン・ラント法 1830 夏学期：1. パンデクテン, 2. 相続法, 3. 現代国法ないし両世界における国制について	
1830	7月革命の頃にパリへ 革命への失望／サン・シモン主義者との交流	
1830-31	講義担当 冬学期：1. 普遍法史ないしオリエント, ギリシア, ローマ, 中世, そして近世の法史, 2. ローマ法の制度, 法学への簡単な導入とともに, 3. プロイセン・ラント法, 4. ルイ14世の時代について, とくに国法との関係において	
1831	「普遍法史」と「ローマ帝国史」に関する講義を担当(ヘーゲルが「法哲学」を担当)／ヘーゲル全集の編集(『法哲学』と『歴史哲学』担当)／資料収集のためイギリスへ旅行	ヘーゲル死去
1832	法学部長に／スイスへの旅行(途中アルザス滞在)	
1832-33	「自然法と普遍法史」に関する講義を担当	
1833		ハンバッハ祭 ドイツ関税同盟の成立
1834	「ドイツ国法」に関する講義を担当	
1835	パリへ	
1836-37	「自然法と普遍法史」に関する講義を担当	
1837-38	「自然法」に関する講義を担当	
1839	卒中で急逝	

は学生から保守的なものとみられるようになり，次第に学生を引きつけなくなっていく。そうしたこともまた，両者の間に感情的な縺れを生みだしたとされている。

ユダヤ人としてのガンス

ガンスの父親は，ユダヤ人の宮廷仲買人一族の出身で，当時，プロイセンで銀行家として活躍し，ハルデンベルクにも重用されていた。しかし，プロイセンでは，1812年にユダヤ人解放勅令が公布されユダヤ人にも市民権が付与されたにもかかわらず，依然として公職に就くことは認められていなかった。ドイツでは，ドイツ同盟の復古主義的な政治体制のもとにあっても，ブルシェンシャフトに代表される自由主義の運動は知識人や学生の間で，弾圧を逃れるために潜在化していたが，いっそう活発化し，急進化する傾向にあった。しかし

同時に，ブルシェンシャフトの運動は，アルントやヤーンの民族主義と共鳴しつつ，反フランス的で，反ユダヤ的な性格を強めていたのである。

　そのようなドイツの政治状況によって，ガンスの人生は翻弄されることになる。ガンスは，ベルリン大学とゲッティンゲン大学で法学を学び，それぞれサヴィニーやフーゴーと接点をもっていたが，ハイデルベルク大学でティボーに，さらにヘーゲルに師事することになる。このような学問上の「転向」も，実はユダヤ人であるガンスが学位を取得するために必要なことであった。サヴィニーとの確執は，すでにそこから始まっていたのである。ガンスは，ヘーゲルとともに再びベルリンに戻り，有能なユダヤ人についてだけは例外的に公職就任が許されていたこともあって，教授職へのプロモートを試みるが，1822年，いわゆるガンス法によって，その道も閉ざされてしまう。

　その結果，ガンスは職を求めてフランスへ留学することになる。フランス留学は，サン＝シモン主義のユートピア的共産主義への傾倒につながるものであるが，ユダヤ人として民族と国家から疎外されるなかで，ガンスは民族と国家を超越したユダヤ的普遍ともいうべき普遍主義的な世界観を育むことになる。そして，1825年にプロテスタントに改宗することで，1826年に員外教授としてではあるが，ベルリン大学にようやく職を得ることができたのである。

法学者としてのガンス

　ガンスの法学は，ヘーゲル哲学の法学的表現である。ガンスの家族法（相続法）に関する研究はとくに有名であるが，今回私たちが試みた翻訳との関係では，ガンスの法学方法論，つまりヘーゲルの法哲学を基礎に，それをティボーの法史学とフォイエルバッハの比較法学と結びつけていく手法とガンス独自の「法学」のとらえ方が注目される。

　ガンスは，『世界史的発展における相続法』の第1巻（1824年）の冒頭で，ティボーの言葉を借りつつ，自分たちが目指すべきものは「命をよみがえらせる真の法史学」であるとする。ガンスは，サヴィニーの歴史法学の学問を，過去の細々としたことを探るだけでの「微細学」であると批判する。また，ローマ法学からの解放を唱えるとともに，さらにゲルマン民族という一民族の法だけに拘るのではなく，非ヨーロッパ諸民族の法へも視野を広げて法の歴史的展

開を考察することを主張する。そして，ガンスは，フォイエルバッハの「世界立法史」の構想で示された比較の観点を継承しつつ，概念の歴史的発展を哲学的にとらえ，ヘーゲルの法哲学と法史学の架橋を試みるのである。それは，概念の発展史を法の概念史として組み替えるものであったといえよう。

　ガンスは，法に関わる学として，法知学と法識学，そして法学を区別する。法知学と法識学が，歴史法学の名のもとで行われている学問であり，その有用性を評価しながらも，その限界を厳しく指摘する。法学は，熟練した法律家の単なる技芸ではなく，有用性などを超越した哲学的な営みとしてとらえられる。この法学こそが，悟性的な学である法知学と法識学を止揚した学なのである。そして，そうした法学の基礎になるのがヘーゲル法哲学を基礎にした法史学であった。

　確かにガンスの法史学は，オリエント法史にも視野を広げ，さまざまな民族の法の歴史に対しても配慮した，つまり比較法史的な視点をもった「普遍法史」である。しかし，ガンスのそうした叙述が，ヘーゲル哲学のようにまさに概念の発展史として描ききれているかと言えば，そもそもオリエント法史に関する情報の時代的な限界もあるが，当時一般に知られていた事実を羅列したにすぎないという印象を受ける。理論を実践に生かすにはまだ十分な段階ではなかったとも言えよう。しかし，ガンスが当時優勢になりつつあった歴史法学の潮流と対峙しつつ，哲学と歴史と比較という，まさに今日の基礎法学的な視点から独自の法学を構築しようとした学問的営為は，実務に大きくシフトしつつある現代の実定法学や法学教育のあり方を改めて批判的に考えるうえで示唆に富むものであると言えるであろう。

「自然法と普遍法史」の講義について

　最後に，リーデルが「編者あとがき」でも解説しているところであるが，ガンスがベルリン大学で行った「自然法と普遍法史」の講義に関する資料について補足しておこう。J. ブラウンの研究によれば，ガンスは，1827年から28年にかけての冬学期以降，通例5時間，月曜から金曜まで毎日1時間ずつ行ったとされている。その講義に関し，残されている資料で重要なものは，次の6つの講義筆記録である。

1 「自然法」
　筆記者不詳　1828年から29年にかけての冬学期の筆記録
2 「自然法ないし法哲学，普遍法史との連接のもとに」
　1828年から29年にかけての冬学期の筆記録
3 「自然法と普遍法史」
　1832年から33年にかけての冬学期の筆記録
4 「自然法」
　1832年から33年にかけての冬学期にヤーンケ W. F. Jahncke が記した講義筆記録
5 「普遍法史との連接のもとにおける自然法」
　1836年から37年にかけての冬学期にフォイエルバッハ P. Feuerbach が記した講義筆記録
6 「自然法」
　1837年から38年にかけての冬学期にヨアヒミ E. Joachimi が記した講義筆記録

　1の資料は，普遍法史の部分を除き，H. シュレーダー Schröder によって編集され，公表されている。Eduard Gans, Philosophische Schriften, Glashütten i. T. 1971. 2の資料には，シューレンベルク伯 Graf v. D. Schulenberg の蔵書メモが付いている。3の筆記録は，ヘーゲルの末息子であるイマヌエルが記した講義筆記録である。その筆記録の主要部分は1976年にすでにブラウンによって編集され，公刊されているが，筆記録全体を収めたのが，本原書，Eduard Gans, Naturrecht und Universalrechtsgeschichte, Stuttgart 1981である。
　これらの筆記録の出来映えは，筆記者の学問的な能力を反映しているため，それぞれかなりばらつきがあるようであるが，ブラウンによれば，5の資料が最も良いものであり，3，4，6の資料は，5の資料と比較すれば凡庸なレベルのものであるとされている。しかし，そもそも講義の内容自体が，ガンス自身の学問の深まりとともに年を経るにつれて変化を遂げており，重点の置き所の違う発言に一貫性が見られない点があることは否定できないであろう。
　本訳書がある時点のガンスの講義の記録であること，その限界はあるとして

も，ガンスがその歴史状況のもとで，どのような「自然法と普遍法史」を構想し，学生達に語ったのかを示したものとして，私たちがガンス理解をさらに深めていくうえで，改めて検討する価値のあるものと考えるのである。

参考文献
川崎修敬「エドゥアルト・ガンスの国家像とフランス社会観——ヘーゲルの政治哲学との関連で——（1）・（2・完）」（法学論叢149-6，2001年，150-6，2002年）
川崎修敬「エドゥアルト・ガンスと歴史法学派の占有論争——19世紀初頭のドイツ政治における思想史的文脈から——（1）（2・完）」（法学論叢153-4，154-1，2003年）
川崎修敬『エドゥアルト・ガンスとドイツ精神史——ヘーゲルとハイネのはざまで』（風行社，2007年）
堅田剛「エドゥアルト・ガンスにおける法哲学と法史学」（比較法史学会編『歴史と社会のなかの法』未来社，1993年，後に堅田剛『法のことば／詩のことば——ヤーコプ・グリムの思想史』御茶ノ水書房，2007年に所収））
堅田剛「ガンス法，あるいは白鳥と鷲鳥の物語」（『獨協法学』第47号，1998年，後に堅田剛『法のことば／詩のことば——ヤーコプ・グリムの思想史』御茶の水書房，2007年に所収）
堅田剛「ハイネとガンス——『法学オペラ』と『相続法』」（『獨協法学』第69号，2006年）
堅田剛「ガンス，あるいは法の普遍史」（『獨協法学』第31号，1990年，後に堅田剛『歴史法学研究——歴史と法と言語のトリアーデ』日本評論社，1992年に所収）
永尾孝雄「ヘーゲル法哲学とガンス」（『アドミニストレーション』熊本県立大学総合管理学会［編］，4（1），63-86p，1997年）
工藤保「Verein fur Cultur und Wissenschaft der Juden と E・ガンス」（『実践女子大学文学部紀要』11，29-46p，1968年）
的場昭弘「ガンスとフランス——ヨーロッパ連合構想」（的場昭弘『パリの中のマルクス——1840年代のマルクスとパリ』）御茶の水書房，1995年）
Braun, Johann (Hg.), Naturrecht und Universalrechtsgeschichte Vorlesungen nach G. W. F. Hegel/Eduard Gans, Tubingen 2005.

訳者あとがき

　ガンスは，ヘーゲルの弟子で，『法哲学要綱』を講義ノートで補って編集したことなどでは名を知られているが，日本ではそれほど多くの研究がなされてきた訳ではない。41歳という若さで死んだことやヘーゲルの亜流にすぎず独自性に乏しいと思われてきたことが原因であろう。『要綱』の編集の際にガンスが加えた補遺の不正確さ，というより恣意性，つまり，ガンスによるヘーゲル法哲学の修正もガンスの評価に影響したかもしれない。しかし，最近進んでいるヘーゲル研究やサヴィニー研究との関連でも，ガンスおよびガンス法哲学そのものの魅力——たとえばヘーゲルとマルクスとの媒介者という性格——においても，今後急速に研究が進むものと予想される。本書の翻訳の意義を確信する所以である。ただ，ガンスの講義録は他にもあるが，なぜ，この講義録かと言えば，ヘーゲルが死んだ翌年（1832年）になされたものであるということ，そして，筆記者が他ならぬヘーゲルの次男であること，この二つが直接的な理由である。

　本書は，クレタ・コッタ社の全四巻からなるシリーズ "Deustcher Idealismus" の，第二巻である。（因みに，第1巻は Tilman Borsche, Sprachansichten: Der Begriff der menschlichen Rede in der Sprachphilosophie Wilhelm von Humboldts, 1981, 第3巻は Michael Haller, System und Gesellschaft: Krise und Kritik der politischen Philosophie Hegels, 1981, 第4巻は Homburg vor der Höhe in der deutschen Geistesgeschichte: Studien zum Freundeskreis um Hegel und Hölderlin, Herausgegeben von Christoph Jamme und Otto Pöggeler, 1981である。）本書の特徴は，まず，二部構成をとり，第Ⅰ部は「自然法」＝法哲学，そして第Ⅱ部が「普遍法史」となっており，第Ⅰ部で展開された理論が，第Ⅱ部において歴史的に検証されていること，次に，第Ⅰ部もヘーゲル法哲学の単なる引き写しではなくガンスの独自性が出ていること，さらに，補遺において，歴史法学派，とくにサヴィニー批判がなされているが，そこにはガンスの立場および法律学者としての力量が余すところなく示されていること，にある。ただ，編者リーデルも，

必ずしも正確に，バランスよく取られているわけではない講義ノートの編集には苦労したと言っているように，本論のはずの「自然法と普遍法史」，とくに第Ⅱ部「普遍法史」は，ブラウン版（後述）と比較するといっそうその欠陥が目立つ。この辺りの経緯については「編者あとがき」に詳しい。

本書の構成について，なお若干注記しておきたい。構成上の最大の特徴は，そしてヘーゲル法哲学との大きな違いは，前述のように，自然法（＝法哲学）と法史学の二部構成になっていることである。しかも，それは並列されているのではなく，法哲学＝法史学という意味を込めてであり，ヘーゲルに対しても歴史法学派に対しても独自性を示している。第Ⅰ部「自然法」は，ほとんどヘーゲル法哲学と同じ構成である。ただ，「国家」のＡがヘーゲルでは「国内公法」であり，ガンスでは「憲法体制」である。なぜ第Ⅰ部の表題が「法哲学」ではなく「自然法」なのかという疑問もある。ヘーゲルの場合，自然法学の頂点に立つと同時に法実証主義を創始したので，いわば両者がコインの裏表のような関係にあってもおかしくはないが，ガンスの場合は，ヘーゲル哲学をより法学的にしたはずであるから，この用語法には違和感がある。しかし何と言っても，「家族—市民社会—国家」の枠組みを用いて，世界各国の法史的発展を描いている第Ⅱ部「普遍法史」がガンスの面目躍如たる部分であり，ヘーゲルを超えた独自性がある。

さて，研究会の歩みを振り返って見れば，2004年の7月28日に第一回研究会を開いて以来，今日，大阪大学三成研究室で最終の研究会を迎えるまで4年半経過したことになる。その間ほぼ月1回の輪読会と年1回の合宿研究会を行った。担当箇所の訳を研究会で順次検討し，それを元に各自が作成した修正稿の共同検討を行い，初校の段階で，訳語の統一などの本格的な相互検討・調整を行った。翻訳の成果を第一目的とするなら，他にもっと効率的なやり方もあったと思われるが，本研究会は，専門分野や所属大学，さらには大学という枠を超えた協同の場であったので，それ自体が「制度化されない大学」（私は「制度化された大学」と狭い意味での「制度化されない大学」との連携・協同の場という意味でむしろ「見えない大学」と呼びたいが）の性格をもっていたと思われる。その意味では，効率よりも協同を大事にしたと言ってもよい。

順調に行けば，2008年1月に出版の予定であったが，途中でブラウン版の

訳者あとがき

　『自然法と普遍法史』(Eduard Gans: Naturrecht und Universalrechtsgeschichte, Vorlesungen nach G. W. F. Hegel, Herausgegeben und eingeleitet von Johann Braun, Mohr Siebeck Tübingen 2005) との比較検討の重要性に気づき，それに時間を取られたため，大幅な遅れが生じた。しかし，内容の正確さを期すことができたことで，その遅れは十分取り戻せたと信じている。

　担当箇所順に分担を記せば次のとおりである。中村が，まえがき，マンフレッド・リーデルによる序論，第Ⅰ部「自然法」第1章「抽象法」，第2章「道徳」，第3章「人倫」第3節「国家」を，的場が，「序：自然法の歴史」，補遺「歴史法学派との論争」3「ローマ法の研究およびその体系」(1827年) を，田中が第Ⅰ部「自然法」第3章「人倫」第1節「家族」，第2節「市民社会」，索引を，三成美保が，第Ⅱ部「普遍法史」を，三成賢次が，補遺「歴史法学派との論争」1「世界史的発展における相続法」(1824年) の序文，2 カール・フリードリヒ・フォン・サヴィニーの『中世ローマ法史』(1827年) の批評，編者あとがき，訳者解説を，担当した。

　訳についても，若干注記しておきたいことがある。本書のタイトルは「自然法と普遍法史」であり，序が原書目次では「序：自然法の歴史」，原書本文では「自然法の歴史的導入」となっているが，読者を混乱させることを避けるため，目次の「序：自然法の歴史」に統一した。訳語の中では，Universalrecht, Recht, Wille, Korporation, Volk, Verfassung などに悩まされたが，Universalrechtsgeschichte は，世界各国の法の歴史を客観的に描くというより，ガンスが普遍的と考える法概念に基づいて，各国の法の発展状況を歴史的に素描しているので，また，補遺の1に「世界史的 (weltgeschichtlicher Entwicklung) 発展」という用い方もあるのでそれと区別する意味でも，「世界法史」とせずに，「普遍法史」と訳した。Sittlichkeit は Sitte と区別する場合には「人倫態」あるいは「人倫性」とすべきであろうが，多くの例に倣って「人倫」とした。逆に Sitte は「習俗」とすべきであろうが，Sittlichkeit と対比的に用いられていない場合に「人倫」とした場合がある。Recht は「法・権利」を基本として，いずれであるかが明確な場合には「法」あるいは「権利」とした。「権利・法」と権利と法の順序が逆になっている場合があるのは，どちらのニュアンスが強いかによる。「正」あるいは「正義」とした箇所もある。Person は，

PersönlichkeitやSacheと対になっている場合や，ローマ法の文脈で出てくる場合は「人」とし，他方，Persönlichkeitは「人格」，Sacheは「物」としたが，Personが単独で出てくる場合や法律学的議論の文脈で出てくる場合は「人格」とした。同様にSacheも「物件」とした箇所がある。Willeはヘーゲル固有の文脈や思想史の文脈の中では「意志」としたが，それ以外，とくに法学的文脈においては，法学者ガンスという性格付けを強調するために，「意思」とした（とくに補遺においては）。Korporationは，「職業団体」と訳されることが多いが，それ以外の様々な団体・組織を指すことが明らかである。リーデルによれば，都市共同体，村共同体，修道会，同業組合などを包含する（「マンフレッド・リーデルによる序論」参照）。また，「地方自治体Gemeinde」をコルポラツィオーンと同一視する解釈やコルポラツィオーンを現代のアソシエーションの先駆形態だとする解釈もある（ロバート・R・ウイリアムズ編／中村浩爾・牧野広義・形野清貴・田中幸世訳『リベラリズムとコミュニタリアニズムを超えて――ヘーゲル法哲学の研究』文理閣，2006年，参照）。それ故，「職業団体」では狭すぎると思われるので，そのままカタカナで「コルポラツィオーン」と表記した。Polizeiも「福祉行政」や「内務行政」という訳が多いが，類似の理由によって，「ポリツァイ」とした。Volkは当然とはいえ，「民族」，「国民」など文脈に即して訳し分けた。Verfassungは，ヘーゲル法哲学では「憲法体制」と訳すのが常であるので，第Ⅰ部ではそれに従ったが，第Ⅱ部や補遺では「国制」とした。

　言うまでもなく，これらは原則であって，文意・文脈に則して，訳を変えざるをえなかった場合があるし，また，境界線上においては，訳し分けに成功していないかもしれない。Rechtはその典型である。「法」と訳している場合でも，訳者には「権利」や「正義」などが同時に観念されているのが常であった。

　なお，「自然法と普遍法史」と「補遺」との間に，極端な語調の違いが感じられることであろう。後者は，ガンス自身が書いたものであるが，ドイツ語そのものが極めて難解であり，それを忠実に直訳するという方針をとったため，余計に，講義ノートたる前者に比して難しくなっている。逆に言えば，前者は，ノートテーカーが理解しえたことしか表現されていないということでもあり，本書においては，ガンス法哲学の神髄は，実は「補遺」においてこそ読みとることが可能である。補遺として三編もの論文を収録したリーデルの狙いもそこ

にあると思われる。

　ラテン語については，林智良大阪大学教授，ギリシア語については栗原麻子大阪大学准教授に教示や助言をいただいた。この場で厚くお礼申し上げたい。もちろん，誤りがあった場合は，それに応えきれなかった訳者の責任である。

　最後に，本書の出版にあたっては，版権の取得から，校正，そしてカバー・デザインにまで気を配っていただいた岡村勉元社長・元顧問，途中から引き継いだ仕事でやりにくかったにもかかわらず，根気よく入稿の手配や内部校正を行い，難しい注文にも丁寧に応えていただいた野田三納子氏，そして，必要に応じて的確な助言や判断をいただいた秋山泰社長に，心からお礼申し上げたい。

　　2008年12月27日

中村　浩爾

事項索引

〔この索引は原書に基づいて作成しているが，原書での項目の取り上げ方はかなり簡略であり，取り上げられた項目においても該当頁を網羅しているわけではない。また，指示された頁についても，その語句の説明や意味は存在しても，語句そのものは出ていない場合もある。明らかに該当しない（または該当する）頁については訳者が適宜削除（または追加）した。訳者が追加した項目については＊印を付けて表記した。〕

あ 行

アソシアツィオーン	20
意 志	65～69, 85
イスラーム法＊	172～176
意 図	88～89
インド法＊	147～157
ヴォルフ学派＊	10, 210
営業の自由	114
エジプト法＊	161～165
オリエント法＊	139～176, 227

か 行

解 釈	275～276
概 念	65～68
学識史＊	248～251
家 族	12, 73, 94～102, 143～145, 159, 163, 167, 174, 182～187, 200, 204～205, 224, 307～308
――法	150～151, 191～192, 307～308
価 値	74
寡頭制	37
可 罰	88
貨 幣	74～75, 105
官 吏	127
帰 責	86～87
貴族制	37, 44

企 図	87
義 務	91～93
――の衝突	92
教会法	195
狂 信	65
強 制	79
共和国	122
共和制	13, 37
ギリシア法＊	177～189, 227
キリスト教	39, 56～58, 91, 134, 171, 195
禁 欲	92
偶 然	87～88
君主制	12～13, 37, 44, 123～125
刑事法	109, 146, 153, 160, 164, 175, 187～189, 194, 202, 205
形 成	73
刑 罰	79～85
契 約	77, 94, 119, 300～305
ゲジンデ制	99
ゲルマン法	196～201, 211, 234
検閲制度	130
憲法体制	13, 120, 121
権 力	43, 121～122, 132
行 為	86～89
公開性	110, 130
後 見	99
幸 福	89～90, 103

幸福主義者	89
コーラン	172〜176
国際〔公〕法	120, 131, 132〜133
国　制*	36〜38
国民経済学	18, 34, 36, 103〜107
国　家	8, 11〜21, 68, 84, 94, 103, 118〜135, 178〜181, 196〜200, 204〜205
——学	9
——に関する理論	8
国家権力*	122〜127
コルポラツィオーン	14, 16, 103, 107, 114〜118
婚　姻	71, 77, 94〜97, 143〜144, 150, 159〜160, 163, 167〜168, 174〜175, 182〜184, 186, 191〜192, 200〜201, 205

さ　行

財　産	97
——共同制	95, 97
裁　判	109, 112
——所	109, 110
——制度	238〜239
産　業	58〜59
——システム	18
——主義	104, 105
恣　意	67
自己意識	67
自　殺	75
自然状態	45, 51, 104
自然法	3〜10, 27
——学	210〜211
実　体	41
司　法	107〜114
資本〔力〕	106
市　民	16, 36, 119, 131
——社会	8, 14〜21, 101〜118, 181〜182
自　由	59, 65, 86
——意思	87
自由主義的	13
宗　教	27, 44, 50, 54〜56, 120, 140, 147〜148, 157〜158, 161〜162, 166, 172
重商主義	18, 104, 105
重農主義	18, 104, 105
——者	118
主　観	38, 70
——性	34, 94
主　権	52
主体性	102
出版の自由	130
使　用	74
商業の自由	114〜115
情　動	90
植　民	116
植民地	116
——主義	19
諸個人	102
所　有	71〜73, 74, 98
——権	58〜59, 71, 74, 290〜302
自　律	92
人　格	68, 73, 83, 92, 97, 101, 131, 278〜281
人　倫	68〜69, 92〜93, 94〜135
贅　沢	104
世界史*	134〜135
世　論	130
善	90〜92
僭主制	37, 45
先　占	73, 296
賤　民	18〜19, 116
占　有	71〜72, 287〜295
——取得	73
相続権	58〜59, 98, 100, 186〜187, 202
相続法	100〜101, 145, 152, 168〜169, 175, 185〜186, 193, 204〜205, 224〜227
訴　訟	281〜284
——手続	79
——に関する法	71

事 項 索 引

た 行

代表制国家	12, 119
力	72, 290
中国法＊	140～147
抽象的法〔・権利〕	70～85
『中世ローマ法史』＊	230～233
ツンフト〔同職組合〕	20, 116～117
哲　学＊	31～41
テロリズム	65
等族議会〔身分制議会〕	129～130
道　徳	68～69, 85, 86～93, 146, 164, 169, 193
——性	85, 153, 164
——律	50
同輩関係としての組合	21
陶　冶	104
徳	91～92
特　殊	66
特　権	278
奴　隷	73, 98～99

な 行

| 熱　情 | 67 |

は 行

陪審裁判所	111～113
判　決	283～284
犯　罪	79
反対派	15～16, 128
判　断	78
微細学＊	217
「人」	70～73, 75～76, 279～280
批判哲学＊	52～70, 211
平　等	106
複　製	75
普遍的なもの	78, 127
普遍法史	4～10, 27, 139～203, 220～229
不　法	78～79, 305～306

武　力	119
ペルシア法＊	157～161
弁証法	68
法　学	6, 215～219, 221～223, 271～274
放　棄	75
法技術	6
封建法＊	195～196
法史学＊	223～224
法識学＊	6, 221～223
法知学	221～223
法哲学＊	7, 42～62, 65
方　法	68
法　律	108～109, 273～277
暴　力	119
ポリツァイ	18～19, 103, 113～116

ま 行

身　分	13～16, 33, 106～107, 127～129, 201
身分制議会〔等族議会〕	199
民事法	111, 153, 160, 164, 170, 176, 187, 193, 202, 205, 271
民主主義	45
民主制	36, 44
無宇宙論者	42
無規定性	65
無神論者	42
目　的	89
——の衝突	86
「物」	71, 96
物	76～77, 285～287

や 行

遺　言	100～101, 186
ユダヤ法＊	165～171
欲　求	103～104

ら 行

| 利害関心 | 102 |

立憲制	120	歴史哲学	3, 8
理　念	59, 68	歴史法学派＊	5〜10, 210〜214
良　心	92	労　働	104
歴　史	8〜13, 27, 68, 133〜134, 212	ローマ法	190〜194, 211, 226〜227, 232〜251, 255〜308
歴史学派	3, 57, 210〜222, 259, 262〜271		

人名索引

〔この人名索引は原書にもとづいて作成している。原書での人名索引への取り上げ方はかなり簡略であり、かつ取り上げられた人名においても、該当頁を網羅しているわけではない。人名の表記は慣用に従い、索引の原語表記はそのままにした。人名、頁など明らかな間違いは訳者で訂正し、また、できるだけ該当頁を挿入するようつとめた。訳者が追加した人名には＊印を付けて表示した。〕

ア 行

アリアヌス（Arrianus） 157
アウグスティヌス（Augustinus） 91
アナクサゴラス（Anaxagoras） 31
アリスティップス（Aristipp） 89, 314
アリストテレス（Aristoteles） 34〜38, 74, 87, 314
アンクティル・デュペロン（Anquetil du Perron） 139, 157, 317
アンシヨン，J. P. F.（Ancillon, Jaen Pierre Friedrich） 49, 310
アンファンタン，B-P. ＊（Enfantin, Barthélemy-Prosper） 59, 312
ウィクリフ，J.（Wycliffe, John） 55, 312
ウォラストン（Wollaston） 90, 314
ヴォルフ，C.（Wolff, Christian） 10, 48, 90, 227
ウルピアヌス（Ulpian） 273, 274
エドワード1世（Eduard I.） 198, 323
エドワード3世（Eduard III.） 198, 323
エピクロス（Epikur） 89, 314
エルヴェシウス，C. A.（Helvetius, Claude Adrien） 57, 89, 312
エルドマン，J. E.（Erdmann, Johann Eduard） 22
オット1世（Otto I.） 240

カ 行

カール5世（Karl V.） 199
カール10世（Karl X.） 124, 316
カニング，G.（Canning, George） 132, 317
カント，I.（Kant, Immanuel） 8, 42, 50〜51, 65, 77, 91, 93, 96, 302, 304, 313
キケロ（Cicero） 39, 190
グスタフ1世，V.（Gustav I. Vasa） 198, 323
クラインシュロート，G. A. K.（Kleinschrodt, Gallus Aloys Kaspar） 81, 313
グリム，J.（Grimm, Jakob） 156
グレゴリウス〔大聖〕（Gregor der Große） 241
グロールマン，W. F.（Glolmann, Wilhelm Friedrich） 81, 217, 313
グロシエ，M. L' A.（Grosier, M. L' Abbe） 141, 317
グロティウス，H.（Grotius, Hugo） 41, 47, 310
クロムウェル，O.（Cromwell, Oliver） 45, 310
ゲーテ，J. W. v.（Goeth, Johann Wolfgang von） 27, 309
ケネー，F.（Quesnay, Francois） 53, 104, 311, 315
コールブルック，H-T.（Colebrooke, Henry-Thomas） 147, 318

351

コクツェーイ，H. v.（Cocceji, Heinrich von） 47, 310
コクツェーイ，S. v.（Cocceji, Sammue von） 47, 310
コルヌ，A.（Cornu, Auguste） 20
コルベール，J. B.（Colbert, Jean Baptiste） 104, 105, 315
コンスタン，B.（Constant, Benjamin） 10, 57, 122, 312

サ 行

サヴィニー，K. F. v.（Savigny, Karl Friedrich von） 1〜2, 3〜5, 71〜72, 108, 230〜254, 266〜270, 272, 287〜295, 313
サン＝シモン，C. H. R.（Saint-Simon, Claude Henri de Rouvroy） 20, 57, 312
ザント，K. L.（Sand, Karl Ludwig） 92, 314
シェイエス，E. J.（Sieyès, Emanuel Joseph） 53, 311
ジェームズ1世（Jakob I.） 124, 316
シェリング，F. W. J.（Schelling, Friedrich Wilhelm Joseph） 2〜3
シャトーブリアン，F. R.（Chateaubriand, François René） 10, 57, 84, 312, 314
シャフツベリ，A. A. C.（Shaftesbury, Anthony Ashley Cooper） 89, 314
シャルル8世（Karl VIII.） 42, 310
シュトゥケ，H.（Stuke, Horst） 23
シュトラウス，D. F.（Strauß, David Friedrich） 2, 23
シュマルツ，T.（Schmalz, Theodor） 17, 53, 118, 311, 315
シュラーダー，L. A.（Schrader, Ludwig Albrecht） 191, 266, 323
シュルツェ，J.（Schulz, Johannes） 22
シュレーゲル，F.（Schlegel, Friedrich） 56, 92, 93, 312, 315
ストーントン（Stanton, Jones） 140
ストラボン（Strabo） 157, 161
スピノザ，B. d.（Spinoza, Baruch de） 10, 42〜46, 310
スミス，A.（Smith, Adam） 104, 105, 315
セー，J. B.（Say, Jean Baptiste） 105, 315
ソクラテス（Sokrates） 31〜33, 90, 125
ゾンネンフェルス，J. v.（Sonnenfels, Jaseph von） 83, 314

タ 行

タキトゥス（Tacitus） 97, 101, 201
タレス（Thales） 31, 309
チャールズ2世（Karl II.） 45, 310
ティエック，L.（Tieck, Ludwig） 92, 314
ディオドロス，v. S.（Diodor von Sizlien） 157, 161
ティボー，A. F. J.（Thibaut, A. F. J.） 2〜3, 5〜6, 209, 217, 262
デカルト，R.（Descartes, Runé） 41
ドゥ・ヴェッテ，W. M. L.（De Wette, Wilhelm Martin Leberecht） 92, 314
ドゥ・メーストル，J. M.（De Maistre, Joseph Marie） 55, 56, 312
トゥキュディデス（Thukydides） 157
トマジウス，C.（Thomasius, Christian） 47〜48, 310

ナ 行

ナポレオン1世（Napoleon I.） 75, 83, 130, 132

ハ 行

ハイデンライヒ，K.-H.（Heydenreich, Karl-Heinrich） 53, 311
バウアー，B.（Bauer, Bruno） 1
パウサニアス（Pausanias） 157
ハスキッソン，F.（Huskisson, William） 115, 315

人名索引

ハチスン，F.（Hutcheson, Francis）　89, 314
ハッセ，J. C.（Hasse, Johann Christian）
　　　　　71, 266, 269, 270, 288, 313
ハラー，K. L. v.（Haller, Karl Ludwig von）
　　　　　10, 32, 56, 110, 118, 119, 312, 315
バロー，J.（Barrow, John）　140, 317
ピタゴラス（Pythagoras）　31
ピョートル大帝（Peter der Große）　122, 316
ヒンリヒス，G. W. F.（Hinrichs, Georg Wilhelm Friedrich）　1, 16
ファガーソン，A.（Ferguson, Adam）　90, 314
フィヒテ，J. G.（Fichte, Johann Gottlieb）
　　　　　42, 54, 65, 92, 311
フーゴー，G.（Hugo, Gustav）　2, 27, 73, 310, 313
フーフェラント，G.（Hufeland, Gottlieb）
　　　　　53, 311
プーフェンドルフ，S.（Pufendorf, Samuel）
　　　　　46, 47
フォイエルバッハ，L.（Feuerbach, Ludwig）　2
フォイエルバッハ，R. A. v.（Feuerbach, Ritter Anselm von）　53, 81, 111, 217, 311, 313
フス，J.（Hus, Jan）　55, 312
プフタ，F.（Purchta, Friedrich）　270
フマガッリ（Fumagalli）　240
プラトン（Plato）　31〜32, 34〜37, 73, 82, 91
フリードリヒ2世〔大王〕（Frierich II.）
　　　　　47, 122, 127, 316
ブンゼン，C. K.（Bunsen, Christian Kar）　227
ヘーゲル，G. W. F.（Hegel, Georg Wilhelm Friedrich）　i, 2〜23, 27, 60, 227〜228, 302〜304
ヘーゲル，I.（Hegel, Immanuel）　i, 11
ヘーゲル，K.（Hegel, Karl）　22
ベーコン，F.（Bacon, Francis）　39〜40, 309
ベーヤー，W. R.（Beyer, Wilhelm Raymund）
　　　　　23

ペスタロッチ，J. H.（Pestalozzi, Johann Heinrich）　99, 314
ベッカリーア，C.（Beccaria, Cesare）　83, 314
ベック（Boeckh）　227
ヘロドトス（Herodot）　157, 161
ヘンケ，H. W. E.（Henke, Hermann Wilhelm Eduard）　81, 313
ベンタム，J.（Bentham, Jeremy）　57, 89, 312
ボダン＊（Bodin, Jean）　41, 310
ホッブズ，T.（Hobbes, Thomas）　10, 32, 42, 45〜46, 51, 56, 119
ホトー，K. G.（Hotho, Karl Gustav）　42, 310
ボナール，L. G. A.（Bonald, Louis Gabriel Ambroise）　55, 56, 119, 311, 316
ホフバウアー，J. C.（Hoffbauer, Johann Christoph）　53, 311

マ 行

マース，J. G. E.（Maaß, Johann Gebhard Ehrenreich）　53, 311
マキャヴェリ，N.（Machiavelli, Nicolò）
　　　　　39〜40, 309
マクシミリアン1世（Maximilian I.）　197, 323
マリニ，L.（Marini, Luigi）　ii
マルクス，K.（Marx, Karl）　1, 10〜13, 16, 20
マルハイネッケ，P.（Marheineke, Phillipp）　22
ミシュレ，K. L.（Michelet, Karl Ludwig）
　　　　　1, 10〜11, 16, 23
ミヒャエリス，J. D.（Michaelis, Johann David）　165, 168, 170, 227, 321
ミュラー，A.（Müller, Adam）　10, 56, 312
ミルトン，J.（Milton, John）　46, 310
モア，T.（Morus, Thomas）　39〜40, 310
モンテスキュー，C. L. d. S. d.（Montesquieu, C. L. de Secondat de）　10, 36, 42, 48〜49, 139, 216, 227, 235, 310

353

ヤ 行

ヤコービ，F. H.（Jacobi, Friedrich Heinrich）
　　　　　　　　　　　　　92, 269, 314
ユーバーベーク，F.（Überweg, Frierich）　2
ユスティニアヌス（Justinian）　6, 190, 233

ラ 行

ライスナー，H. G.（Reissner, Hans Günther）
　　　　　　　　　　　　　　　　3, 326
ライプニッツ，G. W.（Leibniz, Gottfried
　　Wilhelm）　　　　　　　　　　　90
ラインホルト，C. L.（Reinhold, Carl Ludwig）
　　　　　　　　　　　　　　　53, 311
ラムネ，H.-F. R.（Lamennais, H.-F. Robert）
　　　　　　　　　　　　　　119, 316

ランゲ，H.（Languet, Hubert）　　46, 310
リカードゥ，D.（Ricado, David）　105, 315
リュッベ，H.（Lübbe, Hermann）　12, 23
ルイ14世（Ludwig XIV.）　　49, 107, 114,
　　　　　　　　　　　124, 310, 315, 316
ルイ15世（Ludwig XV.）　　49, 104, 311
ルイ18世（Ludwig XVIII.）　　　　　124
ルーゲ，A.（Ruge, Arnold）　1〜2, 10〜12,
　　　　　　　　　　　　　　　　16, 22
ルソー，J.-J.（Rousseau, Jean-Jacques）　10,
　　　　　　　42, 45, 47, 51〜52, 54, 65, 99
ルター，M.（Luther, Martin）　　　　55
レーヴィット，K.（Löwith, Karl）　i, 11
ローゼンクランツ，K.（Rosenkranz, Karl）　16
ロワイエ＝コラール（Royer-Collard）
　　　　　　　　　　　　　　10, 57, 312

訳者紹介

中村　浩爾（なかむら　こうじ）　まえがき，マンフレッド・リーデルによる序論，第Ⅰ部第1章・第2章，第3章第3節

　大阪経済法科大学名誉教授，京都大学博士（法学）
　専門分野：法哲学，法思想史
　主要業績：『民主主義の深化と市民社会——現代日本社会の民主主義的考察』（文理閣，2005年），『現代民主主義と多数決原理——思想としての民主主義のために』（法律文化社，1992年），ディーター・ヘンリッヒ編『ヘーゲル法哲学講義録1819/20』（法律文化社，2002年，共訳），V・ベシュカ『現代法哲学の基本問題』（法律文化社，1981年，共訳）など

三成　賢次（みつなり　けんじ）　補遺1・2，編者あとがき，訳者解説

　大阪大学大学院法学研究科教授，大阪大学博士（法学）
　専門分野：西洋法史
　主要業績：『法・地域・都市——近代ドイツ地方自治の歴史的展開』（敬文堂，1997年），『地方分権改革』（法律文化社，2000年，共著），『法制史入門』（ナカニシヤ出版，1996年，共著）など

三成　美保（みつなり　みほ）　第Ⅱ部

　摂南大学法学部教授，大阪大学博士（法学）
　専門分野：西洋法史，ジェンダー法学
　主要業績：『ジェンダーの法史学——近代ドイツの家族とセクシュアリティ』（勁草書房，2005年），『ジェンダーの比較法史学——近代法秩序の再検討』（大阪大学出版会，2006年，編著），『国民国家と家族・個人』（早稲田大学出版部，2005年，共編者）など

田中　幸世（たなか　さちよ）　第Ⅰ部第3章第1節・第2節，索引

　大阪経済法科大学アジア研究所客員研究員／劇作・演出家
　専門分野：文化論，文化経済学
　主要業績：「ヘーゲルにおける家族と普遍的家族について——第三の家族の可能性」『法の科学』34号（2004年），ロバート・R・ウィリアムズ編『リベラリズムとコミュニタリアニズムを超えて——ヘーゲル法哲学の研究』（文理閣，2006年，共訳），「文化権についての一考察——文化権の確立のために」『法の科学』39号（2008年）など

的場かおり（まとば　かおり）　序：自然法の歴史，補遺3

　名古屋短期大学現代教養学科専任講師，大阪大学博士（法学）
　専門分野：西洋法史
　主要業績：「近代ドイツにおけるプレスの自由とその展開（上）（下）」阪大法学56巻1号と2号（2006年），「三月革命後のプロイセン国家参議院——1850年代の国家参議院の復興をめぐって」阪大法学52巻2号（2002年），「三級選挙法と七月選挙」阪大法学51巻3号（2001年），「近代プロイセンの議会と選挙制度——三級選挙法の制定過程をめぐって」阪大法学50巻5号（2001年）など

編者紹介

マンフレッド・リーデル（Manfred Riedel）

　1936年，旧東ドイツのザクセン・アンハルトで生まれ，ライプツィヒ大学で哲学とゲルマニスティクを学ぶ。1957年に旧西ドイツに逃れ，ハイデルベルク大学でカール・レーヴィットやハンス・ゲオルク・ガダマーなどの指導を受ける。ドイツやアメリカ，そしてイタリアなどの大学で教鞭をとった後，1992年以降，ハレ・ヴィッテンベルク大学で実践哲学講座の教授をつとめ，2004年に定年退官し，現在にいたる（ハレ・ヴィッテンベルク大学名誉教授）。
　主著としては，Theorie und Praxis im Denken Hegels. 1. Auflage Stuttgart/Berlin/Köln/Mainz 1965; 2. Auflage: Berlin 1976, Zwischen Tradition und Revolution. Studien zu Hegels Rechtsphilosophie, 1. Auflage 1969; 3. (erweiterte) Auflage 1982, Norm und Werturteil. Grundprobleme der Ethik. Stuttgart 1979などがあり，また，邦訳として，清水正徳・山本道雄訳『ヘーゲル法哲学――その成立と構造』（福村出版，1976年）; 宮内陽子訳『規範と価値判断――倫理学の根本問題』（御茶の水書房，1983年），池田貞夫・平野英一訳『ヘーゲルにおける市民社会と国家』（未来社，1985年），高柳良治訳『体系と歴史――ヘーゲル哲学の歴史的位置』（御茶の水書房，1986年）などが公刊されている。

2009年3月5日　初版第1刷発行

ガンス法哲学講義1832/33
――自然法と普遍法史――

編　者	マンフレッド・リーデル
訳　者	中村浩爾・三成賢次 三成美保・田中幸世 的場かおり
発行者	秋　山　　　泰

発行所　株式会社　法律文化社
〒603-8053　京都市北区上賀茂岩ヶ垣内町71
電話 075 (791) 7131　FAX 075 (721) 8400
URL:http://www.hou-bun.co.jp/

©2009 K. Nakamura, K. Mitsunari, M. Mitsunari,
S. Tanaka, K. Matoba Printed in Japan
印刷：㈱冨山房インターナショナル／製本：㈱藤沢製本
装幀　白沢　正
ISBN978-4-589-03132-7

ディーター・ヘンリッヒ編
中村浩爾・牧野広義・形野清貴・田中幸世訳
ヘーゲル法哲学講義録1819/20
A5判・370頁・5985円

ヘーゲルが1819年から冬学期として行った第3回講義の講義録の全訳。すべての章が内容的に連続性があり、ヘーゲルの理論的主張が歴史的事例・現実認識に裏づけられた形で生き生きと描かれる。

浅野遼二著
ベルン時代のヘーゲル
A5判・346頁・6090円

あらゆる既存の権威に対して敢然と反抗するヘーゲルの青年像に焦点をあてた研究書。ヘーゲルの研究の軌跡、「哲学思想」の形成過程——『往復書簡』『アルプス紀行』『エレウシス』『体系計画』、イエス像、キリスト教の4部構成。

兼子義人著
純粋法学とイデオロギー・政治
——ハンス・ケルゼン研究——
A5判・274頁・6825円

戦前戦後を通じてわが国の法学界に多大な影響を与えてきたハンス・ケルゼンの研究を通して、イデオロギー的・政治的対立状況の中での法理論のあり方を追求しつづけた故・兼子立命館大学教授の論考の集大成。

法動態学叢書・水平的秩序【全4巻】 A5判／平均260頁／各3990円

グローバル化・市場社会化が進行する現代社会における「法」・「秩序」の変容をどうとらえるか。新しい学際的社会科学を構想。

1 規範と交渉 樫村志郎編 秩序が水平的に構築される条件と限界を扱う

2 市場と適応 齋藤 彰編 市場における水平的秩序の構築過程を解明

3 規整と自律 樫村志郎編 市場化に伴う公的権力の変容を具体的に分析

4 紛争と対話 山本顯治編 当事者の対話・理解という側面から法を把握

———法律文化社———

表示価格は定価(税込価格)です